高等学校交通运输与工程类专业规划教材

Evaluation and Management of Transportation Project

交通项目评估与管理

（第二版）

谢海红　罗江浩　贾元华　**主编**

人民交通出版社股份有限公司
北京

内 容 提 要

本书结合交通运输类专业的教学需要,吸收国内外项目评估与管理学科领域成果,以及编写组成员多年教学与科研经验,系统阐述了交通项目评估与管理的基本概念、主要内容、工作程序和方法等。全书共分八章,内容包括:绪论、运输需求预测与项目技术评估、交通项目财务评价、交通项目经济评价、交通项目社会和环境评价、交通项目不确定性分析、交通项目管理、交通项目后评价理论方法及应用。

本书可作为交通运输类、土建类相关专业的本、专科生及研究生教学参考用书,也可供从事交通项目评估与管理的人员参考使用。

图书在版编目(CIP)数据

交通项目评估与管理 / 谢海红,罗江浩,贾元华主编. — 2 版. — 北京 :人民交通出版社股份有限公司, 2017.10

高等学校交通运输与工程类专业规划教材

ISBN 978-7-114-14003-7

Ⅰ. ①交… Ⅱ. ①谢…②罗…③贾… Ⅲ. ①交通工程—基本建设项目—项目评价—高等学校—教材②交通工程—基本建设项目—项目管理—高等学校—教材 Ⅳ. ①F502

中国版本图书馆 CIP 数据核字(2017)第 163818 号

高等学校交通运输与工程类专业规划教材

书　　　名:**交通项目评估与管理**(第二版)
著 作 者:谢海红　罗江浩　贾元华
责任编辑:李　晴
出版发行:人民交通出版社股份有限公司
地　　　址:(100011)北京市朝阳区安定门外外馆斜街 3 号
网　　　址:http://www.ccpcl.com.cn
销售电话:(010)59757973
总 经 销:人民交通出版社股份有限公司发行部
经　　　销:各地新华书店
印　　　刷:北京虎彩文化传播有限公司
开　　　本:787×1092　1/16
印　　　张:24.25
字　　　数:579 千
版　　　次:2009 年 1 月　第 1 版
　　　　　　2017 年 10 月　第 2 版
印　　　次:2023 年 4 月　第 2 版　第 2 次印刷
书　　　号:ISBN 978-7-114-14003-7
定　　　价:45.00 元
(有印刷、装订质量问题的图书由本公司负责调换)

高等学校交通运输与工程(道路、桥梁、隧道与交通工程)教材建设委员会

前 言

　　交通运输作为国民经济的基础性、先导性、战略性产业,对我国国民经济和社会发展至关重要。构建现代综合交通运输体系,是适应把握引领经济发展新常态,推进供给侧结构性改革,推动国家重大战略实施,支撑全面建成小康社会的客观要求。随着我国经济的不断改革与创新发展,尤其是在"一带一路"建设、京津冀协同发展、长江经济带发展等规划要求下,我国交通运输业发展迅猛,综合交通运输网络规模不断扩大,网络布局和结构日益改善,交通设施装备技术水平得到较大提高,运输能力显著增强。目前我国高速铁路运营里程、高速公路通车里程、城市轨道交通运营里程、沿海港口万吨级及以上泊位数量均位居世界第一。根据《中长期铁路网规划》,到 2020 年,我国铁路网规模将达 15 万公里,其中高速铁路 3 万公里,覆盖 80% 以上的大城市;到 2030 年,铁路网规模将达 20万公里左右,其中高速铁路 4.5 万公里左右。根据《国家公路网规划(2013—2030年)》,到 2030 年,将构建成布局合理、功能完善、覆盖广泛、安全可靠的国家公路网络,总规模达 40.1 万公里,其中国家高速公路网约 11.8 万公里。2017 年 2 月国务院颁布了《"十三五"现代综合交通运输体系发展规划》,提出要加快完善安全高效、智能绿色、互联互通的现代基础设施网络,更好地发挥其对经济社会发展的支撑引领作用。根据国家发展和改革委员会发布的交通运输领域的统计数据,"十二五"是我国交通基础设施投资力度最大的五年,总投资约 13.4 万亿元,是

"十一五"总投资的1.6倍。预计"十三五"时期,我国交通运输业投资至少达20万亿元。随着投资力度的不断加大,我国交通运输业将进入新的发展阶段,由此交通项目的评估与管理工作也日显重要。

项目评估是为投资项目决策服务的,主要是解决如何选准项目的问题,同时,从广义上讲,项目评估也是协助管理项目的专门技术或手段;而项目管理可以说是现代管理学在投资项目中的一个具体应用分支,也是一门交叉学科,其目的在于运用现代项目管理理论与方法对项目进行有效的管理与控制,是将选准的项目实施好,以达到预期的效果。项目评估与项目管理不仅存在共性,并具有内在联系。这种共性就在于它们都是服务于投资项目运作的理论方法和技术手段,两者存在着密切联系。两者的区别主要是,项目管理注重过程性,而项目评估更注重阶段性,或者说节点性。我们根据交通运输业及相关专业学科领域教学与应用的需要,将两大部分内容有所侧重地集成为一体,以"项目"为核心,以"管理"为目的,基于上述理念,本书便于读者从总体上重点把握项目评估与管理的相关知识。随着世界经济向全球化的进一步发展,以及项目技术工艺日益复杂、规模扩大、专业化分工更加精细等,要求政府决策部门或企业投资活动一方面要把握经济运行规律,按照科学的程序和方法进行项目决策,否则就会造成经济损失;另一方面,对已选中的项目要进行科学有效管理,否则也会使选中的项目偏离项目目标。因此,作为投资项目决策主要科学依据的项目评估工作意义深远;同时,作为保证项目正常实施与运行的主要手段——项目管理工作更为关键。

由于目前针对项目评估与项目管理相结合的教材很少,且体现交通运输项目特色的相关教材仍是匮乏,难以满足高等院校相关专业学科的教学需求,因此,本教材结合交通运输专业方向本科生培养的需要和特点,在吸收国内外项目评估与项目管理学科领域相关科学研究成果,结合交通项目案例,以及编写组教师多年相关教学与科研实践积累的基础上,从对项目进行全过程管理的角度出发,比较系统地阐述了从一般投资项目到交通项目的评估与管理的基本概念、主要内容、工作程序和方法等。编写过程中力求联系我国交通运输领域投资项目的实际,符合国际惯例,反映交通项目管理领域发展动态,使之具有一定的应用范围。此外,从教学特点出发,本教材还设计了"本章主要内容""本章小结""思考和讨论"及"练习题",部分章节结合教学需要引入"延伸阅读",旨在增强和拓展对相关内容的可读性与系统性，重点章节还编写了相关"案例分析"，以便学生准确地把握和理解每章的主要知识点和关键内容。我们希望本教材能够帮助交通运输专业学生更好地学习和掌握交通项目评估与管理这门新兴综合交叉学科的理论知识体系，为今后的实践打下良好的理论基础。

《交通项目评估与管理（第二版）》是在 2009 年第一版的基础上，结合教学实践的积累，依据我国进一步深化投资体制、行政审批制度改革，以及全面推进"营改增"等相关领域的改革要求而编写修订的。全书由北京交通大学交通运输学院的谢海红、罗江浩、贾元华主编。第一、二版编写中，第一、二、六章由谢海红、伍柳伊、杨丽娟编写，第三、四、五章由罗江浩、谢海红、宋慧娟编写，第七、八章由贾元华、罗江浩、刘奕编写。案例部分得到中国国际工程咨询公司后评价局张三力、苑志杰、李素芬等同志的支持和指导，原交通业务部铁道处朴爱华处长也给予过帮助，北京交通大学交通运输学院刘奕、宋惠娟、李莹英、杨丽娟、靳雄焕、亢美卉、秦绪涛、伍柳伊等研究生接续参与了第一、二版教材文献的检索与整理工作，在此一并致谢！并向编写过程中所参考的有关著作及文献资料的学者和作者表达深深的谢意！最后，向在本书编写过程中给予编者热心支持与帮助的各级领导及同仁表示诚挚的谢意！

本书是为交通运输类及相关专业的本、专科学生编写的，也可作为研究生和其他专业教学参考书。限于编者水平及编写时间与篇幅的限制，书中难免出现一些错误和不足之处，敬请广大读者斧正。

编者
2017 年 4 月于北京交通大学

目录

第一章

绪论

【本章主要内容】

(1)投资和项目的基本概念与特点。

(2)项目评估的概念、内容、程序及依据。

(3)项目决策程序与项目评估在投资决策中的重要作用。

(4)交通项目及其评估的主要特点。

(5)项目周期与交通项目基本建设程序。

(6)可行性研究与项目评估的关系。

(7)项目周期中各阶段的评估要求。

第一节　投资和项目概述

一、投资

(一)投资的概念与特点

1.投资的概念

投资就是投资主体为未来获得收益而于现在投入生产要素,以形成资产的一种经济活动。

投资主体(或称投资者)可以是有权代表国家投资的政府部门、机构,也可以是企业、事业单位或个人。投资是这些自然人或法人进行有意识的经济活动,他们追求的投资回报,既可以是投资所形成的资产投入运营后直接产生的内部收益率,也可表现为项目因服务于社会公众而改善国民福利所产生的外部效益。

随着我国经济生活内容的不断发展和变化,投资已经成为多层次、多侧面的经济概念。不同角度对投资含义会有不同的理解,但应包含以下主要内容:

(1)投资是由投资主体进行有意识的经济活动。在现实的经济活动中,投资主体泛指多样化的投资者,既包括政府、企业和个人,也包括银行、证券公司、保险公司、信托投资公司、投资基金以及各种公共基金、财团法人、社团法人、事业法人、非政府机构等。

(2)投资的目的是为获取一定的收益。每一项投资都是为了获得与投资项目相对应的效益,如经济、社会、政治、环境效益等。作为特定性质的经济活动,投资体现为一种资源垫付行为,且最终得到的收益不一定以明确的货币数量形式表现出来。

(3)投资手段和方式呈现多样化。投资的手段包括有形资产和无形资产,如厂房、机器和原材料等有形资产,专利权、非专利技术、商标权、土地使用权等无形资产。

(4)投资是收益性和风险性并存的行为过程。由于资金的投入和回收在时间上有差异,因此投资在具有收益性的同时也具有不确定性和风险性。一般来说,收益高则风险大,风险小则收益较低。

2. 投资的分类

投资可分为生产资料投资和纯金融投资。在现实社会中,从个体角度来看,投资通常被理解为购买证券、土地和其他财产的行为,这些活动从全社会看并未发生资本存量的变动,而只是引起财产的转移,是纯金融性投资,又称为间接投资。经济学意义上的投资考察的则是物质资本的变化,如建造厂房、住宅、购置机器设备,以及增加存货等经济活动。这些生产资料投资的实质是将资源要素转化为资本的形成过程,又称为直接投资。项目评估中的投资就是直接投资。

此外,还可以根据投资资金周转方式的不同,分为固定资产投资和流动资产投资;根据投资在扩大再生产中所起作用的方式不同,分为外延性投资和内含性投资;根据经营目标的不同,分为经营性投资和政策性投资;根据投资的经济用途不同,分为生产性投资和非生产性投资;按投资主体划分,可分为国家投资、企业单位投资、个人投资等。

3. 投资的特点

(1)预付性。即支出在前,回报在后。不论是直接投资还是间接投资,投资主体为获得预期收益都需要预先一次性地投入资源,等资本资产形成并发挥效益后,才能从运营中逐步获得收益和回报。

(2)收益性。即因资源的投入而带来产出、收益或增值的特性。投资目的的多样性决定了投资收益的多重性。投资收益可表现为用货币为计量尺度的财务收益,这一般是企业或私人投资行为的特征;也可以表现为难以用货币尺度进行量化的社会效益,如公共工程、公益性项目投资,这一般是政府投资行为的特征。

(3)长期性。与消费行为的即时性不同,投资在于取得持续的效益和回报。投资具有从资金投入到全部收回通常需要经历较长时间的特性。投资周期由建设周期和运营周期组成。由于资产形成的技术经济特点决定了其建设周期较长,从投资建设到投入使用之间存在明显的时间差。投入运营后,资本资产不是被一次性消费,而是能够被重复使用,形成较长的运营使用期。

(4)风险性。即由于事先无法预测或虽能预测但难以避免的因素影响,使投资者的实际收益与预期收益之间发生背离和损失的特点。投资的风险性来源于投资的预付性和长期性,是未来的不确定性导致了投资风险。

(二)投资的宏观调控

投资宏观调控是指政府运用调节手段与调控机制,合理地分配投资资金,协调投资运行过程中各种要素间的关系,以实现社会总供给与总需求的平衡、宏观经济增长、产业结构的调整与优化,以及实现资源的最优配置为目标。投资在政府维护经济稳定和促进经济发展的政策实践中长期占有突出地位,一直是宏观调控的重要领域和关键环节。我国投资宏观调控的基本任务是保证合理的投资规模,优化投资结构,提高投资效益。其实现途径是综合运用经济的、法律的和必要的行政手段,对全社会投资进行以间接调控方式为主的有效调控。在投资调控实践中,要尽可能多地运用经济手段,强化法律手段,将行政手段限制在必要的范围内。

1.投资规模的调控

投资规模调控对象通常为政府投资项目,主要任务是保持投资总量的适度增长,使之保持与社会总供求基本平衡,与促进经济适度快速增长的要求相适应;同时要保持合理的投资率,确保建设规模与国力大体相适应。调控措施一般有:

(1)合理确定投资总规模的预期目标,这对保持经济总量平衡有重要的指导意义。

(2)信息引导。即通过及时掌握和反馈各地各行业的投资计划信息和投资统计信息以及相关的市场信息,影响各类投资主体的投资决策,从而促使投资规模趋于适度。

(3)利用经济手段和必要的行政手段。这是管理的重点,目的是为了防止需求过度扩张和投资需求不足。运用经济手段,主要是运用财政政策和货币政策从源头上调控投资资金的总量;运用行政手段,主要是通过具体项目的审批或核准来贯彻政府的调控意图。

2.投资结构的调控

投资结构调控指政府灵活运用投资补助、贴息、价格、利率、税收等经济手段,引导社会投资,优化投资的产业结构和地区结构。具体措施包括:

(1)适时制定和调整信贷政策,引导中长期贷款的总量和投向。

(2)严格和规范土地使用制度,充分发挥土地供应对社会投资的调控和引导作用。

(3)依据国民经济和社会发展中长期规划,编制教育、科技、卫生、交通、能源、农业、林业、水利、生态建设、环境保护、战略资源开发等重要领域的发展建设规划,包括必要的专项发展规划,明确发展的指导思想、总体布局和主要建设项目。

(4)制定并适时调整国家固定资产投资指导目录、外商投资产业指导目录等,明确国家鼓励、限制和禁止投资的项目。

(5)建立投资信息发布制度,及时发布政府对投资的调控目标、主要调控政策、重点行业投资状况和发展趋势等信息,引导全社会投资活动。

(6)建立科学的行业准入制度,规范重点行业的环保标准、安全标准、能耗水耗标准和产品技术、质量标准。

【延伸阅读 1-1】

近些年国家对投资宏观调控主要采取了以下措施。

2014 年:国家公布了《关于创新重点领域投融资机制鼓励社会投资的指导意见》,欢迎民间资本对农业水利、市政基础设施、铁路公路、油气管网等领域进行投资,以发挥投资对经济增长的关键作用。国家最终确定了 7 个"重大工程包",包括信息电网、油气等重大网络工程、健康养老服务、生态环保、清洁能源、粮食水利、交通、油气及矿产资源保障工程。

2015 年:国家发改委特别设立和投资了专项建设债券,支持看得准、有回报、不新增过剩产能的重点领域项目建设,以增强地方投资能力。且发改委于年底启动编制三年投资计划,要求各地各部门及早谋划未来三年开工项目,建立政府投资项目储备制度,制订三年滚动投资计划。

2016 年:在 3 月 4 日全国政协十二届四次会议上,李克强总理提到,要按照新的发展理念,更加精准有效实施宏观调控,坚持改革开放不动摇,深入推进结构性改革尤其是供给侧结构性改革,扩大有效投资和消费,化解各类风险隐患,保持经济运行在合理区间。

2017 年:中央经济工作会议提出,要坚持宏观政策要稳、产业政策要准、微观政策要活、改革政策要实、社会政策要托底的政策思路,坚持以推进供给侧结构性改革为主线,适度扩大总需求,加强预期引导,深化创新驱动,全面做好稳增长、促改革、调结构、惠民生、防风险各项工作,促进经济平稳健康发展和社会和谐稳定。

国家在加强和改善投资宏观调控方面的工作主要体现在:

(一)完善投资宏观调控体系。发改委要在国务院领导下会同有关部门,按照职责分工,密切配合、相互协作、有效运转、依法监督,调控全社会的投资活动,保持合理投资规模,优化投资结构,提高投资效益,促进国民经济持续快速协调健康发展和社会全面进步。

(二)改进投资宏观调控方式。综合运用经济的、法律的和必要的行政手段,对全社会投资进行以间接调控方式为主的有效调控。国务院有关部门要依据国民经济和社会发展中长期规划,编制教育、科技、卫生、交通、能源、农业、林业、水利、生态建设、环境保护、战略资源开发等重要领域的发展建设规划,包括必要的专项发展建设规划,明确发展的指导思想、战略目标、总体布局和主要建设项目等。按照规定程序批准的发展建设规划是投资决策的重要依据。各级政府及其有关部门要努力提高政府投资效益,引导社会投资。制定并适时调整国家固定资产投资指导目录、外商投资产业指导目录,明确国家鼓励、限制和禁止投资的项目。如《产业结构调整指导目录》自 2005 年发布以来,分别于 2011 年、2013 年和 2015 年进行了适当调整,《外商投资产业指导目录》也于 2015 年进行了调整。此外,国家发改委对《政府核准的投资项目目录》在 2013 年、2014 年两次修订的基础上,2016 年再次进行修订,进一步取消下放投资核准权限,将投资项目报建审批事项由当前的 65 项减少至 42 项。

(三)协调投资宏观调控手段。根据国民经济和社会发展要求以及宏观调控需要,合理确定政府投资规模,保持国家对全社会投资的积极引导和有效调控。灵活运用投资补助、贴息、价格、利率、税收等多种手段,引导社会投资,优化投资的产业结构和地区结构。适时制定和调整信贷政策,引导中长期贷款的总量和投向。严格和规范土地使用制度,充分发挥土地供应对社会投资的调控和引导作用。

(四)加强和改进投资信息、统计工作。加强投资统计工作,改革和完善投资统计制度,建立各类信息共享机制,为投资宏观调控提供科学依据。建立投资风险预警和防范体系,加强对宏观经济和投资运行的监测分析。

二、项目

(一)项目的概念与特点

1.项目的概念

项目是投资的载体和加快发展的关键,也是投资活动实施的基本手段和方式之一。提升建设项目吸引力,可争取国家投资、激活民间资本投资,以项目带动投资促进发展。对于项目最典型的定义是:项目是一个组织为实现自己既定的目标,在一定的时间、人员和资源约束条件下,所开展的一种具有一定独特性的一次性工作。但也有人认为,项目是人类社会特有的一种为创造特定的产品或服务而开展的一次性努力。实际上这些对于项目的定义都是想从不同角度描述项目所具有的基本特性,所以我们可以通过给出项目的特性来对项目作进一步的描述。从现有的项目定义中可以看出,其中主要有三层含义:

(1)项目是一项有待完成的任务,并且有特定的运作环境要求,这一点明确了项目自身的动态概念,即项目是指一个过程,而不仅是过程的最终结果。

(2)项目是在一定的组织机构内,利用有限资源(人力、物力、财力等),在规定的时间内完成的任务。它表明任何项目的实施都会受到一定的条件约束,在众多的约束条件中,质量、进度、费用是项目普遍存在的三个约束条件。

(3)完成这项任务必须要满足一定性能、质量、数量、技术指标等要求。项目是否能圆满实现,能否交付用户,必须达到事先规定的目标要求,项目合同契约将对上述这些来自于用户或项目出资人的要求均有严格的规定。

2.项目的特点

为了达到预期的目标,项目由以下五个要素构成:项目的(界定)范围、项目的组织结构、项目的质量、项目的费用、项目的时间进度。

通过对项目概念和组成要素的认识和理解,可以归纳出项目一般具有如下几个方面的特性:

(1)目标的明确性。任何一个投资项目都具有明确的目的或目标,并且可以将其分解为各个子目标。子目标的逐一完成,才能实现项目的最终目标。

(2)独特性。每个项目都有一些独特的成分,区别于其他项目(体现在行业、地点、时间、规模、技术等)。即使是目标相同的两个项目也各有其特殊性。

(3)制约性。投资项目实施往往都会受资金、时间、技术等资源条件约束,所以,为了克服或解决这些问题,项目各阶段、利益相关的各部门间在责权利、分工协作方面便容易产生冲突和矛盾,如项目与职能部门之间为资源与人员发生冲突,项目与项目之间为争夺资源而发生冲突等,在项目管理中必须妥善处理好这些冲突。

(4)整体性。项目是为实现目标而开展的各种各样工作任务的集合,它不是一项孤立的活动,而是一系列活动的有机组合,从而形成一个完整的系统过程。强调项目的整体性,也就是强调项目的过程性和系统性。

(5)一次性,或称短期性特征。它是指项目不仅仅是正在进行的工作,而且是有一个明确结束点的一次性任务,即从项目整体而言,任务完成,目标实现,项目即告结束,没有重复;即便是重新复制一个性能、规模相同的工程,由于任务在时间、地点等方面的客观存在的差异,而成为另外一个同类的项目。

(6)生命周期性。项目是一个确定的起始、实施和终结的过程。任何项目都有其生命周期,不同项目的生命周期划分不尽一致。但对于一般项目来说,生命周期可分为四个阶段:项目立项期、项目启动期、项目发展成熟期以及项目完成期。

(7)其他特性。如项目的不确定性、项目过程的渐近性、项目成果的不可挽回性、项目组织的临时性和开放性。

3.项目的分类方法

(1)按照经济评价方法可将项目分为新建项目、改扩建项目和更新改造项目。

新建项目是指根据国民经济和社会发展的近远期规划,按照规定的程序立项决策,从无到有进行建设的项目。

改扩建项目是指现有的企事业单位在已有基础上,对原有设施设备、工艺条件进行扩充性建设或大规模改造的项目。

更新改造项目(简称更改项目),是指经批准具有独立设计文件(或项目建议书)的更新改造工程或更新改造计划方案中能独立发挥效益的工程。

在项目可行性研究和项目评估中,一般按此种分类方法进行分类。

(2)按项目投资使用方向和投资主体的活动范围分类,可以将项目分为竞争性项目、基础性项目和公益性项目。

竞争性项目主要是指收益水平比较高、市场调节比较灵敏、具有市场竞争能力的行业部门的相关项目,其投资主体一般为企业,由企业自主决策,自担风险。

基础性项目主要是指具有一定自然垄断、建设周期长、投资量大而收益较低的基础产业和基础设施项目。

公益性项目是指那些非营利性和具有社会效益性的项目,其投融资应由政府运用财政性资金采取无偿和追加拨款的方式进行投资建设。

三大类型投资项目投融资方式重新调整划分的总体性要求见表1-1。

三大类型投融资划分 表1-1

方式 \ 类别	竞争性项目投融资	基础性项目投融资	公益性项目投融资
投资主体	主要由企业、个人投资	政府与企业投资	主要由政府进行投资
投资筹措方式	经营性筹资	政策性与经营性投资相结合	主要是政策性投资
投资使用方式	风险性和规模性投资	有偿重点投资	主要是无偿投资

(3)项目的其他分类方法。按投资计划管理制度,可分为基本建设项目和技术改造项目;按投资规模,可分为大型、中型、小型项目;按建设阶段,可分为筹(拟)建项目、施工项目、竣工项目、投产运营项目;按隶属关系,可分为国家重点工程、部直属项目、地方项目等。

4.项目的利益相关者

一个项目的实施,需要多方面的个人和组织积极参与。项目的利益相关者,可以定义为在项目中有既定利益的任何人员,一般来说,项目很难在缺乏各种利益相关者尤其是重要利益相关者的支持和参与下取得成功。而实际上,由于利益相关者之间会存在对项目需求和期望的冲突,如果冲突程度未被及时了解并得到有效解决的话,很可能导致项目失败。因此,在项目筛选阶段,完整的利益相关者分析是不可或缺的。我国曾于 2001 年年底由原国家计委发文《投资项目可行性研究指南》中的社会评价部分提出了投资项目利益相关者分析,以帮助相关人员掌握项目可行性研究阶段中的社会评价部分。

项目的利益相关者主要包括以下几类:

(1)客户或委托人。其可能是一个人、一个组织、一个团体或是对同一项目结果有相同需求的多个组织。一般客户向被委托人提交需求建议书之时,就是项目诞生之始。客户既是项目结果的需求者,也是项目实施的资金提供者。

(2)项目发起人。其是最先实际命令执行项目的人,他可能是客户,在通常情况下是政府组织机构、工商企业以及其他投资组织。项目发起人负责保证项目得到合适的预算款项,以及团队具有实现项目目标所需的资源。

(3)项目经理。其是对整个项目的成功结束负全责的人。项目经理应与项目发起人建立良好的合作关系,以确保使用的资源充分到位;同时,项目经理应保证按时、按照预算、按照工作范围以及所要求的性能水平完成项目。

(4)被委托人或承约商。其是承接项目满足客户需求的项目承建方。从项目启动、规划到项目实施和结尾的整个管理过程中,被委托人始终处于主导地位。因此,被委托人素质和能力的高低直接关系着项目质量的高低。选择一个好的项目承接方,是创造高质量项目的关键。

(5)供应商。其是为项目的承约商提供原材料、设备、工具等物资设备的商人。为了确保项目的实施进度和质量,每一承约商一般都有自己相对固定的供应商。

(6)分包商。由于现代项目技术复杂、工程量大、客户要求高,一般承约商在承接项目之后,都要将总项目中的一些子项目再转包给不同的分包商。这将有效地发挥各自的特长,使得项目能高质量地完成,但同时也增加了项目管理的复杂性。

(7)其他利益相关者。除上述项目的直接利益相关者之外,还有一类个人和组织与项目之间有或多或少的利益关系。例如政府的有关部门、社区公众、项目用户、新闻媒体、市场中潜在的竞争对手和合作伙伴等。

项目利益相关者的关系结构如图 1-1 所示。

项目不同利益相关者对项目有不同的期望和需求,他们关注的目标和重点也往往不同。项目对其利益相关者间的价值体系联系如图 1-2 所示。

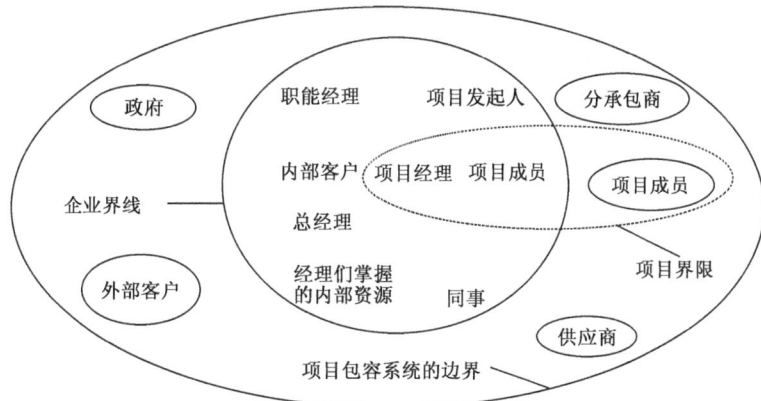

图 1-1 项目利益相关者的关系结构图

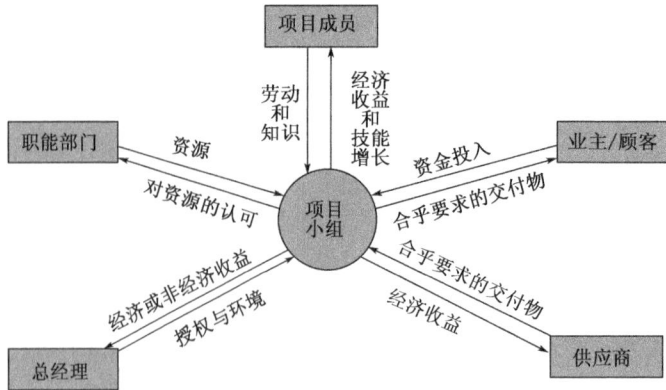

图 1-2　项目对其利益相关者之间的价值体系联系

由图 1-2 可以看出,有必要对项目的利益相关者进行识别、确定,弄清楚哪些是项目的利益相关者,他们各自的需求和期望是什么,且不同的项目利益相关者需求内容不同,急迫性也存在差异,因此还需确定哪些是关键利益相关者,这一点对项目管理者来说非常重要。只有这样,才能对项目利益相关者的需求和期望进行管理并施加影响,调动其积极因素,化解消极影响,以确保项目的成功。

(二)项目周期和阶段

1. 一般项目的建设和运营周期

通常,项目建设周期可划分为五个阶段,即项目计划和决策阶段、项目准备阶段、项目实施阶段、项目竣工验收和总结评价阶段、项目运营阶段。具体如图 1-3 所示。

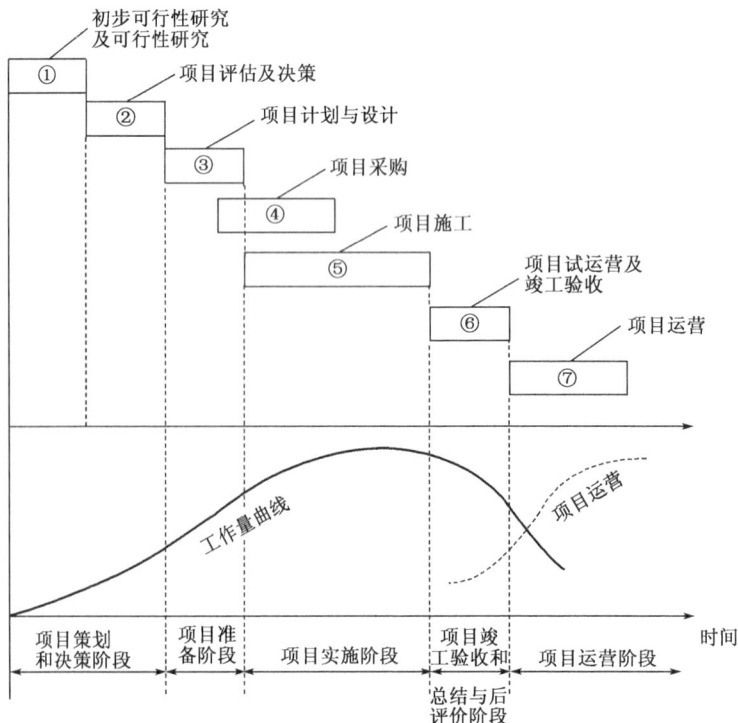

图 1-3　项目周期及阶段

2.我国公路项目建设程序

根据交通部令2006年第6号《公路建设监督管理办法》规定，"政府投资公路建设项目实行审批制，企业投资公路建设项目实行核准制。县级以上人民政府交通主管部门应当按职责权限审批或核准公路建设项目，不得越权审批、核准项目或擅自简化建设程序。"政府投资公路建设项目的实施应当按照下列程序进行：

(1)根据规划，进行预可行性研究，编制项目建议书；

(2)根据批准的项目建议书，进行工程可行性研究，编制可行性研究报告；

(3)根据批准的可行性研究报告，编制初步设计文件；

(4)根据批准的初步设计文件，编制施工图设计文件；

(5)根据批准的施工图设计文件，编制项目招标文件；

(6)根据批准的项目招标文件、资格预审结果和公路建设计划，组织项目招标投标；

(7)根据国家有关规定，进行征地拆迁等施工前准备工作，并向交通主管部门申报施工许可；

(8)根据批准的项目开工报告，组织项目实施；

(9)项目完工后，编制竣工图表和工程、竣工财务决算，办理项目验收及财产移交手续；

(10)竣工验收合格后，组织项目后评价。

企业投资公路建设项目不需要编制项目建议书，但需要依法确定投资人并由投资人编制项目申请报告，按照规定报项目审批部门核准。

公路建设项目的预可行性研究报告、工程可行性研究报告、设计文件、招标文件、项目申请报告等应按照国家颁发的编制办法编制，并符合国家规定的工作质量和深度要求。

公路建设项目应当按照国家有关规定实行项目法人责任制度、招标投标制度、工程监理制度和合同管理制度。

公路建设项目法人应当依法选择勘察、设计、施工、咨询、监理单位，采购与工程建设有关的重要设备、材料，办理施工许可，组织项目实施，组织项目竣工验收和后评价。

公路建设必须符合公路工程技术标准，施工单位必须按批准的设计文件施工。任何单位和人员不得擅自修改工程设计。确需设计变更的，应当按照交通运输部关于《公路工程设计变更管理办法》的规定履行审批手续。

公路建设项目实施过程中，监理单位应当依照法律、法规以及有关技术标准、设计文件、合同文件和监理规范的要求，采用旁站、巡视和平行检验形式对工程实施监理，对不符合工程质量和安全要求的工程应当责令施工单位返工。未经监理工程师签认，施工单位不得将建筑材料、构件和设备在工程上使用或安装，不得进行下一道工序施工。

公路建设项目验收分为交工验收和竣工验收两个阶段。项目法人负责组织对各合同段进行交工验收，完成项目交工验收报告并报交通主管部门备案。交通主管部门在15天内没有对备案项目的交工验收报告提出异议，项目法人可开放交通进入试运营期。试运营期不得超过3年。通车试运营2年后，交通主管部门应组织竣工验收，经竣工验收合格的项目可转为正式运营。对未进行交工验收、交工验收不合格或没有备案的工程开放交通进行试运营的，由交通主管部门责令停止试运营。

3.我国铁路项目建设程序

我国铁路项目建设程序也应符合相关程序规定。2003年公布的《铁路建设管理办法》规定:铁路建设程序包括立项决策、设计、工程实施和竣工验收。

(1)立项决策阶段。依据铁路建设规划,对拟建项目进行预可行性研究,从宏观上论证项目的必要性,为编制项目建议书提供必要的基础资料。根据批准的铁路中长期规划或项目建议书,在初测基础上进行可行性研究并编制可行性研究报告,可行性研究为铁路建设项目决策提供依据。项目建议书和可行性研究报告按国家规定报批。工程简易的建设项目,可直接进行可行性研究,编制可行性研究报告。

(2)设计阶段。根据批准的可行性研究报告,在定测基础上开展初步设计。初步设计经审查批准后,开展施工图设计。工程简易的建设项目,可根据批准的可行性研究报告,直接进行施工图设计。

(3)工程实施阶段。在初步设计文件审查批准后,组织工程招标投标、编制开工报告。开工报告批准后,依据批准的建设规模、技术标准、建设工期和投资,按照施工图和施工组织设计文件组织建设。

(4)竣工验收阶段。铁路建设项目按批准的设计文件全部竣工或分期、分段完成后,按规定组织竣工验收,办理资产移交。

铁路建设项目流程如图1-4所示。

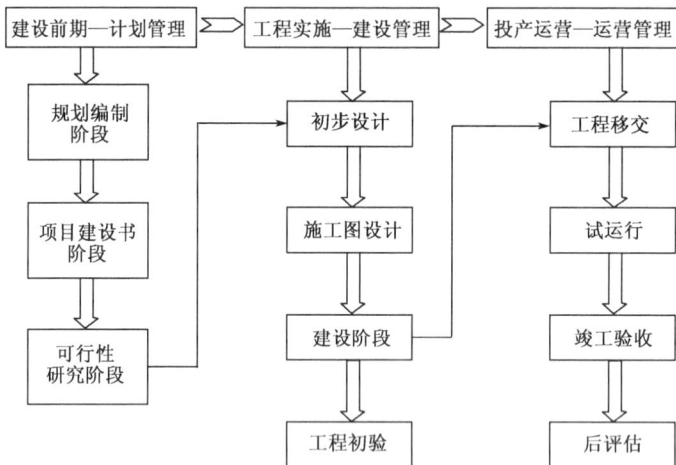

图1-4　铁路建设项目流程图

4.世界银行等国际金融组织贷款项目周期

世界银行贷款项目周期分为6个阶段,即项目选定(或称鉴别)、项目准备、项目评估、项目贷款谈判及签约、项目执行与监督、项目总结评价(后评价)。世界银行在每一个阶段都为项目派出一个以项目经理(Task Manager)为团长的5人左右的代表团到项目所在地开展工作。

世界银行贷款项目周期如图1-5所示。

(1)项目选定。项目选定是项目周期的第一阶段。在这个阶段,主要由我国选定那些需要优先考虑,并符合世界银行投资原则的项目,该阶段相对应于国内项目建设程序的立项阶段。

这些项目必须有助于实现国家和地区的发展计划,而且按世界银行标准被认为是可行的。从我国来讲,选定的项目,必须具备以下条件:①已列入行业规划或五年计划;②配套资金基本落实;③具有还贷能力;④有较好的社会、经济、财务效益。项目选定后,才可列入世界银行贷款计划。

世界银行一般要对借款国的经济结构和发展前景进行调查，并派考察团实地考察，与借款国讨论，经双方同意确定优先项目，作为世界银行贷款的预选项目，即完成项目筛选、项目考察、项目鉴别等程序的项目。

（2）项目准备。我国选定的项目取得世界银行初步同意后，便进入项目的准备阶段。项目准备工作，首先是对选定项目进行可行性研究，编制可行性研究报告。有时世界银行也提供部分资金如技术合作信贷（TCC），或某些国家为世界银行提供的特别基金，或申请国寻求国际赠款用以聘请国外咨询专家协助完成这一工作，以确保可行性研究的质量。

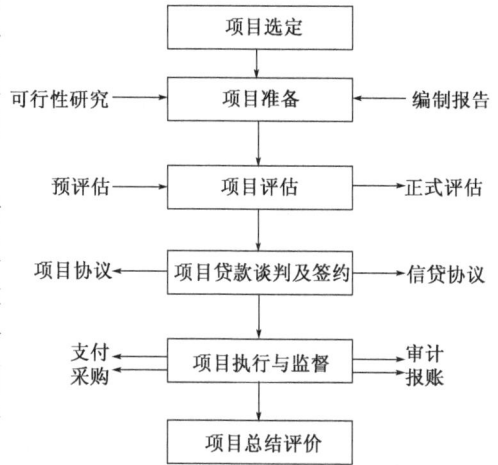

图 1-5 世界银行贷款项目周期图

世界银行特别重视项目的环保及可持续发展问题，对环境影响要进行大量的调查和论证，特别是对文物保护更加重视。因此，项目单位还要按世界银行要求准备有关环境影响评价报告及环保实施和监督行动计划。

项目准备阶段的重点是可行性研究，其深度至少相当于扩大的初步设计，也是项目管理周期中的一项基础性决策论证工作。我国是从 20 世纪 80 年代中期在世界银行等国际组织的指导帮助下，开始尝试引入项目可行性研究，如 80 年代末期启动实施的一些由世界银行贷款修建的重点工程，包括京津塘高速公路、西三公路、成渝路、南九路、济青路、三铜公路等，其在项目准备阶段均完成了初步设计，补充完善了项目可行性研究报告，这样，不仅各种资料较齐全，而且数据准确，为世界银行的评估奠定了基础。目前，随着项目管理制度、项目评估体系的建立和不断完善，可行性研究及其评估论证已经成为项目管理周期中必不可少的重要一环，这对于提高投资项目决策科学水平，避免失误均发挥了重要的作用。

（3）项目评估。项目评估阶段根据项目准备情况不同，可分为预评估和正式评估。

完成项目准备工作后，即进入项目评估阶段，一般是在国内初步设计批准后进行。在这一阶段，世界银行派出评估团来华进行实地考察，全面、系统地检查项目的各个方面，与中方专家就项目的经济财务、工程技术、设计文件、组织管理、招标采购等一系列问题进行讨论和评估，同时还要决定项目的人员培训，设备采购的数量清单、方式，研究课题等具体安排。

项目评估是项目周期中一个重要阶段，世界银行要对项目的各个方面进行全面审查，为项目的成立、执行和后评价奠定基础。世界银行评估团的实地考察一般需要 2～3 周时间，如认为该项目适合世界银行的贷款标准，就提出项目评估报告，它是世界银行内部的重要文件，需得到世界银行执董会认可，在项目执行过程中，它是重要的依据之一。

（4）项目贷款谈判及签约。贷款项目完成了正式评估，世界银行项目代表团编制的职员评估报告经执董会批准形成正式世界银行职员评估报告，世界银行随后将安排 1 周左右的时间，邀请借款人代表及项目执行机构的代表团（6 人左右）到华盛顿世界银行总部进行贷款谈判。

（5）项目执行与监督。在这一阶段，项目单位负责项目的执行，世界银行负责对项目的监督。项目单位除了组织力量，配备技术、经济、管理等专家，按贷款、项目协议规定执行外，还需制订项目执行计划和时间进度表，主要包括以下内容：①制订土建工程实施计划；②确定施工监理队伍；③货物采购；④机电工程采购；⑤人员培训及开展有关贷款、项目协议规定的工作。

在做好项目执行计划的各种准备工作后,即可组织国际招标。土建工程招标和货物及机电工程采购招标均按世界银行规定的现行采购指南进行。

在完成了国内开工报告的审批后,贷款项目即可正式开工。世界银行按照自身的项目管理程序每半年或一年一次派员到项目现场进行实地跟踪检查,检查的重点是采购程序、工程质量、工程进度、合同财务支付等各个方面。进度检查报告要提交世界银行专职机构审查,如发现问题,世界银行将书面通知借款人或派工作组来华实地调查和解决。按规定,每年还将由专门的审计部门向世界银行提供年度审计报告。在项目完成后,一般应不晚于 6 个月向世界银行提供项目竣工总结报告(PCR)。

(6)项目总结评价。世界银行在项目完成后 1 年左右,对项目进行总结评价,即项目后评价。由世界银行项目经理写出《项目完成报告》送交世界银行业务评审局对项目的成果进行比较全面的总结评价。必要时,该局还将派员进行实地调查,然后提出自己的《审核报告》,直接送世界银行执行董事会。世界银行还要征求我国对世界银行业务评审局《审核报告》的意见。目前我国已建立项目的后评价制度,一般能满足世界银行的要求。

5. 我国向世界银行提出贷款申请的程序

(1)由国家发改委根据国家长远规划和主管部门及地方政府的申请,综合平衡后挑选出适合于利用世界银行贷款的项目,报国务院批准。

(2)由财政部将国务院批准的项目统一作为备选项目提供给世界银行考虑。

(3)世界银行经过考察后提出意见,提出年度备选项目,经双方协商后确定。

(4)对初步确定的项目,项目单位按照国内基本建设程序进行工程预可行性研究、可行性研究以及初步设计等工作。在此阶段,世界银行将派出代表团对项目先进行鉴别、准备、预评估、评估等一系列评审工作,提出项目资源评估报告。

(5)世界银行正式评估以后,财政部作为我国世界银行贷款的窗口单位,还要与项目单位洽商转贷条件,包括贷款利率、还款期限和还款方式(币制)等。

(6)双方对项目的评估都认同后,即进入谈判阶段,由世界银行提供贷款(信贷)协议和项目协定草本。我方审定后,由财政部、项目主管部门、国家发改委和项目单位组成代表团前往世界银行在华盛顿的总部谈判,对协定文本进行修改和确认,达成协议并签署谈判纪要。

(7)对贷款(信贷)协定,我方应报国务院核准,世界银行方面报执行董事会批准,然后由双方授权代表在协定文本上签字。

(8)贷款(信贷)、项目协定一经签字,就具有法律效力,在协定中明确规定的生效条件都完成后,一般为 90 天左右,协定即宣告生效,即可按协定规定办理支付和提款。

第二节　交通项目评估概述

一、项目评估理论概述

(一)项目评估的概念

项目评估的概念有狭义与广义之分。狭义的项目评估就是投资决策部门或贷款机构(主要是银行、非银行金融机构)对上报的建设项目可行性研究报告进行再分析、再评价,即主要是对拟建项目的必要性、技术可行性及经济合理性等进行全面审核和评估,并给出相应结论的工作。

广义的项目评估是指在项目决策与实施过程中所开展的一系列分析与评估活动。包括在项目决策阶段对其必要性、技术可行性、经济合理性、环境和运行条件的可行性等方面进行的全面分析与论证工作,其目的是为项目决策提供依据;也包括在项目实施过程中对项目实施情况和未来发展所进行的跟踪评估,其目的是对项目实际进展进行监督与跟踪检查等;同时,还包括在项目完成运营一段时间后对项目进行的后评价,其目的是检验项目前期的决策水平和修订调整将来的项目决策标准与政策,以及为项目在运营维护期中的可持续发展提供信息。

(二)项目评估的内容和程序

1. 项目评估的内容

项目评估主要是受政府主管部门或银行委托,对具体投资项目进行的一项专门的调查研究与论证工作。其主要工作内容一般是研究项目的技术可行性和经济合理性,但不同的业主可能会有不同的要求,比如政府可能会侧重国民经济效益和社会影响;而贷款的商业银行更注重项目的财务效益和还贷能力;投资者或企业等机构则往往更关心项目的长期盈利能力和资金流动性(现金流)。因此,归纳起来,项目评估的工作内容主要包括以下几个方面:

(1)项目概况及建设必要性评估。项目概况评估着重研究项目提出的背景、项目设想、进展概况和项目评估文件审查。项目建设必要性评估主要是从宏观与微观两个层面进行评估。宏观必要性评估涉及项目建设是否符合国民经济发展与社会发展长远规划、区域经济发展的需要和国家产业政策。微观必要性评估涉及项目产品市场供求和竞争能力的审查、分析和评估;项目建设是否符合企业自身发展需要的评估;项目是否有利于科技进步的评估;项目建设规模的评估;项目经济效益、社会效益和环境效益的评估。必要性评估一定要落实到明确、具体的建设目标上。

(2)市场分析。投资项目应不应该建设,首先取决于市场是否需要,只有市场需要的产品,建设项目才值得去建设。市场分析的主要内容是对国内和国外市场进行需求分析与预测,从而确定投资项目是否建设及建设的相应规模。

(3)技术分析。主要是根据国家的有关技术政策,对建设项目选用的工艺技术和技术装备的先进性、适用性和经济性进行评估。要特别重视检验采用的新工艺、新技术、新设备、新材料是否经过工业试验和鉴定,以确定其安全可靠性,并通过多方案的比较进行优选。主要内容包括:项目规模、布局和地理位置;工艺路线和设备选择;采用的技术是否是当地的适用技术;能否达到预期的生产水平等,并且符合一般公认的有关标准。

(4)建设条件的评估。主要是评估项目的资源是否可靠,工程、水文地质情况是否调查清楚,原材料是否满足需要以及其稳定程度如何,燃料、动力供应是否有保证,交通运输条件是否畅通,协作配套项目及环境保护措施是否做到同步落实,以及建设项目的厂址选择是否适宜、合理。此外,还要考虑地方政策和法规,地方政府和居民的支持等问题。

(5)投资和财务基础数据的估算。主要是对项目可行性研究报告中的投资估算和财务基础数据进行审查和评估,包括对项目投资进行估算,对资金来源渠道、投资构成、流动资金、产品成本、企业的税收与利润进行分析和估算,对建设项目的贷款条件、贷款利率等都应进行认真仔细的审查,以保证项目决策所需基础数据信息的可靠性。

(6)财务效益的评估。针对投资项目本身的情况,以国家现行的各项制度规定为依据,对建设项目进行经济效益评估,包括建设项目的盈利能力和对贷款偿还能力的分析等内容。企业经济效益分析评估的必要性,在于它直接影响企业的利益,同时也影响国家的经济利益。企业经济效益不佳,就无法完成上缴国家的税金和利润,也将难以偿还银行贷款,影响其他工程的投资与贷款建设。

(7)经济效益评估。即从整个国民经济角度对投资项目的经济效益进行分析和评估,评估的主要内容是审查和核算投资项目新增国民收入、投资回收期、外汇收入、相关项目的投资和环境、社会等方面所取得的经济效益。

(8)不确定性分析。不确定因素主要指在项目建设过程中不可预见的诸多因素,如政治的、经济的以及建设条件等。在评估中,运用一定的科学方法,对某些不确定因素的变化进行分析和预测,以确定项目在财务上和国民经济上抗投资风险的能力,提高项目投资决策的可靠性和科学性。

(9)社会影响评估。项目社会影响评价是一项重要的项目评估内容,具有宏观性和复杂性的特点。对项目的社会影响评价主要包括项目国民经济评价中的社会效益分析,项目经济评价中的收入分配分析,项目宏观经济分析中的社会效益分析,引入社会学家参与评估的项目社会分析或社会影响评估等。

(10)社会稳定风险评估。社会稳定风险评估是针对与人民群众利益密切相关的重大决策、重要政策、重大改革措施、重大工程建设项目、与社会公共秩序相关的重大活动等重大事项,在其制订出台、组织实施或审批审核前,对可能影响社会稳定的因素开展系统的调查,科学的预测、分析和评估,制订风险应对策略和预案。其目的是规避、预防、控制重大事项实施过程中可能产生的社会稳定风险,从而更好地确保重大事项顺利实施。

(11)环境影响评价。建设项目一般会对项目所在地的自然环境、社会环境和生态环境造成一定的影响。为尽量降低或避免项目对环境状况和质量的影响,需要进行环境影响评价,即在研究确定场址方案和技术方案时,调查研究环境条件,识别和分析拟建项目影响环境的因素,研究提出治理和保护环境的措施,比选和优化环境保护方案。项目环境影响的评价现已有完善的评价体系。

(12)总评估与综合评价。在全面调查、预测、分析和评估上述各方面内容的基础上,对拟建项目进行总结性评估,即汇总各方面的分析论证结果,进行综合研究,提出关于可否批准项目可行性研究报告和能否予以贷款等结论性意见和建议,为项目决策提供科学依据。

2.项目评估的工作程序

项目评估工作通常由各级项目审批单位委托有资格的工程咨询机构或项目贷款机构进行,一般按下列评估程序开展工作,如图1-6所示。

1)了解评估项目,做好准备工作

工程咨询公司或项目贷款机构在确定项目评估任务后,应及时组织力量参与待评估项目的有关调查、考察、文件编制和预审等工作,为开展评估工作做好准备;及时了解和分析建设单位(项目业主)或项目主管部门对项目产品方案、拟建规模、建设地点及资金来源等方面的初步设想,以及对项目投资和效益等方面的希望和要求,确定在评估中需要着重解决的问题,明确评估目标,以利于有针对性地开展评估工作和提高评估的效率和质量。

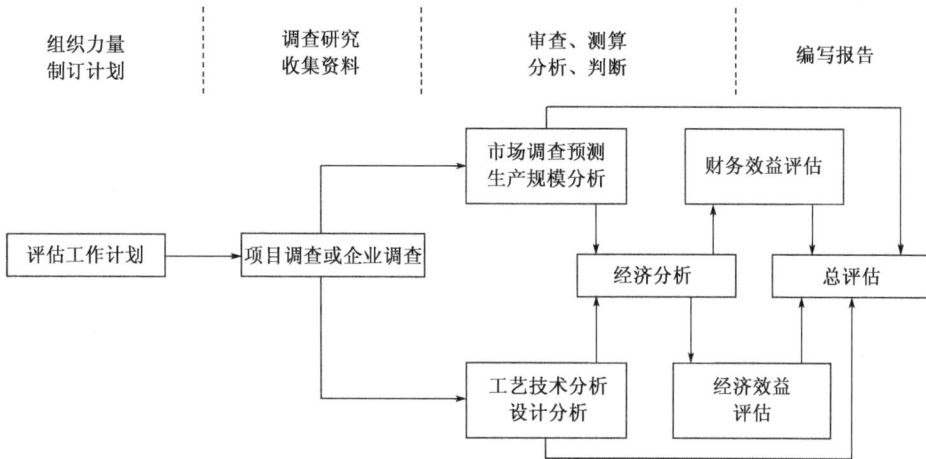

图 1-6 项目评估主要工作内容与程序

2)成立评估小组,制订工作计划

工程咨询公司或银行评估机构,根据国家计委和有关部门下达的委托评估项目特点及其复杂程度,采取不同的评估方式,成立项目评估小组(或专家组),确定项目负责人。评估小组应包括经济、技术与市场分析等专业人员,并明确分工。评估小组应制订评估工作计划,进行工作安排,提出具体实施意见,以保证评估质量。

3)调查研究,收集资料,核查整理

事前调查收集评估资料是项目评估的一项基础工作。首先,评估单位应认真审阅委托单位提供的待评项目可行性研究报告和主管部门审查意见等文件资料。检查文件资料是否齐全,文件手续是否完备合法,内容是否有效;核查资金、资源、原材料的供应是否落实可靠。其次,根据具体项目评估内容和分析要求进行企业调查和项目调查,进一步收集必要的数据和资料,核实和补充评估工作中所需的情况、数据和资料。

4)审查分析、综合判断

按照项目评估的内容对建设项目可行性研究报告进行审查分析,通过对企业和项目概况审查(包括对借款人资信评估)、市场和规模分析、工艺技术和设计分析、项目财务数据测算、企业财务效益和国民经济效益的分析评估等各方面的方案比选、分析、论证,归纳分析结果,说明评估项目建设的必要性,技术的可行性和经济上的合理性,提出项目投资建设的总结性意见与建议。

5)编写评估报告

评估单位应根据调查和审查分析结果,编写拟建项目评估报告。评估报告中要对可行性研究报告中提出的多种方案加以比较论证和评估,推荐一个最佳(或次优)的投资建设方案,按国家政策对拟建项目的投资结构及技术、经济等因素进行综合分析,做出综合评估结论,并针对相关政策制度和其他有关问题提出合理的建议。

银行对贷款项目评估报告内容的要求,应在全面评估的基础上,侧重评估贷款项目的投资估算与资金来源、财务经济效益和偿还能力、银行效益与风险防范能力,并对拟建项目的借款人进行资信评估。

15

(三)项目评估的要求和主要依据

1. 项目评估的要求

按照我国投资项目基本建设程序,在投资项目可行性研究报告编制上报后,中央和地方的主管部门和综合计划部门对拟建项目尚未做出投资决策前,应由上级主管部门或决策部门组织(或委托)有相应资格的工程咨询机构、贷款银行或有关专家,对上报的建设项目可行性研究报告进行全面审核和再研究工作。其目的是审查和判断项目可行性研究的可靠性、真实性和客观性,对拟建投资项目技术是否可行、经济上是否合理进行论证,并对政策法规要求、融资模式、设计方案等核心问题的确定是否合理提出评估意见,编写评估报告,以此作为项目投资最终审批决策的重要依据。对拟建项目可行性研究报告的评估,主要应从以下三方面进行论证:

(1)项目是否符合国家有关政策、法令和规定。

(2)项目是否符合国家宏观经济意图,是否符合国民经济长远规划、行业规划和国土规划的要求,布局是否合理。

(3)项目在工程技术上是否先进、适用,在经济和社会效益上是否合理有效。

2. 项目评估的主要依据

可作为项目评估依据的主要有:

(1)有关部门颁布的项目评估方法。

(2)国家发改委和建设部发布的"建设项目经济评价方法和参数"。

(3)项目可行性研究报告、规划方案等。

(4)各有关部门的批复文件,如项目建议书、可行性研究报告的批复。

(5)投资协议、合同、章程等。

(6)有关的方针、政策、法规、规定和办法等。

(7)有关的年鉴、统计公报等信息。

二、项目评估在投资决策中的作用

(一)投资项目决策

投资项目决策是对建设项目及其建设方案的最后选择和决定。项目决策应在符合国家宏观经济政策和发展规划的前提下做出,并遵循我国的投资项目决策程序。

1. 项目决策与政策、规划

(1)项目决策与发展规划。为促进国民经济全面协调和可持续发展,国家从一定时期的发展战略出发,编制发布发展规划,用以指导、调控生产力布局、发展方向、发展规模和发展途径。发展规划具有宏观性、前瞻性、指导性和宏观调控作用。各类投资主体的投资项目,均需在规划的约束和指导下进行选择和决策。

(2)项目决策与产业政策。产业政策是国家为实现一定经济社会发展目标,促进产业形成、发展和进行产业结构调整、行业准入而制订的调控、干预政策。政府对投资项目实行产业政策引导和约束,所有投资项目的建设必须符合国家产业政策的要求和产业发展目录的规定。

（3）项目决策与技术政策。国家根据全国科学技术发展方向和技术进步的需要制订技术政策，引导和约束相关技术的研发、应用。例如，能源消耗技术政策、循环经济技术政策、工业产品加工技术政策等。国家鼓励采用先进技术，限制一般技术，淘汰落后技术，一般是通过《国家产业技术发展指南》来体现。

（4）项目决策与节约资源、保护生态环境。建立资源节约型、环境友好型社会是国家重要发展战略。节约资源是我国的基本国策，工程项目应按照国家发展改革委《关于加强固定资产投资项目节能评估和审查工作的通知》（发改投资〔2006〕2787号）要求及相关法律法规，把项目能耗指标、节能措施作为项目决策的一项重要内容。

（5）项目决策与社会影响。为建立和谐社会，我国政府高度重视投资项目建设与当地社会的相互适应性，因此，当因项目建设导致社会矛盾和冲突时，务必要与当地社会不同利益群体间的利益实现平衡。特别是水利工程、铁路交通工程、矿区开发工程等移民拆迁安置量大的项目，尤其应处理好这些社会关系。

2. 投资项目决策程序

投资项目的决策程序，是指投资项目在决策过程中各工作环节应遵循的符合其自身客观规律的先后顺序。决策程序不是随意确定的，它是人们在项目决策实践中经过不断总结经验、对客观事物规律认识深化的基础上制订出来的。科学的决策，才能避免出现决策的主观性和盲目性，从而获得理想的决策效果。

在我国以往多年的投资项目建设中，存在着投资项目决策体制不健全，决策程序和评价方法不完善，造成投资项目决策存在主观性、盲目性和不够慎重等问题。具体表现在投资项目事后论证多，事前论证少；从企业角度评价多，从国民经济全局论证少；可行性研究和项目评估出自本单位和本系统主管部门多，委托专职的咨询单位、邀请技术经济专家公正评议少；项目决策权在计划部门，可行性研究由设计部门负责，且各不承担责任和风险，投资项目决策的权、责、利未能统一；再者，项目可行性研究和项目评估工作未能做到程序化，没有能够很好地集中各方面的人才和专门的学科进行研究，加之信息、资料搜集不全，一般论证多，权威论证少，可行性研究和项目评估工作质量不高。

在投资项目决策过程中，我国借鉴西方经济发达国家的决策经验和科学的评价方法，并结合我国的实际情况，已制订了一套比较适合我国投资项目决策的科学程序。按照国家规定，大中型投资项目决策程序主要按以下步骤进行。

（1）提出项目建议书，筛选并推荐项目。由项目主管部门或建设单位依据国民经济和社会发展长远规划，结合行业和地区规划要求，资源条件与生产力布局状况，经过对项目建设必要性和建设条件的初步分析，选择推荐一些能够满足国家和地区社会经济发展需要的，或者是企业经营发展需求的投资项目，提出项目建设书，上报有关部委、厅局等部门对项目进行备案审核，并初步论证决策。

项目建议书即是投资前对项目的轮廓性设想，也可称之为项目的"概念设计"阶段，主要从投资建设的必要性方面来衡量，同时初步分析投资建设的可行性。主要内容是：投资项目提出的必要性；产品方案、拟建规模和建设地点的初步设想；资源情况、建设条件、协作关系的初步分析；投资估算和资金筹措设想、偿还贷款能力测算；项目的大体进度安排；经济效益和社会效益的初步估计等。项目建议书批准后，方可进行可行性研究工作，但并不表明项目非上不可，批准的项目建议书不是项目的最终决策。

(2)进行可行性研究。项目建议书经过批准,即为项目立项,纳入投资前期工作计划和贷款计划。由项目建设单位(或项目业主)委托工程咨询公司或设计单位对项目进行可行性研究,进行全面分析、论证和方案比选,并编写可行性研究报告,上报有关部门进行最终决策。可行性研究是对投资项目在技术可行性和经济合理性所进行的科学分析与论证。一些工程技术条件复杂或对国计民生影响巨大的交通运输投资项目还需要进行预可行性研究(也可称之为"初步可行性研究"),并在此基础上进行可行性研究。

(3)编制计划任务书。计划任务书又称设计任务书。它是确定投资项目及建设方案的重要文件,也是进行投资项目工程设计的重要依据。可行性研究报告中所提供的项目投资若干方案,包括其中的最佳方案,经再调查、研究、补充、修正、挑选确定,即可作为编制计划任务书的可靠依据。

(4)项目评估。由投资决策部门和贷款机构委托咨询机构或组织独立于项目业主单位的专家小组,对项目业主提供的可行性研究报告进行审查与评估,验证可行性研究数据、结论的真实有效性,以及方案的合理性。评估专家通过调查测算与分析衡量拟建项目建设和投产全过程的利弊得失,论证和估算项目的社会经济效益,提出项目评估报告。

(5)项目审批立项。由投资决策机关根据项目评估报告和审批项目可行性研究报告,对项目投资做出最终立项决策。

项目的立项决策制度可分为三种:审批制、核准制和备案制(出自国发〔2004〕20号《国务院投资体制改革的决定》)。文中规定,对于企业不使用政府投资建设的项目,一律不再实行审批制,区别不同情况实行核准制和备案制。其中,政府仅对重大项目和限制类项目从维护社会公共利益角度进行核准,其他项目无论规模大小,均改为备案制。

审批制:适用于政府投资项目。对于采用直接投资和资本金注入方式的政府投资项目,需从投资决策的角度审批项目建议书、可行性研究报告、初步设计、概算,除特殊情况外不再审批开工报告;对于采用投资补助、转贷和贷款贴息方式的政府投资项目,则只审批资金申请报告。

核准制:企业对《政府核准的投资项目目录》中的项目进行投资建设时,仅需向政府提交项目申请报告,不再经过批准项目建议书、可行性报告和开工报告等程序。政府主要从"外部性"条件方面进行核准。对于外商投资项目,政府还要从市场准入、资本项目管理等方面进行核准。

备案制:对于《政府核准的投资项目目录》以外的企业投资项目,实行备案制,除国家另有规定外,由企业按照属地原则向地方政府投资主管部门备案。

对于实施核准制或备案制的项目,虽然政府不再审批项目建议书和可行性研究报告,但为了保证企业投资决策的质量,企业也应该编制可行性研究报告。此外,2015年出台的《关于简化铁路建设项目审批程序的通知》规定,对已纳入国家中长期铁路网规划和国务院批准的区域规划、专项规划的铁路项目,不再审批项目建议书,直接审批可行性研究报告。

【延伸阅读1-2】

国家发展改革委关于下放部分交通项目审批权和简化审批程序的通知(2015年)

交通运输部、铁路局、民航局、中国铁路总公司,各省、自治区、直辖市及计划单列市、新疆生产建设兵团发展改革委:

经报国务院同意,对我委承担的部分中央政府投资交通项目审批权予以下放和简化程序,现将有关事项通知如下。

一、下放审批权和简化程序事项

(一)将国家高速公路网改扩建项目、普通国省道建设项目、内河航道建设项目(长江干线航道和国际国境河流航道建设项目除外)、内河航电枢纽建设项目、机场改扩建项目(增建跑道除外),下放省级政府审批。

(二)将纳入国家批准规划的铁路增建单线项目由中国铁路总公司自行决定,民航空管项目按隶属关系由民航局审批。

(三)对纳入国家批准规划的长江干线航道项目,跨境、跨10万吨级及以上航道海域、跨大江大河(现状或规划为一级及以上通航段)的独立公(铁)路桥梁、隧道项目,以及交通行业直属院校、科研机构等中央本级非经营性项目,我委不再审批项目建议书,直接审批可行性研究报告。

二、切实做好承接工作

(一)本次下放到省级政府的审批事项不得再行下放,由有关部门和单位自行审批或决定的事项不得再行转移。请各地方、有关部门和单位落实责任,加强能力建设,切实接住管好,提高行政效率和决策水平。

(二)请各地方、有关部门和单位加快制定相关项目审批和监管办法,规范审批行为,强化建设项目研究论证和协调推进工作,按照国家批准规划完成项目审批后,及时将批复文件抄送我委。

三、加强规划指导和监管

(一)我委将加强宏观规划管理等工作,对铁路增建单线、内河航道建设等项目纳入相关交通专项规划。由我委审批可行性研究报告的项目,请各地方、有关部门和单位严格按照国家规划扎实做好前期工作,我委将按程序加快审批。

(二)我委将会同有关部门和单位,完善事中事后监管和工作机制,加强对省级政府承接工作的指导,协调解决项目推进过程中的重大问题。请有关方面同步完善配套政策,加强安全生产监督管理等工作,确保交接工作平稳过渡和交通基础设施项目有序推进。

(二)项目评估与投资决策

1.项目评估与项目决策的关系

项目评估与项目决策是紧密相关的,二者是一种互为前提和结果的关系。项目决策是在项目评估的基础上所得到的结果。反之,不断深入的项目评估都是以项目的前期决策为前提条件的。项目评估和项目决策之间的关系如图1-7所示。

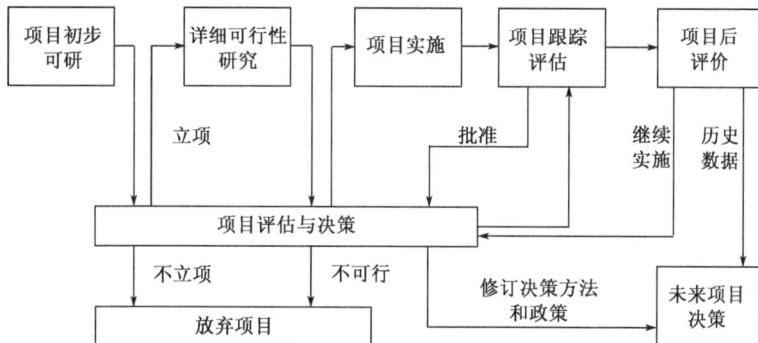

图1-7　项目评估和项目决策之间的关系

由上述分析可见,项目决策与项目评估有着非常密切的关系。其中,项目前评估是项目初始决策的前提和基础,项目跟踪评估是对项目实施中各种决策的前提和保障,项目后评价是对于项目前评估和项目决策的检验与评估,同时项目后评价还具有总结经验和修订未来项目决策准则和政策,为提高项目评估、项目决策及管理水平提供经验和教训的作用。项目评估与项目决策的关系具体表现在:

(1)项目评估就是为决策服务的专业技术审核以及对项目投资可行性的综合评判工作,为政府或企业科学决策提供依据。为减少和避免盲目性,尽可能做到正确决策,也必须以科学的项目评估报告为基本依据。

(2)项目评估是决策的基础,项目决策是项目评估的目的。

(3)项目评估的深度、质量和科学水平越高,越有利于项目决策的成功。项目决策的成功率是检验项目评估工作优劣的标准。项目评估的主持与参与者实际上起到了为项目决策者担当总参谋、总顾问的作用。

2.项目评估在投资决策中的作用

通过项目评估工作,可以提高项目决策管理水平,增强投资决策的准确性和科学性,提高投资效益,保障国民经济良性运行、健康发展。为此,项目评估人员必须从国家全局利益出发,坚持实事求是的原则,认真调查研究,广泛听取各方面的意见,对已形成的基础资料、技术和经济参数进行认真审查核实,对项目的评估意见尽量做到公正、客观、独立和科学。项目评估在项目投资决策中的作用主要表现在以下几个方面:

(1)项目评估是投资决策的关键环节。投资决策虽然是产生于做出决定的那一瞬间,但是,这一瞬间的正确决定来源于长时间的调查研究。通过深入调查使项目投资决策建立在经过调查研究的基础上,提高决策的科学性,避免决策的盲目性。由于项目评估的结论是项目投资最终审批决策的主要依据,因此,投资项目决策的正确与否,主要取决于项目评估环节。

(2)项目评估是获取银行等金融机构贷款、资金的重要依据。我国银行规定,未经评估的项目不得贷款。凡是申请贷款的项目,银行都要进行详细评估。通过评估,不但可以取得决策的发言权,确定资金的正确投向,而且可以取得项目管理的主动权,促使投资发挥应有的社会效益和经济效益,从而保证银行自身获得较好的资金经营效益。

(3)项目评估是实施项目全寿命周期科学管理的基础。在项目实施过程中,管理人员可以把实际发生的情况和数据与评估时所掌握的资料进行对比分析,及时发现设计施工、项目进展、资金使用、物资供应等方面的问题,以便采取措施,纠正偏向,促进项目顺利完成。在项目建成投产以后,管理人员还可将评估时预测情况与实际发生情况进行对比分析,找出生产方面或评估方面存在的问题和差距,以总结经验,提高管理水平。

(4)项目评估可以使项目微观效益与宏观效益得到统一。投资结构不合理是当前投资领域中最突出的问题,已成为微观效益同宏观效益产生矛盾的根源。而项目评估工作,既要评估企业财务效益,更要重视评估国民经济效益,由此可使两者得到统一。

三、交通运输业投资项目评估的特点

(一)交通运输业投资项目的特征

交通运输是国民经济的基础设施,是为国民经济的生产过程、流通领域以及人民生活与旅

行需要服务的产业。要发展交通运输业,必然要增加对交通运输业的建设投资,并把投资具体落实到每个建设项目上。据国家发改委统计公布,2015 年共批复铁路、公路、水路、民航项目(含立项)、城际铁路和城市轨道交通规划项目 118 个,全年共完成全国重大交通项目投资 1 万亿元。由此可见,交通基础设施建设项目的投资仍将是实现我国经济稳增长的重要手段之一。交通基础设施建设项目一般包括铁路、公路、水运、航空、管道等运输线路、站场(如车站、机场、港口)和枢纽等基础设施的新建和改扩建项目。它与一般的物质生产部门的工业建设项目有共性,也有其自身的特性,这种特性表现在:

(1)交通项目效益具有宏观性。交通项目的建设投资,不是根据本部门盈利的多寡,而是按照国民经济和社会发展需要而确定。由于交通运输是社会再生产过程在流通领域的继续,是社会再生产过程不可缺少的环节,其效益不仅表现为本部门的直接效益,大部分是由利用运输的相关部门所获得,它可带动工业、农业、商业、科技、文教、卫生、旅游、国防等部门的发展,也会促进地区经济的发展和人民生活水平的提高,其宏观效益远远超过本身的微观效益。因此,交通运输项目的成本和效益直接表现为国民经济宏观成本和效益。因此也将交通项目的宏观经济效益分析称为国民经济分析。对交通项目评估和投资决策,必须着重于国民经济评估和社会评估,财务评估仅起辅助作用。

(2)交通项目的效益是以外部效果为主。作为公共或准公共物品,公路、铁路、水运等交通基础设施建设项目及其形成的产品或服务,是与其相关联的其他工程项目取得的效果联系在一起的,并相互作用产生综合效果。它对经济、社会、文化、教育等有多方面影响,并将使物质生产、经济和生活服务,以及思想交流的范围扩大;同时也会对自然和生态环境产生负效益或公害。因此,在测算交通项目的投资效益时,应以取得外部效果的大小作为投资决策的重要依据。

(3)交通项目的成本和效益具有无实体性。交通项目投产运行,可使货物和旅客在一定时间内发生空间位移,被称为运输业创造的"特殊产品",不是具体的物质产品。这种运输产品的无实体性决定了它的基础服务性职能,就是为国民经济和千家万户服务,与社会大生产和人民生活息息相关,因而其产品或服务价格也不能太高,否则会由于货物运输及人员出行成本的提高而引起其他行业物价的普遍上涨。

(4)交通运输产品具有非储存性。由于交通运输业属于服务业,其提供的产品无实体性,而是体现为一种服务能力。运输业的生产过程同时也是产品发生效用和进行消费的过程。因此,运输产品不能相互替代、转移和储存,通常还受自然条件(如气候和地理环境)的制约和影响,运输产品的非储存性决定了运输线路的选择和运输能力的安排必须要合理规划,必须结合土地资源的合理利用、沿线的自然环境条件等诸因素,作全面综合衡量与比选,选取最经济合理、安全适用的线路技术方案,以满足人们生产及生活的需要。

(5)交通基础设施建设项目往往占用投资多、工期长、专业特点明显。无论是线路建设,还是运载工具的制造,都需要大额投资,大部分总投资在数十亿,甚至百亿以上,工期至少 5 年左右,而且还具有明显的专业特点,技术规范严格,建成后又很难改作他用。

(6)交通项目的系统性和整体性。作为现代交通运输手段的铁路、公路、水运、航空和管道,它们各自的技术经济特点不同,而各地区所需的运输量、运输条件要求亦各异。为此,有必要把各种运输手段和各地区的运输需求两个系统有机地结合起来,形成一个综合的交通运输网络。通过充分调查、分析论证、统筹兼顾、相互协调,形成一个合理有效的综合运输体系。每个具体交通项目作为总系统的一个组成部分,就必须从整体的角度对其进行评估。

(二)交通项目评估的特点

交通项目评估,除了遵循一般工业项目评估的原则和基本方法外,根据其自身的行业特点,在具体方法上具有以下特点:

(1)评估目标的宏观性。由于交通业的发展直接影响国民经济各部门的发展和社会的进步,同时交通业的发展规模、发展速度和发展水平都受到国民经济和社会发展的制约。因此,交通项目评估必须以宏观的国民经济和社会评估为主,以此作为项目取舍的主要依据。例如铁路项目尤其是干线类项目,对国民经济有着跨地域和跨部门的深远影响,对其进行评估时,要考虑该项目对人员、物资的交流,劳动力、产业布局的调整,贸易条件和产业结构改变等多个方面的战略效果。

(2)经济效益的多重性与兼顾性。交通项目经济效益的评估,应使近期与远期效益相结合、交通部门的效益与国民经济和社会效益相结合、有形效益与无形效益相结合。凡有经营收入的交通项目(如铁路、收费公路、机场、港口、管道等),在国民经济评估的基础上,还应兼顾进行企业财务评估,按企业或集团承担的投资额分析和计算项目的财务盈利能力和清偿能力。

(3)评估方法的多样性。交通项目国民经济和社会评估主要是采用有无对比法、费用效益分析法、多目标综合分析评估法、层次分析和模糊综合评估法。"有无对比法"中的"有项目"是指某运输系统为满足某种运输需求而拟建的项目在实施后将要发生的情况;"无项目"是指不实施该拟建项目而按现有运输系统在计算期内将要发生的情况。

(4)应重视配套项目。由于交通运输生产过程的连续性、过程性以及各个环节的协调联动性特点,形成整体的运输生产能力往往不是一个项目(站场枢纽、线路建设等)能完全解决问题,而需要各个子系统协调配合才能完成一个完整的生产过程,因此,交通项目评估应考虑相关配套设施项目和投资。例如修建海港和铁路等项目应考虑其集疏条件和设施(如与港口有关的铁路、公路、内河航道等设施);新建铁路应考虑与既有线路接轨和编组站、机务段(或动车基地)、车辆段等配套和改建;新建机场应考虑与公路交通的联系;新建的公路必须考虑与城市或乡村公路之间的衔接问题;新建的地铁项目除了考虑与其他地铁等城市轨道交通线路的换乘外,还必须考虑与城市公交线网等其他交通方式的换乘衔接条件。

(5)在各种运输方式进行方案的技术经济比较时,除线路、场站等基础设施外,还应计算交通工具(机车、车辆、船舶、飞机)的投资和费用,这样才能全面地进行客观比较。各种交通路线应包括从始发地到终点地的运输全部过程,费用和效益计算也应反映运输全过程。

(6)应注重路网的优选与运输方式的组合。现代五种运输方式各自具有不同的技术经济特征,因此,对交通项目的评估要从整个系统的角度出发,分析各种运输方式间的相互补充、协调、替代等关系,对运输方式实现合理组合以达到优化路网的目的。而路网的优选着眼于开发沿线资源、发展地区物资交流、促进地区经济繁荣、发展旅游业和对外贸易、提高人民生活水平、发展边区经济及巩固国防等目标,从宏观规划中选取具体项目的最佳建设方案,对项目做出可行的经济估价,并提出投资、运营等相关费用。

(7)应充分考虑自然条件对交通项目的制约。因为交通项目技术方案的确定是与地形、地貌、水文、地质、气象、潮汐、流沙等自然条件直接关联的,有时甚至会影响项目建设的成败,如青藏铁路建设方案主要受青藏高原冻土层病害等地质条件的制约,为了解决这一问题,铁路部门投入大量的人力、物力和技术装备,进行了长期的勘探和观测试验,取得了大量的数据和研究成果,才保证了项目建设的顺利实施。

(8)更加重视建设期及运营期的环境影响评价。环境影响评价作为一项法律规定的制度,在预防新污染、缓减环境污染和生态破坏方面起到积极作用。对交通项目进行环境影响评价,有助于经济效益与环境效益的协调统一,以制订相应的环境保护对策。交通项目建设期和运营期的环境影响评价一般从声环境、振动环境、水环境、大气环境、社会环境、环境敏感区等方面进行影响评价。如需对建设期间施工打桩、施工机械、运输车辆产生的噪声影响,施工时产生的扬尘、运输车辆产生的尾气对大气的影响,施工期产生大量弃土、拆迁产生的建筑垃圾以及施工人员的生活垃圾的排放等对环境的影响进行评价。此外,地铁运营期由于列车驶过而产生的地基振动对地面上的人和建筑的影响,高速公路服务区产生的生活污水、修车废水、供暖锅炉烟气、生活垃圾等废水、废气、固废污染影响等均要进行环境影响评价。

(9)日益重视和加强项目的社会评价。社会评价的主要目的是判断交通项目的社会可行性。社会评价分为社会影响分析、互适性分析、社会风险分析。社会影响分析主要分析交通项目对社会环境和经济等方面产生的正面和负面影响;互适性分析主要是分析相关利益群体对交通项目的态度及参与程度,当地政府或居民对该交通项目的支持程度,当地环境及人文条件对该交通项目的接纳及适应程度。社会风险分析主要对可能影响项目的各种社会因素进行识别和排序,选择影响面大,持续时间长,并容易导致较大矛盾的社会因素进行预测,分析可能出现这种风险的社会环境和条件。

特别要强调的是,还应对交通项目社会稳定性进行评价。其主要内容是就该项目建设中可能存在的影响社会稳定的风险以及化解、掌控风险的措施进行分析或评估,制订有效的风险应对策略,以确保项目的顺利进行。

四、交通项目评估的发展历程和趋势

(一)项目评估的发展历程

投资项目评估作为一个专门的学科或者专门的学科领域,最早起源于西方发达国家。然后它在世界范围内得到了广泛的应用和推广,并取得了很好的效果。作为一种有效的管理技术手段,项目评估有助于提高项目决策的科学性,控制或减少投资风险。国内外的项目评估经历了不同的发展历程。

1.国际上项目评估的发展历程

1)初期阶段(20世纪30年代)

此时期世界范围内的经济大萧条使西方发达国家的经济和政策发生了重大变化,随着自由放任经济体系的崩溃,一些西方发达国家的政府开始实行各种新的经济政策,在加大公共项目投资和兴办基础设施中出现了最初的公共项目评估方法。例如,1936年美国为了有效控制洪水而大兴水利工程并颁布了《全国洪水控制法》。该法正式规定了运用成本效益分析方法评估洪水控制和水域资源开发项目,还提出了这样的原则:只有当一个项目产生的效益(不论受益人是谁)大于其投入成本时,该项目才能被认为是可行的。此后美国、英国、加拿大等国家政府又相继就项目评估做出了各自的规定,并公布了一系列的相应法规,这些法规对项目评

估的原则与程序做出了相应的最初规定。早期的项目评估主要是利用投资回收期和简单的(静态)资金利用率等经济指标,从企业财务收支方面分析项目获利能力及考核项目收支是否平衡,并以此作为项目取舍的依据。

2)成熟阶段(20世纪60年代末期)

此时期一些西方发展经济学家致力于研究发展中国家的投资项目评估理论和方法。英国牛津大学的里特尔教授和米尔里斯教授于1968年合作出版了《发展中国家工业项目分析手册》一书。该书首次系统地阐述了项目评估的基本原理和方法。随后世界银行的经济专家恩夸尔等于1975年共同编著出版了《项目经济分析》一书,该书对于项目评估的程序和方法作了系统的论述。1980年联合国工业发展组织与阿拉伯工业发展中心联合编著了《工业项目评估手册》。这些著作的出版标志着现代项目评估的原理与方法在不断地成熟和发展并被广泛地应用。这一时期项目取舍的依据已从单纯的财务评价过渡到财务评价与国民经济及社会评价相结合的阶段,动态分析方法也在企业和项目经济评价中得到了长足的发展和广泛的应用。

3)推广阶段(20世纪80年代)

此时期人类社会进入了知识经济和信息时代,整个社会创造财富和福利的手段越来越倚重于各种以项目形式出现的开发与创新活动,这使得项目评估工作越来越受到各国政府和企业,尤其是发展中国家政府和企业的重视,从而项目评估在全世界获得了极大的应用和推广。现在不管是项目业主还是项目承包商在项目决策中都要进行项目评估,而且项目的贷款银行、政府经济与环境保护等部门在做出各种项目决策时也都要做项目评估,只是各自评估的内容与方法有所不同而已。

2. 我国项目评估的发展历程

我国的项目评估从20世纪50年代末开始,大致也经历了上述三个阶段。

1)初期引进阶段(20世纪50年代末)

初期引进阶段主要是学习苏联计划经济体制下的项目技术经济分析论证方法,主要针对计划经济体制下政府投资建设项目立项决策,偏重于技术方案可行性,以及国民经济效益合理性,内容相对单一,不够全面。到了20世纪60年代初,我国将项目评估工作的发展正式列入全国科学发展规划,然而在随后的"文革"时期这一工作遭到冲击而停滞。

2)正式引进和探索阶段(20世纪70年代末~80年代)

随着我国改革开放政策的实施,项目评估工作又重新受到国家和企业的极大重视,我国先是全面介绍和引进西方国家和世界银行等国际金融组织以及联合国工业发展组织的项目评估原理和方法。其后随着我国经济体制改革的深入和对外开放的扩大,外商投资项目的日益增多,特别是1980年恢复我国在世界银行的地位以后,我国政府安排大批专业人员在世界银行的经济发展学院接受了相关的培训,这为我国与国际投资项目评估的做法和惯例的全面接轨提供了很好的机会。在这一时期中,很多高等院校和科研单位建立了相应的专业和研究机构,有关的译著、论著大量出现,这些不但为我国的项目评估奠定了理论基础,同时也推动了我国项目评估的广泛应用与发展。

3)改进和提高阶段(20世纪80年代之后)

此阶段国家管理部门对投资项目评估的研究和推广给予了高度重视,随着我国吸引外资以及对外投资的增多,通过各类项目评估的实践,使适应我国国情的项目评估理论和方法不断得到改进与提高。

在该阶段,原国家计委和建设部于 1982 年在北京组织召开了"建设和改造项目经济评估讨论会",以我国项目的国民经济评估原理与方法为中心,全面探讨了国内外项目评估的理论和方法,从而大大推进了我国项目经济评估的研究和实践的发展。随后于 1986 年国务院发展研究中心和中国人民建设银行在昆明联合召开了"可行性研究与经济评估讨论会",针对我国当时在项目可行性研究和项目评估中存在的问题,展开了深入的讨论并提出关于项目决策科学化的政策与方法建议,这次会议推动了项目可行性研究与项目评估工作在我国的发展。另外,1987 年由原国家计委和建设部组织,中国计划出版社出版发行了《建设项目经济评估方法与参数》一书,这为国内的建设项目评估与论证工作提供了必要的方法和依据;随后,中国计划出版社于 1993 年在《建设项目经济评估方法与参数》第一版的基础上进行了修订形成第二版;2005 年 5 月《建设项目经济评价方法与参数(第三版)》又通过了国家发展改革委投资司和建设部标准定额司共同组织的审查,进一步修订和明确了我国投资项目评估的理论依据、方式、方法、程序、主要内容等。同时,前国家计委委托中国国际投资咨询总公司于 2001 年推出了对项目评估原理和方法的研究成果,并出版了《投资项目可行性研究指南》。为了配合上述要求,交通行业的建设项目经济评价工作针对不同运输方式又做了进一步的规定与说明,如2009 年交通运输部印发了《水运建设项目经济评价方法与参数》;2010 年住房和城乡建设部标准定额研究所与交通运输部规划研究院共同编制了《公路建设项目经济评价方法与参数》;2011 年住房和城乡建设部、国家发展和改革委员会和原铁道部共同发布了《铁路建设项目经济评价方法与参数》等。在交通项目评估的可行性研究阶段,原铁道部和交通运输部相继发布了《铁路建设项目预可行性研究、可行性研究和设计文件编制办法》《公路建设项目可行性研究报告编制办法》《港口建设项目可行性研究报告编制办法》和《内河航道建设项目可行性研究报告编制办法》等。此外,高校和科研机构中也有很多人相继出版了与交通建设项目评估相关的研究专著和教材。这些都为交通投资项目评估在我国的实际操作和应用提供了理论和方法。从广义的项目评估而言,项目后评价工作的产生与发展(详见教材第八章)更进一步提高了我国交通项目投资决策的水平和项目全过程管理的效果。

(二)交通项目评估发展趋势

项目评估是为投资项目决策、经济发展服务的,交通项目评估更需要适应我国宏观经济增长和行业变化的新趋势。近年来,交通项目评估的评估范围、评估内容、方法等都在不断地修正、变更、完善中,有的新内容已经以政府文件的形式加以确认,成为投资项目决策程序的一部分,有的则还在研究、探讨阶段。本书列举了一些比较受关注的发展方向和相关文件。

1. 交通项目评估范围的扩展

随着国民经济的发展和新技术的不断应用,我国交通基础设施的建设与项目管理取得了长足的进步,如城市轨道交通、高速铁路、智慧交通等。这些项目的实施要求项目评估扩展工作范围,在原有评估体系基础上体现新项目特点,以便更好地为投资决策服务。

(1)城市轨道交通项目评估。除了传统的公路、铁路、港口等交通投资项目外,自 2008 年起,我国城市轨道交通项目进入大规模建设阶段。根据中国城市轨道交通协会的统计数据,

2008年城市轨道交通完成投资1 144亿元,随后逐年递增,2014年完成投资2 899亿元。在项目建设过程中,评估工作人员积累了大量经验教训,掌握了城市轨道交通项目评估的特点,2015年1月,国家发展改革委发布了《国家发展改革委关于加强城市轨道交通规划建设管理的通知》(发改基础〔2015〕49号),同时制订了《城市轨道交通工程项目可行性研究报告编制和评估大纲》,供各地参照执行。

(2)国际交通项目评估。随着经济全球化及世界经济一体化趋势的不断增强,尤其是我国实施"一带一路"战略,国际工程项目快速增长,作为互联互通的交通项目更是引人注目。2015年,"中巴经济走廊"最大交通基础设施项目——巴基斯坦卡拉奇至拉合尔高速公路(苏库尔—木尔坦段)项目EPC总承包合同签署,合同金额约184.6亿元人民币;还有中俄联合开发的"莫斯科至喀山"高速铁路、泛亚铁路东南亚走廊等。国际交通项目往往投资额巨大,风险也比较高,需要面临特殊气候、文化差异、法规标准差异等问题。在进行项目评估时,需要考虑这些特点加以分析。我国目前在国际交通项目评估中一般突出风险评估,但还没有形成系统的文件。

(3)智能交通和智慧交通项目评估。智能交通和智慧交通是我国交通领域近年来的发展热点之一,相关项目不仅包括基础设施投资,还有软件开发和管理体系构建,与传统的交通工程项目有较大区别,其评估方法还在探讨和完善中。

2. 交通项目评估内容的完善

随着对交通项目建设与运营经验和教训的积累,评估工作已经不仅局限在项目本身的前景分析,而是更多地考虑项目对国家资源、社会稳定的影响,以及项目的应急能力。因此,交通项目评估的具体内容也在不断完善中,部分评估内容已成为项目建设过程中的必要环节。

(1)项目土地利用情况评估。根据《关于在建设项目用地预审中做好实地踏勘和论证工作有关问题的通知》(国土资厅发〔2008〕41号)的要求,在国土资源部批复用地预审前,需要组织部级专家实地踏勘论证,编制《项目土地利用与耕地保护专题报告》,对项目选址合理性、项目用地规模的合理性、项目建设与土地利用总体规划的关系进行分析,并说明临时用地复垦措施及其他土地资源保护的对策与措施。

(2)项目灾害应急能力评估。国土资源部要求编制《建设项目地质灾害危险性评估报告》,对项目所在地的地质灾害危险性进行评估和预测,并提出防治措施。

(3)项目能源利用评估。国家发展改革委要求项目委托具有相应工程咨询资质的单位编制《项目节能评估报告》,对能源供应情况评估,包括项目所在地能源资源条件以及项目对所在地能源消费的影响评估;并进行项目建设方案节能评估、项目能源消耗和能效水平评估,包括能源消费量、能源消费结构、能源利用效率等方面的分析评估;进行节能措施评估,包括技术措施和管理措施评估。

(4)社会稳定风险评估。除了原有的社会评价外,还要求按照《国家发展改革委重大固定资产投资项目社会稳定风险评估暂行办法》(发改投资〔2012〕2492号)编制《社会稳定风险分析报告》。社会稳定风险评估是针对与人民群众利益密切相关的重大决策、重要政策、重大改革措施、重大工程建设项目、与社会公共秩序相关的重大活动等重大事项,在其制订出台、组织实施或审批审核前,对可能影响社会稳定的因素开展系统的调查,科学的预测、分析和评估,制订风险应对策略和预案。其目的是规避、预防、控制重大事项实施过程中可能产生的社会稳定风险,从而更好地确保重大事项顺利实施。

第三节 项目周期中各阶段的评估要求

一、各阶段评估的划分

在项目评估的定义中已经提到,项目评估有狭义和广义两种含义。这里讨论的是广义的项目评估,即在项目周期中不同阶段发生,有着不同的具体目标和评估内容,但总的目的都是根据客户要求,对投资项目进行研究判断,以支持项目决策的工作,而且评估的方法也类似。

图 1-8 表示了项目周期中可能发生评估工作的各个阶段。项目建设实施期以项目管理为主,项目评估则主要发生在项目投资前期和运营期,可分为投资机会研究、初步可行性研究、可行性研究、项目评估和后评价等阶段。

根据图 1-8 中项目投资前期、投资时期和运营时期的不同项目评估内容,可提出一个完整的项目评价体系,即将其构成划分为前评估(可行性研究与项目评估)、过程评价、后评价三大环节。

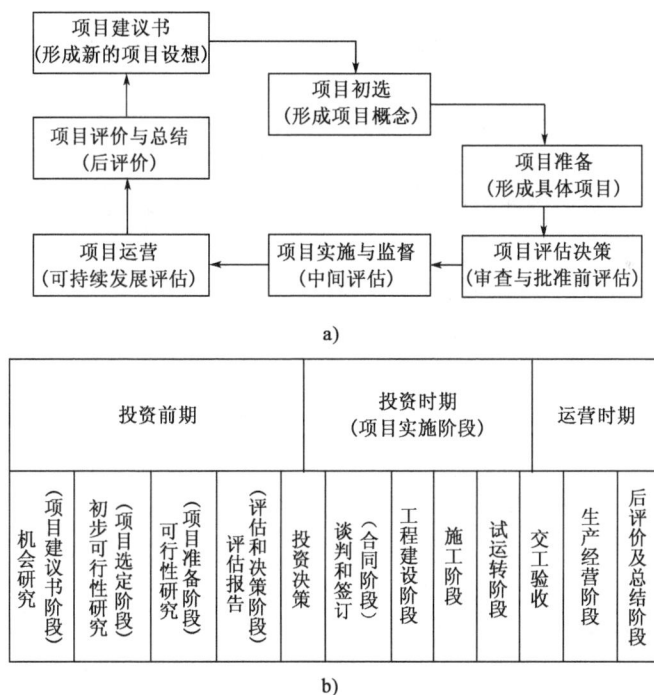

图 1-8 项目进展周期示意图

二、各阶段评估的要求

(一)投资机会研究

投资机会研究是在项目建议书阶段,主要是筛选、推荐项目。具体是指为寻求有价值的投资机会对项目的有关背景、资源条件、市场状况等进行初步调查研究和分析预测,包括一般机会研究和特定项目机会研究。投资机会研究是进行初步可行性研究之前的准备性调查研究,一般与规划研究同步进行,以机会研究结果为基础,可以设立备选项目库,进行项目储备,供今后制订投资计划和开展投资项目可行性研究之用。

机会研究的方法主要是依靠经验进行粗略的预测估计,一般可不进行详细的分析计算。

投资机会研究是寻找投资机会,实现组织战略规划目标的重要环节,因此所选择的投资机会必须符合投资人总体发展思路、指导思想及投资规划目标的要求。同时,拟选择的投资机会应能发挥投资人自身的优势。交通项目往往要求有地理位置优势,因此在投资区位选择上是研究重点。

对于不同类型的投资机会,应结合项目特点进行论证。一些基础设施或公共事业项目,如城市供水、道路桥梁等,过去都由公共部门投资建设经营,随着公共设施市场化改革的推进,不断催生出各种投资机会。这类投资从长远看收益有保证,往往是投资者关注的投资领域。

(二)初步可行性研究

初步可行性研究是对机会研究所选择的项目进一步分析论证。这种研究的主要目的是判别项目投资的必要性和可能性,初步判断项目方案设想是否具有生命力,据此提出是否要进一步开展项目可行性研究的结论。

不是所有项目都需要进行初步可行性研究。对投资机会研究所选择的较大或较复杂的项目,如果所掌握的基础数据对项目目标的可实现性的判断仍感不足时,应进行初步可行性研究。这样做可以避免直接进行详细可行性研究时花费较多、费时较长,而最终又判定项目不可行所造成的损失。

初步可行性研究与下述可行性研究基本相同,但深度较浅,主要研究方面有:项目目标及功能定位、市场需求研究、项目建设地点选择、项目方案构想、项目建设方案初步论证等。

(三)可行性研究

1.可行性研究的概念

可行性研究是项目前期工作中最重要的内容,它是在项目投资决策前,对工程建设项目进行全面的技术经济分析论证的科学方法和工作阶段,即通过对与拟建项目有关的社会、经济和技术等各方面情况进行深入细致的调查研究;对各种可能拟订的技术方案和建设方案进行认真的技术经济分析与比较论证;对项目建成后的经济效益进行科学预测和评价的基础上,从而确定该项目是否应该投资和如何投资,为项目投资决策提供可靠的科学依据。其具体作用,主要体现在以下几个方面。

(1)作为拟建项目投资决策的主要依据。项目投资决策者主要根据可行性研究的评价结果,决定一个建设项目是否应该投资和如何投资。

(2)为筹集资金向银行申请贷款的依据。我国建设银行、国家开发银行和投资银行在接受项目建设贷款时,首先对贷款项目进行全面、细致的分析评估,确认项目具有偿还贷款能力、不担过大风险后,才能同意贷款。

(3)作为项目主管部门商谈合同、签订协议的依据。根据可行性研究报告,建设项目主管部门可同国内有关部门签订项目所需原材料、能源资源和基础设施等方面的协议和合同,以及同国外厂商就引进技术和设备正式签约。

(4)作为项目进行工程设计、设备订货、施工准备等基本建设前期工作的依据。可行性研究报告是编制设计文件、进行建设准备工作的主要根据。

(5)作为环保部门审查项目对环境影响的依据,亦作为向项目建设所在地政府和规划部门申请建设执照的依据。

2.可行性研究的主要内容与程序

对投资项目进行可行性研究与评估,即进行项目前期的分析论证,是指对拟建项目就其市场需求和实现方法在技术上的先进性、适用性,经济上的合理性、营利性与实施上的可能性和风险性,以及建成后项目的社会和环境影响进行全面、科学的综合分析,为项目的投资决策提供客观依据的活动。在前期对投资项目做可行性研究的基本思路如图1-9所示。

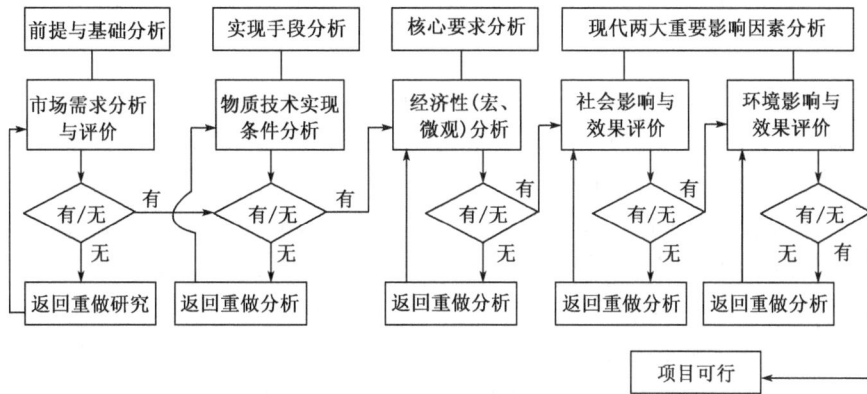

图1-9　投资项目可行性研究的基本思路

可行性研究的基本内容和深度应根据国家规定确定,并由有资格的设计(咨询)单位编制。我国一般工业建设项目可行性研究的内容与程序如图1-10所示。

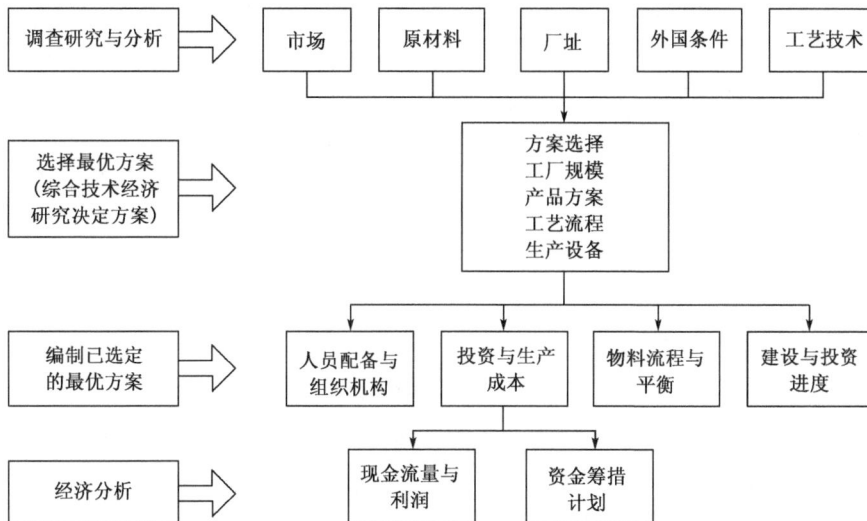

图1-10　项目可行性研究的主要内容与程序

由此可见,项目可行性研究在进行必要性或目标评价基础上,其基本内容可概括为三大部分:首先是产品(或服务)的市场调查和预测研究,这是可行性研究的先决条件和前提,它决定了项目投资建设的必要性,是项目成立的重要依据。其次是技术方案和建设条件,从资源投入、厂址、技术、设备和生产组织等问题入手,这是可行性研究的技术基础,它决定了建设项目在技术上的可行性。最后是经济效果的分析和评价,它是决定项目投资的关键,因此也是项目可行性研究的核心部分,说明项目在经济上是否合理。可行性研究就是从这三大方面对建设项目进行优化研究,并为项目投资决策提供科学依据。鉴于建设项目的性质、任务、规模及工程复杂程度的不同,可行性研究的内容应随行业不同而有所区别,并各有侧重,深度和广度也不尽一致。例如,对于矿产企业,重点应弄清矿藏资源的产量和开采条件;对于纺织企业,则应主要调查市场的销售要求;对于非工业项目的可行性研究内容,应结合各行业(如农业、交通运输、公用事业)情况,参照工业项目要求适当增减。例如,对于交通项目应重点考察其为国民经济生产与人民生活所带来的社会经济效益,而对项目财务评价的指标要求并不高。

3. 交通项目可行性研究的基本原则

交通项目可行性研究,即是指对拟建的交通项目在建设的必要性、技术可行性、经济合理性、实施可能性等方面进行综合研究和论证,得出项目是否可行的结论,并且通过论证,推荐最佳方案,为交通项目投资决策、编制设计任务书和审批设计任务书提供科学的依据。

交通项目进行可行性研究的目的,就是通过对所有与拟建项目的投资效果有关因素的综合研究分析,避免或减少投资决策的盲目性,提高交通项目投资的综合效益。

(1)全局性原则。交通项目涉及国家、地区、部门、企业及个人多方面的利益关系,必须以系统的思想和方法全面地研究论证该项目的地位和作用、利益和损失。不仅要从技术、经济上论证项目的可行性,还要从社会文化、环境资源方面论证其可行性;不仅要从微观角度研究项目,而且要从宏观角度对项目进行研究和评价;不仅要分析项目建设近期的可行性,还要对项目的长远利益和影响进行预测和研究。

全局性原则要求在项目的论证中,应全面地研究国家的产业发展政策、投资政策、环境保护政策、国家和社会长期发展战略和规划,有关地方、部门的社会经济发展战略和规划等。

(2)客观公正性原则。交通项目的论证要在广泛搜集资料的基础上,进行由浅入深、由表及里的分析整理,去伪存真,使论证研究的结果建立在真实可靠的事实基础上。在论证过程中,必须保持客观公正和不受外界因素干扰,特别要避免长官意志。

(3)科学性原则。科学性原则要求交通项目论证时,应遵循科学规律、经济规律,运用现代化的手段进行多方案的比选,保证方案的科学合理性。为了维护科学性,在实际工作中不能把项目论证作为争项目、争投资、争利益的手段,不能东拼西凑,把"不可行"的项目研究成"可行"的项目。

(4)适应性原则。交通项目的论证要注重前提性和关键性的综合技术问题,研究应具有一定的深度,结论必须明确肯定,不能含糊其辞,模棱两可,但又不能将需要初步设计中解决的问题,放在项目论证中解决,研究问题的深度和广度应与项目论证的作用相适应。

4. 交通项目可行性研究的程序

交通项目可行性研究的一般程序如下。

(1)接受任务与签订合同。交通项目的论证,可以由项目业主自行委托给有资质的工程设计单位,或者由项目主管部门通过招标方式选择工程设计单位,双方通过签订合同确立委托关系。

项目业主和受委托单位签订的合同中一般应包括:进行该项目论证的依据,研究的范围和内容,研究工作的质量和进度,研究费用及支付方法,合同双方的责任和义务,协作方式和关于违约处理的方法等主要内容。

(2)组织准备与计划安排。受委托单位接受任务后,应根据工作内容组织项目小组,确定项目负责人和专业负责人。承担研究工作的人员,必须由较丰富的交通项目勘察设计、施工的工程实践经验,以及对宏观经济、技术经济、交通运输等方面具有较广泛知识的专门人才组成。研究组一般包括如下人员:项目负责人、技术经济人员、交通工程人员、各类专业技术人员,如公路建设项目中的路线工作人员、桥隧工作人员、路面工作人员、地质工作人员、工程概预算人员等。

项目组根据任务要求,研究和制订工作计划、实施进度。在安排实施进度时,要充分考虑各专业的工作特点和任务交叉情况,协调技术专业和经济、交通专业的关系,为各专业工作留有充分的时间。根据研究工作进度和内容要求,如果需要向外分包时,应办理好分包手续,处理好分包关系。

(3)调查研究与资料收集。在清楚地了解交通项目建设意图和要求的基础上,拟订调查研究提纲,组织有关专业人员赴现场进行实地调查和专题抽样调查,包括经济调查、交通量调查、路况调查、地形图或航测照片定线、线路桥隧踏勘、地质调查、建筑材料调查以及必要的地质勘查钻探工作。

(4)方案设计与经济分析。根据地区社会经济的发展情况及远景交通量预测,结合建设资金,考虑不同的自然条件,论证建设项目的技术标准,选择路线方案,确定各项技术指标,分析工程数量,进行投资估算,对提出的若干可供选择的建设方案和技术方案进行比较和经济评价,从中选择或推荐最佳的建设方案。

(5)编写报告及绘制图表。在方案设计和经济评价完成后,组织人员分别编写详尽的可行性研究报告。报告的内容一般包括:现状、发展及建设的必要性,交通分析及预测,建设条件、技术标准、初步方案及建设规模,工程环境影响分析,投资估算及资金筹措,经济评价,问题与建议。对工程技术方案应按规定绘制图纸,并给出工程数量、投资估算、交通量预测、经济评价的计算表格。此外,环境评价报告与社会稳定风险评估报告皆是工程可行性研究的重要前置条件!

(6)上报与评审。按现行规定,大中型建设项目的可行性研究报告,由主管部和各省、市、自治区或全国性专业公司负责预审,报国家发展与改革委员会审批或由国家发改委委托有关单位审批。重大项目和特殊项目的可行性研究报告,由国家计划与发展委员会会同有关部门预审,报国务院审批。小型项目的可行性研究报告按隶属关系由主管部门和各省、市、自治区或全国性专业公司审批。

5. 交通项目可行性研究的阶段与内容

不同阶段的可行性研究,其工作深度不同。预可行性研究要求重点阐明建设项目的必要性,通过踏勘和调查研究,提出建设项目的规模、技术标准,进行简要的经济效益分析,审批后作为编制项目建议书的依据。工程可行性研究则通过必要的测量、地质勘探,在认真调查研究、占有必要资料的基础上,对不同建议方案从经济上、技术上进行综合论证,提出推荐建设方案,审批后作为编制设计计划书的依据。

以铁路建设项目为例,铁路大中型建设项目的预可行性研究与可行性研究应在项目决策阶段开展,项目初步设计与施工图应在项目实施阶段进行。小型项目或工程简易的项目可适当简化,在决策阶段开展可行性研究,实施阶段开展施工图设计。

预可行性研究文件是项目立项的依据,其内容和深度主要包括:客货运量预测;系统研究项目在路网、综合交通运输体系及社会经济发展中的作用;提出线路起讫点及线路走向方案和建设规模;初步提出铁路技术标准、技术设备设计原则及主要工程内容;初步分析主要工程、外部环境、土地利用等;预估建设工期、投资预算及资金筹措等;初步经济评价;宏观分析环境影响;论证项目建设的可能性及必要性。

可行性研究文件是项目决策的依据,根据国家批准的铁路中长期规划或项目建议书,进行社会、经济和运量调查,综合考虑运输能力和运输质量,从技术、经济、环保、节能、土地利用等方面进行全面深入的论证,采用初测资料进行基础性设计。铁路建设项目的可行性研究阶段工作流程及内容如图 1-11 所示。

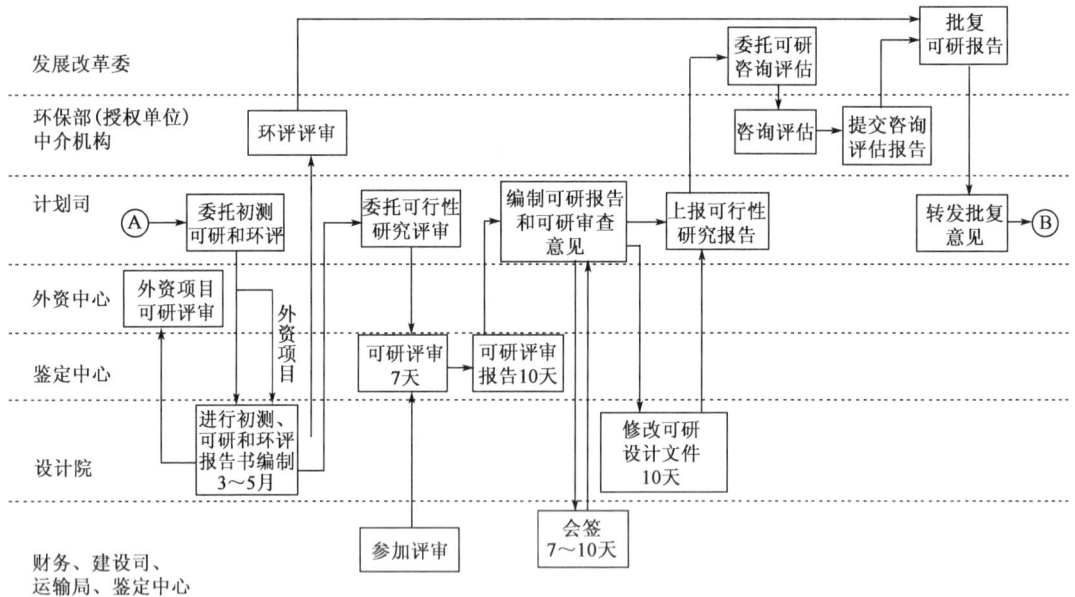

图 1-11 铁路建设项目可行性研究阶段工作流程及内容

此外,对一个拟建交通项目进行可行性研究,除了必须在国家有关的规划、政策、法规的指导下完成外,还需有相应的各种技术资料。以公路建设项目为例,一般应具备以下技术资料。

(1)国家、地区、部门有关的发展规划、计划文件,包括国家和地区的经济和社会发展战略及规划,国家和地区的交通发展战略与规划,公路网发展战略与规划,以及对交通运输业的优惠、鼓励、特许、限禁止等有关政策、规定。

(2)项目主管部门对项目建设要求、请示的批复。

(3)项目建议书及其审批文件。

(4)项目承办单位委托进行可行性研究的合同或协议。

(5)国家有关经济、交通法规,如引进外资、筹资、贷款等方面的法规。

(6)国家有关交通建设方面的技术标准、规范、定额等资料。

（7）项目所在地自然、经济、社会的历史记录和现状。

（8）试验测试报告，在进行可行性研究之前，对某些需要经过试验的问题，应由项目承办单位委托有关单位进行试验或测试，并将其结果作为可行性研究的依据。

公路建设项目可行性研究的程序如图 1-12 所示。

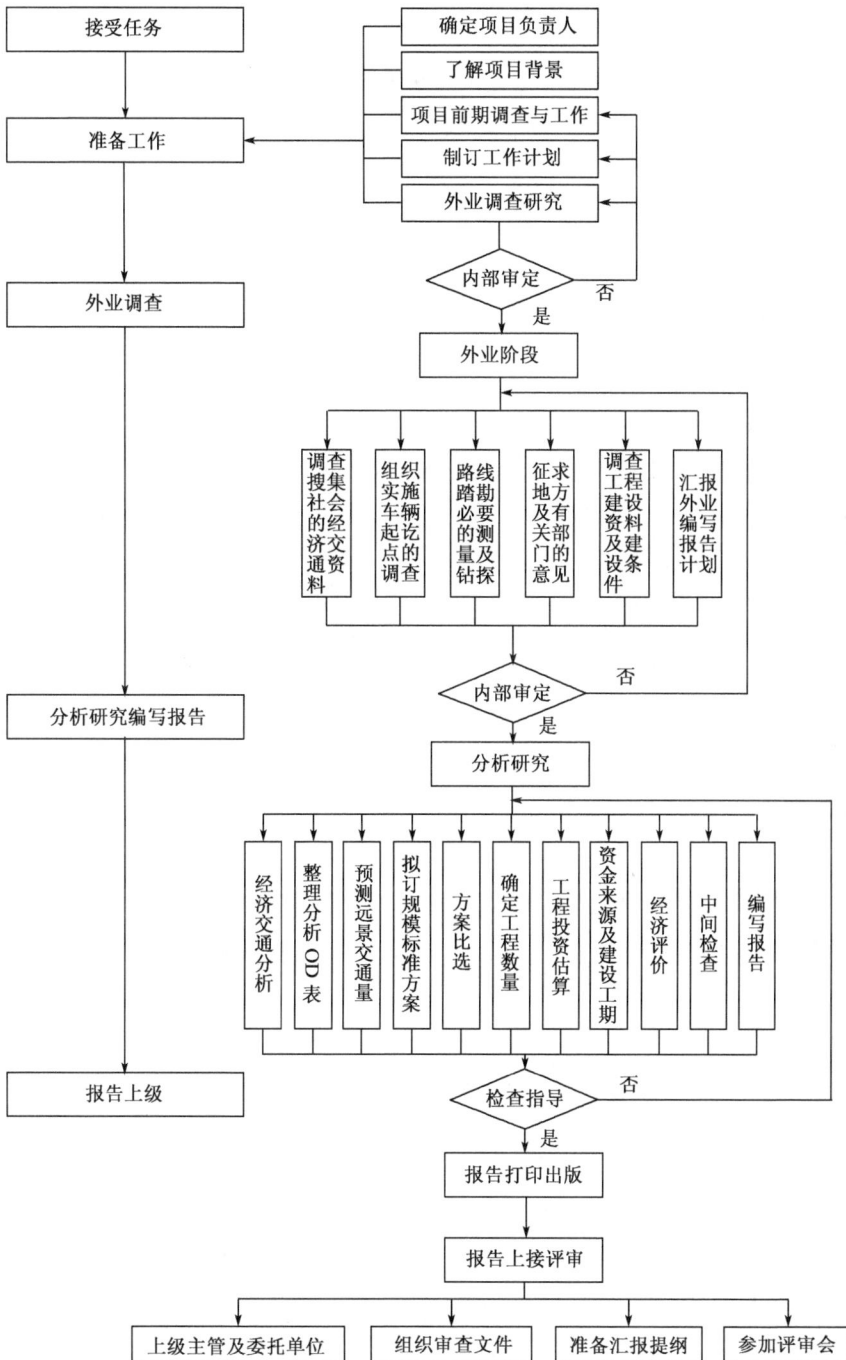

图 1-12　公路建设项目可行性研究的程序

【例1-1】 公路建设项目工程可行性研究的内容。

(1)现有公路的概况及问题。

①地区综合运输网交通运输现状,公路网交通运输的概况,该项目在综合运输网中的地位。

②原有公路技术状况及适应程度的分析。

(2)运输量和交通量的发展预测。

①历年地区国民经济部门结构与布局的发展趋势和地区交通运输结构及发展趋势。

②地区经济结构和经济指标与公路客货运输量、交通量增长的关系,其他因素和公路运输量、交通量的关系。

③交通量、汽车行驶起讫点、汽车运输指标(包括平均吨位、实载率、车速、油耗、运输成本)等。

④确定路段基年交通量及交通量、运输量的增长率,预测路段运输量、交通量及互通式立交交通量。

(3)公路建设规模与技术标准。

①建设规模论证。

②推荐方案的路线长度(含新建、改建里程)、技术等级及附属配套工程。

③主要技术指标。

(4)建设条件与方案选择。

①地理位置和地形、地质、气候、水文等条件及其对工程方案、施工条件、工程造价的影响程度。

②筑路材料来源及运输条件:筑路材料质量、数量、平均运距、运输方式等。

③社会环境分析:沿线村镇居民点、建筑构造物、农林布局对公路选线的制约程度和征用难度,以及新建路线附近公路、铁路、水运、航空交通的衔接状况。

④比较方案选择:各比较方案和主要技术经济指标、背景和有关单位意见,各方案技术经济评价,推荐方案的评价。

⑤推荐方案的路线走向和主要控制点。

⑥评价建设项目对环境的影响。

(5)投资估算与资金筹措。

①主要工程数量。

②建设用地和拆迁量。

③投资估算。

④资金筹措意见。

(6)实施方案。

①分析工程的施工条件和特点,研究制约整个工程工期、质量、造价的关键环节,提出合理的施工方案。

②合理安排施工计划。

③公路工程管理和技术人员的培训。

(7)经济评价。

①国民经济评价。

②财务评价。

公路建设项目两阶段可行性研究的工作要求与区别见表1-2。

公路建设项目两阶段可行性研究工作要求与区别　　　　　　　　　表1-2

项　　目		初步可行性研究	工程可行性研究
总体要求		项目建议书的依据； 偏重研究建设的重要性； 概略研究,结论是初步的； 工程作业以五万分之一比例尺为基础,辅以踏勘、调查； 提出方案设想和投资估算	设计任务书的依据； 全面研究建设的必要性、技术可行性、经济合理性、实施可能性； 要求研究结论建立在定性、定量充分论证的基础上； 高等级公路工程作为万分之一比例尺图,根据具体情况选用更大比例尺图,需进行必要的测量和钻探； 解决路线大方案,投资估算与概算误差控制在10%以内
提供的主要图表要求		在五万分之一至二十万分之一的比例尺地图上标出路线方案	高等级公路要求在万分之一比例尺地形图上定出路线方案
资料要求	社会经济调查	资料要求简要、概略,未来年份社会经济资料以经济计划和规划为基础	资料要求全面、系统,未来年份要求进行社会经济发展预测
	交通情况调查	五种运输方式,不要求进行OD调查	五种运输方式,高等级公路要求进行OD调查
	路况运输调查	路网及相关公路概况；公路部门运输效率指标	路网概况；其他交通线路及相关公路概况；全社会公路运输效率指标
交通量预测		以基年交通量增长率为基础,采用定基与定标相结合的预测技术	高等级公路和特大桥要求进行交通量生成、分布和路网分配的分析与预测,研究收费情况下的交通量预测
经济评价		按经济评价方法提出初步经济评价； 效益计算中的某些参数不要求动态处理； 效益费用调整可直接参考《方法与参数》； 不要求进行敏感性分析； 收费公路要求粗略进行财务分析	按经济评价方法提出完整的经济评价； 效益计算中的某些参数要动态处理； 效益费用调整须根据项目具体研究； 要求进行敏感性分析； 收费公路要求进行财务分析

(四)项目评估

这里所指的是狭义的项目评估,是发生在投资前期决策阶段,主要是在项目可行性研究之后的独立进行评估审核工作。可以从项目评估与可行性研究之间的区别和联系来理解狭义的项目评估工作。

1.项目评估与可行性研究的主要区别

(1)概念与作用不同。可行性研究是在投资决策前对工程建设项目从技术、经济和社会各方面进行全面的技术经济分析论证的科学方法,其研究结果形成的可行性研究报告是项目投资决策的基础,为项目投资决策提供可靠的科学依据。

项目评估是对项目可行性研究报告进行全面审核和再研究工作,审查与判断项目可行性研究的可靠性、真实性和客观性,对拟建项目投资是否可行和确定最佳投资方案提出评估意见。项目评估报告是项目投资最终审批决策的主要依据,它为决策部门提供结论性意见,具有一定的权威性和法律效用。

(2)执行单位不同。可行性研究在我国是由投资主体(项目业主)及其主管部门来主持,并委托给有资格的工程咨询公司或设计单位等中介机构去执行,而委托的单位或机构的工作主要体现投资者的意见和建设目的,是为投资主体服务的,并对项目业主负责。

项目评估是由政府决策机构(如国家主管投资综合计划部门)和贷款决策机构(如银行)组织实施或授权给专门咨询机构(如中国国际工程咨询公司)或有关专家,代表国家和地方政府对上报的可行性研究报告进行评估。委托机构和人员在执行过程中应体现国家和地区发展规划目标与政策,明确宏观调控意见,向投资和贷款的决策机构负责。

(3)研究的角度和侧重点不同。可行性研究主要是从企业角度,侧重于产品市场预测,对建设必要性、建设条件、技术可行性和财务效益合理性进行研究分析,估算项目的盈利能力决定其取舍,因此着重项目投资的微观效益。

项目评估如果由国家投资决策部门和国家开发银行(管理政策性投资项目)主持,由于他们担负着国家宏观调控的职能,因此,必须站在国家的立场上,依据国家、部门、地区和行业等各方面的规划和政策,对项目可行性研究报告的内容和质量(如数据正确性、计算理论依据和结论的客观公正性)进行评估,综合考察可行性研究的社会经济综合效益,并侧重于项目投资的宏观效益。而由商业性的专业投资银行所做的项目评估,因受贷款风险机制约束,考虑项目投资贷款的安全性和提高贷款资金的利用效率,其对项目投资的评估,除了应符合国家宏观经济发展的前提外,还必然讲求项目投资效益中的银行收益,并应侧重贷款企业的财务效益和偿还借款的能力。

(4)在项目管理工作中所处阶段和地位不同。可行性研究工作是处于投资前期的项目准备工作阶段,是投资决策的首要环节,给项目决策提供了必要的基础。

项目评估是处在前期工作的项目审批决策阶段,是投资决策的必备条件,为决策者提供直接的、最终的决策依据,具有可行性研究工作所不能取代的更高的权威性。

2. 项目评估与可行性研究的联系

可行性研究与项目评估是投资决策过程中的两大基本步骤,它们之间相辅相成、缺一不可,共同为实现项目投资决策科学化、民主化和规范化服务。具体联系体现在:

(1)可行性研究是项目评估的对象和基础;项目评估应是在可行性研究的基础上进行。

(2)项目评估是使可行性研究的结果得以实现的前提,即可行性研究的内容和成果必须要通过项目评估的工作来实现。

(3)项目评估是可行性研究的延伸和再研究。在决策过程中,由项目评估对可行性研究报告作进一步的分析和论证。

前述的四个阶段都属于项目投资前期的评估工作,表1-3对各阶段项目评估的目的和要求作了总结对比。

投资前期研究各阶段工作的目的和要求　　　　　　　表 1-3

研究阶段	机会研究	初步可行性研究	可行性研究	项目评估决策
研究性质	项目建议书	项目初选	方案论证	项目评估
研究目的和内容	鉴别投资方向,寻求投资机会(含地区、行业、资源和项目的机会研究),选择项目,提出项目投资建议	对项目作初步评估,进行专题辅助研究,广泛分析、筛选方案,确定项目的初步可行性	对项目进行深入细致的技术经济论证,重点对项目的技术方案和经济效益进行分析评价,进行多方案比选,提出结论性意见	综合分析各种效益,对可行性研究报告进行全面审核和评估,分析判断可行性研究的可靠性和真实性
研究要求	编制项目建议书	编制初步可行性研究报告	编制可行性研究报告	提出项目评估报告
研究作用	为初步选择投资项目提供依据,批准后列入建设前期工作计划,作为国家对投资项目的初步决策	判定是否有必要进行下一步详细可行性研究,进一步判明建设项目的生命力	作为项目投资决策的基础和重要依据	为投资决策者提供最后决策依据,决定项目取舍和选择最佳投资方案
估算精度	±30%	±20%	±10%	±10%
研究费用(占总投资的百分比)	0.2%~1.0%	0.25%~1.25%	中、小项目0.8%~1.0% 大项目1.0%~3.0%	—
需要时间(月)	1~3	4~6	8~12或更长	—

需要说明的是,上述研究费用的百分比只表明在项目投资前期研究前三个阶段之间的相对关系,并不是绝对标准。由于项目之间的复杂性、涉及的工作范围和难易程度、论证人员的业务水平及相互竞争程度均有很大的不同,所以研究费用的百分比也会有较大差异,实际执行时,只作为取舍的基本参照。

(五)过程评价

过程评价是指对建设项目周期各阶段的实施过程进行全面系统的分析与评价,主要是政府主管部门、出资人或业主对建设实施当中的项目主要技术经济指标,以及工程项目管理工作所进行跟踪、检测、检查、监督。其中主要技术工作是检查施工质量、资金到位率及合理使用情况、工程设计变更情况、施工管理制度执行情况、市场需求重大变化情况以及项目实施过程中与当地政府、社会群体的沟通协调等。

过程评价的主要内容包括:

(1)决策过程评价。决策过程评价是指对立项条件和决策程序的评价,主要评价立项条件和决策依据是否正确,决策程序是否符合规定,评价在决策阶段中各项工作的完成情况,以及检查有无遗漏工作等。该评价各层次内容包括工程构思评价、目标设计评价、项目建议书评价、可行性研究评价以及项目评估评价。

(2)设计过程评价。设计过程评价主要是指总结、评价工程规划、工程勘察和工程设计等工作的完成质量和效果,分析各项工作的出发点和开展思路是否科学合理,考虑的因素是否全面等。该评价内容包括工程规划评价、工程勘察评价以及工程设计评价。

(3)计划准备过程评价。计划准备阶段从施工招投标开始到现场开工为止,计划准备过程评价主要是分析评价计划、招标投标和各种施工前准备工作。该评价内容包括项目管理组织评价,项目实施计划评价,工程招标和施工前的各种批准手续评价以及项目实施前各项准备工作评价。

(4)实施过程评价。实施过程评价主要是评价施工过程中是否按照设计文件、合同条款、预算投资、施工工序和施工组织设计等,在保证质量、进度、成本计划等目标的前提下,精心组织施工并达到竣工标准要求。该评价具体内容包括质量控制评价、进度控制评价、成本控制评价、合同管理评价、安全管理评价以及信息管理评价。

(5)竣工和运营过程评价。竣工和运营过程评价主要是指针对建设项目竣工验收和运营阶段的各项工作的完成情况进行分析评价。其评价内容包括竣工验收工作评价,生产、运营准备工作评价,试生产运行评价和运营及管理评价。

(六)项目后评价

项目后评价是项目评估与管理过程中的重要节点,也是项目评估体系中的最后一个环节。它也是通过项目绩效评价来验证前评估阶段项目决策正确性以及项目评估结论准确性的重要手段。项目后评价是指项目建成并投入使用或运营一定时间后,运用规范、科学、系统的评价方法与指标,将项目建成后所达到的实际效果与项目的可行性研究报告、初步设计(含概算)文件及其审批文件的主要内容进行对比分析,全面地进行总结评价,找出差距及原因,汲取经验教训,提高改进项目决策水平,以提高投资效益。

项目后评价的基本内容有:

(1)项目目标后评价。该项评价的任务是评定项目立项时各项预期目标的实现程度,并要对项目原定决策目标的正确性、合理性和实践性进行分析评价。

(2)项目效益后评价。项目的效益后评价即财务评价和经济评价。

(3)项目管理后评价。项目管理后评价是以项目目标和效益后评价为基础,结合其他相关资料,对项目整个生命周期中各阶段管理工作进行评价。

(4)项目影响后评价。主要有经济影响后评价、环境影响后评价、社会影响后评价。

(5)项目持续性后评价。项目的持续性是指在项目的资金投入全部完成之后,项目的既定目标是否还能继续,项目是否可以持续地发展下去,项目业主是否可能依靠自己的力量独立继续去实现既定目标,项目是否具有可重复性,即是否可在将来以同样的方式建设同类项目。

本书将在第八章对项目后评价及项目运营后的可持续性评价做详细介绍。

【本章小结】

本课程所阐述的内容属于直接投资活动。投资是投资主体为未来获得收益而于现在投入生产要素,以形成资产的一种经济活动。项目是一个组织为实现自己既定的目标,在一定的时间、人员和资源约束条件下,所开展的一种具有一定独特性的一次性工作,具有目标的明确性、独特性、制约性、整体性等特征。本章在对投资与项目基本内涵简要介绍的基础上,通过阐述一般投资项目评估的基础内容与理论来说明交通项目评估的特点和不同要求,本章所阐述的主要内容与相关工作程序将贯穿于整个课程知识体系中。

近年来,国家对交通建设项目进行大力投资,综合交通运输体系已经初步建成,对经济发展起到一定的支撑和引领作用。为了在有限的资源条件下,从众多的备选项目中选择方案合理、建成效果好的交通项目,就需要对其进行评估,从而做出正确决策。项目评估和可行性研究是投资项目决策中两个重要的内容与关键环节,它们相互联系又有所差异。项目评估有狭义和广义之分,狭义的项目评估是发生在投资前期决策阶段、可行性研究之后的评估工作。可行性研究是项目评估的对象和基础,项目评估是使可行性研究的结果得以实现的前提,项目评估是可行性研究的自然延伸和再研究。但二者研究的发起主体、角度与侧重点,以及在项目管理中所处的阶段和地位等都存在着明显的差异。广义的项目评估是指在项目周期中不同阶段发生,有着不同的具体目标和评估内容,但总的目的都是根据客户要求,对投资项目进行研究判断,以支持项目决策的工作,而且评估的方法也类似。

项目决策是"致命"的决策,项目评估就是为项目科学决策提供服务的。本章还应结合我国对交通建设项目的投资发展情况,深入理解和掌握项目决策的重要性,以明确项目评估在投资决策中的重要作用。

【思考和讨论】

(1)投资、项目的概念与特点,如何进行分类?

(2)试述项目评估的主要内容与工作程序。

(3)试述交通项目基本建设程序。

(4)结合交通项目的特征举例说明交通项目评估有哪些主要特点。

(5)试述我国投资项目决策的程序。

(6)阐述项目评估在投资决策中的重要作用。

(7)简要说明项目评估与可行性研究、项目决策之间的关系。

(8)项目周期中各阶段评估工作的主要内容与要求有哪些?

(9)试举某投资项目评估实例或虚拟项目,围绕投资项目评估主要回答的问题,简述其评估报告主要内容。

第二章

运输需求预测与项目技术评估

【本章主要内容】

(1)项目市场分析与技术评估的主要作用。

(2)运输需求分析与预测的主要方法。

(3)项目技术评估的原则、主要内容与程序。

(4)项目技术评估的主要方法。

(5)交通项目技术评估的主要内容。

第一节　市场分析与预测概述

一、市场分析的主要作用

市场分析主要是对项目产品进行市场需求分析与预测。在可行性研究和项目评估过程中对项目产品进行市场需求分析与预测,就是在调查研究与分析国内外市场供求情况的基础上,预测产品未来的社会需求量,为项目投资决策提供可靠的依据。投资项目的目标是为社会提供有用的产品(或劳务),从满足该产品(或劳务)的现有或潜在需求中获利,这是项目得以确立的必要前提,也是项目进行财务及经济评价的重要基础。因此项目法人(企业)各级决策者和所有职能部门都应面向市场来考虑问题,要将现有的或潜在的消费者需要,置于项目建设和企业生产经营活动的中心。基于对项目投资回报的考虑,这就要求我们在进行项目可行性研究和评估时必须要做市场分析。

市场分析作为可行性研究和项目评估的重要组成部分,其所起的作用主要表现在以下几方面。

(1)市场分析是可行性研究和项目评估的一个重要前提。任何投资项目的可行性研究和项目评估工作,一般都是从调查研究和预测项目产品的市场需求供应情况开始的。当市场供求分析结果确认拟建项目的产品符合社会需要,并具有一定的发展前景,项目才值得投资建设和生产运营。因此,市场供求分析是项目可行性研究和项目评估的重要组成部分,具有举足轻重的地位。

(2)市场分析是确定项目建设规模和产品方案的重要依据。制约项目建设(生产)规模的因素很多,如原材料、能源供应、生产工艺技术和规模经济要求等。然而,产品的市场需求是制约项目建设(生产)规模的质的因素,它决定着项目的生存前提和发展空间。此外,要制订项目产品方案,也必须弄清消费者对产品质量、规格、品种与价格要求的现状和趋势,而这些信息资料数据都必须经过市场调查、分析和预测才能取得。

(3)市场分析也是选择项目技术装备和厂址的依据。项目技术装备和厂址的选择要受产品生产规模和产品方案制约。只有通过市场供需预测和分析,才能确定拟建项目的产品方案和产品的实际需求量,从而确定较理想的生产规划、技术装备,以及合适的厂址。

综上所述,市场分析对投资项目的确立,产品方案和建设规模的确定,以及工艺技术装备和厂址的选择等,都是一项关键性的工作。

二、市场预测的主要内容与方法

市场预测是市场分析的重要组成部分。所谓市场预测,是指在市场调查的基础上,运用科学的方法,全面系统地对引起市场需求量和需求结构变化的诸因素进行分析和研究,掌握未来市场发展方向的变动程度,以做出定性和定量结论的活动,它是经济预测的一个重要方面。

(一)市场预测内容

1.市场潜量预测

市场潜量,亦即市场潜在需求量,是指某一产品在市场上可能达到的最大销售量。影响市场潜量的因素很多,主要可分为两大类:一类是不可控因素,另一类是可控因素。不可控因素,是非经济主体本身所能控制的因素,如经济水平、人口变化、文化水平和风俗习惯等因素。可控因素是指经济主体可操纵并掌握的因素,如各项费用的支出等。影响市场潜量的诸多因素中,最主要的因素就是社会购买力的变化。所以在进行市场潜量的预测时,首先要预测社会购买力和分析社会购买力的动向,在市场潜量预测的基础上可进行销售预测。

2.销售预测

销售预测是对今后一个时期销售水平的预测。市场需求通常有一个最高点,即市场潜量;同时,也有一个最低点,即基础销售额。市场潜量与基础销售额之间的距离,称之为这个产品的"需求敏感度"。预测人员应根据销售预测,在基础销售额与市场潜量之间选择最佳点,得出产品销售预测值。

3. 资源预测

项目的建设和生产运营一般都需要消耗一定的资源(包括自然资源、再生资源或其他资源),这些资源或原材料的获取或供给也需要通过特定的市场取得。项目业主作为买方,同样也需要对于其质量、品种、规格、价格及其供给能力进行分析预测。资源的稀缺性是市场预测的重要内容之一。在确定生产运营规模时,首先要考虑各种原材料、能源动力供应的可能性,如煤炭、钢材、电力、水泥等是能源交通类基建项目不可或缺的资源或原材料。

4. 产品竞争能力预测

一般来讲,项目产品的竞争能力是由产品的质量、品种、性能、价格、包装及营销策略等因素决定的。因此,必须从多方面分析产品的竞争能力,通过产品竞争能力的预测,确定产品在未来市场的竞争能力,从而判断项目的可行性。

5. 价格及成本的预测

通过分析产品价格、成本、销售量和利润之间的相互关系,观察各种因素对企业盈亏经营情况的影响,用以评选出最优的利润规划,制定目标利润和做出生产和销售的决策。

(二)市场预测的程序

为了保证市场预测工作的科学性以及顺利进行,必须按一定预测程序加强组织工作,努力做到规范化,同时以利于各环节之间的协调,进而取得好的效果。

1. 确定预测目标

预测目标的确定应包括以下内容:弄清预测对象、预测目的、预测范围、预测产品的用途和特点等。预测目标应详细、明确、具体,否则会降低预测的准确度。

2. 收集、处理资料

资料是市场预测的依据,应根据市场预测目标的具体要求,收集市场预测所需的各种资料,其中包括预测对象本身发展的历史资料、影响预测对象发展变化的各种因素等。同时,将收集来的资料分析、加工和整理,判别资料的真实程度和可用程度。

3. 选择预测方法

预测方法种类繁多,并各有特点和适用范围。预测方法选择的主要原则就是在市场预测中,根据预测对象的特点、预测周期、精度要求、资料的占有情况和市场预测费用等各种因素来选择市场预测的方法。

4. 预测及分析

根据市场调查所获取的有效数据资料,经加工整理后,按照预测方法建立数学模型,并输入相应的数据参数进行预测,对不同的预测结果通过科学的判断和综合分析,最后确定出可信的预测结论。

(三)市场预测的主要方法

市场预测的方法很多,各有利弊,主要包括以下几种常用的方法。

1. 抽样调查法

它是在总体调查对象中,按一定的方法抽取样本,根据预测的要求对这些样本进行直接调查询问,并根据调查得来的数据推算总体。

抽样调查可以有多种不同的抽样方法,如随机抽样法、控制抽样法、等距抽样法和分组抽样法。

(1)随机抽样法。它是指不进行任何主观控制,用纯粹偶然的方法,从总体中随机地抽取一定数量的样本。

(2)等距抽样法。这一方法,首先将总体调查对象按一定方法排列起来,然后根据抽样量,每隔一定间隔,按顺序抽取样本。确定间隔时,应考虑样本在总体中均匀分布。例如,调查一个城市中 10 万户居民对电冰箱的需求量,预定抽取 5% 作为调查样本,可以每隔 20 家抽取一家,对 5 000 户进行调查,用调查结果推算这个城市电冰箱的总需求量。

(3)分组抽样法。将调查对象按一定的标准,如收入、年龄、职业、文化程度等分成若干组,调查时随机地从各组中抽取样本,以准确反映不同层次对产品的不同要求,从而掌握全体调查对象对产品的需要。

采用抽样调查法,要注意两个问题:第一,确定样本的比例。数目太少,难以准确反映实际需求;但数量太多又会增大调查的工作量,因此要适当地选取样本数量。第二,选取的样本应具有代表性。划分不同层次时标准要合适,否则预测将不准确。

2. 相关产品法

相关产品是指某些在生产和需求上都存在着密切关系的产品。一类是互补产品,即甲产品需求量增加,乙产品需求量也随之增加,例如,照相机与胶卷。另一类是替代产品,即当甲的需求量增加时,会使乙的需求量减少,例如,化纤布与棉布,猪肉与鸡肉等。在用相关产品法预测时,要先对本产品(设为甲)的相关产品(设为乙)的需求量进行调查与预测,再根据甲乙之间的数量关系来预测甲产品的需求量。例如,某汽车轮胎厂欲预测本地区今后几年 3～5t 货车轮胎的需求量,该厂与某汽车制造厂订有长期的供货合同,每生产一台货车,需要轮胎 4 只。根据调查了解,该地区现有 3～5t 货车 2 500 辆,预计今后几年内将按 8% 的速度增长,此外每年平均还有 9% 的汽车要报废更新,因此年净增 425 辆。在新增汽车中有 70% 是向上述汽车厂购买。根据这些情况可预测如下:

(1)根据汽车需求量的发展情况推算轮胎每年的需求量为:

$$新增 425\ 辆 \times 4\ 只/辆 \times 70\% = 1\ 190(只)$$

(2)根据现有汽车轮胎更新情况推算轮胎需求量。设汽车轮胎每年平均更新约 10%,更新轮胎全部向该轮胎厂购买。

则需轮胎第一年为:

$$2\ 500 \times 4 \times 10\% = 1\ 000(只)$$

第二年为:

$$(2\ 500 + 2\ 500 \times 8\%) \times 4 \times 10\% = 1\ 080(只)$$

依此类推,第 n 年为:

$$2\ 500 \times (1 + 8\%)^{n-1} \times 4 \times 10\%(只)$$

（3）推算全部需求量。

第一年	第二年	第 n 年
2 190	2 270	$2\,500 \times (1+8\%)^{n-1} \times 4 \times 10\% + 1\,190$

在用相关产品法预测时,由于有的产品之间没有固定的数量关系,因此要做出较准确的预测,还须与其他方法结合进行。

3. 产品寿命周期分析法

产品在研究成功后,从投入生产到被市场淘汰的过程,称为产品的寿命周期。产品寿命周期由投入期、成长期、成熟期、衰退期组成,如图 2-1 和表 2-1 所示。

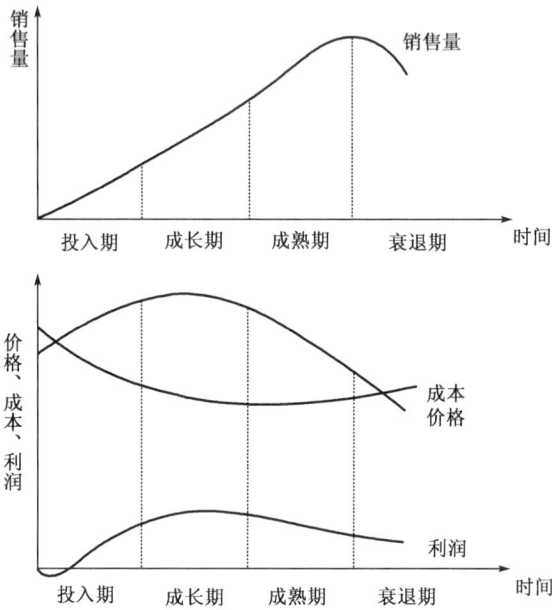

图 2-1　产品寿命周期示意图

各个阶段的市场需求及产品利润特点　　表 2-1

寿命周期	投入期	成长期	成熟期	衰退期
需求特点	设计尚未完全定型,市场需求很小,甚至无需求	设计已定型,销售增长率迅速增加	销售增长缓慢,市场开始饱和,竞争激烈	销售增长停止,或出现负增长,竞争者陆续退出
利润情况	无利可图,甚至亏本	开始获利且利润逐渐增长	因推销和研制费用低,利润丰厚	利润减少,甚至无利或亏损
项目决策	对有发展前途的产品可进行项目建设,但要谨慎从事	生产规模可大于目前销售量	视成熟期的长短安排项目规模或决定项目的取舍	取消新建项目计划,对更新改造项目要看是否能延长寿命周期

根据上述分析可知,在产品寿命周期的不同阶段,其销售量的发展趋势及利润率是不同的。因此,在对某项目决策时,必须了解项目产品所处寿命周期的阶段,以预测今后产品销售的变化趋势,从而决策项目是否应该建设、建设的规模以及今后在产品更新换代方面应做的准备等。

产品寿命周期分析法是市场发展趋势预测中的重要方法。因为前几种方法都是在假定过去的发展趋势会延续到今后这一前提下进行的,而用产品寿命周期分析法,则可纠正上述方法在预测中的偏差。

产品寿命周期分析法,一般采用定量与定性分析相结合的方法。对产品进行寿命周期的分析,一般可采用以下几种方法:

(1)用销售增长率来划分阶段。一般认为,销售增长率(一年中销售量的增量)在10%以下,且不稳定时为投入期;大于10%为成长期;又转入0~10%为成熟期;出现负增长时为衰退期。

(2)用产品普及率来划分阶段。一般产品普及率越高,需求量就越低。普及率可用社会拥有量÷人口总数(或家庭户数)的方法来计算,也可用抽样调查法来计算。一般认为,耐用消费品按家庭拥有量计算,普及率在15%以下的属投入期,16%~50%的属成长期,50%~90%的属成熟期,大于90%的为衰退期,此经验数据也会随着经济与社会的发展而发生变化。

(3)用类比法进行判断。即根据近似产品的发展情况来进行判断。例如,参照收音机的资料,对收录机的寿命周期进行判断。但是,许多产品尽管属同一类型,寿命周期却往往大不相同,且当某一新技术出现时,也会对相关产品的寿命周期发生影响。因此,类比法只能起参考作用。

(4)根据产品的相关性,以相关产品的寿命周期来推断本产品的寿命周期。如彩电进入成长期,销售量上升时,其互补产品也会相应进入成长期。

(5)根据技术寿命来判断产品的寿命周期。一般地,每一种技术总是需要一些产品来作为其物质载体,如随着转炉炼钢技术的发展,平炉炼钢技术已走向衰退,因此与平炉炼钢技术配套的一些设备也就随之进入衰退期。

4. 经验判断法

该方法的特点是依靠专家对以往同类行业、项目或产品所掌握的历史经验进行主观判断。它的主要优点是适应性强,对基础数据需求量较小,尤其是针对那些受政治、政策因素影响较大、不可控因素较多以及市场资料不全的新建项目比较适用。这种方法可以纠正因单纯运算可能产生的误差。但是这种方法主要基于以往同类项目产品市场运作或演化规律复制,更多考虑项目产品市场销售的共性,而忽略各自的个性化特征,且主观随意性强,易发生疏忽与失误,因此也应与其他方法结合使用。

经验判断法通过召开座谈会或信函方式征求有经验的工作人员,如基层销售人员、企业经理人员和专家的意见,将大量无法数量化的,带有很大模糊性的信息明确化,从而据以进行预测。在经验判断法中,德尔菲法(专家调查法)是一种较好的方法。德尔菲法的工作程序是:

(1)明确研究主题及对象,建立管理小组,设计严谨的预测程序或工作流程。

(2)按照预测要求,按照特定专业要求,选择一定数量该行业领域内资深的专家(一般规范的做法通常是从所建立特定的专家库中随机抽取),并向专家发出邀请,邀请书中应说明预测的课题以及预测的程度。

(3)进行征询调查。在征询中,应答者彼此之间是互不知道的,从而避免了权威的约束,使各种不同的判断都得以充分阐述。征询工作一般要分几轮反复进行。在征询的每一轮,都要对应答结果进行定量分析的统计处理,这样才能有效地进行下一轮反馈,其统计处理一般采用权重法进行。

除了上面介绍的方法外,还有一些常用的预测方法,如时间序列法、回归分析法及弹性系数法等将在运输需求预测方法中再作详细介绍。这些预测方法各有其优缺点和适用条件,没有一种方法在任何条件下都是理想的。在预测时,为获得客观准确的结果,需要结合投资项目的特点及相关情况来选用,或将几种方法结合进行综合分析与判断。

(四)运输市场预测的内容及分类

运输市场预测是指在运输市场调查的基础上,揭示运输市场供求矛盾发展变化的规律性以及影响运输市场供求关系的各类复杂因素,运用逻辑推理、统计分析、数学模型等科学方法,对运输市场上运输产品未来的供需发展趋势和相关因素的变化进行预测和推荐,从而为运输企业确定发展目标并制定运输经营决策提供科学的依据。

科学的运输决策,必须建立在科学的运输市场预测基础上。运输市场预测的内容非常广泛。运输市场需求量、运输市场供给能力、运输价格和成本变化趋势、运输市场占有率、运输市场营销发展趋势、运输企业经济效益和社会效益、同行业的竞争能力和竞争策略的改变等,都可以是运输市场预测的内容。但对运输企业来讲,最基本和最重要的是运输市场需求预测,简称运输需求预测。

运输市场预测的分类方法有以下几种:

(1)按预测的时间跨度分类,可分为长期预测、中期预测、近期预测和短期预测。

(2)按预测的对象分类,可分为客运市场预测和货运市场预测。

(3)按预测的空间层次分类,可分为国内运输市场预测和国际运输市场预测。

(4)按预测的主体分类,可分为宏观运输市场预测和微观运输市场预测。

(5)按预测结果的要求分类,可分为定性预测、定量预测和定时预测。

【延伸阅读2-1】 滨海市 KJS 交通枢纽及综合改造工程项目市场分析(节选)

一、项目概况

(一)项目背景

滨海市的国民经济和社会发展在新世纪实现了新的飞跃。为进一步加快地区现代化国际化的进程,到 21 世纪中叶使滨海市成为当代世界一流水平的现代化国际大都市,滨海市委及市政府提出重点加强城市交通、能源等基础设施建设,加快建设快速轨道交通工程和地铁建设,新建和改扩建一批公交枢纽站和运营场的发展目标。

本研究内容拟通过对全市未来发展、规划的研究来确立本项目立项的必要性,经综合市场分析以确定建设规模和市场定位。

(二)承建单位概况及分析依据

1. 承建单位概况

(略)。

2. 分析报告编制依据

(1)滨海市国民经济和社会发展第十个五年计划纲要。

(2)KJS 综合交通枢纽规划设计条件。

（3）KJS 综合交通枢纽咨询报告。

（4）KJS 综合交通枢纽供电可行性咨询报告。

（5）KJ 站区供热规划方案。

（6）KJ 站区规划设计修改草案。

（三）基本结论

该项目的建设符合滨海市总体发展战略，是完成第一步构筑地区城市现代化的具体措施，配合交通路网建设，促进西北部地区经济发展。在滨海市政府的大力支持及相关各方的全力配合下，为项目的实施提供了先决条件，加上承建单位具有雄厚实力和丰富的建设经验，为本项目的开发奠定了良好的基础。本项目的建设社会效益明显、经济效益较高，通过预测，本项目的投资回收期为 12.40 年，内部收益率为 6.88%，贷款偿还期为 5.06 年，从财务评价上分析项目可行。本项目主要技术经济数据及指标见表（略）。

二、交通枢纽规划

（一）项目区域现状

（略）。

（二）枢纽规划

1. 外部道路交通条件

（略）。

2. 枢纽内部交通组织分析

1）枢纽区远期客流规模及结构

KJS 交通枢纽远期将主要为城市铁路、环线地铁、地铁 3 号线、城区公交、西北部公交、自行车及枢纽周边以步行方式进入枢纽等交通方式提供换乘服务。

分析表明，各种交通方式之间以城市铁路与环线地铁和地铁 3 号线之间的换乘量为最大，全日分别为 $2 \times 42\,108$ 和 $2 \times 24\,355$ 人次，高峰小时为 $2 \times 6\,460$ 和 $2 \times 3\,752$ 人次。

2）枢纽布局及客流组织评价

根据枢纽区各种交通方式车站及换乘厅和换乘通道的布局安排，本报告从枢纽乘客的方便性、舒适性、安全性、可靠性及经济性等多个方面对枢纽客流进行了评价。表 2-2 给出了客流运行特性系数表。

客流运行特性系数表

表 2-2

交通方式	环 线 地 铁	城　　铁	城 区 公 交	西 北 公 交
环线地铁		1.49	1.23（1.35）	1.17（1.55）
城铁	1.58		1.59（2.35）	1.23（1.47）
城区公交	1.28	1.48		1.49（1.56）
西北公交	1.51	1.20	1.49（2.56）	

从表 2-2 可知，各种交通方式的舒适性、安全性、可靠性及经济性以优、良等级居多。KJS 交通枢纽的设计充分体现了"以人为本"的设计理念，与其现代化大型公用设施的地位是相适应的。

3. 枢纽内部车辆交通组织及外部衔接

（1）公交车辆；

(2)社会车辆;

(3)非机动车辆与行人;

(4)枢纽外部交通组织分析;

(5)枢纽内部及区域环境研究。

(三)规划客运量及枢纽建设规模

根据地铁客流调查、城铁客流预测报告及公交客运资料,经 KJS 枢纽至西北郊地区、中心城区的现状及 2010 年各种交通方式规划客运量详见表 2-3。

经 KJS 枢纽至西北郊地区、城区客运量(单位:万人次/日)　　　　表 2-3

交通方式	西 北 地 区		城 区	
	现状	2010 年	现状	2010 年
公共汽车	6.15	5.8	0.65	8.6
城市铁路		22.45		
铁路	0.3	0.9		
环线铁路			5.88	13.02
地铁 3 号线		1.31		7.8
其他交通方式				1.04
小计	6.45	30.46	6.53	30.45

枢纽规划模型及设施建设要求(略)。

三、市场分析

由于本项目附属配套工程的建设涉及商场、酒店、写字楼和商住公寓,本节将着重从以下几点研究滨海市的市场概况。

(一)滨海市商业市场

1.滨海市商业市场概况

(略)。

2.KJS 枢纽地区的市场研究

(1)地处交通枢纽:KJS 枢纽主要是面向西北郊与城区的沟通,预计 90% 以上是本市居民,潜在的有效需求大。

(2)周边缺少同类商业设施,市场优势明显:在 KJS 枢纽方圆 3km 范围内大型综合商场较少,该地区是滨海市居民居住密集地区之一,潜在市场广阔。

(二)滨海市酒店市场

1.滨海市旅游、酒店业概况

(略)。

2.KJS 枢纽地区酒店需求

KJS 枢纽地区酒店定位于中高级酒店,并对中高档酒店客房需求量进行预测可得:在今后几年中,社会对于中高档客房的需求量在逐年增加,每年增幅约为 1 000 间。按照 65% 的客房出租率计算,2005 年的客房供应量应为 74 371 间,尚有 9 058 间的缺口,所以本项目新建客房 343 个床位出售方案是适应市场需要的。

（三）滨海市写字楼、商务公寓市场

1.滨海市写字楼市场现状

（略）。

2.滨海市写字楼市场未来发展

（略）。

3.写字楼价格趋势预测

（略）。

4.枢纽写字楼、商务公寓定位

（略）。

（四）市场分析

本项目地处滨海市中心区繁华路段及 KJS 交通枢纽,具有区位优势。鉴于滨海市的经济发展与城市建设具有良好预期,只要项目经营者正确把握市场导向,根据市场环境适时调整经营战略,市场前景是比较乐观的。

（资料来源:摘自《项目可行性研究及评估——典型案例精解》,并做了删减和合并）

第二节 运输需求分析与预测方法

一、影响运输需求的主要因素

（一）运输需求的概念

运输需求是社会经济生活在人与货物空间位移方面所提出的有支付能力的需要。其又分为旅客运输需求和货物运输需求。如同工业项目中的产品需求一样,它是计算运输项目成本和效益的基础。一个运输项目,其建造投资成本和投产运行后生产寿命期内的运营成本,主要取决于运输需求量的大小;同样,运输项目运行后所得的效益,也有赖于运输需求量进行衡量和计算。运输需求量预测正确与否,直接影响运输项目成本和效益能否正确衡量,从而影响运输项目投资决策的正确性。但运输需求与其他商品需求相比又有其特殊性,具体体现在以下几个方面。

（1）广泛性。运输需求产生于人类生活和社会生产的各个角落,运输业作为一个独立的产业部门,任何社会活动都不可能脱离它而独立存在,因此与其他商品和服务的需求相比,运输需求具有广泛性,是一种带有普遍性的需求。

（2）多样性。货物运输服务提供者面对的是种类繁多的货物。承运的货物由于在重量、体积、形状、性质、包装上各有不同,因而对运输条件的要求也不同,在运输过程中必须采取不同的技术措施。对旅客运输需求来说,对服务质量方面的要求也是多样的。这是由于旅客的旅行目的、收入水平等不同,对运输服务的质量要求必然呈多样性。

（3）派生性。运输需求大体上是一种派生性需求。所谓派生性需求是指一种商品或劳务的需求是由另一种或几种商品或劳务需求派生而来。派生性是运输需求的一个重要特点。显然,货主或旅客提出位移要求的最终目的往往不是位移本身,而是为了实现其生产、生活中的其他需求,完成空间位移只是中间的一个必不可少的环节。

(4)空间特定性。运输需求是对位移的要求,而且这种位移是运输消费者指定的两点之间带有方向性的位移,也就是说运输需求具有空间特定性。

(5)时间特定性。客货运输需求在发生的时间上有一定的规律性。例如周末和重要节日前后的客运需求明显高于其他时间,市内交通的高峰期是上下班时间;蔬菜和瓜果的收获季节也是这些货物的运输繁忙期。这些反映在对运输需求的要求上,就是时间的特定性。运输需求在时间上的不平衡性引起运输生产在时间上的不均衡。

时间特定性的另一层含义是对运输速度的要求。客货运输需求带有很强的时间限制,即运输消费者对运输服务的起运和到达时间有各自特定的要求。从货物运输需求看,由于商品市场千变万化,货主对起止的时间要求各不相同,各种货物对运输速度的要求相差很大;对于旅客运输来说,每个人的旅行目的和对旅行时间的要求也是不同的。

(6)部分可替代性。不同的运输需求之间一般是不能互相替代的,例如人的位移显然不能代替货物位移,由北京到兰州的位移不能代替北京到广州的位移,因为这明显是不同的运输需求。但是在另一些情况下,人们却可以对某些不同的物质位移做出替代性的安排。例如煤炭的运输可以被长距离高压输电线路替代;在工业生产方面,当原料产地和产品市场分离时,人们可以通过生产位置的确定在运送原料还是运送产成品或半成品之间做出选择。人员的一部分流动在某些情况下也可以被现代通信手段所替代。

在进行运输需求预测时,还应明确“运输需求”与“运输量”是两个不同的概念,社会经济活动中的人与货物空间位移是通过运输量的形式反映出来的。运输量是指在一定运输供给条件下所能实现的人与货物空间位移量。其可以是公路上的汽车货物流量、航线上的旅客人数或是铁路列车运送的货物吨数。运输量的大小当然与运输需求的水平有十分密切的关系,但在许多情况下,运输量本身并不能完全代表社会对运输的需求。运输需求能否实现要取决于运输供给的状况,在运输能力完全满足需求的情况下,运输量就可以基本上反映运输需求。但有时候,特别是在一些国家或地区运输供给严重不足的情况下,运输业完成的运输量仅是社会经济运输需求的一部分,如果增加运输设施、扩大运输能力,被不正常抑制的运输需求就会迅速变成实际的运输量。

明确“运输需求”与“运输量”的概念对预测运输需求是很重要的。过去有许多预测工作没有分清运输需求与运输量的区别,在大部分预测过程中主要采用了以过去的历史运输量数据预测未来运输需求的方法,以“运量预测”简单代替“运输需求预测”,这种概念上的误差当然会影响预测的准确程度。显然,在运输能力满足需求的情况下,运量预测尚可以代表对运输需求量的预测;而在运输能力严重不足的情况下,不考虑运输能力限制的运量预测结果,就难以反映经济发展对运输的真正需求。随着我国市场经济机制的不断完善,运输供给长期紧缺的状况基本改善,运输需求与运输量的实际差别也随之缩小。

(二)影响运输需求的主要因素

影响运输需求的因素很多,对于客货运输而言,也存在差异,但主要包括以下几方面。

(1)人口变动及城市化程度。人口的增加或居住分布格局的改变,意味着消费量的增加和使用运输工具的机会增多,从而运输需求量增加。

(2)居民生活水平变动。生活水平的提高,意味着人们的购买力提高和旅行(包括旅游等娱乐性旅行和走亲访友等生活性旅行)增加,从而导致客货运量增加。

(3)生产发展水平的变动。一般随着生产的发展,原材料、燃料、成品、半成品等货运需求增加。

(4)经济结构的变动。一定的经济结构既影响着运输需求量的大小,也影响运量的流向和运距。因此,随着经济结构的变动,运输需求量也将发生相应变化。

(5)国家政策的变动。诸如国家的价格政策、产业布局政策等的变化,对运输需求量也会产生较大影响。

(6)国际贸易的变动。它主要关系到进出口货物的运输量。

(7)运输技术与服务水平的变动。包括运输设备、运价、服务质量水平等状况,也都会对运输需求量产生较大影响。

二、社会经济调查分析

由于交通项目的产品有其特殊性,其生产必须服务和适应社会经济的发展,并通过项目的建设促进社会经济加速发展。为了分析研究交通项目与社会经济发展的适应情况,论述项目建设的必要性,预测运输需求的变化状态,就必须全面、系统、准确、及时地开展社会经济调查工作,搜集有关国民经济发展规模、发展水平、人口、自然资源、产业结构等资料,并以此开展科学的市场需求分析与预测。

(一)项目社会经济调查

交通基础设施是服务于一个地区社会经济发展的基本条件,是地区间社会经济联系的纽带,其建设的目的是连接大小城镇或城市各个功能区,形成地区或区域交通网络和经济网络,便于生产资源的合理流动和高效配置,促进区城内社会经济的快速增长。

1.项目影响区

由于交通项目的具体建设目的不同,自身特点和功能不同,如有的交通项目是为地区经济服务的,有的是为某个建设基地服务的,有的是为某个港口的物资集散或某个大通道的区域经济服务的,有的是军用的,从而确定了每一个交通项目影响区的大小是不一样的,进行项目社会经济调查、分析和研究的范围也有所区别。为了研究交通项目影响区内社会经济的主要问题,就要合理确定调查范围。一般将调查范围划分为直接影响区和间接影响区,社会经济分析研究的重点是直接影响区。

直接影响区和间接影响区划分标准主要是看能否显示出影响区内各地区间的社会经济往来关系,能否有效地反映这一区域的物流和车流特征。直接影响区确定得过大,会增加调查研究的工作量,造成人力、物力、财力和时间的浪费;直接影响区定得太小,又不能达到预期的目的和要求,不能满足统计上的充分有效性。直接和间接影响区的划分目前还没有一个统一的标准,但是,直接影响区一般具有以下几方面的特点。

(1)交通项目建设实施后,由于交通条件的改善,促进了人员、物资的交流,会使这些地区或区域的社会经济显著受益,即促进了该区域生产资源的合理流动和高效配置,使得区域内的经济总量和居民收入水平显著增加。

(2)交通项目实施后,该项目承担的大部分运量来自这些地区或区域,即交通量的发生源或集中点大部分在这些地区或区域。

(3)交通项目实施后,会使这些地区或区域内其他线路或运输方式显著分流,交通条件大为改善。

从地理位置看,直接影响区一般距项目很近或项目就通过这些地区或区域,从地理范围上看类似于运输走廊这一概念。从直接影响区所具有的这些特征出发,通常将交通项目直接经过的市、县等以行政单位划分作为直接影响区,必要时划分到区或乡一级;而把直接影响区范围以外,凡交通项目线路途经的地区,及其运行的车、船等运载工具所波及的范围皆作为间接影响区。

2.区域经济调查内容

(1)自然资源条件。对自然资源的调查可以根据交通项目的功能作用不同而有所侧重,但一般包括土地资源、气候资源、水资源、生物资源、矿产资源和旅游资源。这些要素有机地结合在一起,影响着社会生产力的布局。

随着人们生活水平的提高,旅游成为交通客流发生的重要集中源点。同时,旅游风景区往往构成一个地区的特色,旅游经济成为某一区域经济的重要组成部分。旅游资源调查的主要内容有:区域内旅游风景名胜、文物古迹点;旅游点(区)的等级和性质;地理位置与交通项目的位置关系;旅游开发情况,如旅游年接待人数、收入等;旅游资源开发计划;旅客交通工具选择情况等。

(2)区域人力资源条件。人口是社会生产和生活的主体,是经济结构的重要因素,人口出行与交通有着直接的关系,在项目经济评价中,人口也是一个重要参数。因此,人口调查、分析和预测是社会经济调查的重要内容之一。

通过人口调查统计可对区域内劳动力资源的现状有所认识。调查的主要指标有总人口、居住分布特征、职工人数、劳动力资源总数、人口密度、人口自然增长率、人口平均增长速度。对人口与劳动力资源的分析,还可包括人口与劳动力地域分布对生产布局的影响,人口与劳动力的流动性程度对交通运输的影响,以及劳动力资源的利用效率等。

(3)区域内的经济发展水平。区域内的经济发展水平是运输需求的根本来源,也是区域内交通项目建设的基本经济保障。因此,详细了解区域内经济总量规模、生产力布局、产业结构、发展趋势、发展战略等对论证建设项目的必要条件和经济合理性有着十分重要的作用。调查的内容包括:经济发展水平、经济结构、生产布局、投资与外贸、经济发展规划与政策、区域交通运输条件等。

(二)项目社会经济分析

项目社会经济分析的内容与项目社会经济调查的内容是一致的,并通过以下内容分析从而对社会经济发展变化趋势和发展远景进行估计与预测。

1.资源条件分析

资源是社会经济发展的基础和保证。一个地区或区域所拥有的资源结构和特色,必然影响该区域的社会经济结构和特征。资源分析主要包括以下内容。

(1)资源的总储量及其构成。某种资源能否成为一个地区的优势,很重要的一点就是看其储量情况以确定可能的开发规模。储量的大小一般分为远景地质储量、探明储量及经济可采储量。其中只有经济可采储量才具有现实的可开发的意义,同时,储量情况不仅包括储量的大小,而且还包括质量的优劣、分布地域构成等,以便分析某种资源与该地域的产业结构、技术结构的适应性,是否能转化为产业优势,形成新的经济增长点。

(2)资源开发能力分析。区域内某种资源的储量优势不一定就是该区域的经济实力优势。资源开发条件才是储量转化为经济实力的关键。资源的开发条件可以分为内部条件和外部条件,内部条件主要是指开发资源的技术条件,各种效率指标以及开发成本等。外部条件主要指国民经济其他部门对开发资源的配合情况,如交通、电力、水利等的适应性条件。

(3)资源需求平衡分析。因各种资源在地域上分布的不平衡,使得经济发展中所需的燃料、原材料在供需上存在矛盾。为了合理地解决这些矛盾,需要分析该地区经济发展所需燃料、原材料的数额、品种及规格,需要调进或调出的数额、品种和规格以及调进或调出的地域分布,运输距离,运输方式,某种资源的短缺给国民经济带来的损失等。

2. 人力资源分析

人力资源分析主要是人口分析,大致可从三个方面进行分析。

(1)人口总量及增长情况分析。它主要是以时间为基准,考察人口在不同时点上的增减变化量,以及增减变化速度。

(2)人口构成分析。包括人口总量中的城乡构成,农业与非农业人口构成,流动人口与常住人口的构成,人口与劳动力构成等。

(3)人口的区域分布情况分析。包括人口在区域空间上的分布特点、集中程度、居住习惯等。

3. 经济分析

经济分析是社会经济分析的重点,是确定拟建交通项目规模和标准的前提。经济分析的内容十分广泛,但对交通项目来说,主要包括以下几个方面。

(1)国民经济总体水平及增长速度分析。主要分析国内生产总值、社会总产值、工农业总产值、工业总产值、农业总产值的总量及增长变化情况。

(2)国民经济的构成情况分析。包括国民经济部门构成,产业构成,农、轻、重的构成,基础产业与其他产业发展的协调情况等。

(3)主要工农业产品产量分析。主要工农业产品产量体现着一个国家和地区一定时期内生产的实物成果总量,体现着一个国家和地区的产业优势和工业、农业各自的内部构成。

(4)居民人均收入水平及其变化分析。居民收入水平在一定程度上体现着经济效益的好坏和劳动就业状况,反映着人民的生活水平和福利状况。居民收入分析为后面的项目效益计算提供依据。

(5)区域经济发展战略分析。着重分析经济发展的方向、战略目标、产业结构变化、产业布局及实现目标的途径。

三、交通调查与分析

交通调查与分析,就是根据研究任务和要求,进行翔实的交通方面的数据调查和资料收集,在占有丰富资料的基础上,利用各种经济分析方法,来认识交通现象的规律性,以此指导运输需求量的预测工作。

(一)交通调查

交通调查的地理范围与社会经济调查的范围一致,且要求以所划分的小区为基础进行。交通调查的方法按调查规模可分为普查和抽查两大类,后者在交通调查中应用较广。按调查对象又可分为典型调查、抽样调查和重点调查。以公路建设项目交通调查为例,其调查的具体内容主要包括以下几方面。

(1)交通概况,如铁路、公路、水运、航空及管道五种运输方式的线路长度、技术等级标准、年运输能力、主要货类、平均运距;公路运输的地位及作用,主要相关公路的等级、里程、路面类型、交通量、行车速度、行车时间、大中桥、隧道、重要交叉口;分车型历年汽车保有量、运输成本、平均吨位(客位)、实载率、吨位利用率、里程利用率以及五种运输方式的改造计划和长远规划等。

(2)交通运输量,如五种运输方式的客货运量、周转量、主要货类、旅客构成、流向;综合运输构成、各种运输方式的能力利用率、运输量增长率;远景运输量的规划、各种运输方式的比重;公路运输发展的新特点;新生源等。

(3)公路交通量,是交通调查的重点之一,内容包括有关公路的交通量和交通量的年递增率;汽车交通占混合交通的比重;车型构成;交通量月、周、日不均匀系数;高峰小时交通量、车流平均运行速度;有关交叉口的交通状况等。

(4)公路运输成本,包括燃料、养路费等汽车运行各项成本费用;交通及非交通部门各种汽车单位运输成本。

(5)道路养护大修、管理费用。

(6)道路收费,包括收费的形式、体制、标准,还应调查收费对交通量的影响。

(7)交通事故及货损,包括公路交通事故平均损失费,各级公路交通事故率,在途货物平均价格、货损率等。

(8)OD调查,即起讫点调查。其目的是为了获取公路上交通流的构成、流量、流向、起讫点、货物种类、实载率情况等,为预测远期交通量提供依据,同时也为道路设计和经济评价采集基础数据。

从上述公路建设项目的交通调查可看出,不仅要深入了解本运输方式内部的相关运营数据与标准等,而且对于其他运输方式的运营情况及发展趋势等也要做具体的调查分析。

(二)交通分析

交通分析通常可采用因果分析法、趋势分析法或类比分析法进行,主要分析内容有以下几方面。

(1)运输路线适应性分析。主要是通过饱和度指标(实际交通量与通行能力之比)的计算,了解区域内的各条运输路线是否适应运输需求,分析道路通行能力的利用程度,从而有助于项目的正确决策。

(2)综合运输分析。一般包括运输量增长分析、运输结构分析和运输弹性分析。

各种运输方式的运输量增长分析,可通过计算平均增长速度来反映,对于点(车站、港口等)、线(相关线路)、面(整个地区)都可以采用这种方法。

运输结构分析是以运输总体总量为标准,求各种运输方式占运输总量的百分比,通常可以分析运输里程、运输量等指标。对未来运输结构的变化,通常采用类比的方法,即研究其他国家或地区的运输结构及其发展规律,结合我国和各省的交通运输网规划及项目影响区本身的经济、交通特点,综合分析而定。

运输弹性分为运输价格弹性、运输收入弹性、运输生产(经济)弹性等。运输弹性分析是为了把握经济发展与交通运输的关系,确定未来交通运输的发展趋势。各国经济发展与交通增长的共同规律是:经济发展初期交通运输增长速度高于经济增长速度,运输弹性大于1;经济发展到一定水平时,交通运输增长变缓,直至与经济增长几乎同步,运输弹性接近于1;经济发展后期,交通增长慢于经济增长,运输弹性小于1。经济发展初期,货运增长比客运快,货运弹性一般大于客运弹性;经济发展中期,客运增长将赶上或超过货运增长;经济发展后期,货运弹性将小于客运弹性。

(3)地方交通特点分析。各地区有各自的交通运输特点,在公路建设项目中分析的目的是为了确定其他运输方式向公路运输的转移程度,明确道路建设项目在综合运输网中的地位和作用。地方交通特点分析内容主要有线路特点、货类及运输工具特点分析。

线路特点分析指分析各种运输方式的线路长度和构成、线路密度、走向、运输能力、运输优势等;货类特点分析指地区货物运输种类、流向、运输时间要求、货物平均运距等。不同运输方式在运输货类、运输时间、运输距离、运输费用、运输数量等方面具有各自的优势、货物平均运距、不同运输方式的经济运距是重点分析的内容。未来客、货运量对哪些车辆需求增加,未来车辆构成应如何确定,是进行运输工具特点分析的主要内容,这也是交通预测和路面设计的基础。

(4)OD 分析。对 OD 调查数据进行分析汇总,能得到反映基本出行情况的一系列 OD 表,称为现状 OD 表,还可得到高峰小时交通量、24 小时各断面交通量、日昼比、各车型的比例、货车平均吨位、客车平均客位、货(客)车实载率、货车载货品种结构等一系列反映交通流方面的特征指标。

四、运输需求预测的主要方法

运输需求历来被认为是派生性需求,经济活动、社会活动等本源性需求的变化直接决定运输需求这一派生性需求的大小。通过分析社会经济活动的变化规律,分析它们与交通运输的关系,便可较为准确地掌握运输需求的变化规律。

运输需求预测是可行性研究及项目评估中的关键内容,是评估项目建设的必要性,确定项目工程规模和技术标准,以及进行经济评价的重要依据和基础。其预测的水平和质量,将直接影响交通项目决策的科学性。运输需求预测必须在深入调查分析的基础上进行,必须采用科学的方法,坚持定量与定性分析相结合的原则,做到系统全面。

运输需求预测通常分为两种,一种为定性预测,另一种为定量预测。定性预测主要用于预测因素不确定,缺乏定量数据的情况,预测方法包括:专家调查法、主观概率法、趋势判定法、相互影响判定法等,对预测指标及其预测结果进行判断,并根据专家的意见进行修正,直到满意为止。而定量预测,则从目标和因素的相互关系出发,建立函数模型预测,通常采用四阶段法、回归预测法、时间序列预测法、弹性分析预测法等。

(一)四阶段法

所谓"四阶段"预测方法,是将预测任务分成四个子任务来依次完成,即依次进行出行生成预测、出行分布预测、交通方式划分预测,以及交通量分配预测。由于分为四个相互关联的阶段进行预测,因此又简称"四步法"。四阶段法起源于城市交通规划,是在 20 世纪 70 年代初,欧美一些发达工业国家为了满足大规模城市道路交通规划及其建设需要而研究的一种经典预测方法,目前在公路项目中应用极其广泛。

1. 出行生成预测

出行生成(Trip Generation)预测包括交通产生量和吸引量预测,这一阶段的预测目的在于获得城市未来社会经济发展规模、人口规模和土地利用特征,并研究在此条件下各交通小区可能产生和吸引的交通总量。

出行生成预测是四阶段法运输需求预测的基础,预测方法较多,如家庭类别生成模型、回归分析法、增长率法、吸引率法、平均出行次数法、时间序列法、弹性系数法等。目前常用的定量分析方法有时间序列法和回归分析法。回归分析法是在分析小区居民出行发生量、吸引量与其影响因素相关关系的基础上,得出回归预测模型。

用这些方法进行城市居民出行生成预测、城市流动人口出行生成预测、城市市内货运交通生成预测、城市对外及客(货)运交通生成预测、区域交通生成预测。

2. 出行分布预测

出行分布(Trip Distribution)预测的目的在于预测一定的城市社会经济生产和居民日常生活活动所产生的交通需求在城市不同空间位置上的分布或者流向、流量,以便在实施城市道路交通网络规划时能够把握主要交通流向,使路网的布局沿主要交通需求流向布置,并注意容量上的配置。

出行分布预测是解决出行生成预测的交通发生总量去向何方,交通吸引总量来自何处的问题。常用的方法可分为两类:一是利用现状 OD 表预测未来 OD 表,称为增长率法,如均衡增长率法、平均增长率法、底特律法、弗雷特(Frator Method)等,其中弗雷特法应用较为广泛;二是综合考虑各区之间交通时间区间距离、运行费用等因素,通过模型预测未来交通分布状态,其主要采用重力模型法预测。

3. 交通方式划分预测

交通方式划分(Mode Split)预测旨在考察未来城市活动中,产生的交通需求量在各种交通方式的分配状况,从而有助于从总体上比较真实、客观地把握未来城市社会经济活动中交通压力,为优化城市未来的交通运输方式结构提供合理科学的决策支持。交通方式划分解决的是出行量以怎样的交通工具完成输送的问题,即预测各种交通方式的交通量分担率。常用的出行方式划分方法有:转移曲线法、概率模型法、转换的重力模型法、回归模型法等。

4.交通量分配预测

交通量分配(Traffic Assignment)目的是预测交通出行矩阵(OD 矩阵)在道路交通网络上的分配情况,从而对道路的交通负荷做出预测。

四阶段预测方法理论成熟,建模层次分明,便于理解,但因其模型结构复杂,步骤繁多,所以采用人工方式进行计算工作量巨大,必须借助于计算机和软件才能实施。此外,"四阶段"预测方法中的四个步骤是相互依存的,任一阶段预测都要以其上一阶段的预测结果为基础,从而易于造成预测误差被传递和扩大。

(二)回归分析法

回归分析法是较为常见的一种预测方法。在影响平均需求的多个因素中,大多数因素与需求关系是非确定的,不能用函数关系来表示,尽管这些因素与需求量之间没有一一对应的值,但可以用函数关系近似建立起相互关系。回归分析法就是研究其内在的相互关系,运用调查得来的实际数据建立合理模型,从而进行需求预测。

回归分析法是在掌握大量观察数据的基础上,利用数理统计方法建立因变量与自变量之间的回归方程式,再用自变量数值的变化去有效地预测因变量未来有可能的取值范围。回归分析中使用的数学模型有线性方程、指数方程、对数方程等。当研究的因果关系只涉及因变量和一个自变量时,叫作一元回归分析;当研究的因果关系涉及因变量和两个或两个以上自变量时,叫作多元回归分析。此外,回归分析中,又依据描述自变量与因变量之间因果关系的函数表达式是线性的还是非线性的,分为线性回归分析和非线性回归分析。

回归预测普遍应用在运输需求预测中,各种不同交通方式的需求预测都可以用回归预测方法。例如铁路运输企业是一个大系统,诸多影响因素都是相互联系、相互制约的,也就是说它们的变量之间客观上存在着一定的关系。通过对所占有的铁路运输企业的市场资料分析,可以发现铁路运输市场变化的规律性,找出其变量之间的关系,建立回归方程来进行预测。

【例2-1】 某一售票处 t_i 天的销售额 y_i 如表 2-4 所示,预测该售票处第 11 天的销售额。

某售票处销售额(单位:万元) 表2-4

t_i	y_i	t_i	y_i
1	30	6	60
2	20	7	40
3	45	8	50
4	35	9	45
5	30	10	65

点 (t_i, y_i) 分散地分布在坐标上,将这些点用线段连起来就是折线图。从分布情况看,其呈现出直线形发展变化形态。在各个点间找出一条直线:

$$\bar{y}_i = a + bt_i \tag{2-1}$$

式中：$\bar{y}_i$——变量 y_i 的预测值；

$\quad\quad t_i$——时期编号，这里 t_i 指第 i 天；

$\quad\quad a$——直线方程的截距，是一个常数；

$\quad\quad b$——直线方程的斜率，也称回归系数。

用最小二乘法求得：

$$a = \frac{1}{n}\sum y_i - b\frac{1}{n}\sum t_i = \bar{y}_i - b\bar{t} \tag{2-2}$$

$$b = \frac{n\sum t_i y_i - (\sum t_i)(\sum y_i)}{n\sum t_i^2 - (\sum t_i)^2} \tag{2-3}$$

这里的自变量 t 是确定性变量。参数 a、b 可列表计算(表 2-5)。

回归预测参数计算(一) 表 2-5

	t_i	y_i	t_i^2	$t_i y_i$	y_i^2
	1	30	1	30	900
	2	20	4	40	400
	3	45	9	135	2 025
	4	35	16	140	1 225
预测点	5	30	25	150	900
	6	60	36	360	3 600
	7	40	49	280	1 600
	8	50	64	400	2 500
	9	45	81	405	2 025
	10	65	100	650	4 225
Σ	55	420	385	2 590	19 400

$$b = \frac{10 \times 2\,590 - 55 \times 420}{10 \times 385 - 55 \times 55} = 3.394$$

$$a = \frac{420}{10} - 3.394 \times \frac{55}{10} = 23.333$$

若以时间作为自变量，拟合的直线方程为：

$$\bar{y} = 23.333 + 3.394t$$

只要将时期编号加以调整，就可以做到 $\sum t_i = 0$，于是：$a = \bar{y}$，$b = \dfrac{\sum t_i y_i}{\sum t_i^2}$。

当 n 为奇数项时，将中间数据所对应的 t 设为 0 作为原点，这时 t 的编号就分别为：…，$-5, -4, -3, -2, -1, 0, 1, 2, 3, 4, …$；若 n 为偶数项，将数据中间的两个数据所对应的时间编号分别为：$t = -1, t = 1$，其他各项为 $-3, -5, -7, …$，及 $3, 5, 7, …$。本例 $n = 10$，其参数计算如表 2-6 所示。

回归预测参数计算(二)　　　　　　　　　　　　　表 2-6

	t_i	y_i	t_i^2	$t_i y_i$
	-9	30	81	-270
	-7	20	49	-140
	-5	45	25	-225
	-3	35	9	-105
预测点	-1	30	1	-30
	1	60	1	60
	3	40	9	120
	5	50	25	250
	7	45	49	315
	9	65	81	585
Σ	0	420	330	560

$$a = \bar{y} = \frac{420}{10} = 42$$

$$b = \frac{\sum t_i y_i}{\sum t_i^2} = \frac{560}{330} = 1.697$$

拟合的直线方程为:

$$\bar{y} = 42 + 1.697t$$

$t = 11$ 时,其估计值为:

$$\bar{y} = 42 + 1.697 \times 11 = 60.667(万元)$$

$$\bar{y} = 23.333 + 3.394 \times 11 = 60.667(万元)$$

(三)弹性系数法

弹性系数法是一种定性定量相结合的综合分析方法,它通过研究确定交通运输量的增长率与国民经济发展的增长率之间的比例关系——弹性系数,根据国民经济的未来增长状况,预测交通运输量的增长率,进而预测未来运输需求。

弹性系数与未来的社会经济的发展层次、地区特点、发展战略等均有一定的关系。因此,弹性系数的确定应综合分析预测地区的历史、现状、发展趋势,通过历史现状资料分析不同时期的变化规律,并通过与其他地区的类别分析等确定。

运输需求受多种因素影响,而且不同影响因素的变动对运输需求影响的程度也不同,为进行比较,引入弹性分析的概念。运输需求弹性用来分析运输需求量随其影响因素变化而变化的反应程度,一般用弹性系数来表示。用公式表示为:

$$E_d = \frac{Q_{变动率}}{Z_{变动率}} = \frac{\dfrac{\Delta Q}{Q}}{\dfrac{\Delta Z}{Z}} \tag{2-4}$$

式中:E_d——运输需求弹性;

Q——运输需求量;

Z——影响运输需求的某种因素;

ΔQ——运输需求量的变化;

ΔZ——影响因素的变化值。

影响运输需求的因素很多,因此就有很多种相应的运输需求弹性,如价格弹性、收入弹性、交叉弹性和派生弹性。

1.运输需求价格弹性

运输需求价格弹性反映了运输需求量的变化对运输价格变动的敏感程度。运输需求价格弹性系数的计算公式为:

$$E_P = \frac{\frac{\Delta Q}{Q}}{\frac{\Delta P}{P}} \tag{2-5}$$

式中:Q、ΔQ——运输需求量及其变化值;

P、ΔP——运价及其变化值。

影响运输需求价格弹性系数的因素非常多,具体包括以下几方面。

(1)运输需求替代性强弱。运输需求替代性越强,则其弹性系数越大;替代性越弱,则其弹性系数越小。

(2)货物种类。对高价值货物而言,其运输需求价格弹性系数比较小,而低价值货物运输弹性比较大。

(3)旅客种类。一般而言,生活性旅客的客运需求弹性系数比较大,而工作性旅客的客运需求弹性系数比较小。

(4)运输需求的时效性。运输需求的时效性可以理解为运输需求在时间上的紧迫程度。时效性越强,其运输需求弹性系数越小;时效性越弱,其运输需求弹性系数越大。

(5)货物运输需求的季节性以及市场状况等。当某种货物急于上市销售或不易久存时,其运价弹性小。此外,运输需求与资源分布及工业布局关系极大,它们决定了相当部分的货运量,这些运量一经形成,其运价弹性就比较小。

不同运输市场上客货运输的需求弹性有很大的差别,还表现在弹性与具体的运输方式、线路和方向有关。对能力紧张的运输方式、线路、方向,需求的价格弹性较小,运价变动尤其是运价提高对需求影响不大;而能力富裕的运输方式、线路和方向,需求的价格弹性就较大。

2.运输需求收入弹性

运输需求收入弹性 E_1,反映运输需求量变化对消费者收入变化的敏感程度。

$$E_1 = \frac{\frac{\Delta Q}{Q}}{\frac{\Delta I}{I}} \tag{2-6}$$

式中:Q、ΔQ——运输需求量及其变化值;

I、ΔI——居民收入水平及其变化值。

需求收入弹性一般为正值,多用于客运需求分析。因客运需求量 Q 和居民收入水平 I 一般按同方向变动,即居民收入增加时,客运需求增加;反之,居民收入减少时,客运需求减少。

在进行交通规划决策时,收入弹性将是其中一个重要的考虑因素。收入弹性大的运行项目,由于需求量增长较快,所以发展速度应当提高。收入弹性小的项目,由于需求量增长较慢,所以发展速度可以适当减慢。

3. 运输需求交叉弹性

运输需求具有替代性,其替代性强弱可以用交叉弹性来反映。运输需求交叉弹性是指一种运输方式、一条运输线路或一家运输企业的运输需求量的变化对其他可以替代的另一种运输方式、另一条运输线路或另一家运输企业价格变化的敏感程度,即一种可替代的运输需求的价格每变化百分之一将引起的另一种被替代的运输服务的需求量变化的百分之几,表示为:

$$E_{PYX} = \frac{\dfrac{\Delta Q_Y}{Q_Y}}{\dfrac{\Delta P_X}{P_X}} \tag{2-7}$$

式中:E_{PYX}——X 价格变动引起需求量 Y 变动的敏感程度。

(1)交叉弹性为正值,说明运输服务 X 的价格变动将引起运输服务 Y 的需求呈同方向变动,如航空运价提高,会使铁路、水路的运输需求量增加,表明航空运输同铁路运输和水路运输的可替代性。此值越大,则表明两者之间的替代性越强。

(2)交叉弹性为负值,说明运输服务 X 的价格变动将引起运输服务 Y 的需求呈反方向变动,如水运价格提高会使疏港汽车的运输需求量减少,表明这两种相关运输服务存在互补性,即它们结合使用,更能满足消费的需求。

(3)交叉弹性为零,说明运输服务 X 的价格变动对运输服务 Y 的需求没有影响,表明两种运输服务相互独立,互不相关。如航空运价提高,对公路短途运输需求量没有影响,因此,航空运输与道路短途运输无替代性或互补性,两者互不影响。

交叉弹性与价格弹性、收入弹性一样,在价格和运量分析中有着重要作用。运输行业管理部门或运输企业在制订行业、企业的运输发展规划时,应当考虑运输项目的替代性和互不影响性,以利于合理规划运网布局,正确处理各种运输方式、各种运输企业之间的合理分工,协调相互之间的发展关系。

4. 运输需求派生弹性

运输需求派生弹性用来分析运输需求随其本源性需求的变化而变化的敏感程度。由于与运输需求相联系的本源性需求很多,如生产、生活、消费等,所以,运输需求派生弹性的种类也很多。

1)运输需求的生产派生弹性

指运输需求量变化对工农业生产变化的敏感程度。其计算公式如下:

$$E_G = \frac{运输需求量变化(\%)}{工农业生产水平变化率(\%)} \tag{2-8}$$

E_G 一般为正值,运输需求量同工农业生产水平呈同方向变化。运输需求生产派生弹性可以应用于宏观运输经济分析,反映运输与国民经济各部门发展的比例,为国家制订运输经济政策提供依据,也可以用于运输行业管理和运输企业发展战略的制订。

2)运输需求的商品派生弹性

在市场经济中,运输需求同样取决于商品的市场需求。运输需求的商品派生弹性指运输需求量变化对商品需求量变化的敏感程度。其计算公式如下:

$$E_C = \frac{运输需求量变化(\%)}{商品需求变化率(\%)} \tag{2-9}$$

运输需求的商品派生弹性可以应用于微观运输需求预测,比较不同商品对运输需求的灵敏程度,同时也可以看出商品对运费的敏感程度,为企业生产经营决策和制定运价提供依据。

(四)时间序列法

1. 时间序列

时间序列是指以时间顺序排列起来的统计数据,用以表示运输的某种经济活动依时间变化的过程。把时间序列在平面坐标上标出,并用折线连接起来,从折线的形态就可以观察到某一变量变化过程和趋势。不同变量其时间序列的数据是不同的,在平面坐标上折线的形态也是不同的。时间序列模式是指某一变量的时间序列所反映的可以识别的变动趋势形态。每个变量的时间序列都有其模式。水平型、趋势型、季节型、周期型和不规则型是基本模式。在实际工作中,只有少数变量的时间序列属于基本模式。而绝大多数变量的时间序列模式是由两个以上基本模式组合而成的。理解时间序列的基本模式对于提高预测的精度是很重要的。

变量的时间序列模式,基本反映了该变量的变化规律和发展趋势。预测时要根据其时间序列呈现出的变化模式选择合适的预测方法。

2. 时间序列预测

时间序列是按时间顺序排列的一组数字序列。时间序列预测就是利用这组数列,应用数理统计方法加以处理,以预测未来事物的发展。时间序列分析是定量预测方法之一,它的基本原理:一是承认事物发展的延续性,应用过去数据,就能推测事物的发展趋势;二是考虑事物发展的随机性,任何事物发展都可能受偶然因素影响,为此要利用统计分析中加权平均法对历史数据进行处理。该方法简单易行,便于掌握,但准确性差,一般只适用于短期预测。

时间序列预测主要是以连续性原理作为依据的。连续性原理是指客观事物的发展具有合乎规律的连续性,事物发展是按照它本身固有的规律进行的。时间序列预测就是利用统计技术与方法,从变量的时间序列中找出演变模式,建立数学模型,对预测变量的未来发展趋势做出定量估计。

时间序列法通过过去的历史资料和数据,按时间序列排列的一组数字序列,如按月份、季度、年度排列起来的客、货运量或客、货周转量等。在铁路运输需求预测中,时间序列法的优点是:假定影响铁路运输市场需求或客、货运输量的各因素与过去的影响大体相似,并且运输量或运输市场需求有一定的规律,在这种情况下,只要将时间序列的倾向性进行统计、分析,加以延伸,便可以推测出运输市场需求的变化趋势,从而做出较符合实际的预测结果。

3. 平均预测法

时间序列法有:平均预测法、指数平滑法、二次曲线法、生长曲线法等。在时间序列法中最基本的是平均预测方法。以一定观察期内,预测变量时间序列的平均值作为未来某个时期预测变量的预测值。采用平均法预测时,首先分析变量时间序列的特点,根据其特点计算相应的平均值。平均预测法的种类很多,如算术平均法、移动平均法和趋势平均法等。

1)算术平均法

又称简单平均法,是以一定时期内,预测变量时间序列的简单算术平均数作为变量的下期预测值。对铁路运输企业来说,就是直接将若干时期的运量的算术平均值作为预测值。其计算公式为:

$$\overline{X} = \frac{\sum\limits_{t=1}^{n} x_t}{n} \tag{2-10}$$

式中:$\overline{X}$——下一期预测值,即为变量 X 的简单算术平均数;

x_t——变量 X 第 t 期的值,即变量 X 的时间序列中与时序数 t 相对应的值;

t——时序数($t = 1, 2, \cdots, n$);

n——变量 X 时间序列中数据的个数。

2)移动平均法

移动平均法对铁路运输的市场预测来说,就是在掌握 n 期运输量的基础上,按照事先确定的期数 $m(m < n/2)$,逐期分段计算 m 期算术平均数,并以最后一个 m 期平均数作为未来 $n+1$ 期预测运输量。所谓移动是指预测值随着时间的不断推移计算的平均值也在不断地往后顺延,变动预测值 b 是前后两次移动平均数的差异。其计算公式如下:

$$X_{n+1} = \frac{最后移动期运输量之和}{m} + b \tag{2-11}$$

式中:X_{n+1}——第 $n+1$ 的预测值;

b——前后两次移动平均数的差;

m——事先确定的期数($m < n/2$)。

移动平均法能克服算术平均法的缺点,有助于消除远近期偶然因素对运输量的不规则影响,但是移动期 m 带有一定的主观性,如果误差过大还要结合定性分析来预测。

【例 2-2】 某铁路运输单位某年 1~12 月份的旅客运输量资料如表 2-7 所示,试预测下一年度 1 月份旅客运输量为多少($m = 5$)。

某运输单位某年 1~12 月份旅客运输量(单位:人次) 表 2-7

月份	旅客运输量	月份	旅客运输量	月份	旅客运输量
1	467 097	5	547 638	9	499 576
2	464 081	6	578 057	10	496 915
3	485 528	7	526 583	11	491 239
4	511 903	8	471 817	12	435 006

预测最后移动期的平均数 = (471 817 + 499 576 + 496 915 + 491 239 + 435 006) ÷ 5
= 478 911(人次)

预测上一个移动期的平均数 = (526 583 + 471 817 + 499 576 + 496 915 + 491 239) ÷ 5
= 497 226(人次)

b = 478 911 − 497 226 = −18 315

下一年度 1 月旅客运输量 = 478 911 − 18 315 = 460 596(人次)

3)趋势平均法

趋势平均法对铁路运输企业来说是在按移动平均法计算 n 期时间序列平均值的基础上，进一步计算趋势值的移动平均值的一种方法。其表达式如下：

预测运量 = 基期运输量移动平均值 + 基期趋势值移动平均值 × 基期与预测期的时间间隔

趋势值 = 该期运输量移动平均值 − 上期运输量移动平均值

基期运输量移动平均值 = 移动期运输量之和 ÷ 移动期

$$基期序数值 = n - (m + s - 2) \div 2 \qquad (2-12)$$

式中：n——时间序列期数；

m——移动期；

s——趋势值移动时期数。

【例2-3】 某铁路单位12年的旅客运输量如表2-8所示。已知：$m = 5$，$s = 3$，$n = 12$，试预测第13年旅客运输量为多少。

趋势平均法计算(单位：百万人公里)　　　　　表2-8

年　限	客　运　量	移动平均值	趋　势　值	趋势值移动平均值
1	3164	—	—	—
2	3 308			
3	3 753	3 027		
4	2 671	2 938	−89	
5	2 241	2 762	−176	(−89 −176 −239) ÷ 3 = −168
6	2 715	2 523	−239	(−176 −239 +9) ÷ 3 = −135.33
7	2 431	2 532	9	(−239 +9 +69) ÷ 3 = −56.67
8	2 559	2 601	69	(9 +69 −68) ÷ 3 = 3.33
9	2 718	2 533	−68	(69 −68 −16) ÷ 3 = −5
10	2 786	2 517	−16	—
11	2 374	—	—	
12	2 352			

根据已知条件和表中推算结果，用公式计算如下：

基期序数值 = 12 − (5 + 3 − 2) ÷ 2 = 9(期)

基期客运量移动平均值 = 2 533(百万人公里)

趋势移动平均值 = −5

基期与预测期的时间间隔 = (5 + 3) ÷ 2 = 4(期)

预测第13年客运量 = 2 533 + (−5) × 4 = 2 513(百万人公里)

五、运输需求预测中需注意的问题

(一)运输需求量分类

为便于计算交通项目的费用与效益，运输需求量一般分为正常、转移和诱发三种形式。

（1）正常运输量或基础运输量。这是指无项目时在现有运输系统上利用现有设施同样会发生的运输量（包括正常增长的运输量）。

（2）转移运输量。这是指项目实施后由于其独特的技术经济特性及其竞争优势，从原运输方式的其他线路或其他运输方式转移过来的运输量。

（3）诱发运输量。这是指纯粹由本项目建设运营后所派生或刺激新增的，没有该项目便不会发生的运输量。诱发运输量可根据经验或统计资料按总运量的一定比例计算。

上述三种运输量在一个运输项目中往往同时出现，正常运输量的预测一般说来比较容易，但是转移运输量和诱发运输量的预测较为困难，尤其是他们相互影响时，更难预计其各有多少，关键是要选择正确科学的预测方法。另外，结合不同的交通运输方式，在运输需求预测中对运量的预测又有不同的具体细化分类和相应的预测技术方法。

（二）运输需求量预测原则

由于存在着几种不易区分的运量形式和多种影响因素，因此在进行运输需求量预测时，一方面要结合不同运输方式的特点与服务要求，合理采用相应的预测技术方法，另一方面也要注意遵循以下原则。

（1）应用80-20规则。从经验来看，大多数运输方式的货运量的80%是由少数几种货物（不超过20%）构成的，而其他80%以上的运输货物的运量却不足总货运量的20%。因此，只要认真做好那些大宗运输货物的运输需求量预测，就基本能确保预测的正确性。

（2）运输需求量预测不必拘泥于求取某个特定精确数字。这首先是因为预测本身具有一定的误差范围，其次是因为运输供给量相对于需求量而言往往具有较大的余地。因为运输供给量是跳跃式增长的，而运输需求量一般是渐增的。

（3）运输需求量预测，必须选用有经验、观察力强的分析人员，搜集可靠的有代表性的典型资料数据，另外还要运用适当的预测方法。

（4）由于运输业是联结社会再生产各过程、国民经济诸部门的纽带，因而对运输的需求都是由其他部门派生而来。这就要求我们在进行运输需求量预测时，必须掌握国家和地区的经济政策和经济发展状况，熟悉国内各经济部门的分布及其业务概况、发展规划和趋势。另外，由于运输项目的系统性和整体性，我们不仅要考虑该项目建立对本系统的整体影响，而且还应该充分考虑由于该项目的建立有可能对其他运输方式产生的影响以及对整个运输系统需求量变动的影响。

（三）主要运输方式运输需求量预测的要求

1. 铁路运量预测

铁路运量预测包括客运量预测和货运量预测，是铁路设计的基础依据。铁路设计规范中规定设计年度分近期、远期。近期为交付运营后的10年，远期为交付运营后的第20年。

铁路客、货运量预测主要根据我国国民经济和社会发展规划、各种交通运输方式的实际情况和发展趋势、市场配置调节运力资源情况下各种运输方式运力的合理运用，并借鉴国外的经验进行。考虑的主要因素有：国家交通运输产业技术政策、经济发展水平、各种交通运输方式的技术经济特点、各种交通运输方式新增运输能力、运输客户选择、运输服务质量等。

（1）铁路客运量预测。铁路客运量一般按城际（短途）和中长途分别预测。城际（短途)一般按不大于500km(500～1 000km有时也可按短途考虑),中长途一般大于1 000km。铁路客运量一般以"万人次/年"为单位,按上下行分别计算。

城际(短途)客运量预测的主要根据是区域经济发展水平、人口及收入消费水平、交通条件、交通服务状况等,通过数学模型计算、客流分析调查等方法,预测出吸引范围的客流总量,再根据旅客成分、出行目的以及价格、时间、安全性、方便性、舒适性、运营组织方法等因素,预测铁路近、远期客运量。

中长途客运量预测的主要根据是旅客构成、出行目的、各种交通服务状况及旅行时间、方便性、舒适性、运营组织方法等因素,通过数学模型计算、客流分析调查等方法,直接预测出吸引范围的近、远期客流总量。

汇总吸引范围内各省(自治区、直辖)、市(地)、县(市)的城际(短途)和中长途客流量,计算出全线近期、远期客流量。根据旅客列车编组情况,计算出旅客列车对数等。

(2)铁路货运量预测。铁路货运量预测多采用OD调查的方式。通过对尽可能多的OD点"有多少(运量)、是什么(品名)、从哪来(发站)、到哪去(到站)"的调查,采用成熟的预测方法,根据我国国民经济和社会发展规划情况进行平衡并征求当地政府的意见,预测出本线各种始发运量,按照合理的车流径路与通过运量进行汇总,预测出本线近期、远期分品类、分区域运量和总运量。铁路货运量一般以"万吨/年"为单位,按上下行分别计算。根据铁路运量大的特点,铁路货运量预测的重点是煤炭、矿石、石油、冶炼物质、建材、粮食及农用物资等。

2. 公路交通量预测

(1)交通量的调查和分析。对已有线路的交通量观测站资料进行核实与补充调查。对车辆出行起讫点(OD)的交通量调查包括来往车辆、车辆构成、货类和汽车运输指标(如平均吨位、实载率、车速、运输成本等)。

(2)对公路运输和交通量测算时应按照现行公路技术标准规定,根据交通量、使用任务和性质,把公路分为两类五个等级。以不同等级的公路,按技术标准规定有不同的年平均昼夜交通量数值,结合地区的社会经济发展状况,来预测交通量及所需公路等级。

(3)新建(改建)公路的交通量测算。基年交通量可根据邻近公路能够转移到新路的交通量来确定。改建公路应根据原有公路的交通量来确定。交通量预测年限原则上暂按项目建成通车后20年计算(对收费公路做财务分析时,其计算可适当延长,一般公路的远景设计年限为10～15年)。预测年的交通量由三部分组成:正常运量按基年交通量乘以年增长率(这是一个重要参数,应采用多种途径反复求证获得,对于不同经济前景的增长率,可按不同时期采用不同增长率);转移运量可按其他转移交通量乘以相应的增长率;诱发运量应按公路交通量变化情况分段预测,亦可用先综合预测后再重分布等方法。

3. 港口吞吐量发展预测

(1)港口运输需求预测表现为港口吞吐量的预测。它是计算港口项目效益的依据,一般是根据泊位设计的吞吐能力来确定。港口根据审批的项目建设书,进一步调查分析运输形势发展变化和吞吐量的发展水平,说明不同发展阶段的港口吞吐量的货种、流量、流向以及内、外贸和集疏运比例。

(2)根据与港口相关地区的工农业总产值增长趋势、港区历年吞吐量增长率、港口的压船现象,以及有关地区对工农业生产的发展规划、对港口吞吐能力的要求等资料,加以综合分析,测算出港口吞吐量的发展趋势,规划建设规模(包括需新建泊位承担的货种、数量、泊位等级和能力等)。

4.航空运输业务量的预测

(1)机场年旅客吞吐量预测的要求。对该地区的航空客运量近期按10年,远期按30年预测。前10年要测出每年的预测量,后20年要测出每5年的预测量,重点应为本期建设目标年的预测。预测的方法应不少于三种,要列出预测模型、检验参数,并绘制相应的预测图表(如机场预测年旅客吞吐量增长曲线图)。

(2)航空客运量预测的内容,主要包括以下内容。

①年度客运量预测,应分国内和国外的正常客运量、转移客运量和诱发客运量。

②年度高峰小时客运量预测(分国内和国外),需编制高峰小时旅客人数和航站楼面积预测表。

③年度高峰小时飞行架次预测(分机型),需编制年度与高峰小时飞机起降架次与站坪机位数预测表。

④高峰小时停车场旅客及迎送人数、车辆预测(分车型),需编制高峰小时进出停车场旅客及迎送人员和进出机场车辆及所需停车场面积预测表。

⑤航空行李包裹运量预测。

(3)机场货运量预测。

①机场货运量预测要求。对该地区的近(本)期按10年,远期按30年做机场货运量预测,重点是对本期建设目标的预测,并需编制预测图表。包括:各种方法预测表、各种方法结果比较表、货运量预测结果表,并绘制出该机场预测年货运吞吐量增长曲线图。依据预测值计算出货运库建筑面积及货机位数,并说明货运库建设指标确定的依据。

②机场货运量预测的内容包括:年度货运量预测应分货物种类的正常货运量、转移货运量和诱发货运量;预测年度、高峰小时货运量;预测年度、高峰小时的飞行架次(分机型);高峰小时的地面货运车辆等,并编制各类预测图表。

第三节 项目技术评估

人类社会的发展要依靠生产力的发展,而生产力的发展一般来讲有两方面的因素起作用:其一是资源投入总量的增加,其二是科学和技术的进步。整个社会的各种资源是有限的,人类不可能无限制地加大资源投入去发展。因此,单纯靠加大资源投入已经不可能从根本上解决社会生产力发展的问题,这就需要通过科技创新来将经济增长引入依靠科学技术进步和技术创新的轨道上来。

项目可行性研究或项目评估的核心内容是求证该项目是否"技术可行,经济合理"。因此,技术评估也是项目可行性研究和评估的重要内容,它对项目的投资、投产后的生产成本、近远期经济和社会效益,以及项目的生存和竞争能力等起着决定性作用。对项目的经济分析和评估,必须建立在技术可行的基础上。如果一个投资项目的技术不先进、设备不适用、设计不合理,它的财务、经济效益也不可能高。因此,必须对项目进行技术评估,即通过对项目工艺技术方案、技术装备方案和实施技术方案三方面的评估,完成对项目技术的全面评估。

一、项目技术评估的含义与原则

项目技术评估的主要内容就是对项目的生产工艺技术方案、设备选型方案、工程设计方案、投资计划与项目实施进度等方案进行分析评估。对于引进的技术项目,还应对引进技术资料进行分析评估。

(一)项目技术评估的含义

一般意义上的技术是指由系统科学知识、成熟经验和操作技艺等综合而成的某一种从事生产或社会活动的专门学问或手段。它包括三个方面的内容:其一是为完成某种目的的科学知识和技能,其二是为实现一定目标所选择的工艺技术方法,其三是为落实工艺技术方法而采用的物质和装备手段等。按技术的表现形式则又可分为有形技术(如工艺图纸、厂房装备等)和无形技术(如人的知识、经验、技能等)两大类。另外,技术也是生产力的一种表现,它的物化形式可以是新的资源和装备,它的非物质形式以生产者的技能水平等表现出来。

项目技术评估所包含的"技术"内容一般是指在整个项目中所使用的技术总和,项目技术评估是对项目所使用的工艺技术、技术装备和项目实施技术等方面的可行性所进行的评估。这一评估的作用是对项目技术可行性进行科学的分析与评价,以减少由于项目在技术条件选择上的盲目决策所造成的损失。

(二)项目技术评估的原则

项目技术评估是一项科学的项目评估工作,它必须按照一定的原则和步骤去开展,其中项目技术评估的主要原则包括下述几个方面。

1.先进性和适用性相结合的原则

项目技术的先进性是指项目工艺技术和装备以及项目实施技术中包含的技术含量应该尽可能具有国内外先进或领先水平,过度超前的技术或者是严重落后的技术一般都是不可取的;而项目技术的适用性是指项目采用的工艺技术与装备以及项目实施技术的技术水平必须能适应项目特定的要求和实际拥有的技术条件。在项目技术评估中必须在坚持适用性的基础上去追求项目技术的先进性,从而达到二者的有机结合。这一原则要求项目所采用的工艺技术和装备以及实施技术和项目产品生产技术的含量都能适应现有技术条件并符合国情和国家技术发展的水平。坚持先进性和适用性相结合的原则,既要克服片面追求高新技术的倾向,又要避免为选用适用技术而降低对先进性的要求。

2.经济性与合理性相结合的原则

项目技术的经济性是指项目所选用技术的代价是否经济,项目技术的合理性是指在项目技术的选择上要符合项目全体相关利益主体的利益。这一原则要求合理地协调项目技术经济与合理的特性,以相对较低的技术代价获得相对较高的经济效益,并保证项目全体相关利益主体的利益。

项目的技术与经济是互相促进、依存和制约的。一般情况下,项目要取得较好的经济效益就应该选用先进的技术方案,但是技术的先进性必须在充分保障技术的经济性和合理性前提下去实现。因此,一般在能够满足项目技术要求的前提下应尽量采用能取得较好经济效益的项目技术,防止因单纯追求技术先进性而忽视项目技术的经济性与合理性,或为追求一时的经济效益而违背技术规律的情况发生。

3. 项目技术安全性与可靠性相结合的原则

项目技术的安全性是指在项目技术的运用中不会出现对整个项目或项目实施与运行主体造成危害的问题,这包括对于人身、设备、项目主体和项目环境等一系列的相关要素的安全性问题。项目技术的可靠性是指在项目技术的运用中不会出现项目技术失效或过多的故障或问题,这包括对于项目工艺技术和技术装备与项目实施技术等一系列的相关技术的可靠性问题。这一原则要求从财产保护、劳动保护和环境保护等角度出发,全面评估项目技术的安全性与可靠性。

项目技术安全性问题出现的原因主要有两个:其一是项目技术方案本身存在缺陷,其二是项目技术使用不当。其中,项目工艺技术和项目实施技术的不合理或不过关是项目建设和运营安全与可靠方面的最大隐患。因此,必须做好项目技术安全性和可靠性的评估。

4. 有利于环境保护的原则

在项目技术评估中应该将项目技术对于环境的保护作为最基本的要求。从整个社会和自然环境保护的角度来讲,对项目技术进行评估以确保项目技术必须保护和改善人类生存的环境是我国法律和国际法所要求的。项目技术必须维持生态环境的平衡是当今技术发展的重要趋势,项目技术的优劣包括了其对自然和社会环境的影响,所以对项目技术的环境影响评估也是项目技术评估重要内容之一。《建设项目环境影响技术评估指南》分别对公路建设项目和铁路建设项目环境影响技术评估要点做了规定与说明。

环境影响技术评估工作流程如图 2-2 所示。

二、项目技术评估的相关因素

任何技术都是在一定的社会经济条件下产生的,因此,一项技术既可以刺激经济的发展,同时技术的发展也要受经济环境的制约。所以项目技术的选择不是可以随心所欲的,任何一个社会经济组织在选择一种项目技术时都必须考虑各种相关因素,因此,在对项目技术进行评估时也必须考虑这些因素。

1. 需求因素

这是项目技术选择和评估时首先要考虑的因素。人们选用项目技术首先是为了满足组织和社会对其的需要,并在满足这种需要的过程中取得相应的经济效益。市场需求是项目技术开发与选用的根本影响因素。市场需求直接影响项目技术的选择与评估,因为市场需求决定了项目产品的性能、规格、质量、数量、生产规模和生产模式等。

2. 资源因素

资源因素主要包括资金、人力、能源、原料、装备等资源供应方面的因素,它们对于项目技术的选择和评估的影响也是直接和重要的。项目所用技术的不同会导致项目所需资源的数量和种类不同,所以在对项目技术的评估中所涉及的限制和影响因素也就不同。例如资金会对资本密集型项目技术形成制约,人员会对选用知识密集型项目技术造成影响,能源缺乏会对选用高能耗技术形成制约等。

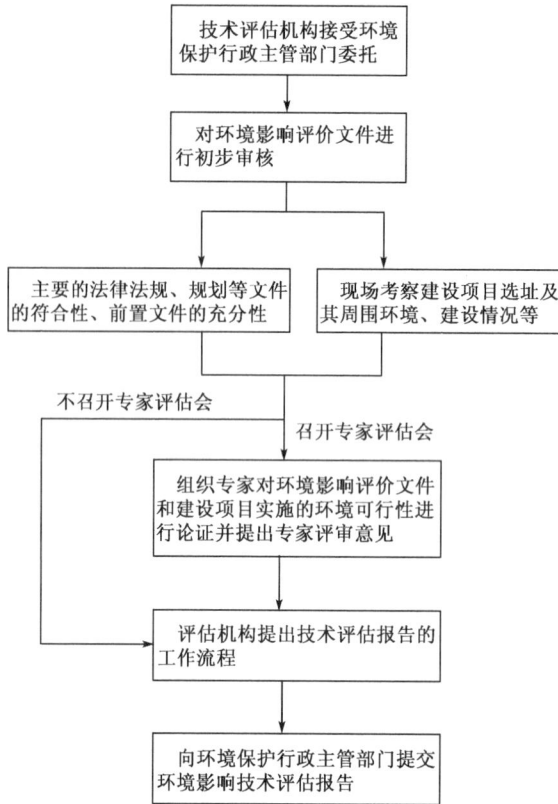

图 2-2　环境影响技术评估工作流程图

3. 供给因素

供给因素是指在项目技术的选用和评估中还必须考虑是否有相应的供给方和是否能够获得所需的项目技术,以及使用何种方法获得项目技术。特别是当项目涉及高精尖技术时,人们可能会遇到项目所需技术不存在,或者是国际上有禁运或禁止出口该技术的限制,或者是出于技术垄断而不卖给我们技术等方面的供给问题。这些因素都会直接影响项目技术的选用以及项目的科学性。

4. 技术支持因素

技术支持因素是指为了能使项目技术发挥作用和效益的各种技术支持或保障条件,包括项目技术所需的基础设施、人员技术能力和技术装备配件与维护条件等。其中,基础设施包括运输、通信、动力、水电、供气等设施以及厂房、仓库等,具备必要的基础设施是项目顺利实施并充分发挥效益的必要条件。随着经济全球化,国际竞争日益加剧,无论是国家还是企业,都应清醒地认识到技术标准比技术本身重要,技术标准是技术成果的权力化、规范化。此外,还应考虑技术成熟性、技术推广与应用等因素。

5. 环境制约因素

自然和社会环境因素同样影响和制约对项目技术的选择。一方面社会环境从人为角度制约人们对于项目技术的选择,另一方面自然环境从客观角度制约人们对于项目技术的选择。例如,在沙尘暴肆虐的地区就无法选用高精度设备的项目技术。另外,任何项目技术的选用都不应当对自然环境的生态系统和人类生活、劳动等社会系统造成危害。

三、项目技术评估的内容

项目技术评估关系到整个项目的可行性和未来项目运行的效益好坏,所以项目技术评估的内容必须全面有效。虽然针对某一具体项目会因其特点不同而使技术评估的内容有所区别,但是项目技术评估的主体内容基本是一致的,一般包括以下三方面的内容。

(一)项目工艺技术评估

项目工艺技术是指项目运行中生产产品或服务拟采用的工艺流程和工艺技术方法。项目工艺技术的评估应确保其先进、适用和经济。对项目工艺技术进行评估时应注意以下几个方面的问题。

1. 工艺技术必须满足项目运行的需要

随着科学技术的发展和不断创新,各种生产工艺技术获得了改进和发展,项目运行对于工艺技术的要求也不断提高。所以,在选择项目工艺技术时一定要全面满足生产运行的要求,而且项目技术选用不能过高或不易掌握。

2. 项目工艺技术要适应原材料和技术装备条件的要求

项目选用的工艺技术应该能够适应既定原材料和技术装备条件的要求,从而生产出符合要求的产品或服务。同时,项目工艺技术评估中还应该考虑项目技术与项目运行组织的其他生产和销售方面条件的适应性,包括现有基础设施、人员技术和管理水平等。

3. 项目工艺技术的先进性和技术进步特性的要求

项目选用的工艺技术首先应该具有先进性,同时项目工艺技术的选用还应兼顾未来的技术进步和升级,以便能够逐步达到国内领先或国际先进水平。

(二)项目技术装备评估

在项目技术评估中项目技术装备的评估也是一项重要内容,它应该在项目工艺技术评估的指导下进行。但是项目技术装备评估有其独特的内容,项目技术装备评估须从以下几个方面进行。

1. 项目技术装备的来源评估

项目技术装备的来源评估是指分析和评估项目拟采用的技术装备是国内采购还是必须由国外进口,以及各自的优缺点。通常只有当国内生产的技术装备不可靠或质量无保证以及价格不具有优势时,才考虑进口项目技术装备。同时还应考虑项目技术装备的功能、质量、价格、服务、人员技术能力和管理水平等方面的问题,通过认真的分析和权衡利弊,才能做出进口项目技术装备的决策。

2. 项目技术装备的配套性评估

无论从国外引进还是从国内购买项目技术装备都要考虑装备配套性问题。这可以从项目技术装备的配套性和它与其他技术装备的配套性两个方面来考虑。对于整条项目生产线中各种技术装备要由几家制造商提供的情况,应按国际惯例采取总承包配套的方式,以确保项目技术装备的配套性。如果项目关键技术装备从国外进口,其余由国内配套,通常需要由某一方负责整套技术设备的配套和安装等作业,以保证整套装备投产后能正常运行。

3. 项目技术装备与项目建筑和运营条件的配套评估

项目技术装备需要建筑安装以后才能运行,所以对于大型项目技术装备来讲还有一个能否与项目建设条件配套,顺利通过安装和调试的问题。因此在选择项目技术装备时要充分考虑和评估它与建筑物和安装设备的配套问题。同时,任何项目的经营条件都是有一定限制的,所以项目技术装备还必须与项目经营条件相配套和协调一致。

4. 项目技术装备相关支持软件方面的评估

这里的"项目技术装备相关支持软件"包括使用项目技术装备过程中所需的各种人员、技术和环境支持等条件。任何项目技术装备的选用都必须考虑其专有技术或专利许可证以及其他技术资料方面的开放情况,以保证项目技术装备能够正确地安装、调试、操作和维修。同时,还要考虑技术装备供应商是否能够提供必要的技术支持。另外,项目技术装备的技术资料是否齐全、项目运行人员是否具备所需操作技术等都应进行评估。

(三)项目实施技术评估

由于一个项目运行的时间周期相对较长,所以要对项目实施的技术方案的实用性和好坏进行评估。因为项目场所和环境建设的好坏,项目实施技术方案的优劣,在很大程度上也会影响项目工艺技术和技术装备的运行。项目实施技术评估的主要内容有以下几方面。

1. 项目实施技术方案和工艺技术方案的协调性

在大多数情况下,项目的实施技术方案是为实现工艺技术方案服务的,一般只有通过项目生产运营场所的建设或改造,才能使用项目工艺技术方案,二者必须协调。

2. 项目实施技术方案和技术装备方案的协调性

项目技术装备也要安装在一定的厂房或场所才能运行,因此,项目实施技术方案还必须同项目技术装备方案协调一致,从而使技术装备能发挥出良好的效能。

3. 项目实施技术方案的经济性和安全性要协调

项目实施技术方案还要符合项目运营中物流、操作、维修等经济性方面的要求,项目实施的技术方案还须保证项目生产运营的安全等。

四、项目技术评估的程序

对项目进行技术评估,就是收集一定的基础资料和数据,仔细地就项目所采用的技术先进适用性、经济合理性、安全可靠性等方面进行分析,提供几种可选择的技术方案和建设方案,并结合实际情况与条件进行反复论证比较,并会同有关部门明确选择的原则与标准,从中选择或推荐出最优或相应的方案。一般项目技术评估的程序包括以下主要步骤。

1. 收集和整理相关的技术资料

根据项目的要求收集相关技术资料,如工艺流程、工艺说明书、设备规格、原材料和能源消耗定额等基础技术资料,进行归纳、加工和整理,使之按照项目技术评估的要求系统化和科学化。在收集项目技术资料时要注意了解各种资料的来源及其可靠程度,判断这些技术资料的真实性和准确性。对所收集技术资料中存在的问题和疑点必须作进一步的调查核实,同时要注意做历史项目(已完成的类似项目)的技术资料收集和比较。

2. 确定项目技术评估的主要内容

项目技术评估所涉及的技术问题十分多,项目评估人员不可能也没有必要对项目的全部技术问题逐项进行分析和审查,因而必须明确所评估项目技术问题的主要内容与范畴,其即为上述的项目工艺技术方案评估、项目技术设备方案评估和项目实施技术方案评估。项目技术评估所涉及的问题又可分为三个层次,第一层次是项目技术对整个国家、地区、行业的影响问题评估;第二层次是项目技术对于项目运行组织的影响和评估;第三层次是项目本身的技术问题。项目技术评估的主要内容通常要根据项目的特性和要求去决定,不同的项目会有不同内容以及不同深度的技术评估工作。

3. 确定项目技术评估的指标和标准

项目评估指标包括项目技术专项评估指标和项目综合评估指标,并由此构成项目技术评估指标体系。项目技术评估标准是在确定了项目技术评估指标以后进一步确定出的相应指标的标准值,以及由此构成的一个评估标准体系。任何项目的技术评估都必须首先确定项目技术评估的指标,再确定相应评估指标的标准值,然后才能够使用这些指标去分析判断和度量项目技术的实际情况,最终对照给定的项目技术评估指标的标准值确定项目技术方案的评估结果。

4. 开展项目技术方案的专项评估与综合评估

在确定了项目技术评估指标和标准以后就可以对项目技术方案开展专项技术评估以及综合评估了。项目专项技术评估可分为项目技术方案的可行性评估、项目技术方案的先进性评估、项目技术方案的实用性等几个方面的专项评估等。所谓项目技术方案的综合评估就是将项目技术方案专项评估的结果按照一定的方法进行全面综合,最终给出对于项目技术方案的全面评价。这项工作采用的方法有很多种,一般是采用定性与定量相结合的方法(如层次分析法)开展综合评估。项目技术方案的综合评估最终给出项目技术方案整体可行与否以及优劣程度的评价,是进行项目决策的主要依据之一。

第四节 项目技术评估的主要方法

一、项目工艺技术评估的方法

项目工艺技术方案的评估方法有很多种,但是最主要的方法仍然是专家评分法。专家评分法的基本步骤是:首先根据被评估项目工艺技术方案的具体情况确定出相应的评估指标,并对每个评估指标制订出相应的评分标准和分值;然后根据被评估的项目工艺技术方案和确定出的评估标准对备选的项目工艺技术方案的各方面进行评分并给出相应的得分值;最后将每个项目工艺技术的备选方案得分值进行综合并求出各方案的总分值,以此来决定选择方案。但由于这种评分法是一项非常复杂的工作,受到许多因素的影响,同时,评分的各个指标之间往往容易重叠与交叉,所以会使这一方法的可信度和有效性受到一定的影响,因此在实践中应尽量注意和设法解决此方面的问题。

项目工艺技术方案的评估,既包括对项目工艺的技术特性评估,也包括对项目工艺的经济特性评估。其中,对于项目工艺的技术特性评估是指对项目工艺技术是否能够达到项目产品生产和运行要求的评估,而项目工艺的经济特性评估是指项目工艺技术在能够达到设计要求并满足项目运行要求的前提下,对有关项目工艺技术成本与收益的评估。其评估方法首先是确定项目工艺技术方案的成本与收益,然后对各方案进行经济评估和选择。在经济评估和选择项目工艺技术方案时应根据具体情况采用不同的方法,但最主要的还是两两比较法。其又可分以下两种不同的情况。

1. 项目规模一定且固定费用相同的工艺技术方案的评估与选择

设 Q 为项目产品年产量,F 为项目工艺技术方案成本中的固定费用,V 为项目工艺技术方案成本中的单位产品变动费用,C 为项目产品的年度总成本。现有工艺方案 I 和 II;V_1 和 V_2 分别是它们的单位变动费用,且 $V_1 > V_2$,因项目规模一定且固定费用相等,则有:

$$C_1 = V_1 \times Q + F$$

$$C_2 = V_2 \times Q + F$$

由于 $V_1 > V_2$,故 $C_1 > C_2$,因此,应选择工艺成本低的方案 II。

2. 项目固定费用不同的项目工艺技术方案选择

这是在项目规模不同的情况下所使用的项目工艺技术方案比较方法。现假设两个项目工艺技术方案的固定成本 $F_1 < F_2$,则会有图 2-3 中所示的三种情况出现:当 $Q = Q_0$ 时,有 $C_1 = C_2$,此时两方案的工艺技术成本相等,可根据其他条件的差异做出选择;当 $Q < Q_0$ 时,有 $C_1 < C_2$,此时选择方案 I 较为经济;当 $Q > Q_0$ 时,有 $C_1 > C_2$,此时,选择方案 II 较为经济。

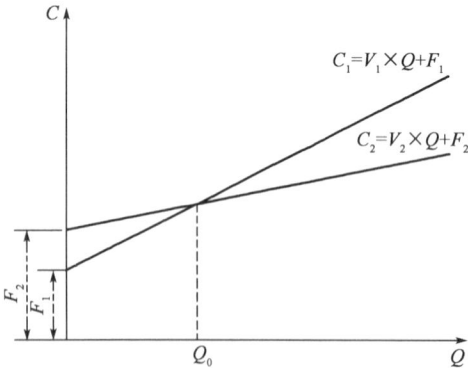

图 2-3 项目工艺技术两方案成本分析示意图

二、项目技术装备方案评估的方法

为了选择技术上先进、经济上合理的项目技术装备,人们还需要对项目技术装备的购置方案进行全面的分析和评估,以便能够选择出经济和技术性能最好的项目工艺技术装备。在项目技术装备的评估中常用的分析评估方法主要有以下几种。

(一)投资回收期法

投资回收期法是通过比较项目技术装备投资回收期的长短来选择项目技术装备的评估方法。其中,投资回收期指项目技术装备自投入生产使用后到实现累计项目现金收益等于原始投资的时间长度。这又包括两种方法,其一是静态的方法,其二是动态的方法。投资回收期的动态评估方法需要考虑项目技术装备的投资和各年收益都需要先折现成现值,然后计算项目技术装备投资折现的现金流量最终全面得以抵偿的时间,从而求得项目技术装备动态投资回收期。无论是静态还是动态的投资回收期评估,在其他条件相同的情况下以投资回收期短的项目技术装备方案为好。

(二)费用换算法

这是通过比较项目技术装备整个寿命周期内的总费用来评价和选择项目技术装备的评估方法。其总费用由项目技术装备的投资和使用费用构成。其中,投资是指为购置项目技术装备而一次支出或集中在较短时间内支出的费用,使用费用是指在整个寿命期内为保证项目技术装备正常运转而支付的各种费用。项目技术装备的购置费用应该包括技术装备自身的售价、技术装备的运费和保险费用、购置环节中的各种税费以及技术装备的安装费等。项目技术装备的使用费包括技术装备的有形和无形磨损费、项目技术装备使用中的能源消耗费、技术装备的保养维修费等。项目技术装备评估的费用换算法主要有年费用法和现值法两种。

年费用法是将项目技术装备购置费按复利计算原则计算出其使用寿命周期内平均每年的投资费用再与其年使用费相加,从而求出项目技术装备每年的总费用,然后通过比较不同项目技术装备方案的年度总费用,评估和选择出最佳项目技术装备方案的方法。

现值法是把项目技术装备每年的使用费折算成现值再加上项目技术装备最初投资额的折现值,从而求出项目技术装备整个寿命期内总费用的现值,然后比较各个项目技术装备方案的现值,并从中选择现值最低的方法。

三、项目实施技术评估的方法

项目实施技术评估方法主要是对项目设计方案、项目施工技术方案和项目实施组织方案的评估。

(一)项目设计方案的评估

由于项目设计方案的评估主要涉及项目设计方案的科学性、合理性和经济性的评估,所以先需要进行三方面的专项评估,然后进行项目设计方案的综合评估。其中,对于项目设计方案科学性的评估主要采用定量分析的方法,即对项目工程设计方案的各项指标值进行定量分析与评价,最终确认项目工程设计方案是否科学。对于项目设计方案合理性的评估主要采用对比分析的方法,即对比项目工艺技术和技术装备方案的要求指标值和项目工程设计方案能够达到的指标值,从而分析和评价项目工程设计方案能否合理地达到项目工艺技术和技术装备的要求。对于工程设计方案经济性的评估主要是采用成本收益分析的方法,即将各个项目工程设计方案所需施工成本与收益进行比较,分析并给出项目实施技术方案的经济性评价的方法。如对铁路线路的设计方案进行评估时,在科学性和合理性方面,主要考量拆迁工程量、主要工程数量、线路总长度、设备数等指标值;在经济性方面,可主要依据《铁路基本建设工程设计概(预)算编制方法》来确定项目的工程投资,并根据运量大小和固定设备标准来确定与行车有关的运营支出等。

(二)项目施工技术方案的评估

项目施工技术方案的评估主要涉及对于项目实施技术方案的可靠性、经济性和高效性等方面的评估。其中对于项目施工技术方案可靠性的评估主要采用比较法,即将各个项目施工技术方案所能达到的指标进行对比,从而全面评价项目施工技术方案能否可靠地达到要求水平。对于项目施工技术方案经济性的评估主要采用类比法,即将各项目施工技术方案的成本进行比较,分析给出各个项目施工技术方案经济性的优劣。对于项目施工技术方案高效性的评估主要采用工期分析的方法,根据各个项目施工技术方案的工期长短去分析各个项目施工技术方案是否能够高效快捷地实现项目设计方案。最终根据这三个方面的专项评估,按照一定的权重分配和综合评估办法,获得对于项目施工技术方案的全面评估。

(三)项目实施组织方案的评估

项目实施组织方案的评估主要涉及对于项目实施组织方案的风险性、经济性和有效性的评估。其中对于项目实施组织方案风险性的评估主要采用风险分析的方法,即通过对于项目实施组织方案中各种风险的分析来评估其可靠性。对于项目实施组织方案经济性的评估主要用活动的成本估算与比较的方法,即将各个项目施工组织方案按照基于成本的估算方法求出其成本,然后比较分析各个项目实施组织方案的优劣。对于项目实施组织方案有效性的评估主要采用责权利分析的方法,即根据各个项目实施组织方案中的责权利科学配置情况分析和评估其有效性。同样,最终也要根据上述三方面的专项评估,按一定的权重分配和综合办法获得对于项目实施组织方案的全面评估。

第五节　交通项目技术评估

交通项目的技术评估与一般项目的技术评估比较而言,在内容上更具有针对性和专业性。在不同交通运输方式的技术评估中,主要是针对线路总体方案的选定、技术标准与建设实施方案的确定等。

一、铁路建设项目技术评估的主要内容

1. 铁路的建设条件

分析工程数量、工程难度、拆迁量、工程投资等是否经济合理。

2. 接轨站方案比选

根据线路运营管理方式,由接轨站的交接方式确定其规模;根据线路长度、运营里程、工程量大小等指标作经济技术比选得出最佳方案,并结合相关部门意见确定接轨站方案。

3. 线路基本走向方案比选

主要考虑内容为是否满足政治、经济、国防的要求,在路网中的作用,对地区工农业及交通运输发展的推动力大小,技术经济特征(工程费、技术指标、运营费及运营指标、通过能力、输送能力及储备量),施工条件及工期长短等。

4. 主要技术标准的确定

(1)线路等级:线路等级对项目投资、线路输送能力及经济效益都有直接影响,等级过高会造成能力过剩、投资过早、积压资金,等级过低则不能满足输送能力的要求。

(2)正线数目:正线数目对铁路能力产生决定性影响,但同时应考虑初期投资大小。

(3)牵引种类:目前铁路机车牵引种类主要为电力和内燃。牵引种类对铁路运输能力有较大影响,一般根据运输要求、自然条件、资源分布、能源政策、经济效益及路网规划等因

素确定。

（4）限制坡度：一般情况下，限制坡度越大，线路长度越短，工程费越少，但是会导致运营费用支出的增加，因此应慎重对铁路等级、运量、牵引重量、相邻路网限制坡度、地形及地质条件等因素进行比选确定。

（5）最小曲线半径：应根据线路等级、行车速度、地形条件、牵引种类等因素比选确定。

（6）到发线有效长度：应根据输送能力、牵引重量、地形条件与邻线的配合等多种因素比选确定。

（7）机车类型：机车类型直接影响铁路的输送能力，一般根据运量、地形条件、最大坡度和邻线的牵引重量等因素选定。

此外，还有牵引定数、到发线有效长度、机车交路、车站分布及闭塞类型等技术标准，它们均会对铁路的输送能力、工程投资和经济效益产生直接影响。

【延伸阅读 2-2】 **"京沪高铁"的轮轨技术和磁悬浮技术之争**

京沪高速铁路于 2011 年 6 月正式通车，全线里程长 1 318km，动车组设计时速为 350km/h，线路类型为双线电气化、无砟轨道、无缝钢轨，建设总投资约 2 209 亿元。2014 ~ 2015 年度国家优质投资项目评定结果显示，京沪高速铁路项目高居榜首。

在确定京沪高速铁路建设方案时，关于最终是采用轮轨技术还是磁悬浮技术曾引起较大争论。

支持采用磁悬浮技术的专家认为：磁悬浮技术克服了传统轮轨铁路提速的障碍，具有运行快、能耗小、噪声低、环境污染小、启动停车快以及安全、舒适等优点。但是，京沪高速线长达 1 300km，属于长大干线，其项目建设属超大型工程项目，建设周期长，投资规模大，技术要求高。如果采用磁悬浮技术，主要存在下列风险因素。

（1）市场风险。长大干线高速磁浮交通系统的建设要求以大客流量为前提，面临着航空、铁路、高速公路等不同方式的竞争风险。

（2）技术风险。尽管磁浮技术已经有了很大的提高和发展，但投入运营的线路太短，所以将高速磁浮技术应用在长大干线上的技术风险明显高于轮轨技术。

（3）投融资风险。长大干线高速磁浮交通系统规模大、投资多，属高新技术投资项目，投资风险大。目前看来，其内部收益将低于目前国内投资与其他项目的平均收益率，使它面临资金筹集困难的风险。

（4）管理风险。长大干线高速磁浮交通系统属于全新的交通运输方式，其采用的众多先进技术决定了控制与管理方式的独特性，给现代管理提出了许多新问题。

此外，将磁悬浮技术和我国现有的轮轨技术进行比较，还需考虑下列因素。

（1）技术因素。磁悬浮技术与轮轨技术不兼容，在技术上很难变轨，属于点对点之间的运输，使得京沪铁路与其他干线不能衔接形成互连互通的运输网络，将产生大量换乘问题。例如从西安到上海的旅客，在徐州站不必下车，可直接随车转上京沪高铁直达上海，如果采用磁悬浮技术，则旅客到达徐州后，必须出站，去往磁浮高速车站乘坐磁浮高速列车，便捷性降低，难以吸引客流。而高铁要实现效用最大化，必须通过联网，运输网络的连通使得高铁效能呈几何倍数增长。

（2）经济因素。磁悬浮的修建成本过高，每公里成本约 3 亿 ~ 4 亿元人民币，大幅度高于轮轨线路的建设成本,且其运量小,只是轮轨的一半。就造价而言,当年的京沪磁悬浮报价是4 000亿元人民币,而高铁报价约1 300亿元人民币,虽然实际造价达2 200亿元人民币,但比起磁悬浮4 000亿元人民币的报价而言(如果实际建造的话,造价可能会高于4 000亿元人民币),依旧具有成本优势。

(3)磁悬浮的相对优势不够明显。虽然磁悬浮技术克服了车轮与轨道之间的摩擦,具有速度优势,但当列车速度达到300km/h以上时,磁悬浮虽然没有机械阻力,但是空气阻力并不能消除,而且还需要磁力将列车浮起来,也要消耗大量能量。当轮轨技术突破时速300km/h、甚至达到350km/h时,磁悬浮技术的相对优势已经不那么明显了。

(4)旅客体验因素。当高速磁悬浮列车在制动时,磁悬浮列车的频率与人体频率相近,会引起人体的共振,而高铁不会出现这种情况。

(5)知识产权因素。由于中国只在中低速磁悬浮列车技术上拥有自主知识产权,而引进的高速磁悬浮产权主要在德国,若选择磁悬浮列车,那在建设、维护、运营等方面都会受到外商的限制;而高铁中国具有完全的知识产权,避免受制于人。

故从上述几个方面考虑,高速磁悬浮系统对京沪高铁来说尚不具备工程可行性,也不适应京沪线的客流特点,因此,京沪高速铁路最终采用轮轨技术。

二、公路建设项目技术评估的主要内容

1.路线方案的比选

从公路工程全局出发,对工程技术、经济效益、施工条件等方面进行对比分析,采用定性和定量相结合的方法来确定合理的路线方案。主要考虑的交通及经济指标有交通量、国民经济效益、公路养护费、土石方工程及桥隧工程数量、工程总造价、经济与财务效益费用比、经济与财务净现值、经济与财务投资内部收益率等。

2.技术标准的确定

根据拟建项目在区域公路网中的功能与定位、交通量预测结果,综合考虑地形条件、投资规模、环境影响及与拟建项目连接的其他工程项目等影响因素,在通行能力及服务水平分析的基础上,对技术标准的选取是否合理进行评估。按照《公路工程技术标准》相关规定,公路工程主要技术标准包括公路等级、设计行车速度、行车道宽度、路基宽度、荷载标准、停车视距、最大纵坡、桥面车道数、抗震设防标准、隧道建筑限界、交通工程及沿线设施等,对于跨越有通航要求的河流上的桥梁,应明确通航标准等指标。

3.建设方案的确定

(1)建设条件比选:着重分析地形、地质、水文、气候等条件,考虑城镇规划、产业布局、资源分布、环境敏感点等制约建设方案的因素,考虑筑路材料及运输条件,考虑拟建项目与相关路网的衔接。

(2)建设项目起终点论证:主要分析比较建设项目与区域路网和前后路段衔接情况,以及公路与城市的衔接关系。

(3)备选方案的比选:综合考虑建设条件、工程规模及投资、经济评价、环境影响、土地占用等因素,主要对规模、重要技术经济指标、路基路面工程、桥隧工程、交叉工程等进行比较分析。

三、港口和航道建设项目技术评估主要内容

港口及航道建设项目主要结合项目的具体特点,对总平面、工艺、水工、陆域形成及地基处理和配套等方面进行技术评估。其评估角度和主要考虑因素如下。

(1)工程本身的安全可靠性。

(2)环保要求,从环保的角度评价项目方案的合理性。

(3)节能要求,从贯彻国家节能减排角度评价工艺、平面布置等的合理性。

(4)节省岸线、节省占地与节省用海范围要求,从节约岸线、土地和海域资源的角度评价,是否体现了集约化、单位资源占用的产出最大化。

(5)降低工程造价。

(6)国家和部颁的技术标准和技术规范的符合性。

(7)从长远发展和近期需要相结合角度,体现可持续发展和建设节约型社会的原则要求。

具体来说,港口及航道建设项目技术评估主要体现在以下四个方面。

1. 项目建设方案方面

(1)选址布局合理性,如周边交通运输条件是否便利、水文、气象及工程地质条件是否影响项目建设。

(2)港口原公路、铁路等的集疏运条件和今后的发展趋势。

(3)腹地工农业生产情况,有无充足稳定的货源,建设项目的能力能否充分利用。

(4)供水、供电、建材来源、征地拆迁等情况,并考虑环境影响。

2. 在方案设计评估方面

(1)分析论证船型的选取及航线的确定是否符合发展预测和建设要求。

(2)评估项目的建设规模是否合理,主要分析依据为泊位个数、航线和泊位的类型、航道和泊位的通过能力等。

(3)码头和航道建设的总体布置方案的合理性。

(4)泊位上的装卸工艺流程及与装卸工艺相适应的配套要求。

(5)码头上的设备布置、主要装卸机械和设备的选型等。

3. 在施工工艺方面

水运建设项目主要对施工的工艺流程、工程量、技术、组织、环境、设备及材料供应等方面进行分析,以便评估施工方案和建设进度是否合理。

4. 在装卸工艺方面

(1)主要技术参数为:纯装卸作业时间,货物直取与入库场数量的比例,港口生产不平衡系数,货物在库场的平均堆存天数,铁路、公路的集疏运比例。

(2)装卸工艺方案:根据货种、运量及泊位分工、对不同货种的装卸方式和布置形式进行比较。

(3)装卸工艺流程:可按不同泊位、不同方案的工艺流程列表说明。

(4)主要技术经济指标:不同方案的泊位数、通过能力、库场总面积、设备装机容量、装卸机械总投资、直接装卸成本和泊位利用率等。

(5)工艺方案比较:各装卸工艺方式对货种的适应性、机械作业化比重、机械作业的安全可靠性、装卸车的方便程度及完好率、集疏运方便程度、库场面积利用率、通过每吨货物能耗、装卸机械总投资、装卸工艺平台整体布置合理性的比较等。

四、机场项目技术评估

1.航空器运行/航空服务程序

(1)规划依据。

(2)主要任务。

(3)飞行区跑道方位和规模的确定。

(4)空域结构和管理现状。

(5)无线电导航设施的选择。

(6)飞行程序设计方案。

2.机场建设的工程技术条件

(1)机场建设的工程项目:扩建站坪场道工程、供电及灯光工程、站坪消防救援工程、站坪供油、征地拆迁等。

(2)航行分析。

(3)气象条件对机场容量的影响评估。

(4)与周边机场的相容性分析评估。

(5)航空障碍物评估。

3.机场的技术方案

(1)对所选机场场址自然地形和人工障碍物的评价。

(2)对空域的评价。

(3)对磁场与电磁环境的评价。

(4)对关键机型飞机的航线、机场分析。

(5)对飞机噪声的分析。

第六节　交通项目需求预测及技术评估案例

一、绵阳市轨道交通一期工程运量预测

(一)项目背景

绵阳市位于四川省北部中心,是成绵乐经济带的北部副中心,也是成渝经济区的重要组成部分。绵阳市在城市公共交通发展方面一直处于全国中等偏上水平并不断寻求新的发展建设机会。在新一轮的城市总体规划中,绵阳市以基本的市情和现阶段的机遇,着眼长远,规划在2020年发展成为城市常住人口150万人的大城市。为和大城市的总体规划配套并促进城市的科学发展,绵阳市轨道交通的建设也提上议程。

因此,绵阳市轨道交通的一期工程的建设意义重大而长远。首先,其建设可以缓解日益紧张的交通局面,实现城市交通发展战略的需要;其次,它是实现城市总体规划的需要,能够实现城市建设和经济发展;最后,它是节约能源并改善城市环境质量的迫切需要。

绵阳市地铁 S1 线是南北纵向的一条地铁线,它将未来的西科大学片区、高水片区、中心传统商业片区、南郊机场片区、经开区等主要片区连接起来,兼顾交通疏导和引导发展功能。

(二)客流量预测

1. 预测范围和依据

1)项目服务范围确定

绵阳市轨道交通 S1 和 H1 线,分别纵穿绵阳城区的南北和横贯绵阳城区的东西,项目还设置了两个车辆段,一个综合基地,一个综合控制中心,且均预留了远期规划线路的接口。

2)城市交通现状及主要问题

绵阳市交通设施完善,具有四通八达的交通运输网络,是川西北重要的交通枢纽,正加快推进集高速公路、铁路、水路、航空为一体的多节点、立体化交通运输体系的建设,以进一步提升绵阳的区位优势和核心竞争力。

近年来,绵阳城区车辆上户数高速上涨,城区交通压力不断加大,城区主要商业街区容易发生交通拥堵,上下班高峰期城区主要路段也极易发生交通拥堵,其余时间车辆通行较为顺畅。近 10 年来,绵阳市路网结构未有效改善,骨架单一,环线不"环"。

3)城市交通规划内容

绵阳向外将基本形成以铁路、高速公路为主体的对外交通体系,与全省主要交通要道互通互联,实现"一次换乘、无缝对接",巩固绵阳交通枢纽城市地位。向内则将构建起高速便捷的城市交通网络,满足城市发展需要。

2. 预测方法

在预测客流中,本案例采取"四阶段"交通需求预测模式。"四阶段"交通需求预测模式系统由出行生成、出行分布、方式划分和线网分配四个子模式组成。交通需求预测模式如图 2-4 所示。

出行生成预测是指对每一个小区产生的和吸引的出行数量的预测,亦即预测发生在每一个小区的出行总数量,换句话说,出行生成预测是预测研究对象地区内,每一个小区的全部进出交通流,但并不预测这些交通流的来源和去向;出行分布预测是指从起点小区到终点小区(OD)的交通量预测;方式划分预测是指对每组起点、终点间的交通量在不同交通方式上的分配情况。

3. 客流量预测结果

由于数据收集的庞大性与不确定性,客流预测的现阶段数据收集存在一定难度,因此,我们不以小区产生和吸引的人数来预测,而是以一片区域为研究对象,分成片区来预测客流,结果见表 2-9 和表 2-10。

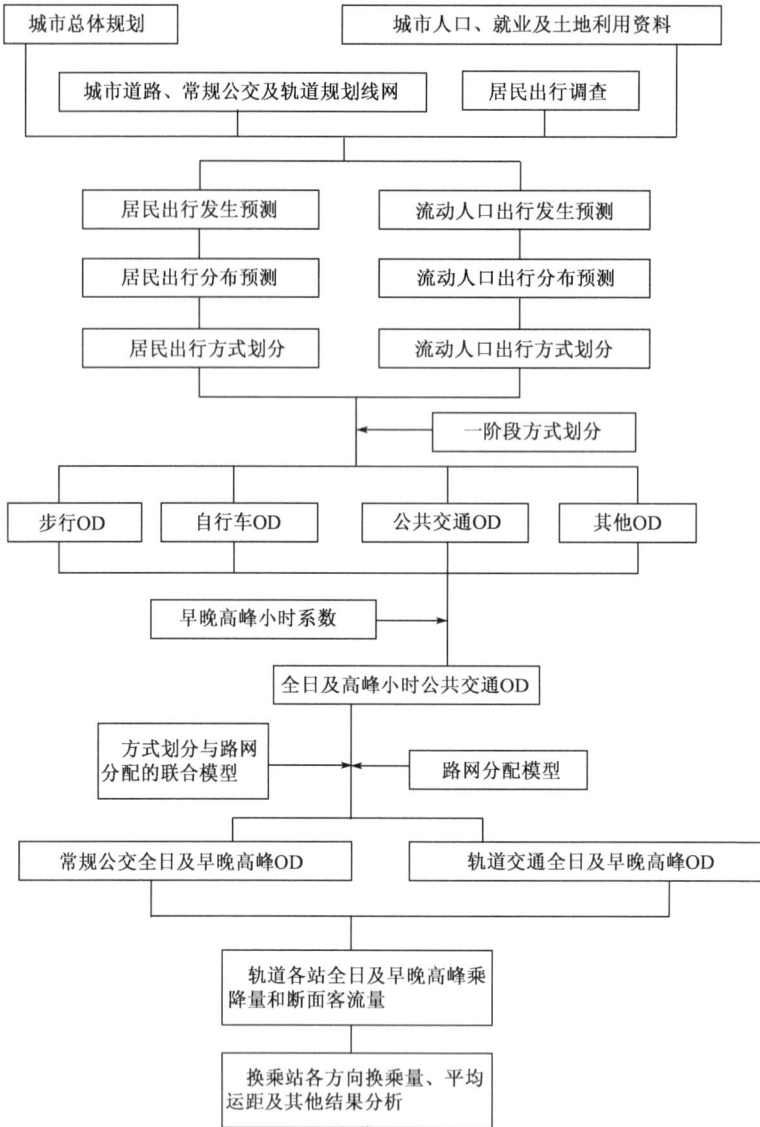

图 2-4　交通需求预测模式

轨道交通 S1 线客流预测表(单位:千人)　　　　　　　表 2-9

片　区	河边镇	高新	科创园	中心商	游仙	G_i
河边镇	2	3	4	8	1	18
高新	2	5	5	8	3	23
科创园	1	6	7	11	2	27
中心商	2	3	3	8	4	20
游仙	1	2	3	5	1	12
A_i	8	19	22	40	11	100

注:G_i 为产生人数;A_i 为吸引人数。

地下铁道 **H1** 线客流预测表（单位：千人） 表2-10

片 区	西科大	高水	商业中心	南郊机场	经开	G_i
西科大	3	3	7	2	1	16
高水	2	4	8	5	3	22
商业中心	1	5	11	7	2	26
南郊机场	2	3	8	5	4	22
经开	1	2	5	5	1	14
A_i	9	17	39	24	11	100

注：G_i 为产生人数；A_i 为吸引人数。

二、新建 JY 铁路技术评估

JY 铁路是蒙西至华中地区铁路煤运通道中的一段。从总体布局上看，JY 铁路的建成将在内蒙古、河南、湖北、江西等省区间开辟一条新的大能力铁路煤运通道，进一步完善我国铁路网布局和综合交通运输系统。

同时，JY 铁路的建设为沿线平原地区提供了新的客货运输便捷通路，将我国重要的南北干线与东西干线紧密连接在一起，使得干线间形成新的运输通路，提升了客货运输交流的便捷性，完善了路网结构，增强了路网的机动灵活性。

（一）线路走向的方案研究

JY 铁路线路走向有南线和北线两个方案，考虑项目的辐射范围、经济据点、沿线产业布局、投资效益等多方面因素，建议此铁路采用南线方案。具体线路走向选择主要从以下几个方向进行分析。

1. 辐射范围

南线方案经过的县市区多，可以最大限度地发挥 JY 铁路的辐射带动作用，分解巨大的投资风险，促进沿线 7 县（市、区）和边陲地区的经济发展。而北线线路经过经济据点少，不利于沿线地方经济发展。

2. 经济的发展及资源利用度

南线方案可以促进三条经济带的发展。一是促进县域板块经济带的发展；二是促进农业产业化经济带的发展；三是促进沿线旅游经济带的发展。

3. 从防洪方面

JY 铁路途径长江流域和洞庭湖区，此区域在全国和湘鄂两省的防汛地位十分重要。南线方案可以构建联合防洪抢险安全救生转移的大通道。在长江干堤及洞庭湖区域联合防洪保安全上增加一条人员安全转移和物资运输的快速通道，有利于增加防汛抢险的快速反应。

4. 沿线产业效益

南线方案可以最大限度地提高铁路营运效益。南线沿线有大型的工业企业以及上市公司，能够保持 JY 铁路的营运效益，同时保证了 JY 铁路地方经济发展的服务性，促进其持续健康发展。

5. 综合运输体系

南线方案可以最大限度地完善所处地区的综合运输体系,改善沿线地区交通落后的现状,增强综合运输的能力,促进地区经济均衡发展,同时还可以填补鄂南湘北及东洞庭湖地区无铁路的空白。鄂南湘北诸县市可以更好地承接武汉城市经济圈和长株潭经济圈的辐射,促进区域经济的均衡发展。

综上所述,JY 铁路选定南线方案。

(二)主要技术标准的研究

1. 铁路等级

JY 铁路是焦柳线、汉宜线和京广线间重要的联络通道,其近期最小区段年客货运量为22.4Mt,根据《铁路线路设计规范》(GB 50090—2006)(以下简称《线规》)要求,铁路等级为Ⅰ级。

2. 正线数目

根据运量预测,近期单线能力可满足本线沙市—君山段、君山—岳阳段的运输需求。远期君山—岳阳北段行车量将超过单线铁路最大合理负荷,可考虑将七公岭—岳阳北段建成双线。同时为减少对沿线东洞庭湖国家级湿地保护区的环境影响,采取将七公岭—岳阳北段一次建成双线的措施。根据区域铁路网规划及本线在路网中的作用,单线能力不能满足本线远景要求的年输送能力,因此,远景应全线预留增建二线的条件。

综上所述,本线七公岭—岳阳北段应一次建成双线,其余部分正线数目为单线,全线预留双线条件。

3. 最小曲线半径

本线旅客列车设计行车速度为 160km/h,根据《线规》要求,本线最小曲线半径一般地区为2 000m,困难地区为 1 600m。

4. 限制坡度

1)方案构成

限制坡度的大小会对路线的工程及运营状况产生直接的影响。方案的选择主要考虑线路等级、线路输送能力、邻线限制坡度及具体的地形条件等因素。与本线相邻的焦柳、京广线限制坡度均为 6‰ ,汉宜限制坡度为 9‰,为与相邻线路限制坡度相匹配,本线限制坡度研究了6‰方案,结合"和谐型"大功率电力机车目前使用情况及未来发展规划,研究了 9‰方案。

2)限制坡度方案综合比选

(1)地形条件。本线地处平原,地势平坦,9‰限坡方案对线路平面基本没有影响,全线使用较少。

(2)机车类型的选择。为满足牵引能力要求,6‰限坡方案机车类型可采用近期 SS_6B、远期 HXD_3 型机车牵引;9‰限坡方案机车类型需采用 HXD_1 型机车牵引。从机车车辆价格来看,采用9‰限坡方案机车车辆购置费较高;从机车车辆能力使用上来看,本线地处平原地区,地势较为平坦,多数线路坡度在6‰以下,若采用9‰的限坡方案配备机车,易造成机力虚糜。

(3)换算工程运营费。按照上述机车类型的选择方案进行换算工程运营费比较,发现6‰方案比9‰方案总的换算工程运营费节省较多。

(4)相邻路网及运输发展的适应性。本线采用6‰有利于与相邻路网协调,方便运输组织,且6‰限坡方案较9‰限坡方案更能适应未来货运重载、快速发展的需要。

综上所述,6‰限坡方案比9‰限坡方案节省工程费,利于与邻线的协调组织,符合未来运输发展需求,故限制坡度推荐采用6‰。

5. 牵引种类

(1)相邻路网干线牵引种类均为电力牵引,为实现区域内相关线路的协调配合,充分发挥电化铁路的网络效应,本线宜采用电力牵引。

(2)根据我国节能、环保和能源政策方面的要求,铁路运输应大力推进牵引动力改革,降低牵引动力能耗,大力发展电力牵引。本线采用电力牵引可降低有害气体排放量,减少环境污染。

(3)从外部电源配置条件分析。本线沿线电力资源丰富,有安全、稳定的电力系统,具备向电气化铁路供电的条件。

(4)从经济方面分析。考虑荆沙线现状为内燃牵引,对本线采用电力牵引方案与电力牵引内燃过渡方案进行经济比较分析可知采用一次电化方案更为经济。

综上所述,本线采用电力牵引符合国家能源发展政策,与区域路网牵引种类相适应,运营成本省、综合效益优。本线推荐采用电力牵引。

6. 机车类型

根据我国铁路运营现状、机车研制生产情况和本线的速度目标值等,结合备选机型的技术经济指标进行比选,推荐采用客机 SS_9 型,货机近期 SS_6B 型、远期 HXD_3 型。

7. 牵引质量

与本线进行货物列车交流的焦柳线和京广线,研究年度牵引质量均为 4 000t。为了便于运输组织,避免增减轴作业,本线牵引质量推荐采用 4 000t。

8. 到发线有效长度

货物列车到发线有效长度宜与邻接线路的货物列车到发线有效长度相协调。与本线相关的邻接线路到发线有效长度基本均属于 850m 系列,本线到发线有效长推荐采用 850m。

9. 闭塞类型

本线为单线预留双线条件。根据相关规范,单线区段应采用半自动闭塞或自动站间闭塞,根据运输需要亦可采用自动闭塞。

从能力适应性分析,研究年度采用以上三种闭塞类型均可满足运量需求。其中,自动站间闭塞相对半自动闭塞可缩小列车车站间隔作业时间,提高区间通过能力;从保证行车安全方面分析,自动闭塞和自动站间闭塞方式可实时监控区间列车运行情况,更有利于行车安全。

综上所述,以上三种闭塞类型均能满足本线运输需要,自动站间闭塞较半自动闭塞投资增加不多,有利于行车安全,且较自动闭塞节省投资较多,是单线区间闭塞类型的发展趋势。故本线闭塞类型推荐采用自动站间闭塞。

经研究,所选用铁路主要技术标准符合相关规范要求,满足运量需求,投资合理,经济效益良好。

三、潍坊港疏港公路建设项目技术评估

(一)技术标准

1. 交通量预测

根据该项目服务对象及周边路网情况,得到该项目交通量预测结果,见表2-11。

交通量预测结果(单位:pcu/d)　　　　表2-11

路线名称	路段名称	年份			
		2011	2015	2020	2030
本项目	港区拦潮坝—大港路	6 398	10 115	14 517	19 491
	大港路—S320	8 289	11 814	16 271	20 620
	S320—荣乌高速段	8 669	12 382	17 243	23 784
	加权平均	7 775	10 802	15 226	19 947

2. 技术标准的确定

综合考虑拟建公路建设项目所需达到的服务水平以及道路通行能力,结合地理条件、衔接路网类别等因素,依据《公路工程技术标准》中的相关规定,采取一级公路标准建设,桥涵汽车荷载为公路Ⅰ级,双向四车道,设计速度80km/h,路基宽24.5m。

3. 主要技术标准

主要技术标准及技术指标见表2-12。

主要技术标准及技术指标　　　　表2-12

序号	项目	技术指标	备注
1	设计速度(km/h)	80	
2	路基宽度(m)	24.5	
	行车道(m)	四车道4×3.75	
	中间带(含左侧路缘带及中央分隔带)(m)	3.0	
	路肩(含右侧路缘带及硬路肩、土路肩)(m)	2×3.25	
3	路基边坡/路堑边坡	1:1.5~1:1.75/1:0.3~1:1	
4	排水沟边坡:靠路基侧	1:1.5	
	靠用地侧	1:1.0	
5	护坡道宽度/碎落台宽度(m)	2.0/2.0	
6	用地界(排水沟外)(m)	2.0	
7	排水沟深度(m)	最小0.8	
8	排水沟纵坡	不小于5‰,特殊情况下可减至2‰	

续上表

序号	项 目	技 术 指 标	备注
9	路基设计洪水频率	1%	
10	路面横坡度(包括硬路肩)	2%	
11	土路肩横坡度	4%	
12	中央分隔带开口间距	一般不小于2km,开口宽25m	
13	最小平曲线半径:极限值(m)	250	
	一般值(m)	400	
	推荐值(m)	≥1 210	
	不设超高值(m)	2 500	
14	平曲线最小长度(m)	—	
	偏角 α≥7°(m)	140	
	7°>α≥2°(m)	1 000/α	
	α<2°(m)	500	
15	缓和曲线最小长度(m)	≥70	
16	平曲线间最小直线长度(m)	—	
	同向曲线(m)	480	
	反向曲线(m)	160	
17	控制直线最大长度(m)	一般不宜大于4 000	
18	最大平曲线半径(m)	不宜大于10 000	
19	最小停车视距(m)	不小于110	
20	超高横坡规定	—	
	平曲线半径(m)	1 210 ~ <2 500	
	超高横坡度	2%	
21	路线最大纵坡	5%	
22	路线最小纵坡	一般不宜小于0.3%	
23	纵坡最小长度(变坡点间距)(m)	200	
24	竖曲线最小半径:极限值(m)	凸型3 000 凹型2 000	
	一般值(m)	凸型4 500 凹型3 000	
	视觉要求(m)	凸型12 000 凹型8 000	
25	竖曲线最小长度(m)	70	
26	反向竖曲线间直坡段长度(m)	不小于70	
27	超高与纵坡的合成坡度值	不得超过10.5%,最小0.5%	
28	汽车荷载	公路—I级	
29	涵洞宽度(m)	24.5	
30	桥梁宽度(桥梁外缘与路基外缘齐平)(m)	24.5	

序号	项　　目	技 术 指 标	备注
31	桥涵设计洪水频率	特大桥 1/300,大中桥、小桥涵 1/100	
32	立体交叉净空	—	
	一、二级公路下穿主线	净高 5.0m,净宽按公路等级	
	三、四级公路下穿主线	净高 4.5m,净宽按公路等级	
	主线下穿被交道	净高 5.2m(预留路面加铺厚度)	
	铁路下穿主线	净高+(预留高度)	
33	立交匝道的设计速度(km/h)	30~80	

注:其他未尽事宜按有关技术规范办理。

(二)路线方案

1.路线方案选择的基本原则

(1)该公路建设项目主要为港区的快速发展提供交通支撑,所以确定线路走向要充分考虑港口的未来规划。

(2)路线的走向设计应带动沿线经济发展,同时要与沿线城镇发展规划相协调。

(3)路线的设计应尽量减少对建筑物的拆迁,少占用农田,尽可能减少对沿线环境的影响并实现与城市规划布局的协调统一。

(4)路线的选定要尽量避开不良地质,合理利用有利地形,减少工程费用。

(5)注意防洪排涝,保证路基安全。

(6)处理好拟建公路与已有高速公路、省道等的交叉问题,合理设置交叉工程。

2.路线方案起终点论证

路线方案起终点的选定直接影响线路的总体走向和车辆行驶的便捷程度。选择合理的起终点需要综合考虑本拟建项目的目的、使用功能、现有道路的布局结构、其他运输方式现状和规划、港口发展规划、地形条件、地质状况等诸多因素,同时要注意必须和同等级公路或重要道路的衔接协调性,以使拟建公路最大限度地发挥整体效益。

其中,起点选择应与区域路网相协调,与高速公路网、国省道相衔接,有利于提高运输效率。终点选择应与潍坊港中港区发展规划相符合,充分考虑与港区内部交通运输网络相衔接,满足港区运输车辆快速上下、快速集散货物的要求。

3.建设方案的主要控制因素

(1)《潍坊港总体规划》。

(2)《山东潍坊滨海经济开发区总体规划(2006—2020)》。

(3)与沿线铁路的交叉。

(4)与沿线公路的交叉。

4.路线方案比选

从路线走向、主要控制点、建设规模、技术标准等方面对可能的三种路线方案进行优缺点对比,得到综合比选结果,见表2-13。

路 线 方 案 比 选　　　　　　　　　　　　表 2-13

线路方案	优 点	缺 点	综 合 比 选
I	①符合滨海开放区及潍坊港总体规划,促进经济开发区的经济发展; ②路网布局合理,线型流畅、简捷; ③满足港区快速集散货物的需要; ④充分考虑了与潍日路的连接,互通枢纽易于布设	新建里程较长,占地及投资较多	路线方案Ⅲ与路线方案Ⅰ、Ⅱ相比较,尽管具有占地少、投资省等优点,但从港口总体的未来布局规划来看不甚合理,会加重进港路的作业负担,降低运输效率,制约经济开发区的经济发展,不能采用; 路线方案Ⅰ与路线方案Ⅱ均符合滨海开发区的总体规划,建设里程无明显差别,但是路线方案Ⅰ对总体规划的干扰路线较少,建设规模及对社会的负面影响较低; 故通过综合比选,最终确定路线方案Ⅰ
Ⅱ	①符合滨海开放区及潍坊港总体规划; ②路网布局合理,线型流畅、简捷; ③满足港区快速集散货物的需要; ④充分考虑了与潍日路的连接,互通枢纽易于布设	①建设里程较长,占地及投资较多; ②对滨海开发区规划有一定干扰	
Ⅲ	①充分利用现有路网; ②占地少、投资省	①不符合港口总体发展规划; ②港口建设期间,施工车辆较多,造成进港路超负荷运转,影响港口正常货物集疏运; ③造成疏港车辆一定的绕行	

最终确定的路线方案 I 线路走向为:路线自起点向北偏东方向展线,穿盐田后跨越新弥河(K9+577),于 K14+200 处与大港路平交,向北延伸,于 K15+052 处上跨大莱龙铁路和老弥河,继续北偏东方向至围滩河防潮坝,转向东北方向,至路线终点(中港区西防沙堤与中港区西引堤的交汇处)。

(三)主要工程施工概况

1. 路基工程

(1)充分考虑路基排水、路面排水以及中央分隔带排水。

(2)为确保路基的强度及稳定性,应及时对路堤基底进行清理和压实。

(3)在不同地段对路基采取相应的防护措施,如设置浆砌片石防护等。

(4)路基取土工程应依据当地土地的基本规划建设集中取土,保护土地资源。

2. 路面工程

路面设计时应考虑地下水和地表水对路基的影响,必要时增设垫层。结合国内路面结构、材料的新发展及该省已建公路的实践经验,拟建公路采用沥青混凝土路面。

3. 桥涵工程

桥梁的位置应修在恰当的路线线位上,并满足各种外部条件,桥梁结构力求经济合理,适用美观,简洁明快,方便施工,尽量标准化。

4. 交叉工程

本公路与铁路、其他各种等级的道路相交时采用分离立交、平面交叉等形式。

5.交通工程及沿线设施

(1)为确保行车安全,应设置必要的安全措施,如护栏、防眩设施、标志与标线、照明设备等。

(2)管理设施应包括管理养护工区及收费设施。

(四)实施组织的技术评估

该公路建设项目充分考虑与开发区的未来规划相协调,充分考虑环境资源、资金及经济技术等条件,从而确定了合理的建设规模与方案。

拟建项目全长25.830km,一级公路标准,设计速度80km/h,路基及桥梁宽度为24.5m。施工安排在2008年6月~2010年12月,工期2.5年,估算总投资56 829.0万元。

拟建公路工程量大,技术要求高,分块项目多,材料需求量大,建设衔接紧密,施工组织难度大,工期较短,资金和原材料的使用比较集中,为保证工程质量和工程进度,必须加强领导,通力协作,周密计划,精心组织,合理安排。

四、SZGX物流码头工程建设项目的技术评价

SZGX拟建码头位于京杭运河白洋湾港区河段的右岸前桥港河岔内。通过集装箱码头和钢材码头的建设,缓解陆路运输的货运压力,通过水路运输提高运力,同时可以促使港口物流企业各项服务的转型升级,从而为船舶经营者和集装箱经营者降低物流成本,同时提高集装箱码头的作业效率以及物流企业的经济效益。

(一)码头吞吐量确定及建设规模

以合理模型对吞吐量进行预测,得特征年码头吞吐量预测值,见表2-14。

SZGX公司码头特征年吞吐量预测　　　　　表2-14

年份	2013	2015	2020
集装箱吞吐量(万TEU)	5.0	8.8	15.5
钢材吞吐量(万吨)	20.0	22.0	24.0

通过吞吐量预测,确定拟建码头的建设规模如下。
(1)吞吐量:集装箱码头5万TEU/年,件杂货码头20万吨/年。
(2)货种:集装箱、钢材等件杂货。
(3)泊位数3个:集装箱作业泊位、集装箱停靠泊位及吨件货泊位。

(二)工艺方案及技术装备的比选

1.装卸机械

根据年吞吐量和设计船型,钢材码头选用20t龙门吊,集装箱码头选用40t龙门吊。

2.水平运输机械

集装箱码头采用集卡车,钢材码头采用叉车。

3. 方案比选

根据码头采用起重机类型的差异,提出两个方案并进行比选。两个方案的区别及不同起重机优缺点比较分别见表 2-15 和表 2-16。

第一方案与第二方案的区别 表 2-15

比选方案	集装箱码头	钢材码头
第一方案	轨道式龙门起重机	轨道式龙门起重机
第二方案	门座式起重机	固定式起重机

不同起重机优缺点比较 表 2-16

起重机类型	龙门起重机	门座式起重机	固定式起重机
优点	稳定性高,定位性好,起重量大,维修费用低,使用灵活,可将货物吊放到任一指定装卸货位	起升高度大,对水位的适应性好	性能可靠、维修方便
缺点	价格、使用成本、维修费用及能耗都较高	稳定性差,不易控制集装箱的转动方向,需较多辅助作业人员	工作效率低,装卸时需要移船作业,船占用码头岸线长,降低了码头的利用率

综合考虑经济效益和使用要求,第一方案更经济合理,因此采用第一方案。

4. 港口年通过能力

通过计算可知,件杂货码头泊位年通过能力和集装箱码头泊位年通过能力均满足设计要求,考虑码头未来的发展规划的需要,其通过能力应留有一定的余量。

5. 主要装卸设备配置

集装箱码头面配备 1 台 40t 集装箱龙门吊,水平运输采用集卡车。根据码头前沿作业地带距库场距离和行车速度,同时考虑往返掉头、装卸等操作消耗的时间,可设计给集装箱码头配备 2 辆集卡车。

钢材码头面配备 1 台 20t 龙门起重机;库场作业采用叉车和汽车起重机。水平运输机械根据业主提供的信息采用叉车,载重量 5t。同样根据码头前沿作业带距库场距离和行车速度,考虑每次往返掉头、拆挂钩等操作消耗的时间,可设计给钢材码头配备 3 台 5t 的叉车。

库场作业采用正面吊,拆装箱采用 1 台 2.5t 的叉车,详见表 2-17。

主 要 装 卸 设 备 表 2-17

集 装 箱 码 头			钢 材 码 头		
序号	机械名称	数量	序号	机械名称	数量
1	40t 龙门起重机	1 台	1	20t 龙门起重机	1 台
2	集卡车	2 台	2	5t 叉车	3 台
3	正面吊	1 台	3	5t 汽车起重机	1 台
4	2.5t 叉车	1 台	4		

(三)项目实施技术评估

1. 总平面布置

1)总平面布置原则

该码头是内河港码头,平面布置与工艺设计按《河港工程总体设计规范》(JTJ 212—2006)有关规定确定。总平面布置原则如下。

(1)满足厂区总体规划的要求和将来发展的需要。

(2)结合该码头区水域、地质等自然条件,结合后方厂区的总体布置,考虑相邻码头的靠泊影响,合理确定码头前沿线的位置和方位。

(3)结合装卸工艺、水工方案,确定经济合理的码头平面尺寸。

(4)充分考虑码头的实际生产操作和消防要求的需要,满足船舶靠离码头和装卸作业的要求,做到有利生产、方便管理。

(5)严格执行现行国家相关规范,保证建、构筑物之间有足够的安全距离。

2)总平面布置

根据拟建码头区的自然条件,结合业主的规划发展及使用要求,共提出两个总平面布置方案,见表2-18和表2-19。

陆 域 布 置 图　　　　　　　　　　　　　　　　　　表2-18

平面布置概况	按河港工程总体设计规范,集装箱码头道路宽度主干道取12m,次干道8m,支道取4.5m;道路边缘距货堆、机械、建筑物等距离取1.0～1.5m,距车辆出入口处的距离取4.5～6.0m;钢材码头道路宽度主干道取7m,次干道取7m,支道取4.5m;另外,港区还需配有办公楼、休息室、机修车间、配电间等相关设施
库场面积的确定	①集装箱码头所需容量; ②集装箱码头拆装箱仓库所需容量; ③钢材码头仓库堆场所需的容量

水 域 布 置 图　　　　　　　　　　　　　　　　　　表2-19

平面布置概况	码头位于京杭运河一河汊内(前桥港),泊位布置在前桥港两侧,左侧布置集装箱码头,右侧布置钢材码头
泊位长度的确定	根据《河港工程总体设计规范》根据不同设计船型长度确定
码头平面布置	根据装卸工艺及功能需要,沿码头岸线方向布置门机。集装箱码头设1台40t龙门起重机,集装箱堆场使用正面吊。钢材码头设1台20t龙门起重机,水平运输采用拖挂车,库场作业使用叉车
码头前沿停泊水域	公司拟建码头设计方案采用集装箱码头与钢材码头共用一个港池,其形式为挖入式港池

2. 设计荷载

根据该项目所处地理位置及技术要求设计建筑物自重及上部土建荷载、流动机械荷载、船舶荷载以及地震荷载等。

3. 水工结构设计

1)结构选型的原则

(1)充分考虑当地的实际地形条件,参考已有的地质及水文资料,合理选择码头结构形式。

（2）在满足平面布置和工艺的要求前提下,考虑船舶的靠泊及作业安全要求。

（3）在满足码头结构使用功能和安全的前提下,选择经济合理的结构形式。

2）驳岸结构形式方案比选

两种驳岸结构形式的优缺点对比见表2-20。

悬臂式、衡重式挡墙优缺点对比表　　　　　　表2-20

结构类型	墙体材料	优点	缺点
悬臂式挡墙	钢筋混凝土	耐久性好、整体性好、施工方便、工期较短	后期维护不便
衡重式挡墙	浆砌块石	施工简单、便于维护	耐久性较差、整体性较差、对地基承载力要求高,需地基处理

考虑码头的使用对结构的整体性要求较高,故推荐悬臂式挡墙。

4.给排水及消防设计

（1）给水设计:在码头区铺设一根给水管供船舶生活用水。

（2）排水设计:码头排水汇集纳入城市排放系统。

（3）消防设计:依据各类细则及规范,确保港区平面布置符合相应消防通道要求并设计合理的消防管路。

5.施工条件及特点

（1）施工条件:本建设项目地点西临长江路,东靠京杭运河,水陆路运便利,砂石等原材料供应充足且取运方便。工程区场地较为平整,其后方道路可作为施工通道。施工所需水、电、通信均依托后方厂区,完全具备施工条件。

（2）施工项目:水工建筑物、港池疏浚、工艺设备、土建工程及管廊、水、电、通信配套设施安装等。

（3）施工方法:根据本工程的施工工程量和工程特点,合理选择施工设备和机具。本工程拟采用的主要设备有挖泥机、挖泥船、打桩机、混凝土搅拌机等。

【本章小结】

项目市场分析与技术评估都是可行性研究与项目评估的主要内容,是项目进行经济效益评估的前提条件。市场分析对决定项目取舍、确定项目建设规模、选择产品方案及技术装备、厂址等有重要的作用。本章在简要阐述一般项目市场预测的主要内容与方法的基础上,重点介绍了交通项目运输需求分析的主要内容与预测方法。需要指出的是不同预测方法各有其特点和适用性,不同的交通运输方式又各有其相应的运输需求特征,选择哪种方法进行需求预测主要取决于预测对象本身的特性和预测者对预测方法的理解程度。现代预测技术越来越趋向于定性与定量相结合的综合预测方法。

项目技术评估也是可行性研究与项目评估的主要内容,是对项目所使用的工艺技术、技术装备和项目实施技术等方面所进行的评估。这一评估的作用是对项目技术可行性进行科学分析与评价,以减少项目盲目决策。项目技术评估包括对项目采用的工艺技术与装备的评估和项目实施中所采用的工程技术的评估。在技术评估中需遵循一定的原则,应根据项目的不同特点与目标要求力求满足先进适用、经济合理、安全可靠及有利于环境保护的基本原则。在技术评估中不仅要了解相应的程序,还应理解技术评估的基本方法。交通项目的技术评估虽比较复杂,具有较明显的专业技术特色,但总体来说,也要遵循一般项目技术评估的原则和程序,具体技术评估中主要是针对线路总体方案的选定、技术标准与建设实施方案的确定等。比如可从线路走向、建设规模、技术标准、设备选型及实施组织技术等方面进行评估,以上几点在选取的交通项目技术评估案例中也有所体现。

【思考和讨论】

(1)试述项目市场分析与技术评估的主要作用。

(2)与一般商品需求相比,运输需求具有哪些特殊性?

(3)运输需求预测的方法主要有哪些?请简要说明产品寿命周期分析方法的主要特点。

(4)简要说明项目技术评估应遵循的主要原则。

(5)简要说明项目技术评估的主要内容与程序。

(6)如何理解技术评估在项目评估中所起的作用,并举例说明。

(7)交通项目技术评估的主要内容有哪些?

(8)交通项目技术评估相较一般项目技术评估而言有哪些特点?

第三章

交通项目财务评价

【本章主要内容】

(1)资金时间价值的概念,复利的计算,折现(又称贴现)的含义,资金等值计算。

(2)交通项目财务评价的基本内容和程序,融资前和融资后评价的特点及要求。

(3)交通项目投融资渠道及其特点,融资成本的计算。

(4)交通项目投资包含的内容,建设投资估算表、建设期利息估算表、流动资金估算表的编制。

(5)交通项目总成本费用所包含的内容,总成本费用与经营成本的含义,可变成本与固定成本的含义,利息支出在融资前与融资后分析中的处理,固定资产折旧估算表、无形资产和其他资产摊销估算表、总成本费用估算表的编制。

(6)息税前利润、税前利润、税后利润及所得税的概念和计算,营业收入和增值税估算表的编制。

(7)现金流量表、资产负债表、利润表、借款还本付息表等基本报表的概念、作用及编制。

(8)营利性指标和偿债能力指标的计算。

(9)交通项目财务评价的特点和相关参数。

第一节 交通财务评价概述

一、交通财务评价的内容和程序

投资项目财务评价是根据国家现行财税制度、价格体系和项目评估的有关规定,从项目的财务角度,分析计算项目直接发生的财务效益和费用,编制财务报表,计算评估指标。通过考察项目的盈利能力、偿债能力和财务生存能力,判断项目的财务可行性,明确项目对财务主体的价值以及对投资者的贡献,为投资决策、融资决策和银行审贷提供依据。它是项目经济分析的第一步,是项目评估的核心内容,也是决定项目投资命运的重要决策依据。

交通项目类型比较复杂,会影响财务评价内容的选择。例如,对于高速铁路、港口等经营性项目,需要考察项目的盈利能力、清偿能力和财务生存能力;对于农村公路、小型支线机场等非经营性项目,财务评价应主要分析项目的财务生存能力。

(一)交通项目财务评价的主要内容

1. 交通项目的盈利能力评价

交通项目的盈利能力,是指项目投资的盈利水平,它直接关系到项目运营后能否生存和发展,是企业进行投资活动的原动力,它作为评价项目在财务上可行程度的基本标志,不仅是企业进行项目投资决策的首要因素,也是国家财政收入的重要来源,可作为衡量和判别项目对国家财政贡献大小的标准。主要从两方面对其进行评估:一方面是运用静态计算方法,即用正常生产年份的利润和所得税占总投资的比率大小,来考察项目年度投资盈利能力;另一方面是用项目整个寿命期内的财务收益和总收益率,并考虑资金的时间因素,运用动态计算方法进行分析,较客观地反映企业所能达到的实际财务收益情况。

2. 交通项目的偿债能力评价

交通项目的偿债能力评价,是指项目按期偿还其全部投资及到期债务的能力。通常表现为投资回收期和贷款偿还期的长短,它是银行进行贷款决策的重要依据。项目偿还能力的大小,直接决定着贷款者的贷款意愿和贷贷决策。此外,通过计算资金流动比率、速动比率和负债比率等各种财务比率指标,对项目投产后的资金流动情况进行比较分析,从而反映项目所面临的风险程度,具体了解项目偿还流动负债(如短期贷款)的能力和速度。

3. 交通项目的财务生存能力评价

交通财务评价中根据财务现金流量表,综合考察项目计算期内各年的投资活动、融资活动和经营活动所产生的各项现金流入和流出,计算净现金流量和累计盈余资金,分析项目是否有足够的净现金流量维持正常运营,这就是财务生存能力评估,也称为资金平衡分析。对于财务生存能力的分析,需要结合偿债能力分析进行。由于交通项目往往建设期长,借款额较大,如果拟安排的还款期过短,会导致项目运营前期还本付息负担过重,为维持资金平衡,只能筹借短期借款。对于这种情况,通过财务生存能力评价,可以考虑调整融资方案,适当延长还款期,减轻各年的还款负担。

(二)交通项目财务评价的基本程序

交通项目财务评价的程序大致可分为三个步骤(图3-1)。

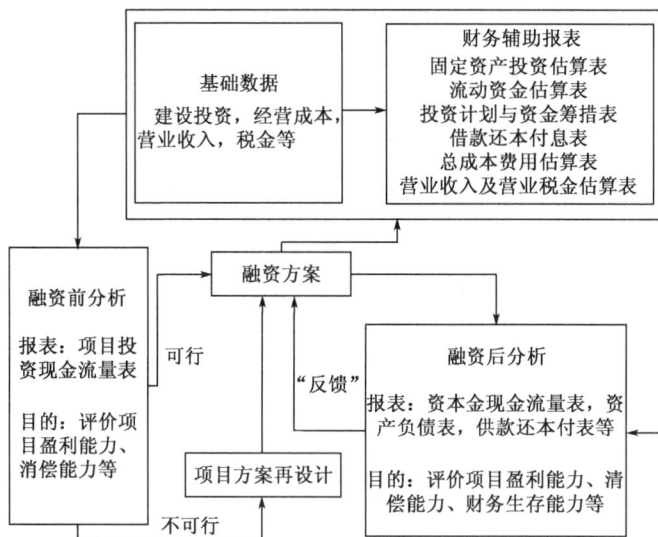

图3-1 项目财务评价程序示意图

1.分析和估算交通项目的财务数据并填列财务辅助报表

在交通项目可行性研究阶段,需要对项目总投资、资金筹措方案、总成本费用、营业收入、税金和利润,以及其他与项目有关的财务数据进行分析、鉴定,并填列辅助报表,为下一步财务评价工作奠定数据基础。在狭义的项目评估阶段,也需要首先对可行性研究报告提出的数据进行分析审查,然后与评估人员所掌握的信息资料进行对比分析。若有必要还可重新进行估算。

2.对交通项目作融资前分析

进行交通项目财务评价首先要进行融资前分析,即排除融资方案变化的影响,从项目投资总获利能力的角度,考察项目方案设计的合理性,它与融资条件、融资成本、还款方案无关;可以说,如果某个交通项目确实需要通过贷款等方式融资,那么融资前分析就是一种假设状态,假设项目全部投资都是自有资金,并在此基础上考察项目本身的投资价值。融资前分析依赖数据少,报表编制简单,但其分析结论可满足方案比选和初步投资决策的需要。

如果分析结果表明该交通项目投资的财务效益符合要求,再考虑融资方案,继续进行融资后分析;如果分析结果不能满足要求,可以通过修改方案设计完善项目方案,必要时甚至可据此做出放弃项目的建议。

融资前分析广泛应用于项目各阶段的财务评价。在规划和机会研究阶段,可以只进行融资前分析,这时也可以只选取所得税前财务评价指标进行测算。一般来说,融资前分析包括两个部分:

(1)填列项目投资现金流量表。财务基本报表是根据财务数据填列的,也是计算反映项目盈利能力、清偿能力和财务生存能力的技术经济指标的基础。所以,在分析和估算财务数据之后,需要对财务基本报表进行分析和评估,融资前分析的主要报表是项目投资现金流量表。

(2)测算和分析财务效益指标并做出评估结论。融资前分析的财务效益指标包括财务内部收益率、财务净现值和动态投资回收期。对财务效益指标进行分析评估,一是要考查计算方法是否正确,二是要测算计算结果是否准确。如果计算方法不正确或者计算结果有误差,则需要重新计算。将算出的有关指标值与国家有关部门公布的基准值加以比较,并从财务的角度提出项目可行与否的结论。

3. 对交通项目作融资后分析

在交通项目融资前分析结果可以接受的情况下,可以开始考虑融资方案,进行融资后分析。融资后分析包括项目的盈利能力分析、偿债能力分析以及财务生存能力分析,进而判断项目方案在融资条件下的合理性。融资后分析是比选融资方案、进行融资决策的投资者最终决定出资的依据。可行性研究阶段必须进行融资后分析,但也只是阶段性的。实践中,在可行性研究报告完成之后,还需要进一步深化融资后分析,与融资意向机构作进一步谈判,才能完成最终融资决策。

与融资前分析一样,融资后分析也包括报表编制和指标计算两部分,但报表和指标有所不同。

(1)填列财务报表。与融资前分析相比,融资后分析是一种"实际"状态,反映交通项目投融资实际操作中会发生的情况,相关财务报表也较多,包括利润分配表、资本金现金流量表、投资各方现金流量表、资产负债表,财务计划现金流量表等。

(2)测算和分析财务指标。包括偿债能力指标(偿债备付率、利息备付率、资产负债率等),盈利能力指标(投资各方财务内部收益率、资本金净利润率等)。

(3)判断项目财务生存能力。财务生存能力的判断不是依靠指标,而是从以下两个相辅相成的方面进行具体分析:首先,每年都拥有足够的经营净现金流量是财务可持续的基本条件,特别是在运营初期;另外,各年累计盈余资金不出现负值是财务生存的必要条件。

二、交通项目财务评价的特点

交通建设项目形成的成果是一个国家最为重要的基础设施,其收益为收取的道路、桥梁、港口、机场使用费或通行费,以及轨道交通或水路运费等。费用则主要包括征地拆迁安置费用、线路和枢纽建设费用、相关配套设施设备投资、项目运营费用及维护(养护)费用等。

由于交通项目在国民经济中的重要性,对其进行财务评价,讲求并提高经济效益,是节约资源、增长财富、实现社会主义生产目的的重要手段,也是提高和加强投资管理水平的必要途径。交通项目财务评价主要有以下特点。

1. 评价过程比较复杂

多数交通项目兼具营利性项目和社会公益项目双重特点,财务评价相对较为复杂。这些项目为社会提供准公共产品或服务,且运营维护采用经营方式,其产出价格往往受到政府管制,营业收入可能基本满足或不能满足补偿成本的要求,有些需要在政府提供补贴的情况下才具有财务生存能力。从我国目前的情况来看,城市轨道交通、支线机场、一级以下公路等基础设施,部分支线航线、公交车线路等运营项目都在政府补贴范畴内。

2.不同交通运输行业的评价有较大区别

交通运输业财务评价主要可分为交通基础设施项目的财务评价和交通运输运营项目的财务评价。前者又包括铁路、公路、港口、机场、城市轨道交通等项目的财务评价。由于不同运输方式的基础设施各有其技术特点，因此在评价时还需根据这些特点安排评价的过程和方法，尤其是基础数据的调查和测算。例如，铁路项目的营业收入包括客运、货运收入；机场项目的营业收入则主要是起降收入、机场服务费等。

3.应重视财务方案设计和财务生存能力评价

交通基础设施项目一般是投资比较高、对区域发展有重要意义的大型工程建设项目，从财务投入产出的角度来分析，固定资产投资在项目总投资中占有相当大的比重，具有建设周期长、投资效益滞后等特点，其主要经济效益体现在对国家和地区的社会经济发展可以做出较大贡献，即国民经济效益，通常其财务盈利能力和清偿能力要比一般工业项目弱些。对财务盈利能力较差而经济效益好的项目进行财务方案设计时，需要考虑补贴、税收等政策的可能性，且是否能使项目在这些政策优惠条件下具备财务可行性。

但是，即使项目在计算期内能够实现整体盈利和清偿借款，并不意味着交通项目能在所有年份中具备财务生存能力，尤其是在项目运营前期，运量相对较小，而还贷压力大，容易出现财务生存困难的情况，因此对交通项目应尤其重视各年度财务生存能力评估，为项目及时调整财务策略提供依据。

4.交通项目财务效益的稳定性与风险性共存

尽管交通运输项目经营一般具有一定的垄断性特征，收入较为稳定，但受建造成本、市场、价格政策等因素波动的影响，其投资财务效益客观上也存在着一定的风险。

第二节 资金时间价值的计算原理

一、资金时间价值的概念

随着时间的推移，资金的价值会增加，这种现象叫资金的增值。资金不会自动随时间的变化而增值，必须与生产和流通过程相结合。资金的增值首先产生于生产劳动过程中劳动者创造的剩余产品的价值，还必须通过流通领域来实现。资金的增值具体体现在资金利息和资金的利润两个方面，它们是衡量资金时间价值的绝对尺度；而利率和利润率都是指原投资所能增值的百分数，也是衡量资金时间价值的相对尺度。

在项目评估中讨论的资金时间价值，可以理解为一定量资金在不同时间上的价值量的差额。例如，2015年1月1日存入银行100元，在第二年的1月1日可取出106元，其中的6元就是资金时间价值的体现。可以看出，资金时间价值的大小主要取决于利率和计息期两个因素。利率越高，计息期越长，价值越大。因此，考虑时间因素的资金流量是利率和时间的函数。

在项目评估工作中，为了正确地评价项目的经济效果，考虑在不同时间点上各种资金的时间价值，需要把不同时间点上发生的资金流量（包括资金流入或流出）换算为同一时间点上的等价的资金流量，这种考虑时间因素的资金转换计算，又称为资金的等值计算。

二、资金的等值计算方法

在不同时间点上的两笔或一系列资金,虽然金额不同,但可以按规定利率换算到某一相同时间点,使之彼此具有相等的价值,这就是等值的概念。例如,现有 100 万元贷款,按 10% 利率用复利计算,其第一年底的本利和为 110 万元、第二年底的本利和为 121 万元,而这两年的资金转换为当前时间的价值均等于 100 万元。等值的概念是比较评价不同时期资金使用效果的重要依据。

资金等值计算是进行项目财务评价的基础,本节将介绍进行等值计算所需的基本概念和公式。

(一)单利与复利计算公式

计算资金时间因素的方法,主要是计算利息的方法,利息分单利和复利两种,通常单利仅适用于短期投资及不超过一年期限的借款,而复利计算是在单利计算的基础上发展起来的。

1.单利计算

单利计算是以本金为基数计算利息的方法,每一计算期的利息是固定不变的,按下式计算本利和:

$$F = P(1 + ni) \tag{3-1}$$

式中:F——本利和或未来值(终值);

P——本金或现值;

i——利率;

n——计息期。

2.复利计算

复利计算是以本金与累计利息之和作为基础计算利息的方法,即上一年的利息可作为下一年的本金再计算利息,就是利上加利的计算,可按下式计算本利和:

$$F = P(1 + i)^n \tag{3-2}$$

复利计算是资金时间价值最基本的表现形式,下面通过实例对比说明单利与复利计算的不同。

【例 3-1】 假设贷款本金为 100 万元,年利率 10%,贷款期为 5 年,则按单利和复利两种计息得到的结果是不一样的,详见表 3-1。

单利与复利计算对比(单位:万元)　　　　　　　　　　表 3-1

年份	单利 $i=10\%$			复利 $i=10\%$		
	年初贷款	年末利息	年末本利和	年初贷款	年末利息	年末本利和
1	100	10	110	100.0	10.0	110.0
2	110	10	120	110.0	11.0	121.0
3	120	10	130	121.0	12.1	133.1
4	130	10	140	133.1	13.3	146.4
5	140	10	150	146.4	14.6	161.0

(二)名义利率与有效利率

1.名义利率

名义利率是以一年为计息基础,按每一计息周期的利率乘以每年计息期数,是按单利方法计算的。例如,每月存款月利率为5‰,则名义年利率为6%(即5‰×12个月)。

2.有效利率

有效利率亦称实际利率,是以年为计息周期,用复利方法计算的年利率。如果计息期为一年,则名义利率也就是有效利率,二者的差异主要取决于实际计息期与名义计息期的差异,两者之间的关系如下式所示:

$$i_{有} = \left(1 + \frac{r_{名}}{m}\right)^m - 1 \tag{3-3}$$

式中:$i_{有}$——有效年利率;

$r_{名}$——名义年利率;

m——一年内的计息期数。

假如$r_{名}=12\%$,当计息期不同时,有效利率见表3-2。

有效利率与计息期数 表3-2

计 息 期	一年内计息期数 m	有效利率 $i_{有}$(%)
一年	1	12.000 0
半年	2	12.360 0
一季	4	12.550 9
一月	12	12.682 5
一天	365	12.747 5
一小时	8 760	12.749 6
无限小	∞	12.749 7

(三)资金等值计算五要素

在资金等值计算过程中,一般需要用到复利公式和五个要素。

(1)现值(Present Value, 一般简写为 P),系指把未来不同时间收支的资金换算为现在时间点的价值,又称为期初值(本金)。在项目评估中是将项目寿命期内历年的收支均转换为建设起始年份(称零年或基年)的现值。折现计算法是项目评估考核投资效益时考虑资金时间价值因素的基本方法。

(2)终值(Future Value,一般简写为 F),系指初始投入或产出的资金转换为计息期末的期终值,即为期末本利和的价值。

(3)年金(Annual Value, 一般简写为 A),系指各年等额收入或支付的金额。它通常以等额序列表示,即在某一特定时间序列期内,每隔相同时间收支的定额款项,是比较评价不同时期资金使用效果的重要依据。

(4)利率(Interest Rate, 一般简写为 i),指在一个计息周期内利息与本金的比率,可以是年利率、月利率等。

(5)计息期(一般记为 n),指资金在流入点和流出点之间经过的周期,计息期可以以年为单位,也可以以月、季度等为单位。应该注意的是,在同一个项目分析中,计息期总是和利率相对应的,如果计息期以月为单位,那么利率就应该是月利率。

(四)资金流动图

资金流动图是描述资金流通量作为时间函数的图形,它表示资金在不同时间点流入与流出的实际运动状况,典型的资金流动图能够反映资金等值计算的要素,如图 3-2 所示。

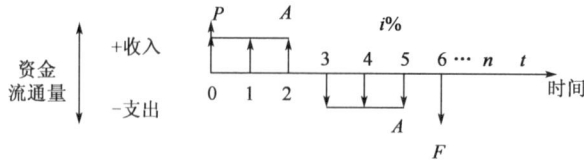

图 3-2 资金流动图

在图 3-2 中,横坐标量度时间,称时间轴,取计息期的期数为时间刻度数值,如用年计息,则时间轴上的刻度单位为年。纵坐标描述资金流通量,它需要根据时间轴上的时间点来确定其位置。一般假设以计息期末为资金收支的时点,就是资金的收入和支出均发生在计息期的期末时刻。当资金收入时,资金流量为正值,绘制在时间轴上方,用向上的箭头表示;当资金支出时,资金流通量为负值,就绘制在时间轴的下方,用向下的箭头表示。应该注意的是,收入与支出是针对特定的对象而言的,如贷方的收入即为借方的支出,还本付息时,贷款者的支出就是借款者的收入。

在对项目进行经济分析评价时,也需要绘制资金流动图,把项目整个寿命期内所发生的资金流量(包括各年投资、销售收入、税金、经营成本和残值等)进行预计测算,将其测算数据结果绘制在时间坐标图上,使项目寿命期内各年资金流动状况一目了然,便于分析计算。

(五)复利计算及应用

1. 一次支付终值公式和终值系数

终值计算就是求某个计算期末的本利和,它的经济含义是:若现在投资 P 元,按年利率 $i\%$,n 年后可以得到本利和(终值)的总金额。按下式计算本利和(终值)F:

$$F = P(1 + i)^n \tag{3-4}$$

终值系数 $(F/P, i, n) = (1 + i)^n$,是终值与现值之比,系数 $(F/P, i, n)$ 可理解为已知 P、i、n 值求 F 值,其数值可从复利系数表中查得。一次支付求终值的资金流动图可用图 3-3a)表示。

【例 3-2】 建设银行给某公路运输公司贷款 1 000 万元购置新车,年利率为 10%,试计算 8 年后的终值(本利和)。其资金流动图如图 3-3b)所示。

$$F = P(1 + i)^n = P(F/P, 10\%, 8) = 1\ 000 \times 2.143\ 6 = 2\ 143.6(万元)$$

2. 一次支付现值公式和现值系数

已知终值 F 元,年利率 $i\%$,时间是 n 年,求现值 P。其资金流动图如图 3-4a)所示。

现值公式为终值公式的倒数,即:

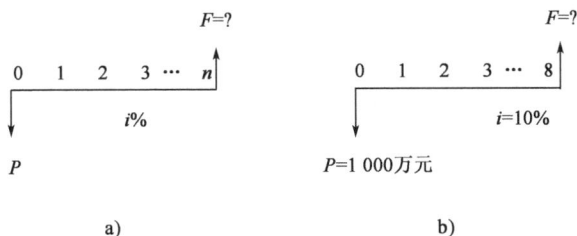

图 3-3 一次支付终值资金流动图

$$P = F \frac{1}{(1+i)^n} = F(P/F, i, n) \tag{3-5}$$

$(P/F, i, n)$ 即为现值系数。

【例 3-3】 某铁路运输公司 6 年后需要一笔 1 000 万元的资金,作为职工疗养院的筹款,年利率 $i = 10\%$,问现在应存入银行多少钱? 其资金流动图如图 3-4b)所示。

$$P = F \frac{1}{(1+i)^n} = F(P/F, 10\%, 6) = 1\,000 \times 0.564\,5 = 564.5(万元)$$

3. 等额支付序列年金终值公式和年金终值系数

这是一种按时间序列,在每期末均须投入(或借贷)一笔等额资金 A,求在 n 年后各年本利和累计总值 F 的计算公式。这是由一系列期末等额支付累计的一次支付终值,是一种等额序列零存整取的情况。其计算公式为:

$$F = A\left[\frac{(1+i)^n - 1}{i}\right] = A(F/A, i, n) \tag{3-6}$$

$(F/A, i, n)$ 即为年金终值系数。年金终值的资金流动图如图 3-5a)所示。

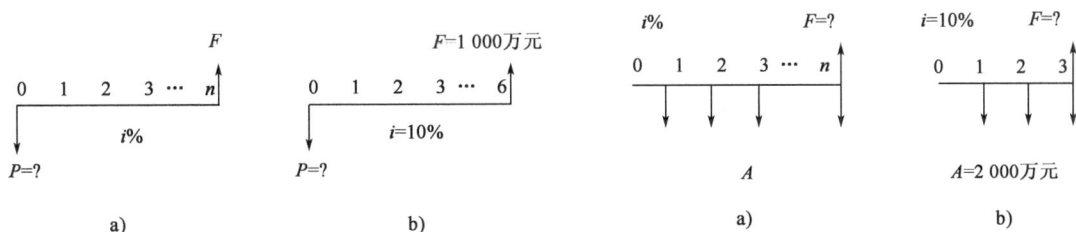

图 3-4 一次支付现值资金流动图

图 3-5 等额序列支付年金终值资金流动图

【例 3-4】 如每年年终储蓄 2 000 万元,年利率 10%,连续存 3 年后的终值为多少? 资金流动图如图 3-5b)所示。

$$F = A\left[\frac{(1+i)^n - 1}{i}\right] = A(F/A, 10\%, 3) = 2\,000 \times 3.310\,0 = 6\,620(万元)$$

4. 偿债基金公式和偿债基金系数

为了筹集将来 n 年后需要的一笔资金,在年利率为 $i\%$ 的情况下,求每个计息期(年)末应等额存储的金额,故亦可称为存储基金公式,这是一种等额序列分期付款的情况。其资金流动图如图 3-6a)所示。

偿债基金公式如下:

$$A = F\left[\frac{i}{(1+i)^n - 1}\right] = F(A/F, i, n) \tag{3-7}$$

其中，$(A/F, i, n) = \left[\frac{i}{(1+i)^n - 1}\right]$ 即为偿债基金系数。

【例3-5】 计划5年后购买一批价格1 000万元的新型货车,年利率为10%,问每年年末应存多少等额资金? 资金流动图如图3-6b)所示。

$$A = F\left[\frac{i}{(1+i)^n - 1}\right] = F(A/F, 10\%, 5) = 1\,000 \times 0.163\,8 = 163.8(万元)$$

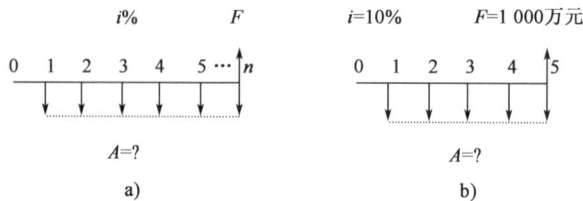

图3-6 偿债基金资金流动图

5. 资金回收公式和资金回收系数

这是一种以逐年等额偿还方式还清一次贷款的计算方法。如某个投资项目在年利率为 $i\%$ 的条件下,在 n 年末全部偿还期初的一次投资量 P,则每年应等额回收多少资金。这是一种一次投入等额序列资金回收的问题。其资金流动图如图3-7a)所示。

资金回收公式如下:

$$A = P\left[\frac{i(1+i)^n}{(1+i)^n - 1}\right] = P(A/P, i, n) \tag{3-8}$$

其中,$(A/P, i, n) = \left[\frac{i(1+i)^n}{(1+i)^n - 1}\right]$ 即为资金回收系数。

【例3-6】 新建项目期初投资1 000万元,在年利率为10%的前提下,要在10年内全部回收期初投资,问每年平均利润应达多少? 其资金流动图如图3-7b)所示。

按资金回收公式,可求得每年应得平均利润额至少不低于下列数值:

$$A = P\left[\frac{i(1+i)^n}{(1+i)^n - 1}\right] = P(A/P, 10\%, 10) = 1\,000 \times 0.162\,7 = 162.7(万元)$$

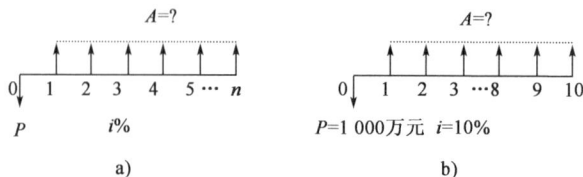

图3-7 资金回收资金流动图

6. 年金现值公式和年金现值系数

年金现值系指在特定时期内,每年年末收支等额金额的现值总和,即在 n 年内当逐年等额收支一笔资金 A,按年利率 $i\%$,求此等额年金收支的现值总额为多少。可按下式计算年金

现值:

$$P = A\left[\frac{(1+i)^n - 1}{i(1+i)^n}\right] = A(P/A, i, n) \tag{3-9}$$

年金现值系数是资金回收系数的倒数:

$$(P/A, i, n) = \frac{(1+i)^n - 1}{i(1+i)^n}$$

年金现值的资金流动图如图3-8a)所示。

【例3-7】 某运输项目业主与两家公司谈判转让部分固定资产,甲公司提出付款期为9年,逐年付给100万元,首次付款在固定资产转让之后一年,乙公司提出立即一次总付600万元;如果该业主有可能将其收入按10%年利率投资,那么他应将资产转让给哪家公司?资金流动图如图3-8b)所示。

根据年金现值公式可求得从甲公司付款的年金现值为:

$$P = A\left[\frac{(1+i)^n - 1}{i(1+i)^n}\right] = A(P/A, 10\%, 9) = 100 \times 5.7590 = 575.9(万元)$$

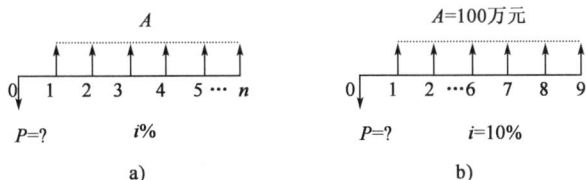

图3-8 年金现值资金流动图

计算结果,甲公司9年付款的年金现值小于乙公司一次支付总额(即575.9万元<600万元),因此乙公司的条件比甲公司更具有吸引力,资产应转让给乙公司。

7. 不等额系列的终值与现值复利计算公式

如果每期末的净现金流量不相等,分别为$A_1, A_2, A_3, \cdots, A_n$,则到第$n$期末的终值$F$为:

$$F = A_1(1+i)^{n-1} + A_2(1+i)^{n-2} + \cdots + A_n = \sum_{t=1}^{n} A_t(1+i)^{n-t} \tag{3-10}$$

不等额系列的现值P为:

$$P = \sum_{t=1}^{n} \frac{A_t}{(1+i)^t} \tag{3-11}$$

不等额系列的现值资金流动图如图3-9a)所示。

【例3-8】 某机场项目在扩建过程中,部分投资需要向银行贷款。第一年贷款1000万元,第二年贷款1500万元,第三年贷款1800万元,投资均在年初发生,年利率为8%,扩建期内只计息不还款。那么到第三年年末,该项目共需偿还银行多少万元?资金流动图如图3-9b)所示。

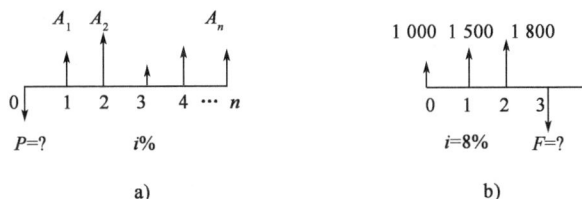

图3-9 不等额系列现值资金流动图

根据式(3-10)解得：

$$F = 1\,000(F/P,8\%,3) + 1\,500(F/P,8\%,2) + 1\,800(F/P,8\%,1)$$
$$= 4\,953(万元)$$

8. 年限无限长的现值复利计算公式

如果每期末的净现金流量相等为 A，且收益期限可以无限长，折现率为 i，则该系列数据的现值为：

$$P = \frac{A}{i} \tag{3-12}$$

这种情况在半永久性的交通基础设施成本、收益折现过程中往往会遇到，见例3-9。

【例3-9】 1986年，美国联合太平洋铁路公司花费12亿美元兼并了一家公路货运公司。该货运公司每年盈利均为6 000万美元，银行利率为10%。假定项目收益和银行利率不变，收益期限可以无限长，那么这次收购将为太平洋铁路公司带来多少收益现值？从这个角度看这次收购成功吗？

对项目收益的现值进行测算：

$$P = \frac{A}{i} = \frac{6\,000}{10\%} = 6(亿美元)$$

由于项目收益现值不抵其收购成本，因此收购是不成功的。

上面介绍的复利计算公式和复利系数汇总见表3-3。

复利公式及复利系数汇总 表3-3

普通复利		已知	求	公　式
一次性支付	终值	P	F	$F = P(1+i)^n = P(F/P,i,n)$
	现值	F	P	$P = F\dfrac{1}{(1+i)^n} = F(P/F,i,n)$
等额支付序列	年金终值	A	F	$A = F\left[\dfrac{(1+i)^n - 1}{i}\right] = A(F/A,i,n)$
	偿债基金	F	A	$A = F\left[\dfrac{i}{(1+i)^n - 1}\right] = F(A/F,i,n)$
等额回收序列	资金回收	P	A	$A = P\left[\dfrac{i(1+i)^n}{(1+i)^n - 1}\right] = P(A/P,i,n)$
	年金现值	A	P	$P = A\left[\dfrac{(1+i)^n - 1}{i(1+i)^n}\right] = A(P/A,i,n)$
不等额系列	终值	A	F	$F = \sum\limits_{t=1}^{n} A_t(1+i)^{n-t}$
	现值	A	P	$P = \sum\limits_{t=1}^{n} \dfrac{A_t}{(1+i)^t}$
年限无限长	现值	A	P	$P = \dfrac{A}{i}$

第三节 交通项目财务基础数据估算与辅助报表编制

财务基础数据的估算不仅是交通项目财务评价的首要步骤,也是交通项目财务效益分析及国民经济效益评估的依据和基础,其准确与否直接关系到项目评估的结果。因此,在进行基础数据估算时,必须坚持全面、细致、准确的原则。

交通项目财务基础数据主要包含投资、成本费用、营业收入、税金四大部分,可以根据多个辅助报表逐一预测,同时,各部分基础数据之间又互有关联,如图 3-10 所示。图中阴影部分是融资后分析与融资前分析时有区别的数据,融资前分析不需要考虑建设期利息和财务费用,采用调整所得税进行测算,而融资后分析需要估算建设期利息和财务费用,并计算所得税。

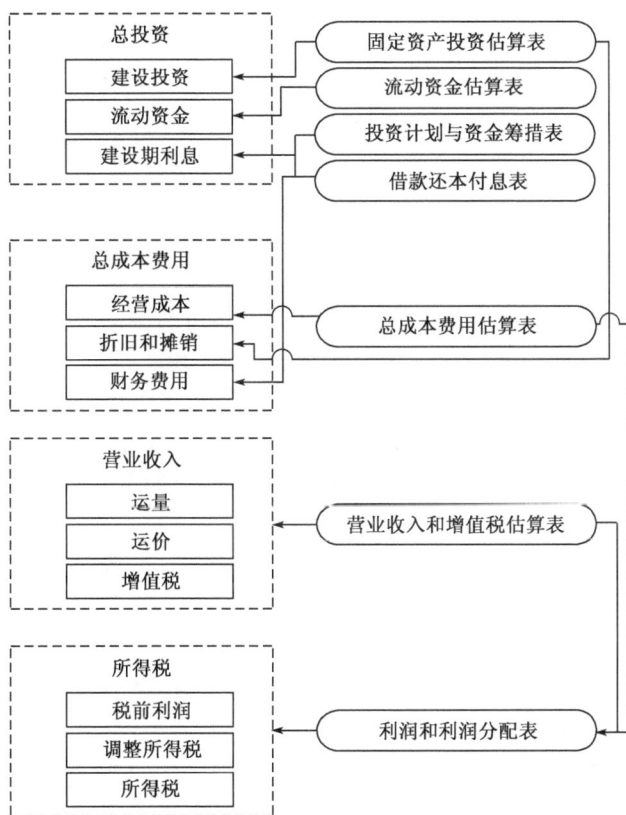

图 3-10 交通项目财务基础数据和辅助报表关系示意图

一、交通项目建设投资估算

交通项目总投资主要由建设投资、建设期利息和项目建成运营后所需的流动资金三部分组成,是项目从建设前期准备工作开始到项目全部建成运营为止所发生的全部费用。其中建设投资在项目总投资中所占比例最大,可按概算法或按形成资产法分类并估算。

(一)按概算法分类的建设投资估算

按概算法分类,建设投资由工程费用、工程建设其他费用和预备费三部分构成,如图3-1所示。其中工程费用又由建筑工程费、设备购置费(含工器具及生产家具购置费)和安装工程费构成。工程建设其他费用内容较多,且随行业和项目的不同而有所区别,主要包括土地征用及补偿费、勘察设计费等。预备费则包括基本预备费和涨价预备费。

为了提高建设投资估算工作质量,目前项目评估中的投资估算一般是参照概算的程序和方法来估算项目投资。由图3-11可知,建设投资估算可分为工程费用的估算、工程建设其他费用的估算和预备费的估算。

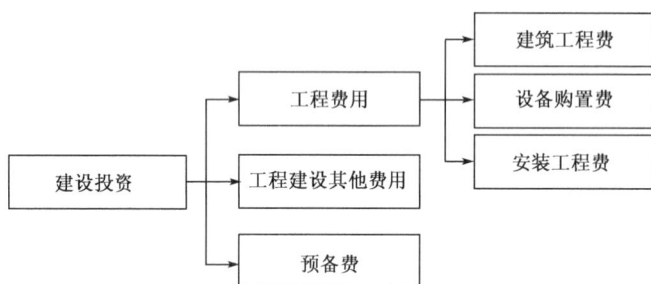

图3-11　项目总投资构成(概算法)

1.工程费用的估算

(1)建筑工程费。建筑工程指矿建工程和土建工程,包括房屋建筑工程、大型土石方和场地平整以及特殊构筑物工程等。建筑工程费由直接费、间接费、计划利润和税金组成。直接费包括人工费、材料费、施工机械使用费和其他直接费,可按建筑工程量和当地建筑工程概算综合指标计算。间接费包括施工管理费和其他间接费,一般以直接费为基础,按间接费率计算。计划利润以建筑工程的直接与间接费之和为基数,按照规定的费率计取,税金包括营业税、城市维护建设税和教育费附加。

(2)设备购置费。其包括需要安装和不需要安装的全部设备、工器具及生产用家具购置费等。

(3)安装工程费用。其包括设备及室内外管线安装等费用,亦由直接费、间接费、计划利润和税金四部分组成。直接费按每吨设备、每台设备或占设备原价的百分比估算,间接费按照间接费率计算,计划利润以安装工程的直接与间接费之和为基数,按照一定的费率计取,税金与上述建筑工程费用中的征收项目相同。

2.工程建设其他费用的估算

工程建设其他费用是指从工程筹集到工程竣工验收交付使用止的整个建设期间,除建筑安装工程费用和设备及工器具购置费以外,为保证工程建设顺利完成和交付使用后能够正常发挥作用而发生的各项费用。按其内容可分为三类。

(1)与土地使用有关的费用。建设项目要取得其所需土地,必须支付土地征用及迁移补偿费或土地使用权出让金。前者指工程建设项目通过划拨的方式取得无限制的土地使用权,依据《中华人民共和国土地管理法》等规定所支付的费用,包括土地补偿费、安置补助费、地上附着物和青苗补偿费。后者指建设单位为取得有限制的土地使用权,依照《中华人民共和国城镇国有土地使用权出让和转让暂行条例》,向国家支付的土地使用费。

（2）与工程建设有关的其他费用。其具体包括：建设单位管理费、勘察设计费、研究试验费、建设单位临时设施费、工程建设监理费、引进技术和进口设备其他费用等。

（3）与未来企业生产经营有关的其他费用。其具体包括：联合试运转费、生产准备费、办公及生活家具购置费等。

3. 预备费的估算

（1）基本预备费，指在可行性研究阶段难以预料的费用，又称工程建设不可预见费。主要指设计变更及施工过程中可能增加工程量的费用。基本预备费以建筑工程费、设备及工器具购置费、安装工程费及工程建设其他费用之和为基数，按行业主管部门规定的基本预备费率计算。计算公式为：

$$基本预备费 = （建筑工程费 + 设备工器具购置费 + 安装工程费 +$$
$$工程建设其他费用） \times 基本预备费率 \tag{3-13}$$

（2）涨价预备费，是对建设工期较长的项目，在建设期内价格上涨可能引起投资增加而预留的费用，也称为价格变动不可预见费。涨价预备费以建筑工程费、设备及工器具购置费、安装工程费之和为计算基数，计算公式为：

$$PC = \sum_{t=1}^{n} I_t \left[(1+f)^t - 1 \right] \tag{3-14}$$

式中：PC——涨价预备费；

I_t——第 t 年的建筑工程费，为设备及工器具购置费、安装工程费之和；

f——建设期价格上涨指数；

n——建设期。

其中，建设期价格上涨指数按有关部门的规定执行。

4. 建设投资估算表（概算法）的编制

根据对建设投资组成各项的估算，可以相应地编制建设投资估算表（表3-4）。

建设投资估算表（概算法）（单位：万元） 表3-4

序号	工程或费用名称	建筑工程费	设备购置费	安装工程费	其他费用	合计
1	工程费用					
1.1	主体工程					
	……					
1.2	辅助工程					
	……					
1.3	服务性工程					
	……					
2	工程建设其他费用					
2.1	×××					
	……					
4	预备费					
4.1	基本预备费					

序号	工程或费用名称	建筑工程费	设备购置费	安装工程费	其他费用	合计
4.2	涨价预备费					
5	建设投资合计					
	比例(%)					

(二)按形成资产法分类的建设投资估算

按形成资产法分类,建设投资由形成固定资产的费用、形成无形资产的费用、形成其他资产的费用和预备费四部分组成,具体如图3-12所示。

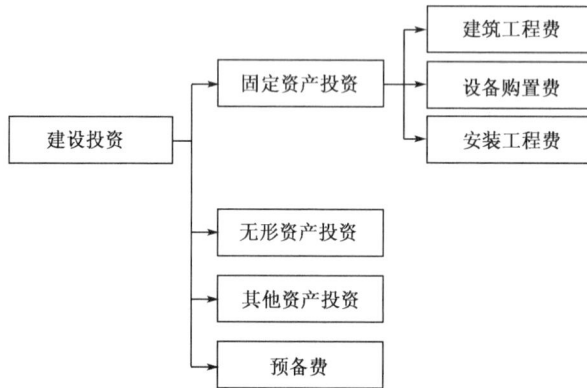

图3-12 项目总投资构成(形成资产法)

1.无形资产和其他资产的估算

在按形成资产分类时,建设投资中包括无形资产和其他资产。

(1)无形资产的估算。无形资产是指那些为法律所承认、许可并给予保护的,能为企业带来营业利益,并且具有独占性或优越性的无形的属于权利性质的特种资产,包括专利权、商标权、著作权、土地使用权、非专利技术(技术诀窍)、商誉等。

(2)其他资产的估算。其他资产指建设投资中除形成固定资产和无形资产以外的部分,如生产准备及开办费等,即原递延资产。

2.建设投资估算表(形成资产法)的编制

根据对建设投资组成各项的估算,可以相应地编制建设投资估算表(表3-5)。

建设投资估算表(形成资产法)(单位:万元)　　　　　　　　表3-5

序号	工程或费用名称	建筑工程费	设备购置费	安装工程费	其他费用	合计
1	固定资产投资					
1.1	工程费用					
1.1.1	主体工程					
1.1.2	辅助工程					
	……					
1.2	固定资产其他投资					

续上表

序号	工程或费用名称	建筑工程费	设备购置费	安装工程费	其他费用	合计
1.2.1	×××					
	……					
2	无形资产投资					
2.1	×××					
	……					
3	其他资产投资					
3.1	×××					
	……					
4	预备费					
4.1	基本预备费					
4.2	涨价预备费					
5	建设投资合计					
	比例(%)					

二、交通项目流动资金的估算

企业为了维持正常的生产经营活动,除拥有必需的固定资产投资外,还必须掌握足够的流动资金以从事原料购买、产品生产及销售等日常活动。如果对流动资金需要量的最初估计不足,企业必须采取应急措施,否则将因周转资金不足而面临倒闭。所以,流动资金是保证企业组织和维持正常生产经营的重要前提。在估算总投资时,还要估算流动资金投资,主要采用如下两种方法,各适用于不同的评估阶段。

(一)流动资金的扩大指标估算法

流动资金的扩大指标估算法只适用于机会研究和初步可行性研究阶段,即根据现有同类企业的实际资料求得各种流动资金率指标,或依据不同行业或部门给定的参考值或经验值来确定项目流动资金需要量的简单估算方法。

(1)按销售(或产值)资金率估算:销售(或产值)资金率,即每百元销售收入(或产值)所占用的流动资金额。一般加工工业项目多采用此方法。

$$流动资金额 = 正常年度销售收入额(或产值) \times 销售(产值)资金率 \quad (3-15)$$

(2)按固定资产价值资金率估算:有些项目如火电厂可按此方法估算流动资金。

$$流动资金额 = 固定资产价值总额 \times 固定资产价值资金率 \quad (3-16)$$

(3)按经营成本的一定比例估算:一些采掘工业项目常采用此方法估算流动资金。

【例3-10】 铁路项目的流动资金按客货运换算周转量估算。某铁路项目运营客货换算周转量预测值为:第一年为500万换算吨公里,第二年为600万换算吨公里。根据项目特点,平均每万换算吨公里占用流动资金为103元,则第一年和第二年分别需投入多少流动资金?

分析:按扩大指标估算法,第一年需投入流动资金为 $500 \times 103 = 51\,500$(万元),第二年需

投入增量流动资金 $100 \times 103 = 10\,300$(万元)。

(二)流动资金的分类详细估算法

在可行性研究阶段,应使用分类详细估算法估算流动资金。首先,必须进行项目的成本估算,利用"总成本费用估算表"的数据,再进行分项计算。

1.周转次数和周转天数估算

确定外购原材料、燃料、动力、在产品、产成品、现金等的最低周转天数,并进一步计算周转次数。

$$周转次数 = \frac{360}{最低周转天数} \tag{3-17}$$

2.流动资产估算

流动资产是指预计在一个正常营业周期内或一个会计年度内变现、出售或耗用的资产和现金及现金等价物。流动资产在周转过渡中,从货币形态开始,依次改变其形态,最后又回到货币形态。在交通项目评估中,为简化起见,仅对存货、现金、应收账款、预付账款四项进行估算。

$$流动资产 = 应收账款 + 存货 + 现金 + 预付账款 \tag{3-18}$$

(1)存货估算。存货是为销售或耗用而储备的各种货物,主要有外购原材料、外购燃料、在产品和产成品等。

$$存货 = 外购原材料、燃料 + 在产品 + 产成品 \tag{3-19}$$

$$外购原材料占有资金 = \frac{年外购原材料总成本}{原材料周转次数} \tag{3-20}$$

$$外购燃料 = \frac{年外购燃料成本}{燃料周转次数} \tag{3-21}$$

$$在产品 = \frac{年外购原材料 + 外购燃料 + 工资及福利费 + 修理费}{在产品周转次数} \tag{3-22}$$

$$产成品 = \frac{年经营成本}{产成品周转次数} \tag{3-23}$$

可以借助总成本费用估算表对以上述各项进行估算。由于交通项目以提供服务而非产品为主,因此,在产品和产成品构成的流动资产一般较少。

(2)应收账款估算。应收账款是指已对外销售商品、提供劳务尚未收回的资金。计算公式为:

$$应收账款 = \frac{年经营成本}{应收账款周转次数} \tag{3-24}$$

(3)现金需要量估算。项目流动资金中的现金是指货币资金,即运营活动中停留于货币形态的那一部分资金,包括项目留存现金和银行存款。计算公式为:

$$现金需要量 = \frac{年工资及福利费}{周转次数} \tag{3-25}$$

3.流动负债估算

流动负债是指在一年内或者超过一年的一个营业周期内需要偿还的债务合计,主要估算应付账款一项。

$$流动负债 = 应付账款 = \frac{年外购燃料、材料和动力}{周转天数} \tag{3-26}$$

4.流动资金估算表编制

对流动资金进行分类估算后,即可编制"流动资金估算表",见表3-6。

$$流动资金 = 流动资产 - 流动负债 \tag{3-27}$$

在采用分项详细估算法编制流动资金估算表时应注意以下特点:

(1)应根据交通项目实际情况分别确定现金、应收账款、存货和应付账款的最低周转天数,并考虑一定的保险系数。因为最低周转天数减少,将增加周转次数从而减少流动资金需用量。对于存货中的外购原材料和燃料,要分品种和来源,考虑运输方式和运输距离,以及占用流动资金的比例大小等因素确定。

(2)在不同运量情况下的流动资金,应按不同运量所需的各项费用金额进行估算,并关注流动资金在不同年份的增加额,新增的流动资金将计入现金流量表。

(3)流动资金属于长期性(永久性)流动资产,流动资金的筹措可通过长期负债和资本金的方式解决。流动资金一般要求在项目运营前一年开始筹措,为简化计算,可规定在运营期的第一年开始安排流动资金需用量。其借款部分按全年计算利息,流动资金利息应计运营期财务费用,项目计算期末收回全部流动资金。

流动资金估算表(单位:万元)　　　　　　　　　　表3-6

序号	项　　目	最低周转天数	周转次数	计算期 1	2	3	…	n
1	流动资产							
1.1	应收账款							
1.2	存货							
1.2.1	原材料							
1.2.2	燃料							
1.2.3	在产品							
1.2.4	产成品							
1.3	现金							
1.4	预付账款							
2	流动负债							
2.1	应付账款							
2.2	预收账款							
3	流动资金(1-2)							
4	流动资金当期增加额							

表中的具体项目可以根据行业变动。

三、交通项目资金筹措和建设期利息的估算

(一)交通项目资金筹措方案

交通项目往往有建设投资巨大、建设期长的特点;而且,多数交通项目并不以追求利润为目的,在项目运营期的收益并不足以弥补成本费用。因此,建设和运营资金的筹措方案就成为交通项目评估当中的重要内容。不同的资金筹措方案,会影响项目融资后评价的指标,并进一步影响项目的财务可行性和后期发展的可持续性。

项目资金筹措也称项目投融资,是根据项目投资估算的结果,研究落实资金来源渠道和资金筹措方式,从中选择具有资金获取方便、筹(融)资结构合理、条件优惠、风险最小的方案。目前我国项目资金筹措的主要渠道如图3-13所示。

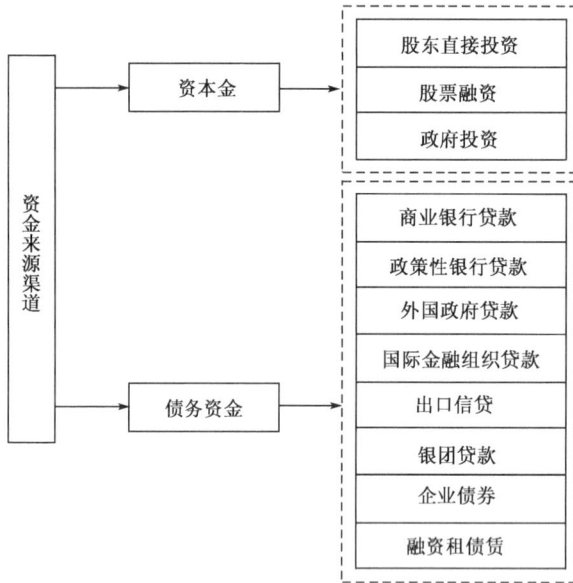

图 3-13　项目资金来源渠道

项目资金根据其来源渠道不同可以分为两大块,即资本金和债务资金。

1. 资本金的来源渠道和筹措方式

资本金是指在项目总投资中,由投资者认缴的出资额,对于项目来说是非债务性资金,项目法人不承担这部分资金的任何利息和债务;投资者可按其出资的比例依法享有所有者权益,也可转让其出资及其相应权益,但不得以任何方式抽回。

根据《国务院关于调整和完善固定资产投资项目资本金制度的通知》(国发〔2015〕51号),城市轨道交通项目资本金比例由25%调整为20%,港口、沿海及内河航运、机场项目由30%调整为25%,铁路、公路项目由25%调整为20%。

交通项目资本金渠道主要有:

(1)股东直接投资。股东直接投资包括政府授权投资机构入股资金、国内外企业入股资

金、社会团体和个人入股的资金以及基金投资公司入股的资金,分别构成国家资本金、法人资本金、个人资本金和外商资本金。

(2)股票融资。无论既有法人融资项目还是新设法人融资项目,凡符合规定条件的,均可以通过发行股票在资本市场募集股本资金。股票融资可以采取公募与私募两种形式。公募又称公开发行,是在证券市场上向不特定的社会公众公开发行股票。为了保障广大投资者的利益,国家对公开发行股票有严格的要求,发行股票的企业要有较高的信用,符合证券监管部门规定的各项发行条件,并获得证券监管部门批准后方可发行。私募又称不公开发行,是指将股票直接出售给少数特定的投资者。

(3)政府投资。政府投资资金,包括各级政府的财政预算内的资金、国家批准的各种专项建设资金、统借国外贷款、土地批租收入、地方政府按规定收取的各种费用及其他预算外资金等。政府投资主要用于关系国家安全和市场不能有效配置资源的经济和社会领域,包括加强公益性和社会基础设施建设、保护和改善生态环境、促进欠发达地区的经济和社会发展、推进科技进步和高新技术产业化。中央政府投资除本级政权等建设外、主要安排跨地区、跨流域以及对经济和社会发展全局有重大影响的项目(例如三峡工程、青藏铁路)。

对政府投资的资金,国家根据资金来源、项目性质和调控需要,分别采取直接投资、资本金注入、投资补助、转贷和贷款贴息等方式,并按项目安排使用。

2. 债务资金的来源渠道和筹措方式

债务资金指项目通过负债方式从资金提供者那里取得的资金,需要按约定要求按期偿还利息和本金。项目除资本金以外的资金筹措一般由债务资金解决。

交通项目债务资金的来源渠道主要有:

(1)商业银行贷款。商业银行贷款是我国建设项目获得短期、中长期贷款的主要渠道。国内商业银行贷款手续简单,成本较低,适用于有偿还能力的建设项目。

(2)政策性银行贷款。政策性银行贷款一般期限较长,利率较低,是为配合国家产业政策等的实施对有关的政策性项目提供贷款。我国目前的政策性银行有中国进出口银行和中国农业发展银行。

(3)外国政府贷款。外国政府贷款是一国政府向另一国政府提供的具有一定的援助或部分赠予性质的低息优惠贷款。目前我国可以利用的外国政府贷款主要有:日本国际协力银行贷款、日本能源贷款、美国国际开发署贷款、加拿大国际开发贷款以及德国、法国等国家的政府贷款。

(4)国际金融组织贷款。国际金融组织贷款是国际金融组织按照章程向成员国提供的各项贷款。目前与我国关系最为密切的国际金融组织是国际货币基金组织、世界银行和亚洲开发银行。国际金融组织一般都有自己的贷款政策,只有这些组织认为应当支持的项目才能得到贷款。使用国际金融组织的贷款需要按照这些组织的要求提供资料,并且需要按照规定的程序和方法来实施项目。

(5)出口信贷。出口信贷是设备出口国政府为促进本国设备出口,鼓励本国银行向本国出口商或外国进口商(或进口方银行)提供的贷款。贷给本国出口商的称卖方信贷,贷给外国进口商(或进口方银行)的称为买方信贷。贷款的使用条件是购买贷款国的设备。出口信贷利率通常要低于国际上商业银行的贷款利率,但需要支付一定的附加费用(管理费、承诺费、信贷保险费等)。

(6)银团贷款。银团贷款是指多家银行组成一个集团,由一家或几家银行牵头,采用同一贷款协议,按照共同约定的贷款计划,向借款人提供贷款的贷款方式。银团贷款除具有一般银行贷款的特点和要求外,由于参加的银行多,需要多方协商,贷款过程周期长。使用银团贷款,除支付利息之外,按照国际惯例,通常还要支付承诺费、管理费、代理费等。银团贷款主要适用于资金要求量大、偿债能力较强的项目。

(7)企业债券。企业债券是企业以自身的财务状况和信用条件为基础,依照《中华人民共和国证券法》《中华人民共和国公司法》等法律法规规定的条件和程序发行的、约定在一定期限内还本付息的债券,如三峡债券、铁路债券等。

(8)融资租赁。融资租赁是资产拥有者在一定期限将资产租给承租人使用,由承租人付给一定的租赁费的融资方式。融资租赁是一种以租赁物品的所用权和使用权相分离为特征的信贷方式。

3. 资金成本分析

资金成本是指项目为筹集和使用资金所支付的费用,包括资金占用和资金筹集费。资金成本通常用资金成本率表示。资金成本率是指能使筹得的资金同筹资期及使用期发生的各种费用(包括向资金提供者支付的各种代价)等值时的收益率或贴现率,理论上可用以下公式表示:

$$\sum_{t=0}^{n} \frac{F_t - C_t}{(1+i)^t} = 0 \qquad (3\text{-}28)$$

式中:F_t——各年实际筹措资金注入额;

C_t——各年实际资金筹集费和对资金提供者的各种付款,包括贷款和债券等本金的偿还;

i——资金成本率;

n——资金占用年限。

为了比较不同融资方案的资金成本,需要计算加权平均资金成本。加权平均资金成本一般是以各种资金占全部资金的比重为权数,对个别资金成本进行加权平均确定的,其计算公式是:

$$K_w = \sum_{j=1}^{n} K_j W_j \qquad (3\text{-}29)$$

式中:K_w——加权平均资金成本;

K_j——第 j 种个别资金成本;

W_j——第 j 种个别资金成本占全部资金的比重(权数)。

【例3-11】 某公司拟投资某港口建设项目,可以通过发行债券、发行股票和银行贷款三个渠道筹措资金,三种方式的资金成本率分别为8%,10%和7%。现需从两种资金来源比例中优选一种:方案一,债券、股票和贷款的比例为40%,30%,30%;方案二,三者比例为20%,50%,30%。

分析:分别测算两种方案的加权资金成本率,方案一为8.3%,方案二为8.7%。方案一的资金成本率较低。

（二）建设期利息的估算

对于采用债务融资的项目应估算建设期利息。建设期利息指筹措债务资金时在建设期内发生并按规定建成运营后计入固定资产原值的利息，即资本化利息，包括借款利息及手续费、承诺费、管理费等各项财务费用。

估算建设期利息，需要根据项目进度计划，提出建设投资分年计划，列出各年投资额，并注意一年中的计息次数，若有必要还需进行名义利率和有效利率的换算。在财务评价中，凡是银行借款，无论实际上是按月或是按季计息，一律简化为按年计息。建设期利息可计复利到项目投产后支付。借款利率按银行有关规定执行。

根据各个项目借款和建设期利息偿还的不同，分为贷款在建设期各年年初发放、年中发放及年末发放等几种情况，建设期利息采用不同的计算公式。

1. 贷款年初发放的情况

对于贷款在建设期各年年初发放，建设期不支付贷款利息时，建设期贷款利息的计算公式为：

$$Q_i = (P_i + A_i) \cdot i \qquad (3\text{-}30)$$

式中：Q_i——建设期第 i 年应计利息；

P_i——建设期第 i 年初借款本息累计；

A_i——建设期第 i 年借款额；

i——借款年利率。

2. 贷款年中发放的情况

每笔借款发生当年均假定是在年中支用，按半年计算，其后年份按全年计息。当年还款也按半年计息，建设期利息计算公式为：

$$Q_i - \left(P_i + \frac{A_i}{2}\right) \cdot i \qquad (3\text{-}31)$$

3. 建设期利息估算表的编制

根据项目融资的不同来源、金额、成本，可以分项编制辅助报表——建设期利息估算表。下面用一个例子来说明建设期利息估算表的形式和编制方法。

【例3-12】 位于某旅游区的机场建设项目，建设期 4 年，建设投资的资金来源为：自有资金 60 000 万元，其中交通部门投入 36 000 万元，旅游部门投入 24 000 万元，国外借款 16 600 万元，年利率 3.5%，国内银行借款 21 400 万元，年利率 6.2%。建设期第 1 到第 4 年各年资金安排比例为：30%、30%、25%、15%，银行借款也按此比例逐年到位，且借款在年中支用。假设其他融资费用为 0，建设期内只计息不还款，则借款的建设期利息计算表见表3-7。

建设期利息估算表（单位：万元） 表 3-7

序号	项 目	建 设 期			
		1	2	3	4
1	国内借款				
1.1	建设期利息	199.0	808.4	1 820.5	3 160.6

续上表

序号	项 目	建 设 期			
		1	2	3	4
1.1.1	年初借款余额	0.0	6 619.0	13 648.4	20 010.5
1.1.2	当期借款	6 420.0	6 420.0	5 350.0	3 210.0
1.1.3	当期应计利息	199.0	609.4	1012.1	1 340.2
1.1.4	期末借款余额	6 619.0	13 648.4	20 010.5	24 560.7
1.2	其他融资费用	0.0	0.0	0.0	0.0
1.3	小计(1.1 + 1.2)	199.0	808.4	1 820.5	3 160.6
2	国外借款				
2.1	建设期利息	87.2	351.7	785.2	1350.1
2.1.1	年初借款余额	0.0	5 067.2	10 311.7	14 895.2
2.1.2	当期借款	4 980.0	4 980.0	4 150.0	2 490.0
2.1.3	当期应计利息	87.2	264.5	433.5	564.9
2.1.4	期末借款余额	5 067.2	10 311.7	14 895.2	17 950.1
2.2	其他融资费用	0.0	0.0	0.0	0.0
2.3	小计(2.1 + 2.2)	87.2	351.7	785.2	1350.1
3	合计(1.3 + 2.3)	286.2	1 160.1	2 605.7	4 510.7
3.1	建设期利息合计(1.1 + 2.1)	286.2	1160.1	2 605.7	4 510.7
3.2	其他融资费用合计(1.2 + 2.2)	0.0	0.0	0.0	0.0

以国内借款部分第 1 年和第 2 年的建设期利息计算为例:

第 1 年当期应计利息 = 期初借款余额 + 当期借款 × 当期利率/2

$$= 0 + 6 420 × 6.2\% / 2$$

$$= 199(万元)$$

第 1 年期末借款余额 = 期初借款累计 + 当期借款 + 当期应计利息

$$= 0 + 6 420 + 199 = 6 619(万元)$$

第 2 年期初借款余额即为上一年期末借款余额 6 619 万元。

第 2 年当期应计利息 = 期初借款余额 + 当期借款 × 当期利率/2

$$= 6 619 + 6 420 × 6.2\% / 2$$

$$= 609.4(万元)$$

国内借款的建设期利息为"当期应计利息"之累加,为 3 160.7 万元,表中已列出。同理,可以计算国外银行借款的建设期利息。另外,如果项目有多个借款或债券,必要时应分别列出。

建设期利息估算表可以与本章第四节中的财务基本报表"借款还本付息计划表"合二为一。

(三)资金筹措表的编制

当项目确定总投资来源和使用方向后,就可以编制辅助报表"项目总投资使用计划与资金筹措表",见表 3-8。

项目总投资使用计划与资金筹措表（单位：万元） 表3-8

序号	项　　目	合计	建设期				
			1	2	3	…	n
1	总投资						
1.1	建设投资						
1.2	建设期利息						
1.3	流动资金						
2	资金筹措						
2.1	项目资本金						
2.1.1	用于建设投资						
2.1.2	用于流动资金						
2.1.3	用于建设期利息						
2.2	债务资金						
2.2.1	用于建设投资						
2.2.2	用于流动资金						
2.2.3	用于建设期利息						

注：本表建设期利息一般可包括其他融资费用。

【延伸阅读3-1】 我国公路建设项目的投融资制度变迁

1. 第一阶段：作为政府行为的公路发展及建设

在我国传统的计划经济体系中，公路等基础设施建设项目的投融资自然成为计划经济的产物，换言之，政府直接干预、决定和操纵一切基础设施建设。在公路项目方面，中央和地方政府对国家干线公路和地方区域公路实行分工负责制度。

在这种计划经济体制下，公路投融资实际上体现了政府计划的特点，投融资决策权也高度集中在政府，政府通过指令性计划和行政审批程序来决定具体的公路投资规模和投资结构等。投资主体和投融资渠道单一，政府是唯一的投资主体，私有和民间资金被完全排斥在外。此外，在计划经济的"大锅饭"体制下，公路项目作为事业性投资被社会无偿使用，不计成本和效益，这样，无论是项目决策失误还是项目建造过程中发生的失误，都不存在任何投资责任的约束。

这一阶段，由于投融资主体只有国家投资，地方投资极少，民间资金未被引入，加之观念上对基础设施的重视程度不够，因此道路建设落后于经济发展，成为制约国民经济发展的瓶颈。

2. 第二阶段：收费制度纳入公路的投融资体系

随着我国经济体制改革的开展和深入，公路投资体制也发生了重大变化，财政投资实行"拨改贷"制度，基础设施建设的财政资金也由无偿拨款改为有偿贷款。与此同时，国务院及交通部出台了相应的道路管理措施，1985年国务院批准征收车辆购置附加费，所收费用由交通部根据国家规定统一安排使用；各省（自治区、直辖市）也相应制定了各种交通规费的征收政策，进一步扩大了公路建设的资金来源。

在计划经济向市场经济转轨过程中，公路等基础设施建设的事业性投资成为政府向社会提供公共产品的主要模式，这种投融资和管理模式至今在我国公路投资政策中占有重要的地位。在公路建设实践中，已经形成了"以路养路""以路建路"的基本发展模式，公路"两费一金"

(养路费、车辆购置费以及公路建设发展基金)的事业性收费体制也基本建立。这种"谁受益、谁付费"的原则成为我国公路投融资的基本理念,也是我国公路建设发展战略上的重大突破。

但是,事业性收费制度并不能完全解决我国公路建设资金严重匮乏、急需拓宽资金来源的需求,因此,以广东为试点,开始了我国改革开放以来的以公路经济性为导向的收费路的尝试,实际上,我国公路建设需要的大量资金都不同程度地采用了贷款和集资方式筹集资金,并绝大多数采取了收费路的形式。

各级政府以及部门对收费路制度制定了相应的规章制度,例如1988年交通部、财政部和国家物价局联合发布的《贷款修建高等级公路和大型公路桥梁、隧道收取车辆通行费规定》以及2004年国务院颁布的《收费公路管理条例》等,使得公路收费制度获得各方的认可,并以政府文件的形式明确下来。

在这一阶段,收费制度正式被纳入公路的投融资体系,不仅为公路项目贷款偿还提供了制度保障,也为今后的经营权转让、股份制以及民营化奠定了坚实的基础。

3. 第三阶段:经营权及股权等要素成为公路投融资的创新点

公路收费制度形成之后,公路经营权转让制度是收费制度的必然发展趋势。随着收费路制度的实施,在公路经营期间造成的收益现金流与贷款偿还之间的错位问题日益凸显出来,为此,将公路未来收益提前变现来偿还贷款成为最优的解决方案,而公路的经营权转让以及股权转让无疑是将未来收益提前变现的理想途径。

1996年颁布的《公路经营权有偿转让管理办法》规定了"转让方获得的转让公路经营权收入,首先用于偿还被转让公路经营权的公路建设贷款和开发新的公路建设项目"。这里,公路经营权转让获得了合法的地位,同时,公路经营权作为贷款抵押物的融资渠道也得到了认同,换言之,公路经营权的转让在很大程度上认可了产权的转让。

通过公路经营权转让,公路债券、收益权在资本市场上得以流通,这样,不仅公路作为实物产品进入市场化的流通领域,而且与公路相关的收益权和股权也相应地进入了资本市场的流通领域,最终成就了公路这一种重要的金融资产的资产证券化过程。

资产证券化的浪潮始于20世纪70年代的美国,当时美国政府支持并参与对传统投融资体制的变革,把大量缺乏流动性、但具有未来现金收入流的资产等汇集起来,通过法律和财务上的结构性重组,将其转变成可以在金融市场上出售和流通的金融产品,以此来融通项目所需的巨额资金。

经营权转让以及公路建设项目股份制已经广泛应用于我国的公路建设。到2007年5月为止,全国收费路桥类上市公司已经达到19家,诸多效益较好的公路已经纳入上市公司。

4. 第四阶段:逐步完善分级负责、多元筹资的公路投融资机制

国务院在2014年11月颁布的《关于创新重点领域投融资机制鼓励社会投资的指导意见》要求,建立完善政府主导、分级负责、多元筹资的公路投融资模式,完善收费公路政策,吸引社会资本投入,多渠道筹措建设和维护资金。逐步建立高速公路与普通公路统筹发展机制,促进普通公路持续健康发展。

财政部、交通运输部决定在收费公路领域鼓励推广政府和社会资本合作(Public-Private Partnership,以下简称PPP)模式。社会投资者按照市场化原则出资,独自或与政府指定机构共同成立项目公司建设和运营收费公路项目,政府要逐步从"补建设"向"补运营"转变,以项目运营绩效评价结果为依据,适时对价格和补贴进行调整,支持社会资本参与收费公路建设运

营,提高财政支出的引导和带动作用,拓宽社会资本发展空间,有效释放市场活力。收费不足以满足社会资本或项目公司成本回收和合理回报的,在依法给予融资支持,项目沿线一定范围土地开发使用等支持措施仍不能完全覆盖成本的,可考虑给予合理的财政补贴。对符合《车辆购置税收入补助地方资金管理暂行办法》要求的项目,可按照交通运输重点项目资金申请和审核规定,申请投资补助。

公路投融资模式从最初的政府单一投资转变为以贷款资金为主体的收费公路模式,进而逐步实现政府分级负责、社会资金多种形式参与的模式,为我国公路交通的飞速发展提供了坚实平台。

四、交通项目维持运营投资的估算

某些项目在运营期需要投入一定的固定资产才能得以维持正常运营,如设备更新费用、油田开发费用等。如果发生维持运营投资,应将其列入现金流量表作为现金流出,参与内部收益率等指标的计算。同时,也应反映在财务计划现金流量表中,参与财务生存能力分析。

项目评价中,如果该投资投入后延长了固定资产的使用寿命,或使产品质量实质性提高,或成本实质性降低,使可能流入企业的经济利益增加,那么该固定资产投资应予以资本化,即应计入固定资产原值,并计提折旧。否则该投资只能费用化,计入总成本费用,不形成新的固定资产原值。

五、交通项目总成本费用的估算

交通项目的总成本费用指在运营期内为提供交通服务所发生的全部费用,等于经营成本与折旧费、摊销费和财务费用之和。

(一)总成本费用的分类和构成

1. 总成本费用和经营成本

交通项目总成本费用一般按生产要素估算法分类和估算,即:

$$总成本费用 = 外购原材料、燃料和动力费 + 工资及福利费 + 修理费 +$$
$$折旧费 + 摊销费 + 财务费用(利息支出) + 其他费用 \tag{3-32}$$

其中,为了满足项目财务现金流量分析的需要,便于对项目进行动态经济效益分析,提出了经营成本的概念。经营成本是指不包括折旧、摊销和财务费用(利息)的产品成本。

现金流量计算与成本核算(会计方法)不同,按照现金流量的定义,只计算现金收支,不计算非现金收支。固定资产折旧费及摊销费只是项目系统内部固定资产投资的现金转移,而非现金支出,同时,固定资产投资的支出已在建设期计入投资成本。为了避免对同一项支出的重复计算,经营成本中不应包括折旧费和摊销费。另外,在编制项目投资现金流量表时,全部投资均假定为资本金,因此,经营成本也不应包括利息。产品成本的构成具体如图3-14所示。

经营成本的计算公式应为:

$$经营成本 = 总成本费用 - 折旧费 - 维简费 - 摊销费 - 利息支出 \tag{3-33}$$

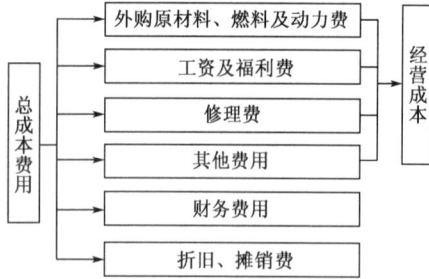

图 3-14　产品成本的构成

2.固定成本和可变成本

根据成本费用与产量的关系可以将总成本费用分解为可变成本、固定成本和半可变(或半固定)成本。

固定成本是指在一定规模内不随产品产量变化的各项成本费用。可变成本是指随产品产量增减而成正比例变化的各项费用。

有些成本费用属于半可变(或半固定)成本,例如不能熄灭的工业炉的燃料费用等。工资、营业费用和流动资金利息等也都可能既有可变因素,又有固定因素。必要时需要将半可变(或半固定)成本进一步分解为可变成本和固定成本,使产品成本费用最终划分为可变成本和固定成本。

长期借款利息应视为固定成本,流动资金借款和短期借款利息可能部分与产品产量相关,其利息可视为半可变半固定成本,为简化计算一般也视为固定成本。

(二)经营成本的估算

交通项目经营成本包括:外购原材料和燃料动力费、人员工资和福利费、修理费、其他费用等项。这部分成本估算的行业性很强,即使同为交通项目,铁路和公路、基础设施和运载工具在运营期的经营成本估算都有很大区别,需要根据不同的行业特点进行调整。

1.外购原材料和燃料动力费估算

原材料和燃料动力费系指外购的部分,外购原材料和燃料动力费的估算需要相关行业所提出的外购原材料和燃料动力年消耗量,以及在选定价格体系下的预测价格,该价格应按入库价格计,即到厂价格并考虑途库损耗。采用的价格时点和价格体系应与营业收入的估算一致。外购原材料和燃料动力费估算要充分体现行业特点和项目具体情况,估算表见表 3-9 和表 3-10。

外购原材料估算表(单位:万元)　　　　　　　　　　　　　　表 3-9

序号	项　目	合计	计　算　期				
			1	2	3	...	n
1	外购原材料费						
1.1	原材料 A						
	单价						
	数量						
	进项税额						
1.2	原材料 B ……						
2	辅助材料费用 进项税额						
3	外购原材料费合计						
4	外购原材料进项税额合计						

外购燃料和动力费估算表(单位:万元)　　　　表3-10

序号	项　目	合计	计　算　期				
			1	2	3	…	n
1	燃料费						
1.1	燃料A						
	单价						
	数量						
	进项税额						
	……						
2	动力费						
	单价						
	数量						
	进项税额						
3	外购燃料及动力费合计						
4	外购燃料及动力费进项税额合计						

2. 人工工资及福利费估算

人工工资及福利费,是指企业为获得职工提供的服务而给予各种形式的报酬以及其他相关支出,通常包括职工工资、奖金、津贴和补贴、职工福利费,以及医疗保险费、养老保险费、失业保险费、工伤保险费、生育保险费等社会保险和住房公积金中由个人缴纳的部分。估算时,人工工资及福利费应按项目全部人员数量估算。在确定人工工资及福利费时需考虑项目性质、项目地点、行业特点等因素。依托老企业的项目,还要考虑原企业工资水平。

根据不同项目的需要,可视情况选择项目全部人员年工资的平均数值计算或者按照人员类型和层次分别设定不同档次的工资进行计算,估算表见表3-11。

工资及福利估算表(单位:万元)　　　　表3-11

序号	项　目	合计	计　算　期				
			1	2	3	…	n
1	工人						
1.1	人数						
1.2	人均年工资						
1.3	工资额						
2	技术人员						
2.1	人数						
2.2	人均年工资						
2.3	工资额						
3	管理人员						
3.1	人数						
3.2	人均年工资						
3.3	工资额						
4	工资总额(1+2+3)						
5	福利费						
6	合计(4+5)						

3.修理费估算

修理费用是指为保持固定资产的正常运转和使用,充分发挥使用效能,对其进行必要修理所发生的费用,按修理范围的大小和修理时间间隔的长度可以分为大修理和中小修理。

修理费允许直接在成本中列支,如果当期发生的修理费用数据较大,可实行预提或摊销的办法。

估算时,可直接按固定资产原值(扣除所包含的建设期利息)的一定百分数估算。百分数的选取应考虑行业和项目特点。在项目运营的各年中,修理费率的取值,一般采用固定值。根据项目的特点也可以阶段性地调整修理费率,开始取较低值,以后取较高值。

4.其他费用估算

其他费用包括其他制造费用、其他管理费用和其他营业费用三项,指由制造费用、管理费用和营业费用中分别扣除工资及福利费、折旧费、摊销费、修理费以后的其余部分。

(1)其他制造费用,是指制造费用中扣除生产单位管理人员工资及福利费、折旧费、修理费后的其余部分。项目评价中常见的方法是:按固定资产原值(扣除所含的建设期利息)的百分数估算,或按人员定额估算。

(2)其他管理费用,是指由管理费用中扣除工资及福利费、折旧费、摊销费、修理费后的其余部分。项目评价中常见的估算方法是按人员定额或取工资及福利费总额的倍数估算。若管理费用中的技术转让费、研究与开发费、土地使用税等数额较大,应单独核算后并入其他管理费用,或单独列项。

(3)其他营业费用,是指由营业费用中扣除工资及福利费、折旧费、修理费后的其余部分,项目评价中常见的估算方法是按营业收入的百分数估算。

(三)固定资产折旧费估算

固定资产在长期经营活动中可以保持实物形态不发生变化,但在固定资产实际使用过程中不断损耗。固定资产的损耗分为有形损耗和无形损耗两种:有形损耗是指固定资产由于使用和自然力的影响而引起的使用价值和价值的损失;无形损耗是指由于科学进步等而引起的固定资产的价值损失。

在损耗的过程中,固定资产的价值逐步转移到产品或服务中,这种价值转移的过程体现就是固定资产折旧。但是,固定资产折旧并不是项目账面上的实际资金流出。那么,为什么要计提固定资产折旧,并将其计入总成本费用呢?

首先,固定资产折旧能够减少无形损耗给项目带来经济利益的流失。科学技术的发展使固定资产的无形损耗增大,继续使用陈旧设备,会因技术落后、能耗大而影响服务水平和市场竞争能力。而计提折旧可以使项目实现对固定资产的足额补偿。

第二,计提的折旧额将计入总成本费用,影响项目的税前利润,最终对企业的纳税产生影响。

第三,固定资产折旧费是项目总成本费用的一项重要因素,但不属于经营成本。而且由于它并不是账面资金的实际流出,因此也是偿还贷款的重要资金来源。

计算固定资产折旧,主要有以下几种方法。

1. 平均年限法

平均年限法又称直线折旧法,计算公式如下:

$$年折旧率 = \frac{1 - 预计净残值率}{折旧年限} \tag{3-34}$$

$$年折旧额 = 固定资产原值 \times 年折旧率 \tag{3-35}$$

$$固定资产原值 = 固定资产投资 + 建设期贷款利息 \tag{3-36}$$

(1)固定资产残值率。固定资产残值是指固定资产丧失使用价值以后,经过拆除清理所残留的、可供出售或利用的零部件、废旧材料等的价值。2008 年 1 月 1 日前,国家对残值率的规定是内资企业不低于 5%,外资企业不低于 10%,新《企业所得税法》于 2008 年 1 月 1 日生效以后不再硬性规定比例,由企业自行确定。交通项目中的车辆、设备残值率与一般工业项目类似,但基础设施的残值率相对较高。

(2)固定资产折旧年限。根据国家新税法规定,固定资产计算折旧的最低年限如下:房屋、建筑物为 20 年;飞机、火车、轮船、机器、机械和其他生产设备为 10 年;与生产经营活动有关的器具、工具、家具等为 5 年;飞机、火车、轮船以外的运输工具为 4 年;电子设备为 3 年。在项目评估时,可以将项目主要固定资产分类按不同折旧年限计提折旧,也可以简化处理,将所有固定资产的折旧年限都设为项目运营期;但是,对于铁路项目,由于土建设施和机车车辆占固定资产投资的比例都很大,固定资产折旧年限有较大区别,因此必须将土建设施和机车车辆分别计提折旧。

(3)固定资产原值。固定资产原值是"固定资产原始价值"的简称,是计算固定资产折旧的依据,指项目建造、购置固定资产时实际发生的全部费用支出,包括建造费、买价、运杂费、安装费等,在项目评估时可以认为是建设投资中的固定资产投资部分。需要注意的是,根据项目投资现金流量表分析的概念可知,它是在不考虑债务资金条件下进行的融资前分析,所以在现金流量表中不包括建设期利息这一项,因此固定资产原值中不包括利息因素。而资本金流量表是融资后分析,应考虑建设期利息,这会导致固定资产原值中包括建设期利息,因此回收固定资产余值中也就包括利息因素了。

2. 工作量法

工作量法指按实际工作量计提固定资产折旧额的一种方法,它按照固定资产在实际使用过程中的磨损程度计算折旧额,能正确反映运输工具等使用程度,在交通项目评估中经常使用。这种方法又分为两种,一是按照行驶里程计算折旧,二是按照工作小时计算折旧。

(1)按照行驶里程计算折旧的公式:

$$单位里程折旧额 = \frac{固定资产原值 \times (1 - 预计净残值率)}{总行驶里程} \tag{3-37}$$

$$年折旧额 = 单位里程折旧额 \times 年行驶里程 \tag{3-38}$$

(2)按照工作小时计算折旧的公式:

$$每工作小时折旧额 = \frac{固定资产原值 \times (1 - 预计净残值率)}{总工作小时} \tag{3-39}$$

$$年折旧额 = 每工作小时折旧额 \times 年工作小时 \tag{3-40}$$

3. 加速折旧法

加速折旧法是指在固定资产使用初期计提折旧较多而在后期计提折旧较少,从而相对加速折旧的方法。由于科学技术的进步,效率更高的设施、设备不断投放市场,使原有技术相对落后设备的继续使用成为不经济,因而引起固定资产使用年限的缩短,甚至提前报废而形成无形损耗。在这种情况下,以补偿无形损耗为主的加速折旧法的应用更具有现实性。由于加速折旧法鼓励企业尽早回收投资,采用新技术以增强企业的竞争能力,所以,加速折旧法实行的根本原因是市场和竞争的要求。

某些项目经过有关部门批准属于允许加速折旧,其固定资产折旧方法也可以采用双倍余额递减法或年数总和法。

(1)双倍余额递减法计算折旧的公式如下:

$$年折旧率 = \frac{2}{折旧年限} \times 100\% \tag{3-41}$$

$$年折旧额 = 固定资产 \times 年折旧率 \tag{3-42}$$

(2)年数总和法计算折旧的公式如下:

$$年折旧率 = \frac{折旧年限}{折旧年限 \times (折旧年限 + 1)/2} \times 100\% \tag{3-43}$$

$$年折旧额 = (固定资产原值 - 预计净残值) \times 年折旧率 \tag{3-44}$$

在直接法下,每年的折旧费用为一个固定不变的金额,固定资产账面净值每年以定额减少,而在加速折旧法下,折旧费用和固定资产账面净值均呈递减状态。

(四)无形资产和其他资产摊销费估算

摊销费是指无形资产和递延资产在一定期限内分期摊销的费用,在项目评估中列入总成本费用。

无形资产原值是指项目投产时按规定由投资形成无形资产的部分。按照有关规定,无形资产从开始使用之日起,在有效使用期限内平均摊入成本。法律和合同规定了法定有效期限或者受益年限的,摊销年限从其规定;没有规定的,一般按不少于10年的期限分期摊销。无形资产的摊销一般采用平均年限法,不计残值。

递延资产的开办费按照不短于5年的期限分期摊销。

(五)财务费用估算

按照会计法规,企业为筹集所需资金而发生的费用称为借款费用,又称财务费用,包括利息支出(减利息收入)、汇兑损失(减汇兑收益)以及相关的手续费等。在大多数项目的财务分析中,通常只考虑利息支出。利息支出的估算包括长期借款利息、流动资金借款利息和短期借款利息三部分。

1. 长期借款利息

长期借款利息是指对建设期间借款余额(含未支付的建设期利息)应在运营期支付的利息,项目评价中可以选择等额还本付息方式或者等额还本利息照付方式来计算长期借款利息。

(1)等额还本付息方式:

$$A = I_c \times \frac{i(1+i)^n}{(1+i)^n - 1} \qquad (3\text{-}45)$$

式中：$\dfrac{i(1+i)^n}{(1+i)^n - 1}$——资金回收系数，可以自行计算或查复利系数表；

$\qquad\qquad A$——每年还本付息额（等额年金）；

$\qquad\qquad I_c$——还款起始年年初的借款余额（含未支付的建设期利息）；

$\qquad\qquad i$——年利率；

$\qquad\qquad n$——预定的还款期。

其中：每年支付利息 = 年初借款余额 × 年利率；

每年偿还本金 = A - 每年支付利息；

年初借款余额 = I_c - 本年以前各年偿还的借款累计。

（2）等额还本利息照付方式：

设 A_t 为第 t 年的还本付息额，则有：

$$A_t = \frac{I_c}{n} + I_c \times \left(1 - \frac{t-1}{n}\right) \times i \qquad (3\text{-}46)$$

其中，每年支付利息 = 年初借款余额 × 年利率，即：第 t 年支付的利息为 $I_c \times \left(1 - \dfrac{t-1}{n}\right) \times i$，每年偿还本金为 $\dfrac{I_c}{n}$。

【例3-13】 某铁路建设项目在三年建设期内每年贷款 5 000 万元，贷款在每年初发放，建设期内只计息不偿还，年利率为 8%，每年计息 4 次。现有两种还款方案，一是在运营后 10 年内按等额还本付息方法偿还；二是运营后 10 年内每年等额还本利息照付。请测算两种方案的年还款额度。如果从降低利息支出的角度考虑，应采取哪种还款方式？

提示：首先应计算建设期利息，注意名义利率与有效利率的区别。

2. 流动资金借款利息

项目评价中估算的流动资金借款从本质上说应归类为长期借款，但目前企业往往有可能与银行达成共识，按期末偿还、期初再借的方式处理，并按一年期利率计息。流动资金借款利息可以按下式计算：

$\qquad$ 年流动资金借款利息 = 年初流动资金借款余额 × 流动资金借款年利率 $\qquad$ (3-47)

财务分析中对流动资金的借款可以在计算期最后一年偿还，也可在还完长期借款后安排。

3. 短期借款

项目评价中的短期借款系指运营期间由于资金的临时需要而发生的短期贷款，短期贷款的数额应在财务计划现金流量表中得到反映。其利息应计入总成本费用表的利息支出中。短期借款利息的计算同流动资金借款利息，短期借款的偿还按照随借随还的原则处理，即当年借款尽可能于下年偿还。

（六）总成本费用估算表的编制

对总成本费用各项进行分别计算后，就可以编制辅助报表"总成本费用估算表"，见表3-12。

项目总成本费用估算表（单位:万元） 表 3-12

序号	项　　目	合计	计　算　期				
			1	2	3	…	n
1	外购原材料费						
2	外购燃料及动力费						
3	工资及福利费						
4	修理费						
5	其他费用						
6	经营成本(1+2+3+4+5)						
7	折旧费						
8	摊销费						
9	利息支出						
10	总成本费用合计(6+7+8+9) 其中:可变成本 固定成本						

(七)交通项目成本的特点

除了上述成本分类的计算方法外,由于运输活动的特殊性,交通项目的资本被分为固定设施和移动设备两部分。前者一般指运输基础设施,如铁路、公路、站场和港口等,它们一旦建成就不能再移动;后者指移动性的运输工具,如铁路机车车辆、汽车、船舶、飞机等。这种特殊性使得交通项目成本的分类与其他行业有所区别,除了前述按生产要素的类别与产量变化的关系划分外,还需要被划分为固定设施成本、移动设备拥有成本和运营成本等。

在交通项目评估工作中,根据评估对象的不同,成本的划分也有区别。

1.铁路建设项目的成本特点

对铁路建设项目来说,由于我国实行的是上下一体,即网运结合的管理方式,因此,针对铁路建设项目,既有线路的固定设施投资,又有机车车辆投资,还有线路维护和机车维修等产生的运营成本。运营成本又包括有关成本和无关成本,见例3-14。

【例3-14】 对某地方铁路项目的总成本进行分析:铁路的总成本包括运营成本、折旧费、摊销费和财务费用等。

(1)运营成本。运营成本包括可变成本和固定成本(也称有关成本和无关成本)。可变成本是与运量有关的支出,包括机车的燃料消耗费用、机车车辆的维修养护费用、机车与列车乘务人员工资、货物中转和装卸作业费用、旅客列车服务费用及分摊的管理费等,计算方法分别如下:

$$客运可变成本 = 客运周转量 \times 客运可变成本支出率 \tag{3-48}$$
$$货运可变成本 = 货运周转量 \times 货运可变成本支出率 \tag{3-49}$$

固定成本包括铁路固定设施的维修养护费用和分摊的管理费。

$$固定成本 = 正线公里 \times 固定成本支出率 \tag{3-50}$$

(2)折旧费和摊销费。项目固定资产的折旧,分别按线路固定资产和机车车辆固定资产两部分提取。机车车辆固定资产折旧计算采用平均年限法。线路固定资产折旧采用平均年限法,根据《运输企业财务制度》规定,线路固定资产折旧年限取 25 年,净残值率为 5%。

计提折旧的固定资产原值 = 线路固定资产投资 – 临时工程费 – 其他费用 + 建设期利息

$$(3-51)$$

另外,项目的无形资产和递延资产按项目建成后 10 年内平均摊入成本。

(3)财务费用。将长期贷款、短期贷款和流动资金贷款产生的每年贷款利息计入财务费用。

2. 公路、机场和港口建设项目的成本特点

对公路建设项目和机场、港口建设项目来说,由于路线或站场的运营机构与客货运输机构是分离的,因此公路建设项目的成本主要包括养护维修成本、管理成本(包括管理人员工资等)、折旧、大修和财务费用等,详见本章案例。

3. 客货运营项目的成本特点

对客货运输项目来说,由于项目一般只拥有移动载运设备,不拥有或很少拥有固定设施,因此这类项目的成本与工业项目成本基本类似。

六、交通项目营业收入、税金和利润的估算

上述已从投入的角度分别介绍了项目投资总额和总成本费用的估算方法,本部分将从产出的角度来介绍项目收益的估算,这是决定拟建项目经济效益好坏的重要因素。

(一)营业收入和补贴收入的估算

1. 营业收入

营业收入是指销售产品或者提供服务所获得的收入,是现金流量表中现金流入的主体,也是利润表的主要科目。营业收入是财务分析的重要数据,其估算的准确性极大地影响着项目财务效益的估计。

估算交通项目运营后营业收入的主要依据是项目的设计能力(即生产规模)、生产能力利用率和运价,其计算公式为:

$$营业收入(年) = 年周转量(或到发量) × 单位运价 \qquad (3-52)$$

对于交通项目而言,因其服务的不可储存性,因此一般不需要考虑库存。同时,应根据不同项目的特征测算营业收入,例如,对于运输企业,应按周转量(运量 × 运距)测算;对于站场项目,应按到发量测算。运价,如公路通行费、铁路运价等,应符合国家和地方对物价的有关规定,同时结合市场分析和项目成本等情况进行预测。

2. 补贴收入

某些交通项目还应按有关规定估算项目可能得到的补贴收入(仅包括与收益相关的政府补助,不包括与资产相关的政府补助。与资产相关的政府补助是指企业取得的、用于形成长期资产的政府补助),包括先征后返的增值税、按销量或工作量等依据国家规定的补助定额计算并近期给予的定额补助,以及属于财政扶持而给予的其他形式的补贴等。

补贴收入与营业收入一样,应列入利润与利润分配表和现金流量表。同时,补贴收入应根据财政和税务部门的规定,区分是否为应税收入,为下一步计算税收作准备。

交通项目大多带有公益性,尤其是运输价格或收费费率受到政府严格控制管理的交通项目,往往会得到政府补贴收入,如铁路项目、城市轨道交通项目等,因此,在项目评价时,有必要对补贴收入作深入分析。

(二)增值税的估算

增值税(Value Added Tax),是对经营者在生产经营活动中实现的增值额征收的一种间接税,自1954法国正式开征增值税至今,世界上已有大约170余个国家和地区实行了增值税制度。增值税的核心特征是抵扣机制,即以货物和服务的增加值为税基,在计算应纳税额时,可以抵扣生产经营过程中投入的外购货物和服务所负担的增值税款。这一制度安排,与传统的以货物和服务价值全额为税基的营业税相比,能够有效地避免重复征税,其原理如图3-15所示。

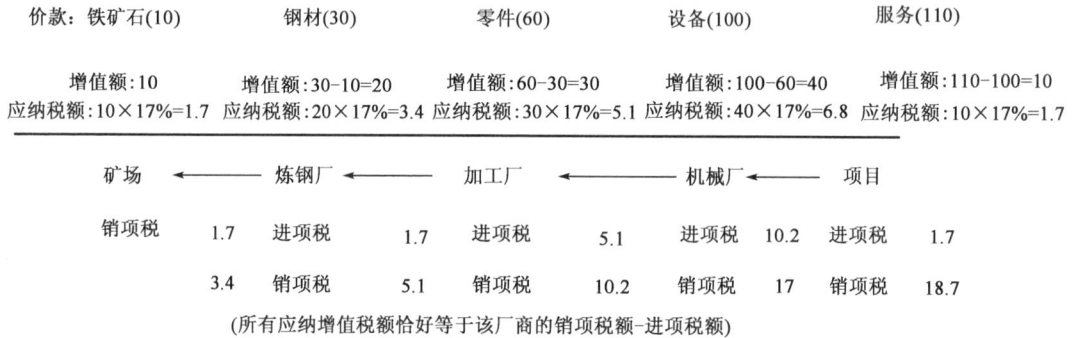

价款:铁矿石(10)	钢材(30)	零件(60)	设备(100)	服务(110)
增值额:10	增值额:30-10=20	增值额:60-30=30	增值额:100-60=40	增值额:110-100=10
应纳税额:10×17%=1.7	应纳税额:20×17%=3.4	应纳税额:30×17%=5.1	应纳税额:40×17%=6.8	应纳税额:10×17%=1.7

矿场	←	炼钢厂		加工厂	←	机械厂	←	项目
销项税		1.7	进项税	1.7	进项税	5.1	进项税	10.2	进项税	1.7
		3.4	销项税	5.1	销项税	10.2	销项税	17	销项税	18.7

(所有应纳增值税额恰好等于该厂商的销项税额-进项税额)

图3-15 增值税原理示意图

应纳增值税额 = 当期销项税额 – 当期进项税额

其中,销项税额是指纳税人提供应税服务按照销售额和增值税税率计算的增值税额。进项税额是指当期购进货物或应税劳务缴纳的增值税税额。在企业计算时,销项税额扣减进项税额后的数字,才是应缴纳的增值税。

销项税额 = 当期销售额(营业收入)×适用税率

进项税额 = (外购原料、燃料、动力)×适用税率

销售货物或者提供加工、修理修配劳务以及进口货物适用17%增值税率,提供交通运输业服务适用11%增值税率。

除增值税外,交通项目还需要缴纳城市维护建设费、教育费附加等费用,因额度不高,为简化起见,本书不将其计入评估测算内容。

项目评估简化计算时,也可以用营业收入乘以增值税及附加综合税率作为增值税及附加的值。

(三)营业收入和增值税估算表的编制

在进行交通项目财务评价时,测算的营业收入一般为主营业务收入。其测算依据主要有运量预测结果、运价率预测结果、运距等。

应该注意的是,不同的交通项目,其营业收入的测算有较大差别。以铁路项目为例,营业

收入包括客运收入和货运收入,测算时应考虑不同站间的运量和运距、该线路主要客运席别运价率、主要运输货类及其运价率等因素。因此,营业收入的测算涉及多项基本因素的预测,有较大的不确定性,也是敏感性分析、概率分析时重点关注的内容。

对以上各项涉及基础数据进行分项测算后,即可编制"营业收入和增值税估算表",见表3-13。

项目营业收入和增值税估算表(单位:万元)　　　　表3-13

序号	项 目	合计	计 算 期				
			1	2	3	…	n
1	营业收入						
1.1	A营业收入						
	单价						
	数量						
	销项税额						
2	B营业收入						
	单价						
	数量						
	销项税额						
2	增值税						
2.1	销项税额						
2.2	进项税额						

【延伸阅读3-2】 我国"营改增"改革实施过程一览

2007年以来,国家税务总局即着手开展了"营改增"的系统性研究,并形成了初步的改革设想。财政部和全国人大常委会预工委共同申请了世界银行技术援助项目"中国增值税制改革和立法研究"课题,也同时开展了相关研究。

2010年10月18日,党的十七届五中全会通过的《中共中央关于制定国民经济和社会发展第十二个五年规划的建议》,明确提出了"扩大增值税征收范围,相应调减营业税等税收"的要求。

2010年12月30日,国家税务总局税制改革工作小组向国务院报送了《扩大增值税征收范围改革方案研究》,系统提出了税务总局扩大增值税征收范围改革的整体考虑和试点的工作建议。

2011年2月23日,上海市人民政府向财政部报送了《上海市人民政府关于申请在部分生产性服务业领域开展扩大增值税征收范围改革试点的函》(沪府函〔2011〕13号),申请将上海市列为增值税扩围改革试点地区。

2011年3月5日,十一届全国人大四次会议召开。会议审查批准了《中华人民共和国国民经济和社会发展第十二个五年规划纲要》和《政府工作报告》,确立了"十二五"期间扩大增值税征收范围、相应调减营业税等税收的税制改革目标。

从2011年3月份开始,财政部和国家税务总局会同相关部门多次赴上海调研,与上海市委、市政府和财税部门就"营改增"试点交换意见,并就试点实施时间、行业范围选择、税制要素安排、财政收入归属等重大问题达成了共识。

2011年6月17日,时任国务院副总理李克强同志在相关报告中批示:"增值税扩围有利于发展服务业,尤其是加快发展现代服务业。但这是一项重大税制改革,可考虑在部分地区部分行业试点,以利总结经验。"并要求财政部和税务总局认真深入论证,拿出方案,按程序报批。

2011年9月8日,李克强同志进一步指示:"增值税扩围改革事关重大,试点方案亦应统筹考虑,以利逐步扩展。"

2011年9月27日,财政部和国家税务总局正式向国务院报送了《关于扩大增值税征收范围改革试点工作的请示》。2011年10月26日,国务院第177次常务会议审议通过了财政部和国家税务总局提交的《营业税改征增值税试点方案》,决定从2012年1月1日起,在上海市交通运输业和部分现代服务业开展深化增值税制度改革试点,逐步将目前征收营业税的行业改为征收增值税。

2011年11月16日,财政部、国家税务总局联合发布了经国务院同意的《营业税改征增值税试点方案》,同时印发了《交通运输业和部分现代服务业营业税改征增值税试点实施办法》《交通运输业和部分现代服务业营业税改征增值税试点有关事项的规定》和《交通运输业和部分现代服务业营业税改征增值税试点过渡政策的规定》。此后,又陆续发布了若干政策和征管方面的文件。

2012年1月1日,"营改增"试点在上海市交通运输业和部分现代服务业正式实施。试点的行业范围包括陆路运输服务、水路运输服务、航空运输服务、管道运输服务、研发和技术服务、信息技术服务、文化创意服务、物流辅助服务、有形动产租赁服务、鉴证咨询服务。

2012年2月17日,上海市"营改增"试点运行1个月后的首个申报期刚结束,李克强同志即赴上海召开座谈会,听取试点情况汇报,并发表了重要讲话。

2012年7月23日,财政部和国家税务总局向国务院报送了《关于进一步扩大营业税改征增值税试点范围的请示》,建议国务院批准北京、天津、江苏、浙江、安徽、福建、厦门、湖北、广东、深圳10个省(直辖市、计划单列市)从9月起分批实施"营改增"试点。

2012年7月25日,国务院第212次常务会议决定,将"营改增"试点范围由上海市分批扩大至北京市、天津市、江苏省、浙江省(含宁波市)、安徽省、福建省(含厦门市)、湖北省、广东省(含深圳市)等8个省(直辖市)。

按照国务院的部署,北京市于2012年9月1日,江苏省、安徽省于2012年10月1日,福建省、广东省于2012年11月1日,天津市、浙江省、湖北省于2012年12月1日,"营改增"试点顺利实施。

2013年4月3日,财政部和国家税务总局向国务院报送了《关于营业税改征增值税试点2012年总体情况和2013年扩大试点工作安排的请示》。2013年4月10日,国务院第4次常务会议决定,自今年8月1日起,将交通运输业和部分现代服务业营改增试点在全国范围内推开,适当扩大部分现代服务业范围,将广播影视作品的制作、播映、发行等纳入试点。同时,扩大行业试点,择机将铁路运输和邮电通信等行业纳入试点。这标志着自2012年1月1日以来开展的"营改增"试点工作将进一步扩围、提速,迈入新的快车道。

2013年8月1日,交通运输业和部分现代服务业营业税改征增值税试点工作在全国范围内推开。

七、交通项目财务基础数据估算案例分析

(一)案例背景

本案例背景为公路建设项目。与铁路及港口项目相比,公路建设项目评价的过程和涉及数据相对简单,有助于理解交通项目财务评价基础数据分析的基本过程。

公路建设项目 A,位于我国中部某省,路线全长 47.9km,全线共设置收费站 4 处,为收费经营型公路,特许经营期 20 年。

所经地区为平原微丘区地形,计算行车速度采用 100km/h。设计计算荷载汽车—超 20级,验算荷载挂车—120,双向四车道,行车道宽 2×7.5m,全封闭、全立交控制出入的汽车专用公路,路基宽度为 26.0m,主要技术经济指标如表 3-14 所示。

案例项目 A 主要技术经济指标表 表 3-14

序号	指标名称	单位	数量	备注
一、基本指标				
1	公路等级		高速公路	
2	地形类别		平原微丘区	
3	计算行车速度	km/h	100	
4	交通量(2026 年)	小客车辆/日	41 970	折算成小客车
5	占用土地(不含临时占地)	亩	3 579	含互通
6	估算总量	万元	130 582	
7	平均每公里造价	万元/km	2 726	
二、路 线				
8	路线长度	km	47.9	
9	路线增长系数		1.012	
10	平均每公里交点数	个/km	0.4	
11	平曲线最小半径	m/个	5 600/1	
12	最大纵坡	%/处	4.0/1	
13	竖曲线最小半径			
	(1)凸形	m/处	20 000/3	
	(2)凹形	m/处	20 000/2	
三、路 基、路 面				
14	路基宽度	m	26.0	
15	路基土石方数量			
	(1)填方	万 m³	530.4	含互通主线
	(2)挖方	万 m³	313.5	含互通主线
16	平均每公里土石方	万 m³/km	11.0	
17	排水及防护	m³	258 272	含互通主线
18	特殊路基处理长度	km	31.936	膨胀土路基
19	路面	千 m³	996 278	含互通主线

续上表

序号	指标名称	单位	数量	备注
	四、桥梁涵洞			
20	设计车辆荷载	汽—,挂—	汽—超20,挂—120	
21	桥面净宽	m	2×11.5	
22	特大桥	m/座	1 212/2	
23	大桥	m/座	1 423/6	
24	中桥	m/座	808/15	
25	小桥	m/座	221/7	
26	涵洞	道	32	
27	平均每公里桥长	m/km	76.5	
28	平均每公里涵洞数	道/km	0.7	
	五、路线交叉			
29	互通式立体交叉	处	4	
30	分离式立体交叉	处	26	
	六、沿线设施			
31	主线收费站	处	1	
32	匝道收费站	处	3	
33	安全服务设施	公路公里	47.90	

根据方案的建设规模和技术标准,本项目人工及主要材料数量见表3-15。

人工及主要材料数量 表3-15

名称	人工	原木	锯材	钢材	水泥	沥青
单位	工日	m³	m³	t	t	t
数量	5 413 045	1 662	4 775	21 881	222 296	28 652

本项目拟订资金筹措方案如下:项目资本金占项目建设资金的35%。其中1/3由省交通厅负责筹措;1/3由当地市政府负责筹措;1/3以企业参与投资的形式筹措。负债筹资占项目建设资金的65%,拟申请国内银行贷款解决。资金筹措情况见表3-16。

项目资金筹措表(单位:万元) 表3-16

资金来源		第1年	第2年	第3年	第4年	合计
资本金	合计	7 111	11 573	12 932	10 736	42 352
	交通厅	2 370	3 858	4 311	3 579	14 117
	地方政府	2 370	3 858	4 311	3 579	14 117
	企业投资	2 370	3 858	4 311	3 579	14 117
银行贷款		15 731	23 596	23 596	15 731	78 654

项目通车后特征年份交通量预测值如表 3-17 所示。其中,客车和货车交通量均已换算成当量交通量(pcu)。

项目特征年份交通量　　　　　　　　　　　　　　　表 3-17

年份	1	5	10	15	20
客车交通量(辆/日)	3 601	4 935	7 069	9 345	12 343
货车交通量(辆/日)	8 544	11 455	16 557	22 385	29 627

(二)编制依据和说明

本项目计算期为 24 年,其中:建设期 4 年,运营期 20 年,第 5 年建成通车(注:此案例中的编制依据为当时背景下的旧标准,现已更新相应的编制办法及估算指标)。

1. 编制依据

根据本章案例背景,编制依据为:

(1)原交通部颁布的《公路基本建设工程投资估算编制办法》(交公路发〔1996〕611 号)及原交通部颁布的《公路基本建设工程概算、预算编制办法》(交公路发〔1996〕612 号)(简称编制办法)。

(2)原交通部颁布的《公路工程估算指标》(交公路发〔1996〕611 号)。

(3)工程可行性研究的工程数量。

(4)估算采用原交通部公路工程定额站"公路工程造价编制系统"进行编制(程序编号为 VS-C-011 号)。

2. 在基础数据估算时的有关费用标准

(1)人工工日单价:根据省交通基本建设造价管理站的有关规定人工工日单价按 18.6 元/工日计算。

(2)材料单价:根据调查资料综合取定材料供应价格,详见表 3-18。

(3)其他工程费按《公路工程估算指标》规定的百分率计算,本估算为 2.264%。

(4)设备购置费以建筑安装费为基数乘以规定的费率 1.876% 计列。

(5)征地拆迁补偿标准按公路所在省市的有关规定的单价乘以调查的工程数量计列。

(6)建设单位管理费、工程监理费等费用按概预算编制办法规定的费率计列。

(7)研究试验费编制办法规定的费率计列。

(8)勘察设计费按编制办法规定的费率计列。

(9)供电贴费不计。

(10)大型机械设备购置费、固定资产投资方向调节税、施工机构迁移费不计。

(11)建设期贷款利息:按总造价的 65% 考虑银行贷款,建设期四年,当年计一半息,年利率为 5.76%,分配比例如下:第一年 20%;第二年 30%;第三年 30%;第四年 20%。

(12)预备费:以第一、二、三部分费用之和(扣除建设期贷款利息)的 9% 估算基本预备费,预计建设期相关物价没有明显上涨。

(三)项目财务基础数据估算

1. 建设投资估算

建设投资估算表的编制有概算法和形成资产法。本例中采用概算法,即在各个单项工程的概算及其他费用概算和预备费概算的基础上,汇总编制而成。估算固定资产投资 121 006 万元,按其构成可以划分为:建筑安装工程费占 75.3%,设备购置费占 1.5%,工程建设其他费用占 15.4%,见表 3-18。

建设投资估算表(概算法)(单位:万元)　　　　　表 3-18

序号	工程或费用名称	单位	数量	估算价格	估算费用
1	工程费用				
1.1	建筑安装工程	公路公里	47.9		91 160
1.1.1	人工	工日	5 413 045	18.64	10 090
1.1.2	原木	m³	1 662	861.16	143
1.1.3	锯材	m³	4 775	1 239.39	592
1.1.4	钢材	t	19 070	3 004.65	5 730
1.1.5	高强钢丝	t	2 871	5 840.90	1 677
1.1.6	水泥	t	222 296	380.00	8 447
1.1.7	沥青	t	28 652	1 800.00	5 157
1.1.8	税金	公路公里	47.9		2 938
1.1.9	其他费用	公里	47.9		56 386
1.2	设备及工器具购置	公路公里	47.9		1 775
2	工程建设其他费用	公路公里	47.9		18 637
2.1	永久占地:旱地	亩	3 579	10 000.00	3 579
2.2	临时占地	亩	600	3 600.00	216
2.3	供电补贴	公路公里	47.9		0
2.4	融资利息	公路公里	47.9		11 326
2.5	其他费用	公路公里	47.9		3 515
3	预备费	公路公里	47.9		9 434
3.1	涨价预备费	公路公里	47.9		0
3.2	基本预备费	公路公里	47.9		9 434
4	建设投资合计	公路公里	47.9		121 006

2. 流动资金估算

公路开通后所需的流动资金较少,本例采用分类详细估算法,估算值根据表 3-25 中成本费用的相关数据和周转次数测算,估算结果见表 3-19。

流动资金估算表(单位:万元)   表3-19

序号	项目	最低周转天数	周转次数	计算年份									
				5	6	7	8	9	10	11	12	13	14
1	流动资产			132.3	132.3	132.3	132.3	132.3	145.6	145.6	145.6	145.6	145.6
1.1	应收账款	30	12	65.2	65.2	65.2	65.2	65.2	71.7	71.7	71.7	71.7	71.7
1.2	存货			55.5	55.5	55.5	55.5	55.5	61.0	61.0	61.0	61.0	61.0
1.2.1	原材料	45	8	29.9	29.9	29.9	29.9	29.9	32.9	32.9	32.9	32.9	32.9
1.2.2	燃料	30	12	25.5	25.5	25.5	25.5	25.5	28.1	28.1	28.1	28.1	28.1
1.3	现金	30	12	11.7	11.7	11.7	11.7	11.7	12.9	12.9	12.9	12.9	12.9
1.4	预付账款												
2	流动负债	30	12	45.5	45.5	45.5	45.5	45.5	50.1	50.1	50.1	50.1	50.1
2.1	应付账款												
2.2	预收账款												
3	流动资金(1−2)			86.8	86.8	86.8	86.8	86.8	95.5	95.5	95.5	95.5	95.5
4	流动资金当期增加额			86.8					8.7				

序号	项目	最低周转天数	周转次数	计算年份									
				15	16	17	18	19	20	21	22	23	24
1	流动资产			158.5	158.5	158.5	158.5	158.5	174.3	174.3	174.3	174.3	174.3
1.1	应收账款	30	12	77.2	77.2	77.2	77.2	77.2	84.9	84.9	84.9	84.9	84.9
1.2	存货			67.1	67.1	67.1	67.1	67.1	73.8	73.8	73.8	73.8	73.8
1.2.1	原材料	45	8	36.2	36.2	36.2	36.2	36.2	39.8	39.8	39.8	39.8	39.8
1.2.2	燃料	30	12	30.9	30.9	30.9	30.9	30.9	34.0	34.0	34.0	34.0	34.0
1.3	现金	30	12	14.1	14.1	14.1	14.1	14.1	15.6	15.6	15.6	15.6	15.6
1.4	预付账款												
2	流动负债	30	12	55.1	55.1	55.1	55.1	55.1	60.6	60.6	60.6	60.6	60.6
2.1	应付账款												
2.2	预收账款												
3	流动资金(1−2)			103.4	103.4	103.4	103.4	103.4	113.7	113.7	113.7	113.7	113.7
4	流动资金当期增加额			7.9					10.3				

流动资金计算期结束全部回收,运营期第1年投入的流动资金额70%为借款,即61万元,借款年利率5%;其余30%及后期新增流动资金均为资本金。

3.建设期利息估算和总投资使用计划

(1)建设期利息估算。本项目建设投资为121 006万元,借款65%,即78 654万元,预计在项目4年建设期中按20%、30%、30%、20%的比例逐年投入。在本例中,长期借款年利率为5.76%,每笔借款发生当年均假定是在年中支用,还款按约定为年末。不考虑其他融资费用。项目的建设期利息估算表见表3-20。

建设期利息计算表(单位:万元)   表 3-20

序号	项 目	1	2	3	4
1	建设期利息	453.1	2 064.8	5 128.6	9 501.4
1.1	年初借款余额	0.0	16 184.1	41 391.8	68 051.6
1.2	当期借款	15 731	23 596	23 596	15 731
1.3	当期应计利息	453.1	1 611.8	3 063.7	4 372.8
1.4	期末借款余额	16 184.1	41 391.8	68 051.6	88 155.4
2	其他融资费用	0.0	0.0	0.0	0.0
3	合计(1+2)	453.1	2 064.8	5 128.6	9 501.4

现说明建设期利息计算表的具体计算和填写方法。

第 1 年应计利息 = 15 731 ÷ 2 × 5.76% = 453.1(万元)

第 1 年年末借款累计或第 2 年年初借款累计为:15 731 + 453.1 = 16 184.1(万元)

第 2 年应计利息 = (16 184.1 + 23 596 ÷ 2) × 5.76% = 1 611.8(万元)

第 2 年年末借款累计或第 3 年年初借款累计为:16 184.1 + 23 596 + 1 611.8 = 41 391.8(万元)

第 3 年应计利息 = (41 391.8 + 23 596 ÷ 2) × 5.76% = 3 063.7(万元)

第 3 年年末借款累计或第 4 年年初借款累计为:41 391.8 + 23 596 + 3 063.7 = 68 051.6(万元)

第 4 年借款利息的计算同上。最后可得到建设期贷款利息累计为:9 501.4(万元)

(2)资金筹措方案。根据初步设计规模、项目的具体情况以及测算得到的建设期利息,可以安排项目投资和资金筹措使用计划,见表 3-21。项目总投资包括本节估算得出的建设投资、建设期利息和流动资金。案例项目在建设期内只计息不还款,因此筹资计划中不包含建设期利息的筹措。

总投资使用计划与资金筹措表(单位:万元)   表 3-21

序号	项 目	计 算 年 份					合计
		1	2	3	4	5	
1	总投资	23 295.1	36 780.8	39 591.7	30 839.8	86.8	130 594.2
1.1	建设投资	22 842	35 169	36 528	26 467		121 006.0
1.2	建设期利息	453.1	1 611.8	3 063.7	4 372.8		9 501.4
1.3	流动资金					86.8	86.8
2	资金筹措	22 842	35 169	36 528	26 467	86.8	121 092.8
2.1	项目资本金	7 111	11 573	12 932	10 736	26.1	42 378.1
2.2	债务资金	15 731	23 596	23 596	15 731	60.8	78 714.8

4. 维持运营投资估算

本项目计划采用沥青路面,使用年限为 15 年,故在评价年限内考虑大修。大修安排在新路建成通车后的第 10 年,大修费用按项目建设期建设投资总额的 10% 估算,即 12 100 万元。考虑大修延长了公路固定资产使用寿命和服务质量,事实上形成了公路固定资产,因此将大修费用列为维持运营投资,在其后 10 年内提取折旧,运营期结束时固定资产余值按原值的 20% 计。维持运营投资由项目资本金支付。

5. 经营成本估算

经营成本主要包括日常运营管理和养护过程中发生的外购原材料、燃料、动力费用和人工费、养护修理费等。随着项目运营,交通量增加,所需原材料、燃料和动力、养护费会有所增加,本例中按每 5 年增长 10% 计,表 3-22 给出了特征年份的外购原材料、燃料、动力费和养护费,具体数值根据每公里道路所需的数量和单价计。

外购原材料、燃料和动力费估算表（单位:万元） 表 3-22

序号	项 目	计算期（特征年份）			
		5	10	15	20
1	外购原材料费	239.5	263.5	289.8	318.8
1.1	沥青	95.8	105.4	115.9	127.5
	进项税额	16.3	17.9	19.7	21.7
1.2	水泥	143.7	158.1	173.9	191.3
	进项税额	24.4	26.9	29.6	32.5
2	辅助材料费用	167.7	184.4	202.9	223.1
	进项税额	28.5	31.4	34.5	37.9
3	外购动力费	306.6	337.2	370.9	408.0
3.1	汽油	153.3	168.6	185.5	204.0
	进项税额	26.1	28.7	31.5	34.7
3.2	电力	153.3	168.6	185.5	204.0
	进项税额	26.1	28.7	31.5	34.7
4	外购原材料和燃料、动力费合计	713.8	785.1	863.6	949.9

除以上材料、燃料和动力之外的日常养护修理费参考本地区内其他项目情况计列,取 2 万元/km,计算期内的变动情况见上。

除此之外,项目里程 47.9km,设 4 个收费站,根据项目运营对收费人员、工程养护、路工人、管理人员的需求,以及项目所在地区、行业的平均工资水平,估算人员工资;福利费按工资总额的 10% 估算。随着交通增加,收费、路政和相关管理工作相应增加,人员工资及福利按每 5 年增长 10% 计(表 3-23)。

人员工资及福利估算表（单位:万元） 表 3-23

序号	项 目	计算期（特征年份）			
		5	10	15	20
1	工人工资额	62.5	68.8	75.6	83.2
2	技术人员工资额	40.0	44.0	48.4	53.2
3	管理人员工资额	25.0	27.5	30.3	33.3
4	工资总额(1+2+3)	127.5	140.3	154.3	169.7
5	福利费	12.8	14.0	15.4	17.0
6	合计(4+5)	140.3	154.3	169.7	186.7

6. 固定资产折旧费计算

(1)建设期形成固定资产原值计提固定资产折旧。固定资产折旧费的计算,是按固定资产原值(包含建设投资 121 006 万元和建设期借款款利息 9 501.4 万元),期末固定资产余值按固定资产原值的 5% 计算,折旧年限为 20 年,按直线法提取折旧。固定资产折旧费计算如下:

$$年固定资产折旧费 = \frac{固定资产原值 - 固定资产余值}{折旧年限} = \frac{(121\,006 + 9\,501.4) \times 95\%}{20}$$
$$= 6\,199.1(万元)$$

(2)维持运营投资形成固定资产原值计提固定资产折旧。项目运营 10 年后投入 12 100 万元维持运营投资,在全部形成固定资产的情况下,从项目运营期第 11 年到 20 年需计算因此而计提的固定资产折旧费(期末固定资产余值按原值的 20% 计)。

$$年固定资产折旧费(运营期后 10 年增加) = \frac{12\,100 - 12\,100 \times 20\%}{10} = 968(万元)$$

(3)融资前分析时固定资产折旧费的处理。应该注意的是,在进行融资前分析时,需要剔除建设期利息的影响,年固定资产折旧费应调整为 5 747.8 万元。

7. 利息的计算

(1)流动资金借款利息。根据当年借款额和年借款利率按全年计算。运营期内每年的流动资金借款利息 = $61 \times 5\% = 3.05$(万元),流动资金本金在长期借款还清后偿还。

(2)长期借款利息。按项目与银行的约定,项目运营后,在 8 年内以等额还本付息方式在年末还清本息。根据资金筹措计划,建设期结束时,银行借款为 78 654 万元,累计建设期利息 9 501.4 万元,长期借款总额为 88 155.4 万元,在之后的 8 年内等额还本付息偿还。当年利率为 5.76% 时,每年年末应偿还 14 061.6 万元。

为了明确其中有多少是本金,多少是利息,有必要编制借款还本付息计划表(表 3-24),将利息与本金分离。

借款还本付息计划表(单位:万元)　　　　　　　　　　　　　　表 3-24

序号	项　目	计 算 年 份								
		5	6	7	8	9	10	11	12	13
1.1	期初借款余额	88 155.4	79 171.5	69 670.1	59 621.5	48 994.0	37 754.5	25 867.5	13 295.8	
1.2	当期还本付息	14 061.6	14 061.6	14 061.6	14 061.6	14 061.6	14 061.6	14 061.6	14 061.6	
	其中:还本	8 983.9	9 501.4	10 048.6	10 627.4	11 239.6	11 887.0	12 571.7	13 295.8	
	付息	5 077.7	4 560.3	4 013.0	3 434.2	2 822.1	2 174.7	1 490.0	765.8	
1.3	期末借款余额	79 171.5	69 670.1	59 621.5	48 994.0	37 754.5	25 867.5	13 295.8	0.0	
2	流动资金借款									
2.1	期初借款余额	61	61	61	61	61	61	61	61	61
2.2	当期还本付息	3.05	3.05	3.05	3.05	3.05	3.05	3.05	3.05	3.05
	其中:还本									61
	付息	3.05	3.05	3.05	3.05	3.05	3.05	3.05	3.05	3.05
2.3	期末借款余额	61	61	61	61	61	61	61	61	0

续上表

序号	项 目	计 算 年 份								
		5	6	7	8	9	10	11	12	13
3	合计									
3.1	期初余额	88 216.4	79 232.5	69 731.1	59 682.5	49 055.0	37 815.5	25 928.5	13 356.8	61.0
3.2	当期还本付息	14 064.7	14 064.7	14 064.7	14 064.7	14 064.7	14 064.7	14 064.7	14 064.7	3.1
	其中:还本	8 983.9	9 501.4	10 048.6	10 627.4	11 239.6	11 887.0	12 571.7	13 295.8	61.0
	付息	5 080.8	4 563.3	4 016.0	3 437.2	2 825.1	2 177.7	1 493.0	768.9	3.1
3.3	期末余额	79 232.5	69 731.1	59 682.5	49 055.0	37 815.5	25 928.5	13 356.8	61.0	0.0

8.总成本费用估算

根据上述分析,可以填列该项目的总成本费用估算表(表3-25),总成本费用包括经营成本、折旧和摊销费、财务费用。

9.营业收入及增值税的估算

本项目的营业收入主要考虑车辆的过路收费收入,其他如服务区、土地开发等收入为非主营业务收入,并且相对于过路费来说比例较小,所以不予考虑。

(1)交通量和收费标准的确定。收费标准的取值,在一定程度上直接影响投资者的资金回报率。因此,确定收费标准应在定性分析的基础上进行量化计算。本项目的收费标准主要考虑本地区现有收费道路的汽车收费标准,将交通量折算为小客车后,按 0.4 元/车·km 收费。考虑物价上涨等因素,10 年后维持运营投资完成后,将费率调整为 0.6 元/车·km。

(2)通行费收入计算。根据交通量预测结果和收费标准,考虑一年中因雨雪等原因关闭公路的可能性,天数按 360 天计,从而可推算得各评价年内公路收费的总收入。具体计算公式如下:

$$年收费收入 = 年平均日交通量 \times 收费标准 \times 道路里程 \times 360 \tag{3-53}$$

按照式(3-53),由于存在免费车,如军车等,因此考虑收费比例为 95%,计算得各评价年内的公路收费收入。

项目依据的增值税率为 17%,所得税率为 25%。特征年份营业收入及增值税估算表见表3-26。

总成本费用估算表(单位:万元)　　　　表3-25

序号	项 目	计 算 年 份									
		5	6	7	8	9	10	11	12	13	14
1	外购原材料费	239.5	239.5	239.5	239.5	239.5	263.5	263.5	263.5	263.5	263.5
2	外购燃料及动力费	306.6	306.6	306.6	306.6	306.6	337.2	337.2	337.2	337.2	337.2
3	工资及福利费	140.3	140.3	140.3	140.3	140.3	154.3	154.3	154.3	154.3	154.3
4	修理费	95.8	95.8	95.8	95.8	95.8	105.4	105.4	105.4	105.4	105.4
5	其他费用										
6	经营成本(1+2+3+4+5)	782.2	782.2	782.2	782.2	782.2	860.4	860.4	860.4	860.4	860.4

续上表

序号	项 目	计 算 年 份									
		5	6	7	8	9	10	11	12	13	14
7	折旧费	6 199.1	6 199.1	6 199.1	6 199.1	6 199.1	6 199.1	6 199.1	6 199.1	6 199.1	6 199.1
8	摊销费										
9	利息支出	5 080.8	4 563.3	4 016.0	3 437.2	2 825.1	2 177.7	1 493.0	768.9	3.1	
10	总成本费用合计 (6 + 7 + 8 + 9)	12 062.1	11 544.6	10 997.3	10 418.5	9 806.4	9237.2	8 552.5	7 828.4	7 062.6	7 059.5

序号	项 目	计 算 年 份									
		15	16	17	18	19	20	21	22	23	24
1	外购原材料费	289.8	289.8	289.8	289.8	289.8	318.8	318.8	318.8	318.8	318.8
2	外购燃料及动力费	370.9	370.9	370.9	370.9	370.9	408.0	408.0	408.0	408.0	408.0
3	工资及福利费	169.7	169.7	169.7	169.7	169.7	186.7	186.7	186.7	186.7	186.7
4	修理费	95.8	95.8	95.8	95.8	95.8	105.4	105.4	105.4	105.4	105.4
5	其他费用										
6	经营成本(1 + 2 + 3 + 4 + 5)	926.2	926.2	926.2	926.2	926.2	1018.9	1018.9	1018.9	1018.9	1018.9
7	折旧费	7 167.1	7 167.1	7 167.1	7 167.1	7 167.1	7 167.1	7 167.1	7 167.1	7 167.1	7 167.1
8	摊销费										
9	利息支出										
10	总成本费用合计 (6 + 7 + 8 + 9)	8 093.3	8 093.3	8 093.3	8 093.3	8 093.3	8 186.0	8 186.0	8 186.0	8 186.0	8 186.0

特征年份营业收入及增值税估算表　　　　　　表 3-26

序号	项 目	计算期(特征年份)				
		5	10	15	20	24
1	营业收入(万元)	7 958.3	10 739.9	23 222.2	31 187.7	41 252.6
1.1	客车通行费收入(万元)	2 359.6	3 233.8	6 948.2	9 185.3	12 132.0
	单价(元/车·km)	0.4	0.4	0.6	0.6	0.6
	数量(万车·km)	5 899.1	8 084.4	11 580.3	15 308.8	20 220.1
	销项税额(万元)	401.1	549.7	1 181.2	1 561.5	2 062.4
1.2	货车通行费收入(万元)	5 598.6	7 506.1	16 274.0	22 002.4	29 120.6
	单价(元/车·km)	0.4	0.4	0.6	0.6	0.6
	数量(万车·km)	13 996.6	18 765.4	27 123.3	36 670.7	48 534.4
	销项税额(万元)	951.8	1 276.0	2 766.6	3 740.4	4 950.5
2	增值税(万元)	1 231.6	1 692.3	3 801.0	5 140.4	6 851.5
2.1	销项税额(万元)	1 352.9	1 825.8	3 947.8	5 301.9	7 013.0
2.2	进项税额(万元)	121.3	133.5	146.8	161.5	161.5

第四节 交通项目财务评价基本报表编制

在财务基础数据估算和财务辅助报表的基础上,可以编制财务基本报表。依据不同的报表可以计算不同的财务评价指标,从而综合考察和分析项目的盈利能力、偿债能力和财务生存能力。

财务评价基本报表主要有 6 种,分别是:利润与利润分配表、借款还本付息计划表、项目投资现金流量表、项目资本金现金流量表、财务计划现金流量表、资产负债表。

一、利润与利润分配表

(一)利润与利润分配表的概念与作用

利润与利润分配表反映项目计算期内各年的营业收入、总成本费用、利润总额、所得税及税后利润的分配情况,用以计算总投资收益率、项目资本金净利润率等指标。

(二)利润与利润分配表的结构与填列

1. 利润与利润分配表的结构(表 3-27)

利润与利润分配表(单位:万元)　　　　　表 3-27

序号	项　　目	计　算　年　份				
		3	4	5	…	n
1	营业收入					
2	增值税					
3	总成本费用					
4	补贴收入					
5	利润总额(1−2−3+4)					
6	弥补以前年度亏损					
7	应纳税所得额(5−6)					
8	所得税					
9	净利润(5−8)					
10	期初未分配利润					
11	可供分配利润(9+10)					
12	提取法定盈余公积金					
13	可供投资者分配的利润(11−12)					
14	应付优先股股利					
15	提取任意盈余公积金					
16	应付普通股股利(13−14−15)					
17	各投资方利润分配					
	其中:XX 方 YY 方					

序号	项 目	计 算 年 份				
		3	4	5	…	n
18	未分配利润(13 − 14 − 15 − 17)					
18.1	息税前利润(利润总额 + 利息支出)					
18.2	息税折旧摊销前利润					
	(息税前利润 + 折旧 + 摊销)					

注:1. 对于外商出资项目由第11项减去储备基金、职工奖励与福利基金和企业发展基金后,得出可供投资者分配的利润。

　　2. 法定盈余公积金按净利润提取。

2. 利润与利润分配表的填列

营业收入和增值税及附加依据"营业收入和增值税估算表"填列。所得税按照利润总额的一定比率(税率)计算,但要考虑减免所得税和弥补上年度亏损等因素(现内资企业所得税率为25%)。

净利润等于利润总额减所得税,加上期初未分配利润后即为可供分配利润。表中的利润分配内容是根据《企业会计制度》(2001)拟定的。其中:

(1)内资项目以当年净利润为基数提取法定盈余公积金;外商投资基础上按有关法律提取的是储备基金、企业发展基金、职工奖励和福利基金。

(2)可供分配的利润减去提取的法定盈余公积金等后,为可供投资者分配的利润,按以下顺序分配:首先应付优先股股利,即按利润分配方案分配给优先股股东的现金股利;二是提取任意盈余公积;三是支付普通股股利。企业分配给投资者的利润也在此核算,经上述分配后的剩余部分为未分配利润。

(三)税前利润和税后利润的估算

利润是企业为社会提供剩余产品的货币表现,是产品或服务价值的重要组成部分。从企业的角度来考察,利润是营业收入扣除总成本和增值税及附加以后的金额。利润的高低,直接决定项目经济效益的高低和偿债能力的强弱。

利润的估算,可以根据利润表有关项测算:

$$利润 = 营业收入 - 增值税 - 总成本费用 \tag{3-54}$$

项目所得到的利润总额首先应依法缴纳所得税。所得税是对企业就其所得额为课税依据征收的一种税。对一般建设项目来说,所得额主要是指运营服务所得。项目评价时应注意正确使用有关的所得税优惠政策,并加以说明。项目亏损时不纳所得税,并且可以用次年度的税前利润弥补,次年度利润不足弥补的,可以在5年内延续弥补。

$$所得税额 = 应纳所得税额(利润且弥补以前年度亏损) \times 所得税率 \tag{3-55}$$

【例3-15】 某公路项目运营期第1年的主营业务收入(通行费收入)预计为3 000万元,经营成本为800万元,当年计提折旧1 000万元,偿还利息1 300万元,增值税率为11%,可用于抵税的进项税额为120万元,所得税率为25%,测算当年税前利润与所得税额。

分析:

税前利润 = 主营业务收入 − 总成本费用 − 增值税

$$=3\,000-(800+1\,000+1\,300)-(3\,000\times11\%-120)=-328.7(万元)$$

由于税前利润为负值,当年不缴纳所得税。

二、借款还本付息计划表

(一)借款还本付息表的概念与作用

借款还本付息表反映项目计算期内各年借款本金偿还和利息支付情况,用于计算偿债备付率和利息备付率。

(二)借款还本付息表的结构与填列

1.借款还本付息表的结构(表3-28)

借款还本付息计划表(单位:万元)　　　　表3-28

序号	项　　目	计　算　年　份				
		3	4	5	…	n
1	借款1					
1.1	期初借款余额					
1.2	当期还本付息					
	其中:还本					
	付息					
1.3	期末借款余额					
2	借款2					
2.1	期初借款余额					
2.2	当期还本付息					
	其中:还本					
	付息					
2.3	期末借款余额					
3	债券					
3.1	期初债务余额					
3.2	当期还本付息					
	其中:还本					
	付息					
3.3	期末债务余额					
4	借款和债券合计					
4.1	期初余额					
4.2	当期还本付息					
	其中:还本					
	付息					
4.3	期末余额					
计算指标:利息备付率				偿债备付率		

注:1.本表与辅助报表"建设期利息估算表"可合二为一。

　　2.本表直接适用于新设法人项目,如有多种借款或债券,必要时应分别列出。

　　3.表中可另增加流动资金借款的还本付息计算。

6

2. 借款还本付息表的填列

应根据与债权人商定的或预计可能的债务资金偿还条件和方式计算并编制借款还本付息计划表。

三、现金流量表

(一)现金流量表的概念与作用

现金流量是现金流入与现金流出的统称，它是以项目作为一个独立系统，反映项目在计算期内实际发生的流入和流出系统的现金活动及其流动数量，它只反映项目在计算期内的现金收支，不反映非现金收支(如折旧费、应收及应付款等)，并且要如实地反映现金收支实际发生的时间。现金流量表是指反映项目在计算期内各年的现金流入、现金流出和净现金流量的计算表格。

编制现金流量表的主要作用是计算财务内部收益率、财务净现值和投资回收期等反映项目盈利能力的指标。根据投资计算基础不同，现金流量表可分为项目投资现金流量表、项目资本金现金流量表和投资各方现金流量表。

(二)项目投资现金流量表结构和编制

项目投资现金流量表不分投资资金来源，以全部投资作为计算基础，用以计算全部投资所得税前及所得税后财务内部收益率、财务净现值及投资回收期等评价指标，考察项目全部投资的盈利能力。现金流入和现金流出的有关数据可依据"建设投资估算表""流动资金估算表""项目总投资使用计划与资金筹措表""总成本费用估算表""利润表"等有关报表填列。

项目投资现金流量表是融资前分析的主要报表，其现金流量应与融资方案无关。为了体现这一要求，各项现金流量的估算中都需要剔除利息的影响。例如采用不含利息的经营成本作为现金流出，而不是总成本费用；在流动资金估算、经营成本中的修理费和其他费用估算过程中都应避免利息的影响等。

另外，项目投资现金流量表中"所得税"应根据息税前利润(EBIT)乘以所得税率进行计算，称为"调整所得税"。

$$息税前利润 = 营业收入 - 增值税及附加 - 经营成本 - 折旧和摊销 \qquad (3\text{-}56)$$

原则上，息税前利润的计算应完全不受融资方案变动的影响，即不受利息多少的影响，包括建设期利息对折旧的影响(因为折旧的变化会对利润总额产生影响，进而影响息税前利润)。但如此将会出现两个折旧和两个息税前利润(用于计算融资前所得税的息税前利润和利润表中的息税前利润)。为简化起见，当建设期利息占总投资比例不是很大时，也可按"利润表"中的息税前利润计算调整所得税。

(三)项目资本金现金流量表结构和编制

项目资本金现金流量分析是从项目权益投资者整体的角度，考察项目给权益投资者带来的收益水平，是融资后盈利能力动态分析的主要部分，是在拟定的融资方案基础上进行的息税后分析。项目资本金现金流量表将各年投入项目的项目资本金作为现金流出，各年缴付的所得税和还本付息也作为现金流出,因此其净现金流量可以表示在缴税和还本付息之后的剩余,即项目增加的净收益,也是投资者的权益性收益。依据该表得出的项目资本金内部收益率指标体现了在一定的融资方案下,投资者整体能获得的权益性收益水平。该指标可以用来对融资方案进行比较和取舍,是投资者做出最终融资决策的依据(表3-29、表3-30)。

项目投资现金流量表(单位:万元)　　　　　　　　　　　　　　　　表3-29

序号	项　　　目	计　算　年　份				
		3	4	5	⋯	n
1	现金流入					
1.1	营业收入					
1.2	补贴收入					
1.3	回收固定资产余值					
1.4	回收流动资金					
2	现金流出					
2.1	建设投资					
2.2	流动资金					
2.3	经营成本					
2.4	增值税及附加					
2.5	维持运营投资					
3	所得税前净现金流量(1－2)					
4	累计所得税前净现金流量					
5	调整所得税					
6	所得税后净现金流量(3－5)					
7	累计所得税后净现金流量					

计算指标:财务内部收益率(%)　　　　　　所得税后　　　　　　　所得税前
　　　　　财务净现值(i_c = %)
　　　　　投资回收期(年)

注:1. 根据需要可在现金流入和现金流出栏里增减项目。

　　2. "调整所得税"为以息税前利润为基数计算的所得税,区别于"利润与利润分配表""项目资本金现金流量表"中的所得税。

项目资本金现金流量表(单位:万元)　　　　　　　　　　　　　　　表3-30

序号	项　　　目	计　算　年　份				
		3	4	5	⋯	n
1	现金流入					
1.1	营业收入					
1.2	补贴收入					
1.3	回收固定资产余值					
1.4	回收流动资金					
2	现金流出					
2.1	项目资本金					
2.2	借款本金偿还					
2.3	借款利息支付					
2.4	经营成本					

序号	项　　目	计　算　年　份				
		3	4	5	⋯	n
2.5	增值税及附加					
2.6	所得税					
2.7	维持运营投资					
3	净现金流量(1−2)					

计算指标:资本金财务内部收益率(%)

注:1.项目资本金包括用于建设投资、建设期利息和流动资金的资金。

2.投资项目,现金流出中应增加职工奖励及福利基金科目。

3.用于新设法人项目与既有法人项目"有项目"的现金流量分析。

现金流入和现金流出的有关数据可依据"项目总投资使用计划与资金筹措表""总成本费用估算表""借款还本付息计划表"和"利润表"等有关报表填列。

以上两种现金流量表各有其特定的目的。项目投资现金流量表在计算现金流量时,假定全部投资均为资本金,因而不必考虑借款本金的偿还和利息支付,为各个投资项目或投资方案(不论其资金来源如何)进行比较建立了共同的基础。项目资本金现金流量表主要考察资本金的盈利能力和向外部借款对项目是否有利。在对拟建项目进行评估时,要分别对两种现金流量表进行审查和分析,根据评估人员所估算的基础数据编制两种现金流量表,并计算相应的评价指标。

四、财务计划现金流量表

(一)财务计划现金流量表的概念与作用

财务计划现金流量表反映项目计算期各年的投资、融资及经营活动的现金流入和流出,用于计算累计盈余资金,分析项目的财务生存能力,即项目是否有足够的净现金流量维持正常运营,以实现财务可持续性。

可通过相辅相成的两个方面来具体判断项目的财务生存能力。

1.拥有足够的经营净现金流量

这是财务可持续的基本条件,特别是在运营初期。一个项目具有较大的经营净现金流量,说明项目方案比较合理,实现自身资金平衡的可能性大,不会过分依赖短期融资来维持运营;反之,说明项目维持运行会遇到财务上的困难,项目方案缺乏合理性,实现自身资金平衡的可能性小,有可能要靠短期融资来维持运营,或者属于非经营项目本身无能力实现自身平衡,提示要靠政府补贴。

2.各年累计盈余资金不出现负值

这是财务生存的必要条件。在整个运营期内,允许个别年份的净现金流量出现负值,但不能容许任一年份的累计盈余资金出现负值。一旦出现负值时应适时进行短期融资,该短期融资计划应体现在财务计划现金流量表中,同时短期融资的利息也应纳入成本费用和其后的计算。较大或较频繁的短期融资,可能导致累计盈余资金无法实现正值,使得项目难以持续运营。

（二）财务计划现金流量表的结构与填列

1. 财务计划现金流量表的结构（表3-31）

财务计划现金流量表（单位：万元）   表3-31

序号	项 目	计 算 年 份						
		1	2	3	4	5	…	n
1	经营活动净现金流量(1.1－1.2)							
1.1	现金流入							
1.1.1	营业收入							
1.1.2	增值税销项税额							
1.1.3	补贴收入							
1.1.4	其他流入							
1.2	现金流出							
1.2.1	经营成本							
1.2.2	增值税进项税额							
1.2.3	增值税及附加							
1.2.4	所得税							
1.2.5	其他流出							
2	投资活动净现金流量(2.1－2.2)							
2.1	现金流入							
2.2	现金流出							
2.2.1	建设投资							
2.2.2	维持运营投资							
2.2.3	流动资金							
2.2.4	其他流出							
3	筹资活动净现金流量(3.1－3.2)							
3.1	现金流入							
3.1.1	项目资本金投入							
3.1.2	建设项目借款							
3.1.3	流动资金借款							
3.1.4	债券							
3.1.5	短期借款							
3.1.6	其他流入							
3.2	现金流出							
3.2.1	各种利息支出							
3.2.2	偿还债务本金							
3.2.3	应付利润(股利分配)							
4	净现金流量(1＋2＋3)							
5	累计盈余资金							

注：1.对于新设法人项目，本表投资活动的现金流入为零。

2.对于既有法人项目，可适当增加科目。

3.对外商投资项目应将职工奖励与福利基金作为经营活动现金流出。

2.财务计划现金流量表的填列

营业收入、补贴收入、利润总额、所得税和应付利润等可依据"利润与利润分配表"填列，折旧费、摊销费依据"总成本费用估算表"填列；各种借款、资本金、建设期利息和流动资金等可依据"项目总投资使用计划与资金筹措表"填列；各种借款本金偿还依据"借款还本付息计划表"填列。

五、资产负债表

(一)资产负债表的概念与作用

资产负债表综合反映项目计算期内各年年末资产、负债和所有者权益的增减变化及对应关系，以考察项目资产、负债所有者权益的结构是否合理，用以计算资产负债率、流动比率及速动比率，进行清偿能力分析。

(二)资产负债表的结构与填列

1.资产负债表的结构(表3-32)

资产负债表主体结构包括三大部分，即资产、负债和所有者权益，表现形式是：资产总额等于负债与所有权有者权益的总和，其平衡关系用会计等式表示，即为：

$$资产 = 负债 + 所有者权益 \tag{3-57}$$

资产负债表(单位：万元)   表3-32

序号	项目	计算年份						
		1	2	3	4	5	…	n
1	资产							
1.1	流动资产总额							
1.1.1	货币资金							
1.1.2	存货							
1.1.3	应收账款							
1.1.4	预付账款							
1.1.5	其他							
1.2	在建工程							
1.3	固定资产净值							
1.4	无形及其他资产净值							
2	负债及所有者权益(2.4+2.5)							
2.1	流动负债总额							
2.1.1	短期借款							
2.1.2	应付账款							
2.1.3	预收账款							
2.1.4	其他							

续上表

序号	项　目	计　算　年　份						
		1	2	3	4	5	…	n
2.2	建设投资借款							
2.3	流动资金借款							
2.4	负债小计(2.1+2.2+2.3)							
2.5	所有者权益							
2.5.1	资本金							
2.5.2	资本公积							
2.5.3	累计盈余公积金							
2.5.4	累计未分配利润							

计算指标:资产负债率(%)

注:1.对外商投资项目,第2.5.3项改为累计储备基金和企业发展基金。

2.货币资金包括现金和累计盈余资金。

2.资产负债表的填列

资产负债表中的项目,有些可依据财务数据估算表中的金额直接填列,有些则要经过分析整理综合才能填列。可直接填列的有:应收账款、存货和现金可依据"流动资金估算表"填列;累计盈余资金可依据"财务计划现金流量表"填列;各项借款可依据"项目总投资使用计划与资金筹措表"填列;累计盈余公积金和累计未分配利润可依据"利润与利润分配表"填列;固定资产净值、无形及其他资产净值可依据"固定资产折旧费估算表"和"无形及其他资产摊销估算表"填列。经过分析整理综合填列的有:在建工程和资本金可依据"项目总投资使用计划与资金筹措表"分析整理综合后填列;资本公积金要经过分析综合后填列。

第五节　交通项目财务评价指标和参数

一、交通项目盈利能力指标

反映项目盈利能力的指标包括两大类,即动态指标和静态指标。

(一)动态指标

动态指标是指考虑资金时间价值因素的影响而计算的指标,主要包括财务净现值、财务内部收益率和动态投资回收期,根据项目现金流量表和资本金现金流量表计算。

1.财务净现值(FNPV)

财务净现值(Financial Net Present Value,简称FNPV)是指把项目计算期内各年的净现金流量,用设定的折现率折算到第零年的现值之和,即为项目逐年净现金流量的现值代数和,表达式为:

$$FNPV = \sum_{t=1}^{n} (CI - CO)_t (1 + i_c)^{-t} \tag{3-58}$$

式中: $(CI - CO)_t$——第 t 年的净现金流量;

n——计算期 $(1,2,3,\cdots,n)$;

i_c——设定的折现率。

计算出的净现值可能有三种结果,即 FNPV > 0,或 FNPV = 0,或 FNPV < 0。当 FNPV > 0 时,说明项目用净效益抵付了相当于用折现率计算的利息以后还盈余,从财务角度考虑,项目是可行的。当 FNPV = 0 时,说明拟建项目的净效益正好抵付了用折现率计算的利息,这时,判断项目是否可行,要看所选用的折现率。在财务评价中,若选择的折现率大于银行长期贷款利率,项目是可以考虑接受的;若选择的折现率等于或小于银行长期贷款利率,一般可判断项目是不可行的。当 FNPV < 0 时,说明拟建项目的净效益不足以抵付折现率计算的利息,甚至有可能是负的效益,一般可判断项目不可行。

举例说明:某项目在 5 年之内的现金流入和流出见表 3-33。

简化的现金流量表和净现值计算(单位:万元) 表 3-33

序号	项　　目	计　算　年　份				
		1	2	3	4	5
1	现金流入		50	100	100	100
2	现金流出	50	70	40	40	40
3	净现金流量	−50	−20	60	60	60
4	累计净现金流量	−50	−70	−10	50	110
	折现系数($i = 10\%$)	0.909	0.826	0.751	0.683	0.621
5	净现值	−45.45	−16.52	45.06	40.98	37.26
6	累计净现值	−45.45	−61.97	−16.91	24.07	61.33

表中,累计净现值一行的最后一个数值,是项目计算期末的累计净现值,即为项目净现值。由于该项目净现金值大于 0,说明该项目其收益水平超过了设定折现率($i_c = 10\%$),在财务上是可行的。

2. 财务内部收益率(FIRR)

财务内部收益率(Financial Internal Rate of Return,简称 FIRR)是一个重要的动态评价指标,它是指使计算期内各年净现金流量现值之和为零时的折现率。内部收益率反映拟建项目的实际投资收益水平,其表达式为:

$$\sum_{t=1}^{n} (CI - CO)_t (1 + FIRR)^{-t} = 0 \tag{3-59}$$

财务内部收益率与财务净现值的表达式基本相同,但计算程序却截然不同。在计算财务净现值时,预先设定折现率,并根据此折现率将各年净现金流量折算成现值,然后累加得出净现值。在计算财务内部收益率时,要经过多次试算,使得净现金流量现值累计等于零。财务内部收益率的计算比较繁杂,一般可借助电子计算机或功能较强的计算器完成。如用手工计算时,一般先采用试算法,后采用插入法的计算公式求得,其基本步骤如下。

(1)用估计的某一折现率对拟建项目整个计算期内各年财务净现金流量进行折现,并得出净现值。如果得到的净现值等于零,则所选定的折现率即为财务内部收益率。如所得财务净现值为一正数,则再选一个更高一些的折现率重新计算,直至计算出接近零的负数财务净现值为止。

(2)根据以上计算所得的正、负财务净现值及其折现率,运用插入法计算财务内部收益率。为保证计算的准确性,两个折现率之差不应大于5%。

插入法的计算公式推导如下:

设当折现率为 i_1 时,$FNPV_1 > 0$;当折现率为 i_2 时,$FNPV_2 < 0$。

将 i_1、i_2、$FNPV_1$、$FNPV_2$ 表示在直角坐标系中(图 3-16),连接 AC 与纵轴相交于 D 点,在这一点上,$FNPV = 0$,即在此点的折现率即为财务内部收益率,用 FIRR 表示。对 $C(FNPV_1, i_1)$ 点引一条平行于横轴的直线,过 $A(FNPV_2, i_2)$ 点引一条平行于纵轴的直线,两条直线交于 $B(FNPV_2, i_1)$ 点。

由于 $\triangle ABC$ 与 $\triangle DEC$ 是两个相似三角形,其对应边成比例,即:

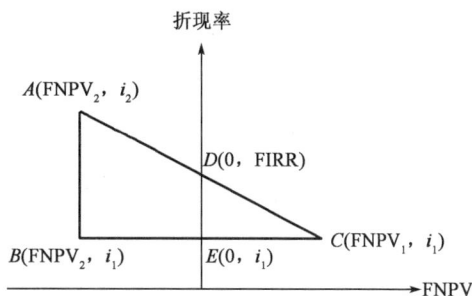

图 3-16 插入法求解内部收益率示意图

$$\frac{FIRR - i_1}{i_2 - i_1} = \frac{FNPV_1}{FNPV_1 + |FNPV_2|} \tag{3-60}$$

将上式整理,得:

$$FIRR = i_1 + (i_2 - i_1) \times \frac{FNPV_1}{FNPV_1 + |FNPV_2|} \tag{3-61}$$

式中:$FNPV_1$——正净现值;

$FNPV_2$——负净现值;

i_1——偏低折现率;

i_2——偏高折现率。

计算出的财务内部收益率要与国家规定的基准收益率进行比较,如果前者大于或等于后者,则说明项目的盈利能力超过或等于国家规定的标准,是可行的,否则是不可行的。

举例说明:仍以前一例题为例,运用试算法,试算结果见表 3-34。

试算内部收益率过程 表 3-34

年份	净现金流量	$i = 40\%$		$i = 45\%$	
		折现系数	净现值	折现系数	净现值
1	-50	0.714	-35.7	0.69	-34.5
2	-20	0.51	-10.2	0.476	-9.52
3	60	0.364	21.84	0.328	19.68
4	60	0.26	15.6	0.226	13.56
5	60	0.186	11.16	0.156	9.36
合计	110		2.7		-1.42

将表中的数据代入上述公式,可得内部收益率为43.28%。

财务内部收益率表明项目的实际盈利能力或所能承受的最高利率。一个内部收益率较低的方案,可能会由于其投资规模较大而有较高的净现值。此外,还应当指出,由于财务内部收益率的数字表达式是一个高次方程,其解有可能出现唯一、多根及无解三种情况。因此,在使用内部收益率指标时,要持慎重态度。一般来说,常规项目有唯一实数内部收益率,非常规项目会出现多根内部收益率或无实数内部收益率(即无解)。所谓常规项目是指项目寿命期内各年净现金流量在开始一年或数年为负值,在以后各年为正值的项目;非常规项目是指项目寿命期内各年净现金流量的正负符号的变化超过一次的项目。如果拟建项目有多根内部收益率或无实数内部收益率,则运用内部收益率指标将会使投资决策误入歧途,在此情况下,应当运用别的指标。

3. 动态投资回收期

投资回收期是指项目投产后用所获得的净收益抵偿全部投资(包括固定资产投资和流动资金)所需要的时间,它是反映项目偿还能力的重要指标。根据是否考虑资金的时间价值,可以分为静、动态投资回收期,计算公式可表示为:

$$投资回收期 = 累计净现金(值)开始出现正值的年份 -$$

$$1 + \frac{|上年累计净现金(值)流量|}{当年净现金(值)流量} \tag{3-62}$$

计算出的投资回收期要与行业规定的标准投资回收期(若有的话),或行业平均投资回收期进行比较,如果小于或等于标准投资回收期或行业平均投资回收期,则认为项目是可以考虑接受的,否则是不可行的。

举例说明:以表3-33所列数据分别代入静(动)态投资回收期公式可得:

$$静态投资回收期 = 4 - 1 + \frac{|-10|}{60} = 3.17(年)$$

$$动态投资回收期 = 4 - 1 + \frac{|-16.91|}{40.98} = 3.41(年)$$

(二)静态指标

静态指标是指不考虑资金时间价值因素的影响,不采取折现方式处理数据而计算的指标,主要包括总投资收益率ROI、资本金净利润率ROE和静态投资回收期等。除投资回收期外,静态分析指标所依据的报表主要是"项目总投资使用计划与资金筹措表"和"利润表"。

1. 总投资收益率(ROI)

总投资收益率表示总投资的盈利水平,指项目达到设计能力后正常年份的年息税前利润或运营期内年平均息税前利润(EBIT)与项目总投资(IT)的比率,其计算公式为:

$$总投资收益率 = \frac{年息税前利润}{项目总投资} \times 100\% \tag{3-63}$$

$$息税前利润 = 利润总额 + 支付的全部利息 \tag{3-64}$$

或

$$息税前利润 = 营业收入 - 增值税及附加 - 经营成本 - 折旧和摊销 \qquad (3-65)$$

总投资收益率高于同行业的收益率参考值,表明用总投资收益率表示的盈利能力满足要求。

2. 资本金净利润率(ROE)

资本金净利润率表示项目资本金的盈利水平,指项目达到设计能力后正常年份的年净利润或运营期内年平均净利润(NP)与项目资本金(EC)的比率,其计算公式为:

$$资本金净利润率 = \frac{年平均净利润}{项目净本金} \times 100\% \qquad (3-66)$$

项目资本金净利润率高于同行业的净利润率参考值,表明用项目资本金净利润率表示的盈利能力满足要求。

(三)案例分析

1. 融资前分析营利性指标

对于本章第三节中的公路投资项目案例,在财务基础数据估算的基础上,可编制利润表(略)和项目投资现金流量,见表3-35(该表已经剔除了利息的影响,在固定资产折旧过程中也没有考虑建设期利息)。

根据该表中"所得税前净现金流量"和"所得税后净现金流量",即可得到融资前项目税前和税后动态指标。

税前财务内部收益率为7.21%,税后财务内部收益率为5.99%,高于银行贷款利率。在公路建设项目的推荐融资前税前财务基准收益率6%左右,从这个角度来看项目在财务上是基本可行的。

2. 融资后分析营利性指标

项目资本金内部收益率的计算需要编制项目资本金现金流量表(表3-36),同时,为了得到表中借款本金偿还和利息偿还数据,需要用到表3-24中利息与本金分离的数据。所得税则需要编制利润表(略)。

在编制利润表的过程中,尤其要注意,总成本费用是经营成本与利息、折旧和摊销等项的加总。本例中,运营期前8年有长期借款利息和流动借款利息,之后则只有流动借款利息。维持运营投资投入前,根据建设投资与建设期利息形成的固定资产原值提取折旧,大修后,还需提取维持运营投资形成的固定资产折旧。

根据测算,资本金税后财务内部收益率为6.15%,与推荐的公路建设项目资本金税后基准收益率6%基本持平。

同时,由于交通项目投资额巨大的特点,年固定资产折旧费高,同时,运营期初偿还高额利息,导致运营期前6年都处于亏损状态。因此,项目对投资方来说还是有一定风险的,可以考虑进一步优化融资方案。例如,如果能协调将长期借款还款期延长为15年,就可以在一定程度上缓和运营初期资金紧张情况;前提是,这种方案优化必须建立在可行的基础上。

二、交通项目偿债能力指标

偿债能力分析应通过计算利息备付率、偿债备付率和资产负债率、流动比率、速动比率等指标,分析判断财务主体的偿债能力。

表3-35

项目投资现金流量表(单位:万元)

序号	项目	1	2	3	4	5	6	7	8	9	10	11	12
1	现金流入	0	0	0	0.0	7958.3	8449.9	8971.9	9526.3	10114.9	10739.9	11554.8	12431.5
1.1	营业收入					7958.3	8449.9	8971.9	9526.3	10114.9	10739.9	11554.8	12431.5
1.2	回收固定资产余值												
1.3	回收流动资金												
2	现金流出	22842.0	35169.0	36528.0	26467.0	2100.5	2097.3	2186.0	2280.3	2380.3	2561.3	2691.2	2840.2
2.1	建设投资	22842.0	35169.0	36528.0	26467.0								
2.2	流动资金					86.8					8.7		
2.3	经营成本					782.1	782.1	782.1	782.1	782.1	860.3	860.3	860.3
2.4	增值税					1231.6	1315.2	1403.9	1498.2	1598.2	1692.3	1830.9	1979.9
2.5	维持运营投资												
3	所得税前净现金流量(1-2)	-22842.0	-35169.0	-36528.0	-26467.0	5857.6	6352.6	6785.9	7246.1	7734.6	8178.6	8863.6	9591.3
4	累计所得税前净现金流量	-22842.0	-58011.0	-94539.0	-121006.0	-115148.3	-108795.6	-102009.7	-94763.7	-87029.1	-78850.5	-69986.9	-60395.6
5	调整所得税					49.2	151.2	259.5	374.6	496.7	609.9	779.0	960.9
6	所得税后净现金流量(3-5)	-22842.0	-35169.0	-36528.0	-26467.0	5808.4	6201.4	6526.4	6871.5	7237.9	7568.7	8084.6	8630.4
7	所得税后累计净现金流量	-22842.0	-58011.0	-94539.0	-121006.0	-115197.5	-108996.0	-102469.6	-95598.2	-88360.3	-80791.6	-72706.9	-64076.5

序号	项目	13	14	15	16	17	18	19	20	21	22	23	24
1	现金流入	13374.8	14389.6	23222.2	24632.9	26129.4	27717.0	29401.1	31187.7	32982.0	34879.5	36886.2	49836.7
1.1	营业收入	13374.8	14389.6	23222.2	24632.9	26129.4	27717.0	29401.1	31187.7	32982.0	34879.5	36886.2	41252.6
1.2	回收固定资产余值												8470.3
1.3	回收流动资金												113.7432
2	现金流出	3000.6	3173.1	16835.1	4967.0	5221.4	5491.3	5777.6	6169.6	6464.3	6786.9	7128.0	7870.3
2.1	建设投资												
2.2	流动资金			7.9					10.3				
2.3	经营成本	860.3	860.3	926.2	926.2	926.2	926.2	926.2	1018.9	1018.9	1018.9	1018.9	1018.9
2.4	增值税	2140.2	2312.8	3801.0	4040.8	4295.2	4565.1	4851.4	5140.4	5445.4	5768.0	6109.2	6851.5
2.5	维持运营投资			12100.0									
3	所得税前净现金流量(1-2)	10374.2	11216.5	6387.1	19665.9	20908.0	22225.7	23623.5	25018.1	26517.7	28092.6	29758.2	41966.4
4	累计所得税前净现金流量	-50021.4	-38804.9	-32417.7	-12751.9	8156.1	30381.8	54005.2	79023.3	105541.0	133633.6	163391.8	205358.2
5	调整所得税	1156.6	1367.2	2944.8	3237.5	3548.0	3877.5	4226.9	4578.2	4950.5	5344.2	5760.6	6666.6
6	所得税后净现金流量(3-5)	9217.6	9849.3	3442.3	16428.4	17360.0	18348.4	19396.6	20439.9	21567.2	22748.4	23997.6	35299.8
7	所得税后累计净现金流量	-54858.9	-45009.6	-41567.2	-25138.9	-7779.0	10569.2	29965.8	50405.7	71972.9	94721.3	118718.9	154018.6

项目资本金现金流量表（单位：万元）

表 3-36

序号	项目	1	2	3	4	5	6	7	8	9	10	11	12
1	现金流入	0	0	0	0.0	7 958.3	8 449.9	8 971.9	9 526.3	10 114.9	10 739.9	11 554.8	12 431.5
1.1	营业收入					7 958.3	8 449.9	8 971.9	9 526.3	10 114.9	10 739.9	11 554.8	12 431.5
1.2	回收固定资产余值												
1.3	回收流动资金												
2	现金流出	7 111.0	11 573.0	12 932.0	10 736.0	16 104.4	16 162.0	16 250.7	16 344.9	16 445.0	16 626.0	16 755.9	16 904.9
2.1	项目资本金	7 111.0	11 573.0	12 932.0	10 736.0	26.1					8.7		
2.2	借款本金偿还					8 983.9	9 501.4	10 048.6	10 627.4	11 239.6	11 887.0	12 571.7	13 295.8
2.3	借款利息支付					5 080.8	4 563.3	4 016.0	3 437.2	2 825.1	2 177.7	1 493.0	768.9
2.4	经营成本					782.1	782.1	782.1	782.1	782.1	860.3	860.3	860.3
2.5	增值税					1 231.6	1 315.2	1 403.9	1 498.1	1 598.2	1 692.3	1 830.9	1 979.9
2.6	所得税					0.0	0.0	0.0	0.0	0.0	0.0	0.0	0.0
2.7	维持运营投资												
3	净现金流量（1-2）	-7 111.0	-11 573.0	-12 932.0	-10 736.0	-8 146.1	-7 712.1	-7 278.8	-6 818.6	-6 330.1	-5 886.1	-5 201.1	-4 473.4

序号	项目	13	14	15	16	17	18	19	20	21	22	23	24
1	现金流入	13 374.8	14 389.6	23 222.2	24 632.9	26 129.4	27 717.0	29 401.1	31 187.7	32 982.0	34 879.5	36 886.2	49 836.7
1.1	营业收入	13 374.8	14 389.6	23 222.2	24 632.9	26 129.4	27 717.0	29 401.1	31 187.7	32 982.0	34 879.5	36 886.2	41 252.6
1.2	回收固定资产余值												8 470.3
1.3	回收流动资金												113.743 2
2	现金流出	4 041.6	4 427.4	19 667.0	8 091.7	8 656.6	9 255.9	9 891.7	10 634.9	11 301.9	12 018.3	12 775.8	14 424.1
2.1	项目资本金												
2.2	借款本金偿还	61.0		7.9					10.3				
2.3	借款利息支付	3.1											
2.4	经营成本	860.3	860.3	926.2	926.2	926.2	926.2	926.2	1 018.9	1 018.9	1 018.9	1 018.9	1 018.9
2.5	增值税	2 140.2	2 312.8	3 801.0	4 040.8	4 295.2	4 565.1	4 851.4	5 140.4	5 445.4	5 768.0	6 109.2	6 851.5
2.6	所得税	977.0	1 254.4	2 832.0	3 124.7	3 435.2	3 764.6	4 114.1	4 465.3	4 837.6	5 231.4	5 647.8	6 553.8
2.7	维持运营投资			12 100									
3	净现金流量（1-2）	9 333.2	9 962.2	3 555.2	16 541.2	17 472.8	18 461.1	19 509.4	20 552.8	21 680.1	22 861.2	24 110.4	35 412.6

(一)利息备付率和偿债备付率

1. 利息备付率(ICR)

利息备付率指在借款偿还期内的息税前利润(EBIT)与应付利息(PI)的比值,它从付息资金来源的充裕性角度反映项目偿付债务利息的保障程度,应按下式计算:

$$利息备付率(ICR) = \frac{息税前利润(EBIT)}{计入总成本费用的应付利息(PI)} \quad (3-67)$$

利息备付率应分年计算,利息备付率高,表明利息偿还的保障程度高。

2. 偿债备付率(DSCR)

偿债备付率指在借款偿还期限内,用于还本付息的资金(EBITDA-TAX)与应还本付息金额(PD)的比值。它表示可用于还本付息的资金偿还借款本息的保障程度,应按下式计算:

$$偿债备付率(DSCR) = \frac{息税前利润加折旧和摊销(EBITDA) - 所得税(T)}{应还本付息总额(PD)} \quad (3-68)$$

其中,应还本付息金额包括还本金额和计入总成本费用的全部利息。融资租赁费用可视同借款偿还,运营期内的短期贷款本息也应纳入计算。

另外,如果项目在运营期内有维持运营的投资,可用于还本付息的资金应扣除维持运营的投资。

偿债备付率应分年计算,其值越高,表明可用于还本付息的资金保障程度越高。

参考国际经验和国内行业的具体情况,根据我国企业历史数据统计分析,一般情况下,利息备付率不宜低于2,偿债备付率不宜低于1.3。

(二)资产负债率和流动比率、速动比率

依据"资产负债表"可计算出资产负债率、流动比率和速动比率。这些财务比率指标很难对不同行业制定统一评判标准。虽有一些经验值,但在评估中仍应根据项目的具体情况及行业特点进行分析。

1. 资产负债率(LOAR)

资产负债率是反映项目各年所面临的财务风险程度及偿还能力的指标。计算公式为:

$$资产负债率 = \frac{负债合计}{资产合计} \times 100\% \quad (3-69)$$

作为提供贷款的机构,可以接受100%以下(包括100%)的资产负债率,大于100%,表明企业现已资不抵债,贷款机构投资风险程度较高。

2. 流动比率

流动比率是反映项目各年偿付流动负债能力的指标。计算公式为:

$$流动比率 = \frac{流动资产总额}{流动负债总额} \times 100\% \quad (3-70)$$

3.速动比率

速动比率是反映项目快速偿付流动负债能力的指标。计算公式为：

$$速动比率 = \frac{流动资产总额 - 存货}{流动负债总额} \times 100\% \qquad (3\text{-}71)$$

扣除存货后的流动资产即为速动资产,速动资产一般包括现金,有价证券和应收账款等。

【例 3-16】 某项目在某一年的总资产为 500 万元,短期借款为 25 万元,长期借款为 320 万元。应收账款为 12 万元,存货为 52 万元,现金为 10 万元,累计盈余资金为 5 万元,应付账款为 15 万元,则该项目的财务比率指标依据上述公式应分别为：

$$资产负债率 = \frac{320 + 25 + 15}{500} \times 100\% = 72\%$$

$$流动比率 = \frac{12 + 52 + 10 + 5}{25 + 15} \times 100\% = 197.5\%$$

$$速动比率 = \frac{12 + 10 + 5}{25 + 15} \times 100\% = 67.5\%$$

三、交通项目财务评价参数

(一)财务基准收益率的测定

财务基准收益率指建设项目财务评价中对可货币化的项目费用与效益采用折现方法计算财务净现值的基准收益率,也是衡量财务内部收益率的基础值,是项目财务可行性和方案比选的主要判断依据。财务基准收益率反映投资者对相应项目占用资金的时间价值的判断,应该是投资者在相应项目上最低可接受的财务收益率。

财务收益率的测定应符合以下规定：

(1)在政府投资项目以及按政府要求进行经济评价的建设项目中采用的行业基准收益率,应根据政府的政策导向进行确定。

(2)在企业投资等其他各类建设项目的经济评价中参考选用的行业财务基准收益率,应在分析一定时期内国家和行业发展战略、发展规划、产业政策、资源供给、市场需求、资金时间价值、项目目标等情况的基础上,结合行业特点、行业资本构成情况等因素综合测定。

(3)在中国境外投资的建设项目财务基准收益率的测定,应首先考虑国家风险因素。

(4)投资者自行测定项目的最低可接受财务收益率,除了考虑第二条中的各种情况外,还应根据自身发展战略和经营策略、具体项目特点与风险、资金成本、机会成本等因素综合测定。

(5)项目风险较大时,可在确定最低可接受财务收益率时适当提高其取值,如以下项目：投入属紧缺资源的项目、投入物大部分依靠进口的项目、国家限制和可能限制的项目、国家优惠政策可能终止的项目、建设周期长的项目、市场需求变化较快的项目、竞争激烈领域的项目、技术寿命较短的项目、债务资金比例高的项目、资金来源单一且存在资金提供不稳定的项目、在国外投资的项目、自然灾害频发地区的项目、研发新技术的项目等。

(二)其他财务评价参数的测定

总资产报酬率、资产负债率、流动比率、速动比率等参数,可测定其取值区间,具体可采用以下方法:

(1)根据大样本数据测定参数取值的合理区间。选取足够的代表行业内企业情况的企业样本,对各企业有关参数的各年度平均值,作为该企业的代表数据,对行业内企业数据进行统计分析,根据分布规律及企业经营和财务状况确定合理区间内所包含的企业样本值,以边界上的企业样本值作为合理区间的边界值。

(2)根据经验选择小样本测定。根据行业内企业经营情况选择10~15个企业样本,对小样本包含的企业数据进行整理排序和统计分析,以第20百分位数所对应的企业的参数取值和第80百分位数所对应的企业的参数取值分别作为合理区间的两个边界值。

(三)交通项目财务评价参数

目前,国家对部分行业建设项目的财务基准收益率取值作了规定,涉及交通项目的仅有铁路和民航两个行业。另外,对公路等其他交通项目也作了相关研究,进行了专家调查(表3-37),但其结果不作为正式发布参数。

交通行业项目财务评价参数取值　　　　　表3-37

项　　　目	财务基准收益率1	财务基准收益率2	资产负债率区间	利息备付率最低值	偿债备付率最低值	流动比率区间	速动比率区间
铁　　路							
铁路网既有线改造	6%	6%	40%~60%	2	1.3	1~2	0.6~1.2
铁路网新线建设	3%	3%	40%~60%	2	1.3	1~2	0.6~1.2
民　　航							
大中型干线机场	5%	4%	30%~50%	2	1.3	1~2	0.6~1.2
小型支线机场	1%	1%	20%~40%	2	1.3	1~2	0.6~1.2
其　　他							
城市快速轨道	5%	6%	20%~50%	2	1.3	1~2	0.6~1.2
公路建设	6%	7%	40%~60%	2	1.3	1~2	0.6~1.2
独立公路桥梁隧道	6%	7%	40%~60%	2	1.3	1~2	0.6~1.2
泊位	8%	8%	40%~60%	2	1.3	1~2	0.6~1.2
航道	4%	6%	40%~60%	2	1.3	1~2	0.6~1.2
内河港口	8%	8%	40%~60%	2	1.3	1~2	0.6~1.2
通航枢纽	4%	6%	40%~60%	2	1.3	1~2	0.6~1.2

注:1.本表摘引自《建设项目经济评价方法与参数》(第三版)。

2.财务基准收益率1指项目融资前税前指标,财务基准收益率2指项目资本金税后指标。

【本章小结】

财务评价是项目评估的主要内容之一。资金的时间价值分析是准备知识,用于财务评价中的动态指标计算。通过本章学习,应掌握财务评价所需的基础数据、基本报表和评价指标等内容。其中,基础数据分析涉及大量概念,如总成本费用,经营成本等;又如利息的处理,建设期利息计入固定资产原值,计提固定资产折旧,而运营期内的长期借款利息则是财务费用;这些概念都比较容易混淆。同时,还应注意,在财务评价基础数据的估算过程中,需要根据实际情况作相应处理。例如,借款支用和借款偿还发生在年初、年中或年末时,借款利息的计算方法是有所区别的。只有完成基础数据的分析和整理,才能进行财务评价基本报表的填列,并依据报表,对相应的营利性指标和偿债能力指标进行计算和分析。同样的,财务评价报表中的项目也并非一成不变,可以根据项目情况调整。

由于交通项目有自身的特点,在财务评价时尤其要注意结合项目特点进行。例如,基础设施经营项目和运输工具运输项目有较大区别,营利性较强的收费公路项目和公益性优先的城市交通项目不同;铁路行业和公路行业的项目又各有特点。评价时,应在掌握基本方法的前提下,对评价的内容进行相应调整。

【思考和讨论】

(1)交通项目财务评价的目的是什么? 分析项目相关人对财务评价的关注点。

(2)交通项目财务评价需要哪些基础数据? 不同项目所需的数据一样吗?

(3)画图说明交通项目财务评价基础数据、辅助报表、基本报表之间的关系。

(4)什么是经营成本? 它与总成本费用有何区别?

(5)财务评价的基本报表有哪些? 其对应评估的指标是什么?

(6)所得税和调整所得税有什么区别? 分别用于财务评价的哪个环节?

(7)财务评价的基准贴现率有哪些选定方式? 交通项目的特点、业主、咨询人员分别在其中起到什么作用?

【练习题】

(1)某运输企业准备筹资 1 000 万元,每年储存 100 万元,若年利率为 3%,需筹措几年?

(2)某公司期初投资 24.87 万元,年利率为 10%,若要在 3 年内收回全部投资,则每年年末回收的等额年金应为多少?

(3)某人借款 5 万元,打算在 48 个月中以等额月末支付分期还款。在归还 25 次之后,他想于第 26 个月末以一次支付归还余下借款。年利率为 24%,每月计息一次。问:他最后提前还清贷款需付多少钱?

(4)某高速公路运营方按以下方案向道路绿化公司付款:第 1 年年初付款 500 万元,第 2 年年初付款 400 万元,第 3 年年初付款 300 万元,第 4 年年末到第 8 年年末每年付款 100 元,

若年利率为 10%,复利计息。要求:

①画出现金流量图;

②计算该系列付款的现值;

③计算该系列付款的第 5 年年末终值。

(5)某一工程项目,当折现率为 30% 时,其净现值为 101.6 万元,当折现率为 35% 时,其净现值为 -242.9,问该项目 FIRR 为多少?

(6)某项目建设期为 3 年,在 3 年内每年均投资 1 800 万元,流量从第 4 年开始进入正式运营,运营期为 8 年,第 4 年净现金流量为 1 200 万元,其余各年净现金流量为 1 500 万元,如果该行业的基准收益率是 10%,试问这个项目是否可行(要求画出资金流动图)?

(7)某投资项目建设期 3 年,固定资产投资 1 000 万元,该投资分 3 年投入,每年投入比例分别为 50%、30%、20%。用于固定资产投资的资本金为 400 万元,资本金与贷款同比例投入。固定资产投资借款向 A 行借入,利率为 10%。贷款(包括建设期利息)将于在项目运营后按年末等额还本付息方式在 5 年内还清。不考虑无形和递延资产。流动资金全部为资本金,于运营期第一年投入,共计 50 万元,项目结束全部回收。

本项目运营期 12 年,每年营业收入为 500 万元。增值税及附加按当年营业收入的 8% 计。运营期各年经营成本 96 万元,所得税率 25%,固定资产残值率为 5%,按直线法计提折旧。要求:

①计算建设期利息;

②计算每年提取的固定资产折旧;

③计算运营期前 5 年应还本金利息额;

④计算运营期各年的调整所得税,并填列项目全部投资现金流量表和资本金现金流量表;

⑤计算项目投资的净现值、内部收益率和动态回收期指标及资本金内部收益率指标;

⑥计算项目运营期内每年的实际所得税额和税后利润,并分析项目是否能按期偿还本利;

⑦试计算项目运营期第 1 年的 ROE 和 ROI 指标;

⑧试计算项目运营期第 2 年的 ICR 和 DSCR 指标。

第四章

交通项目经济评价

【本章主要内容】

(1)交通项目经济评价在资源配置和决策过程中的意义。

(2)经济费用效益分析法基本理论。

(3)交通项目经济评价与财务评价的关系。

(4)交通项目经济费用和经济效益的识别。

(5)交通项目经济费用和经济效益的估算方法。

(6)影子价格的概念和不同类别货物或服务影子价格的估算。

(7)交通项目经济费用和效益的特点。

(8)经济评价基本报表的编制及指标的计算。

第一节　交通项目经济评价概述

一、交通项目经济评价的发展和特点

(一)经济评价和费用效益分析方法的发展过程

经济评价又称国民经济评价,是按合理配置资源的原则,采用影子价格、影子汇率、影子工

资和社会折现率等经济分析参数,从项目对社会经济所做贡献以及社会为项目付出代价的角度,考察项目的经济合理性。交通项目经济评价采用的是费用效益分析法(Cost-Benefit Analysis,简写为 CBA)。因此也称为交通项目费用效益分析。

1. 经济评价的理论发展

西方经济学理论上一般称经济评价为费用效益分析。费用效益分析方法的概念最初出现在 19 世纪,法国工程师杜比(Jules Dupuit)(1844)发表了一篇文章,该文章名为《公共工程项目效用的测算》,在这篇文章中,他创造了消费者剩余一词,并且他在文章中进行了效益分析。而真正应用到实际工程中去的是工程师亚瑟姆·惠灵(1887),他把费用效益分析应用到了铁路建设中去。庇古(A. C. Pigou)(1920)在《福利经济学》一书中,提出了效用理论、边际分析方法及潜在帕累托准则,并将以上的理论、方法应用到了费用效益分析中,为费用效益分析方法提供了基本概念、原理、价值判断标准等理论基础,奠定了费用效益分析方法的理论基础。美国学者戈德曼(1922)的研究给出了以获得最佳财务效益为目标的成本分析方法。美国经济学家尼古拉斯·卡尔德和约翰·希克斯(1940)对前人的理论加以提炼,形成了费用效益分析的理论基础即卡尔德—希克斯准则,认为只要调整能够使社会效益增加,那么它就是有益的,也就是为了社会总收益增加,可以减少部分人的福利。

到 20 世纪 80 年代,西方国民经济评价已经趋向成熟,其核心研究成果以 Lyn Squire 和 G. vanber Tak 合作的《项目经济分析》(*Economic Analysis of Projects*)为代表。进入 21 世纪,费用效益分析方法在各行业各部门中的应用越来越广泛。贝利和安德生(2001)在 *Economic Analysis of Investment Operations* 一书中,提出了包括定量风险分析在内的、适用于不同部门的费用效益分析的普遍原则和方法,同时还提供了有关卫生保健、教育项目和交通运输的具体评价理论和相关实践经验。阿尔德和泊斯那(2006)在《费用—效益分析的再思考》中讨论了费用效益分析发展的背景及其历史演进,认为 CBA 是实现所有公众福利最大化目标的最合理的决策程序;当然,在一定的条件下,比如信息不完全、考虑社会公平等原因,也可能使费用效益分析法的决策发生偏差。

2. 经济评价的实践应用

费用效益分析方法提出后,逐渐渗透到政府活动中,在实践中得到应用,如美国的洪水控制法案(1936)和田纳西州泰里克大坝的预算(1939)。美国国会通过的《洪水控制法案》中规定了一条准则:一个项目只有当该项目产生的效益大于相应的成本时才被认为可行。从此,美国的水利部门必须依照该法案的要求,对每一个项目做出成本效益计算后才能提交国会审批。于是,参与工程管理的许多美国政府机构,都对工程项目进行了成本效益分析。《洪水控制法案》明确了要从宏观角度评价项目的经济效果,因而在指导田纳西河流域开发治理工程的实践中取得了良好的效果。

1960 年,英国开始在公路项目中采用效益费用法,此方法在社会基本服务领域得到广泛的应用。1965 年,加拿大政府颁布了《交通费用分析指南》,1976 年对其修改后,广泛应用到公共项目和运输项目。1968 年,经济合作与发展组织(OECD)发表了《发展中国家工业项目分析手册》,以项目对国民经济收入的积累贡献为经济评价的目标。1969 年,德国颁布了《联邦预算条例》,规定工程项目要进行效益分析研究;1985 年,德国又颁布了《运输建设项目投资的宏观评价》,作为投资评价手册,在交通建设项目中得到广泛的应用。日本也在 20 世纪 60

年代采用"受益群体有无对比法",遵循消费者剩余原则,通过项目建设及实施所必要的建设投资等费用与其所产生效益之间的对比,以提高社会经济效率性为准则,对项目可行性做出分析,此方法在建设和规划海港、公路、铁路、航空港(机场)等项目时得到广泛应用。

20 世纪 70 年代,我国开始实行改革开放政策,从国外引进了可行性研究和项目评价方法。1987 年 9 月由当时的国家计委发布试行《建设项目经济评价方法与参数》,对经济评价的程序、方法、指标等做出了明确的规定和具体说明,并第一次发布了各类经济评价的国家参数,在全国大中型基本建设项目和限额以上的技术改造项目中试行。《建设项目经济评价方法与参数》公布后,有关工业部门和行业组织、金融机构和工程咨询单位都相继组织编写了本部门和本行业的实施细则,测算了一些补充数据。

随着我国经济体制改革和投资体制改革的不断深入,2006 年 7 月 3 日建设部和国家发改委完成了《建设项目经济评价方法与参数(第三版)》的修订工作,该文件首次明确提出了采用费用效果分析法进行项目评价的要求以及对于重大项目必须进行区域经济或宏观经济分析的规定。

(二)交通项目经济评价与财务评价关系

广义的交通项目"经济评价"包含了国民经济评价和财务评价,狭义的"经济评价"才是以费用效益分析为基础的国民经济评价。经济评价与财务评价是相互联系的,它们之间既有共同之处,又有所区别。

1. 交通项目经济评价与财务评价的共同点

(1)评价目的相同。两者都是在相同的条件下,寻求最小的投入或获得最大的产出。

(2)评价基础相同。两者都是在完成交通运输需求预测、线路或场站选择、工程技术方案和设备方案论证、投资估算和资金筹措等基础上进行的。

(3)基本分析方法和主要指标的计算方法类同。两者都采用流量分析方法(经济评价采用费用效益流量分析,财务评价采用现金流量分析),通过基本报表计算净现值、内部收益率等指标。

2. 交通项目经济评价与财务评价的区别

(1)评价的角度不同。交通项目财务评价主要是从财务可持续角度对项目进行分析,考察项目的财务盈利能力、偿债能力和财务生存能力;经济评价则是从国民经济角度对项目进行分析,考察项目的经济合理性。

(2)费用与效益的含义和范围划分不同。交通项目财务评价是根据项目直接发生的财务收支,计算项目的费用和效益;经济评价是根据项目实际所消耗的有用资源(包括土地、建材、劳动力等)和对社会提供的交通运输服务来考察项目的费用和效益。例如在财务评价中列为实际收支的税金、国内借款利息和补贴等,在经济评价中就不作为费用或效益。财务评价只考察其直接费用和直接效益,而经济评价除考察其直接费用和直接效益外,还要考察项目所引起的间接费用和间接效益。

(3)费用与效益计算的价值尺度不同。交通项目财务评价采用实际的财务价格计量费用与效益;经济评价则采用较能反映资源真实价值的影子价格计量费用与效益。

(4)评价的依据不同。交通项目财务评价主要依据行业或部门的平均收益率,对于有盈利目标的项目,可采用投资方预期的投资收益率,即基准收益率的确定有较大的自由度;而经济评价的依据则是统一的社会折现率。对于交通项目来说,由于大多数项目财务盈利能力不高,财务基准收益率在6%左右,而目前我国的社会折现率统一为8%。

(三)交通项目经济评价和财务评价在项目决策中的作用

交通项目评估应以经济评价的结论作为项目取舍的主要依据,经济评价不可行的项目,表明项目对国民经济的贡献小于消耗,不应在现阶段建设实施。

对于交通项目来说,由于投资额大,财务盈利能力一般,同时正外部性强,节约用户时间、降低运输费用等效益不能完全体现在财务收益上,但计入经济效益,因此经常会出现的情况是项目经济评价可行而财务评价结果不可行,但是,一个财务上没有生命力的项目是难以生存的,即使是不收费的农村公路项目,也应考虑其投资建设、运营资金上的可持续性。因此,对于这类项目,必要时可重新考虑方案,进行"再设计",使其具有财务生存能力。比如,对于某些国计民生急需、国民经济效益好而财务效益欠佳的交通项目,可建议采取某些优惠措施,如税收减免、给予补贴、重新确定项目规模等方式,使其也能具有财务生存能力。

二、交通项目经济评价的意义和项目范围

(一)交通项目经济评价的意义

在现实经济中,由于市场本身的原因及政府不恰当的干预,都可能导致市场配置资源的失灵,市场价格难以反映建设项目的真实经济价值,客观上需要通过经济费用效益分析及经济评价来反映建设项目的真实经济价值,判断投资的经济合理性。这类无法完全依靠市场配置资源的项目,往往具有以下特征:或者是项目的产出物不具有市场价格,由于公共产品和外部效果等因素的影响,无法对其进行市场定价;或者是市场价格虽然存在,但无法确切地反映投入物和产出物的边际社会效益和成本,因而在竞争市场上提供这些服务得到的收益将无法充分地反映这些供给所产生的社会效益。在这些情况下,经济评价在项目决策中就具有重要意义。

交通项目经济评价的意义主要体现在如下几个方面。

1. 交通项目经济评价是项目投资决策主要内容

项目评价方法是一个系统评价的整体,市场分析、技术方案分析、财务分析、环境影响分析、组织机构分析和社会评价都不能代替经济评价的功能和作用。经济评价作为项目投资决策的主要内容之一,主要包括以下方面:

(1)全面识别整个社会为项目付出的代价,以及项目为提高社会福利所做出的贡献,评价项目的经济合理性。

(2)分析项目的经济费用效益流量与财务现金流量存在的差别,以及造成这些差别的原因,提出相关的政策调整建议。

(3)对于市场运作的基础设施等项目,通过经济费用效益分析来论证项目的经济价值,为制订财务方案提供依据。

(4)分析各利益相关者为项目付出的代价及获得的收益,通过对受损者及受益者的经济费用效益分析,为社会评价提供依据。

2. 交通项目经济评价是政府干预投资活动的重要手段

经济评价是市场经济体制下政府对公共项目进行分析评价的重要方法。同时，对于非公共项目，在新的投资体制下，国家对项目的审批和核准重点放在项目的外部效果、公共性方面，经济评价从资源配置经济效率的角度分析项目的外部效果，通过费用效益分析和费用效果分析判断建设项目的经济合理性，是政府审批或核准项目的重要依据。

(二)理论上需进行经济评价的项目

1. 自然垄断项目

对于电力、电信、铁路等交通运输等行业的项目，存在着规模效益递增的产业特征，企业一般不会按照帕累托最优规则进行运作，从而导致市场配置资源失效。

2. 公共产品项目

即项目提供的产品或服务在同一时间内可以被共同消费，具有"消费的非排他性"（未花钱购买公共产品的人不能被排除在此产品或服务的消费之外）和"消费的非竞争性"特征（一人消费一种公共产品并不以牺牲他人的消费为代价）。由于市场价格机制只有通过将那些不愿意付费的消费者排除在该物品的消费之外才能得以有效运作，因此市场机制对公共产品项目的资源配置失灵。

3. 具有明显外部效果或外部性的项目

外部效果是指一个个体或厂商的经济活动行为对另一个体或厂商产生了影响，而影响的行为主体又没有负相应的责任或没有获得应有报酬的现象。产生外部效果的行为主体由于不受预算约束，因此常常不考虑外部效果承受着的损失情况。这样，这类行为主体在其行为过程中常常会低效率甚至无效率地使用资源，造成消费者剩余与生产者剩余的损失及市场失灵。

(1)外部费用系指国民经济为项目付出了代价，而项目本身并不实际支付的费用。例如工业项目产生的废水、废气和废渣引起的环境污染及对生态平衡的破坏，项目并不支付任何费用，而国民经济付出了代价。

(2)外部效益系指项目对社会做出的贡献，而项目本身并未得到的那部分效益。如在建设一个钢铁厂的同时，又修建了一套厂外运输系统，它除为钢铁厂服务外，还使当地的工农业生产和人民生活得益，这部分效益即为钢铁厂的外部效益。又如某水泵厂生产出一种新型节能水泵，用户可得到较低运行费用的好处，但由于种种原因，这部分效益未能在水泵的财务价格中全部反映出来，因此，这部分节能效益也就不能完全反映到水泵厂的直接效益中。这部分节能效益就是水泵厂的外部效益。

4. 涉及国家控制的战略性资源开发或涉及国家经济安全的项目

这类项目往往具有公共性、外部效果等综合特征，不能完全依靠市场配置资源。

(三)现阶段需进行经济评价的几类项目

根据《建设项目经济评价方法与参数（第三版）》的规定，目前需进行经济评价的项目包括：

(1)政府预算内投资（包括国债资金）的用于关系国家安全、国土开发和市场不能有效配置资源的公益性项目和公共基础设施建设项目、保护和改善生态环境项目、重大战略性资源开发项目。

(2)政府各类专项建设基金投资的用于交通运输、农林水利等基础设施、基础产业建设项目。

(3)利用国际金融组织和外国政府贷款,需要政府主权信用担保的建设项目。

(4)法律、法规规定的其他政府性资金投资的建设项目。

(5)企业投资建设的涉及国家经济安全、影响环境资源、公共利益、可能出现垄断、涉及整体布局等公共性问题,需要政府核准的建设项目。

三、交通项目经济评价的程序

交通经济评价可以直接进行效益和费用流量的识别和计算,并编制报表;也可以在财务评价已有数据的基础上进行调整编制。一般来说,在财务评价基础上进行经济评价更为常用,本书仅针对这种方法作详细介绍。

1.识别经济费用与效益范围,在财务评价基础上增减相关项目

(1)剔除建设期和运营期中财务现金流量中不反映真实资源流量变动状况的转移支付因素,如增值税、所得税、国内贷款利息财务现金流量表的构成项;另外,这部分转移支付还可能体现在财务评价现金流量表的建设投资、流动资金、经营成本等项中,如建设投资中有政府补贴的,应予以剔除。

(2)对于可货币化的外部效果(包括外部费用和外部效益),将货币化的外部效果计入经济效益费用流量,对于难以货币化的外部效果,尽可能采用其他量纲进行量化,难以量化的则进行定性描述。

2.调整交通项目投入物价格,在财务评价基础上计算影子价格

通过对项目相关数据的调查,在财务评价的基础上把交通项目的各项投入物(主要是建材、设备、人工、土地等)的财务价格调整为影子价格。影子价格必须既能反映资源本身的实际价值,又能反映供求关系、稀缺资源的合理利用以及国家的经济政策。具体包括:

(1)用影子价格和影子汇率(如果有涉及进出口的材料和设备)调整建设投资各项组成。

(2)调整经营成本,用影子价格调整主要原材料、燃料及动力费用、工资及福利费等。

3.分析测算交通项目经济效益

对于交通项目来说,其产出物为交通运输服务,营业收入来源于服务收费。但是,交通项目的经济效益并不包括服务收费收入,因此不需要调整产出物的影子价格,而是分析和测算交通项目的直接经济效益,包括时间节约的效益等。

4.编制经济评价的经济现金流量表

按照国家统一规定的社会折现率(或国家基准收益率),对项目的费用和效益进行利弊分析,并计算国民经济的主要经济指标(如经济净现值、经济内部收益率和投资回收期等),进行静态和动态的定量分析研究。

5.综合评价与结论建议

应以经济评价为主,结合财务评价和社会评价,对主要评价指标进行综合分析,做出评价结论,进行总评价,并对项目经济分析中反映的问题及有关建议等加以明确阐述。

四、交通项目经济费用和效益识别与估算的原则

划分交通项目的费用与效益,是相对于项目的目标而言的。经济评价是从整个国民经济增长的目标出发,以项目对国民经济的净贡献大小来考察项目。识别费用与效益的基本原则是:凡项目对国民经济所做的贡献,均计为项目的效益;凡国民经济为项目付出的代价,均计为项目的费用。在考察项目的效益与费用时,应遵循效益和费用识别和估算的原则。

1.“有无对比”增量分析的原则

交通项目经济费用效益分析应建立在增量效益和增量费用分别计算的基础之上,不应考虑沉没成本(即已经付出且不可收回的成本)和已实现的效益。应按照“有无对比”增量分析的原则,通过项目的实施效果与无项目情况下可能发生的情况进行对比分析,作为计算机会成本或增量效益的依据。

2.以本国居民作为分析对象的原则

对于跨越国界,对本土之外的其他社会成员产生影响的项目,应重点分析对本国公民新增的效益和费用。项目对本国以外的社会群体所产生效果,应进行单独陈述。

3.支付意愿和受偿意愿原则

项目产出物的正面效果的计算遵循支付意愿原则,用于分析社会成员为项目所产出的效益愿意支付的价值。

项目产出物的负面效果的计算遵循接受补偿意愿原则,用于分析社会成员为接受这种不利影响所得到补偿的价值。

4.实际价值计算原则

项目经济费用效益分析应对所有费用和效益采用反映真实价值的实际价格进行计算,不考虑通货膨胀因素的影响,但应考虑相对价格变动。

5.考虑项目外部效果的原则

项目外部效果一般是指项目的建设实施从宏观上可能会对其他社会群体产生正面或负面影响,而项目本身却不会承担相应的货币费用或享有相应的货币效益。以往经济费用效益分析对项目产生的有利影响(正面影响)分析比较多,而对项目会带来不利影响(主要是对环境、生态和社会的负面影响)的分析较少考虑,这种做法既不利于充分认识项目外部效果以便采取成本最小措施,也不能在危害的预防与接受之间进行权衡。

计算外部效果应明确项目“范围”的边界。根据项目情况,合理确定项目扩展的边界。有条件时可将具有相互关联的项目拴在一起作为“项目群”进行评价,使外部效果的处理内部化。对无法量化的外部效果,应进行定性分析。

第二节 交通项目经济费用的识别与估算

确定交通项目经济合理性的基本途径是将建设项目的费用与效益进行比较,进而计算其对国民经济的净贡献。在此过程中,首先需要正确识别和估算项目经济费用,这是保证经济评

价正确性的重要条件,一般在财务评价数据的基础上进行,识别与估算过程如图4-1所示。

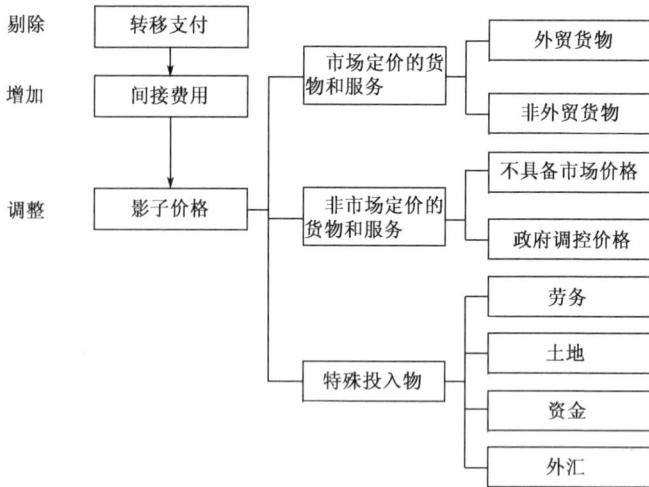

图4-1 经济费用识别与估算流程

一、剔除转移支付

在识别费用与效益范围的过程中,将会遇到税金、国内借款利息和补贴的处理问题。这些都是财务评价中的实际现金支出或收入,但是从国民经济的角度看,企业向国家缴纳税金,向国内银行支付利息,或企业从国家得到某种形式的补贴,都未造成资源的实际耗费或增加,因此不能计为项目的费用或效益,它们只是国民经济内部各部门之间的转移支付。

1. 税金

增值税、所得税、调节税以及进口环节的关税和增值税等是政府调节分配和供求关系的手段,显然属于国民经济内部的转移支付。

土地税、城市维护建设税及资源税等是政府为补偿社会耗费而代为征收的费用,这些税种包含了许多政策因素,并不能完全代表国家和社会为项目所付出的代价。因此,原则上可把这些税金统统作为项目与政府间的转移支付,不作为项目的费用。

2. 补贴

国家对企业的各种形式的补贴可视为与税金反向的转移支付,不应作为项目的效益。

3. 利息

企业支付的国内借款利息,实质上是项目与政府或项目与国内借款机构之间的转移支付,同样不应计为项目的费用。但国外借款利息的支付产生了国内资源向国外的转移,则必须计为项目的费用。

在财务评价基础上进行经济评价时,应注意从原现金流量表的各项中剔除其中的转移支付部分。

二、增加交通项目间接费用

(一)直接费用和间接费用的概念

项目直接费用指项目使用投入物所产生并在项目范围内计算的经济费用,一般表现为投入项目的各种物料、人工、资金、技术以及自然资源而带来的社会资源的消耗。直接费用一般在项目的财务评价中已得到反映,可以按影子价格重新计算其中价值失真的直接费用。

除此之外,在经济评价中应关注项目的负外部性,即间接费用。间接费用是指由项目引起而在项目的直接费用中没有得到反映的费用,如项目对自然环境造成的损害。

(二)交通项目的间接费用

对交通项目而言,环境及生态影响效果为主要间接费用,应尽可能对其进行量化,在可行的情况下赋予其经济价值,并纳入整个项目经济评价的框架体系之中。环境外部效果的估算可以分成三种情况:

(1)如果项目对环境的影响可能导致受影响区域生产能力发生变化,可以根据项目所造成的相关产出物的产出量变化,对环境影响效果进行量化。如果产出物具有完全竞争的市场价格,应直接采用市场价格计算其经济价值;如果存在市场扭曲现象,应对其市场价格进行相应调整。

(2)如果不能直接估算项目环境影响对相关产出量的影响,可以通过有关成本费用信息来间接估算环境影响的费用或效益,如替代成本法,机会成本法等。

(3)对于无法通过产出物市场价格或成本变化测算其影响的环境价值,应采用各种间接评估的方法进行量化,如产品替代法。

三、调整和估算货物或服务的影子价格

(一)影子价格的概念和类型

影子价格是指当社会经济处于某种最优状态下时,能够反映社会劳动的消耗、资源稀缺程度和对最终产品需求情况的价格。也就是说,影子价格是人为确定的、比交换价格更为合理的价格。这里所说的"合理"的标志,从定价原则来看,应该能更好地反映产品价值、市场供求状况及资源稀缺程度;从定价的效果来看,应该能使资源配置向优化的方向发展。

对项目进行经济评价,主要目的是要考察它给国民经济做出多大贡献(效益)和国民经济付出多少代价(费用),这里的贡献和代价只能用价格来计量。如果价格是合理的,或者说对效益和费用的衡量是真实的,那么项目的经济评价就能够正确指导投资决策,正确指导有限资源的合理配置,从而使国民经济获得高效率、高速度的增长。反之,如果价格扭曲,就必然导致错误的投资决策,延误国民经济的发展。所以,价格是否真实,决定了经济评价的可信度,决定了资源配置是否能趋向优化。

影子价格的测算在建设项目的经济费用效益分析中有重要地位。考虑到我国仍然是发展中国家,整个经济体系还没有完成工业化过程,国际市场和国内市场的完全融合仍然需要一定时间等具体情况,将投入物和产出物区分为外贸货物和非外贸货物,并采用不同的思路确定其影子价格。

本质上,影子价格应该是运用线性规划对偶解计算的"最优计划价格"。从数学上看,影子价格即线性对偶规划的最优解,是资源的边际效用价值。但由于求解线性对偶规划需要大量的参数,有些参数很难获取,为了避免这一问题,将不同货物按一定标准进行分类,然后近似地求解货物的影子价格,是一种可取的方法。

影子价格可分为三大类,一是具有市场价格的货物或服务的影子价格,二是不具有市场价格的产品或服务的影子价格,三是特殊投入物的影子价格(包括影子工资、土地费用、影子汇率和社会折现率等)。

(二)市场定价货物或服务的影子价格

1.区分外贸货物与非外贸货物

在确定货物的影子价格之前,首先要区分该货物的类型。一种货物的投入或产出,如果主要影响国家的进出口水平,应划为外贸货物,如果主要影响国内供求关系,则应划为非外贸货物。只有在明确了货物类型之后,才能针对货物的不同类型,采取不同的定价原则。

根据我国具体情况,区分外贸货物和非外贸货物,宜采用以下原则。

(1)直接进口的投入物和直接出口的产出物,应视为外贸货物。

(2)符合下列情况,间接影响进出口的项目投入物,按外贸货物处理:国内生产的货物,原来确有出口机会,由于拟建项目的使用,丧失了出口机会;或是国内生产不足的货物,以前进口过,现在也大量进口,由于拟建项目的使用,导致进口量增加。

(3)符合下列情况,间接影响进出口的项目产出物,按外贸货物处理:虽然是供国内使用,但确实可以替代进口,项目投产后,可以减少进口数量;或者虽然不直接出口,但确实能顶替其他产品,使其他产品增加出口。

(4)符合下列情况的货物,应视为非外贸货物:天然非外贸货物,如国内运输项目、大部分电力项目、国内电信项目等基础设施所提供的产品或服务;由于地理位置所限,国内运费过高,不能进行外贸的货物;以及受国内国际贸易政策的限制,不能进行外贸的货物。

2.非外贸货物的影子价格

(1)如果货物或服务处于竞争性的市场环境中,市场价格能够反映支付意愿或机会成本,应采用市场价格作为计算项目投入物或产出物影子价格的依据。

(2)如果项目的投入物和产出物的规模很大,项目的实施足以影响其市场价格,导致"有项目"和"无项目"两种情况下市场价格不一致,在项目评价中可取二者的平均值作为测算影子价格的依据。

3.外贸货物的影子价格

对于可外贸货物,其投入物或产出物价格应基于口岸价格进行计算,以反映其价格取值具有国际竞争力,计算公式为:

$$出口产出的影子价格(出厂价) = 离岸价(FOB) \times 影子汇率 - 出口费用 \qquad (4-1)$$

$$进口投入的影子价格(到厂价) = 到岸价(CIF) \times 影子汇率 + 进口费用 \qquad (4-2)$$

式中:FOB——货物的离岸价,是出口货物运抵我国出口口岸交货的价格;

CIF——货物的到岸价,是指进口货物运抵我国进口口岸交货的价格,包括货物进口的货价、运抵我国口岸之前所发生的境外运费和保险费。

其中,进出口费用指货物进出口环节在国内发生的所有相关费用。

$$进出口费用 = 口岸和项目所在地之间的长距离运输费用 + 贸易费用$$

贸易费用包括货物交易、储运、再包装、短距离倒运、装卸、保险、检验等物流环节上的支出,也包括物流环节中的损失、损耗以及资金占用的机会成本。

其中,运输费用 = 口岸和项目所在地之间运输距离 × 经济运价

进口货物贸易费用 = CIF × SER × 贸易费用率

出口货物贸易费用 = (FOB × SER − 国内运费)/(1 + 贸易费用率) × 贸易费用率

如果可外贸货物以财务成本或价格为基础调整计算经济费用和效益,应注意以下两点:首先,如果不存在关税、增值税、消费税、补贴等转移支付因素,则项目的投入物或产出物价值直接采用口岸价格进行调整计算;如果在货物的进出口环节存在转移支付因素,应区分不同情况处理。

(三)非市场定价的货物或服务的影子价格

1. 不具备市场价格的货物或服务

当项目的产出效果不具有市场价格,或市场价格难以真实反映其经济价值时,对项目的产品或服务的影子价格进行重新测算可采用以下方法。

(1)根据消费者支付意愿的原则,通过其他相关市场价格信号,按照"显示偏好"的办法,寻找提示这些影响的隐含价值,对其效果进行间接估算。如项目的外部效果导致关联对象产出水平或成本费用的变动,通过对这些变动进行客观量化分析,作为对项目外部效果进行量化的依据。

(2)按照意愿调查评价法,按照"陈述偏好"的原则进行间接估算。一般通过对被评价者的直接调查,直接评价调查对象的支付意愿或受补偿的意愿,从中推断出项目造成的有关外部影响的影子价格。应注意调查评价中可能出现的以下偏差:调查对象想让他们的回答能影响决策,从而使他们实际支付的私人成本低于正常条件下的预期值时,调查结果可能产生的策略性偏差;调查者对各种备选方案介绍不全或使人误解时,调查结果可能产生的资料性偏差;问卷假设的收款或付款方式不当,调查结果可能产生的手段性偏差;以及调查对象长期免费享受环境和生态资源等形成的"免费搭车"心理,导致调查对象将这种享受看成是天赋权利而反对为此付款,从而导致调查结果的假想性偏差。

2. 政府调控价格的货物或服务

我国尚有部分产品或服务不完全由市场机制决定价格,而存在政府调控。这在交通项目中表现得较为明显,尤其是铁路运输。政府调控价格包括:政府定价、指导价、最高限价、最低限价等。这些产品或服务的价格不能完全反映其真实的经济价值。在经济评价中,往往需要采取特殊的方法测定这些产品或服务的影子价格,包括成本分解法、消费者支付意愿机会成本法等。

例如,铁路运输作为项目投入时,一般情况下按完全成本分解定价。在铁路运力过剩的地区,可按可变成本分解定价;在铁路运输紧张地区,应按被挤占用户的支付意愿定价。当铁路运输作为项目产出物时,经济效益的计算则采取专门的方法,按替代运输量运输成本的节约、时间节约的效益等测算,见本章第三节。

成本分解法是确定非外贸货物影子价格的一种方法,通过对某种货物的边际成本(实践中往往采取平均成本)进行分解并用影子价格进行调整换算,得到该货物的分解成本。分解成本是指某种货物的生产所需要耗费的全部社会资源的价值,包括各种物料投入以及人工、土

地等投入,也包括资本投入所应分摊的费用,各种耗费都需要用影子价格重新计算。

成本分解法的具体步骤如下(图4-2)。

(1)数据准备。列该货物按生产费用要素计算的单位财务成本表,主要项目有:原材料、燃料和动力、工资、提取的职工福利基金、折旧费、大修理基金、流动资金利息以及其他支出。对其中重要的原材料、燃料和动力,要详细列出价格、耗用量和耗用金额。列出单位货物所占用的固定资产原值或固定资产投资额,以及占用流动资金数额。调查确定或设定该货物生产厂的建设期限、建设期各年投资比例、经济寿命期限、经济寿命期终了时的固定资产余值以及固定资产形成率。

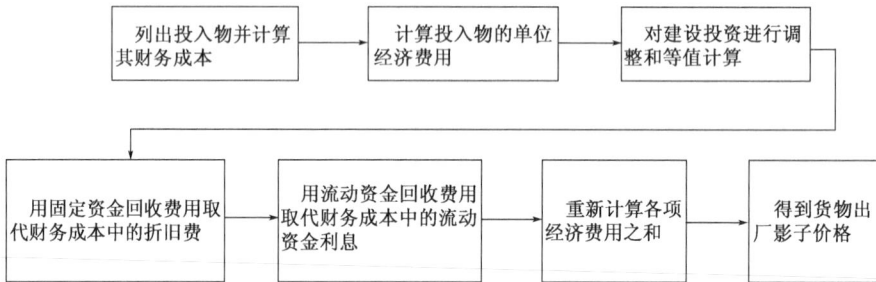

图4-2　成本分解法步骤图

(2)计算重要原材料、燃料、动力、工资等投入物的影子价格及单位经济费用。

(3)对建设投资进行调整和等值计算。根据建设期各年投资比例,计算出建设期各年建设投资额,用下式把分年建设投资额换算到生产期初:

$$I_F = \sum_{t=1}^{n_1} I_t (1 + i_s)^{n_1 - t} \qquad (4\text{-}3)$$

式中:I_t——建设期各年调整后的单位建设投资(元);

n_1——建设期(年);

i_s——社会折现率(%);

I_F——等值计算到生产期初的单位建设投资。

(4)用固定资金回收费用取代财务成本中的折旧费。设每单位该货物的固定资金回收费用为M_F,则不考虑固定资产余值回收时为:

$$M_F = I_F \times (A/P, i_s, n_2) \qquad (4\text{-}4)$$

考虑固定资产余值回收时为:

$$M_F = (I_F - S_V) \times (A/P, i_s, n_2) + S_V \times i_s \qquad (4\text{-}5)$$

式中:　S_V——计算期末回收的固定资产余值;

n_2——生产运营期;

$(A/P, i_s, n_2)$——资金回收系数。

(5)用流动资金回收费用取代财务成本中的流动资金利息,设每单位货物的流动资金回收费用为M_W,则有:

$$M_W = W \times i_s \qquad (4\text{-}6)$$

式中:W——单位货物占用的流动资金(元)。

(6)财务成本中的其他项目可不予调整。

(7)完成上述调整后,计算的各项经济费用总额即为该货物的分解成本,作为货物的出厂影子价格。

需要说明的是,如果如此无休止地分解下去,轮次越来越多,工作量越来越大。在实践中可以简化处理,仅对少数重要的要素进行到第二轮分解。这样做并不影响经济评价的精确性。

四、调整和估算特殊投入物的影子价格

(一)劳务的影子价格——影子工资

1.影子工资的估算原理

职工工资和提取的福利费之和称为名义工资。在财务评价中,名义工资作为费用计入成本,经济评价中,亦需按影子工资进行调整。项目占用了劳动力,国民经济是要付出代价的,这一代价表现为劳动力的劳务费用,即影子工资,也可以说是劳务的影子价格。

影子工资主要应以劳动力的机会成本来度量,即由于劳动力投入到所评价项目而放弃的在原来所在部门中的净贡献。此外,影子工资还包括少量的国家为安排劳动力就业或劳动力转移所发生的额外开支,如增加就业引起的生活资料运输和城市交通运输所增加的耗费等,而这些耗费并不提高就业人员的消费水平。

2.影子工资的估算方法和参数

影子工资一般是以名义工资乘以一个系数来取得,这个系数称为工资换算系数,即:

$$影子工资 = 名义工资 × 工资换算系数 \qquad (4\text{-}7)$$

我国把工资系数定为1,即影子工资在数值上等同于财务评价中的名义工资。对于大量使用农村转移人力资源的项目,影子工资换算系数为0.25~0.8,对于技术人力资源,换算系数为1,对于非技术人力资源,影子工资换算系数为0.2~0.8。允许根据具体情况适当提高或降低影子工资,但是一定要有充分的依据,并加以说明。

(二)土地的影子价格——土地费用

1.土地费用的估算原理

项目占用土地,国民经济要付出代价,这一代价就是土地费用,也就是土地的影子价格。一般来说,土地的影子价格包括两个部分:一是土地用于建设项目而使社会放弃的原有效益;二是土地用于建设项目而使社会增加的资源消耗。因此,应根据项目所占用的土地类型来估算土地费用。

(1)荒地或不毛之地,土地的影子价格为零。即项目占用这类土地,国家不受任何损失。

(2)经济用地,不管原来是用于农业、工业还是商业,项目占用之后都引起经济损失。这时,应该用机会成本的观点考察土地费用,计算社会被迫放弃的效益。对于农田,应计算项目占用土地导致的农业净收益的损失,且农作物应该以口岸价格而不是以国内收购价来计价。

(3)居住用地或其他非生产性建筑、非营利性单位的用地。项目占用之后要引起社会效益的损失,但又很难用价值计量。如果土地被项目所占用,而原有的社会效益又必须保持,那么需要使国民经济增加多少资源消耗。假如原来有住户,首先要为原住户购置新的居住用地,其费用是新居住用地的机会成本;其次要使原住户获得不低于以前的居住条件,其代价是实际花费的搬迁费用。两项费用之和,就是项目所占居住用地的影子价格。

土地影子价格应根据项目占用土地所处的地理位置、项目情况及取得方式的不同分别确定,具体应符合以下规定:通过招标、拍卖和挂牌出让方式取得使用权的国有土地,其影子价格应按财务价格计算;通过划拨、双方协议方式出让使用权的土地,应分析价格优惠或扭曲情况,参照公平市场交易价格,对价格进行调整;经济开发区优惠出让使用权的国有土地,其影子价格应参照当地土地市场交易价格类比确定;当难以用市场交易价格类比方法确定土地影子价格时,可采用收益现值法或以开发投资应得收益加上土地开发成本确定;当采用收益现值法确定土地影子价格时,应以社会折现率对土地的未来收益及费用进行折现。

2.农用地土地费用的估算方法

项目占用土地之后,有时直接导致耕地的减少,有时通过原来用户的搬迁,间接导致耕地的减少。需要计算土地机会成本的,往往还是农田。农田影子价格的调整有两种方式,一是以土地征用费调整计算土地影子价格,具体应符合下列规定。

项目占用农村土地,土地征收补偿费中的土地补偿费及青苗补偿费应视为土地机会成本,地上附着物补偿费及安置补助费应视为新增资源消耗,征地管理费、耕地占用税、耕地开垦费、土地管理费、土地开发费等其他费用应视为转移支付,不列为费用。

土地补偿费、青苗补偿费、安置补助费的确定,如与农民进行了充分的协商,能够充分保证农民的应得利益,土地影子价格可按土地征收补偿费中的相关费用确定。

如果存在征地费用优惠,或在征地过程中缺乏充分协商,导致土地征收补偿费低于市场价格,不能充分保证农民利益,土地影子价格应参照当地正常土地征收补偿费标准进行调整。

在实践中,土地影子价格往往采取收益现值法进行测算,现举例来说明这种方法。

【例4-1】 某公路项目建设期2年,运营期20年,占用小麦田2 000亩。项目占用以前,该土地3年内平均每亩产量为0.3t。预计该地区小麦单产可以2%逐年递增。每吨小麦的生产成本为400元(已调整为影子价格)。小麦为外贸货物,其进口到岸价125美元/t,影子汇率为7.0元/美元,该地区小麦主要在当地消费。由口岸至该地区的实际铁路运费为20元/t,铁路货运费用的影子价格在实际运费的基础上按价格换算系数2.41调整。贸易费用率为6%,社会折现率按8%计算。如果不考虑征地后的新增资源消耗,请测算该公路项目土地经济费用。

分析:

每吨小麦的产地影子价格 = CIF×SER + 进口费用

$$= CIF×SER + CIF×SER×贸易费用率 + 运距×经济运价$$

$$=125×7.0×1.06 + 20×2.41 =975.7(元)$$

该地区生产每吨小麦的净效益为:

$$975.7 - 400 = 575.7(元)$$

项目计算期内每亩土地的净效益现值为：

$$p = \sum_{t=1}^{22} 575.7 \times 0.3 \times \left(\frac{1+0.02}{1+0.08}\right)^t = 2\,101.4(元)$$

项目占用土地的净效益现值为：

$$2\,101.4(元/亩) \times 2\,000(亩) = 420.3(万元)$$

经济评价中,取420.3万元为项目占用土地的机会成本,作为一次性土地费用,计入项目投资额中。

(三)资金的影子价格——社会折现率

1.资金影子价格的估算原理

社会折现率存在的基础,是不断增长的社会扩大再生产。可以认为社会折现率是资金的影子价格,它反映了资金占用的费用。在经济评价中,社会折现率的作用有：

首先,作为统一的时间价值标准,衡量同一时点发出的各种投入和产出,进行不同时点资金的等值计算。当以第一年初为基点进行这种计算,也就是所有资金都折现到建设期初时,得到的就是经济净现值指标;第二,作为经济评价主要指标——经济内部收益率的判断依据。只有经济内部收益率大于或等于社会折现率的项目才是可行的。这就是说,社会折现率同时又是经济评价的基准收益率。

2.资金影子价格参数

对单个项目进行经济评价时,分析者无法计算社会折现率,因此,这一折现率通常由我国权威部门研究并公布。目前,我国的社会折现率为8%,对于受益期长的项目,如果远期效益较大,效益实现的风险较小,社会折现率可适当降低,但不应低于6%。

【延伸阅读4-1】 关于经济评价通用参数

注:本文由郭树声发表于2001年1月,本书进行了摘编。文章发表时的社会折现率为12%,定于1993年,之后近10年未作更改。本文发表后不久,社会折现率改为10%;2008年,我国的社会折现率又调整为8%。

国家统一制定的通用参数有影子汇率和社会折现率。由于参数颁布滞后,使得实际评价工作中,必须把当前的财务价格折算到数年以前,按颁布时的价格套算影子价格,方可进行国民经济评价工作。影子价格本应反映当前以至未来项目运营期投入及产出品的余缺态势,然而却变成了历史不变价格。这不但大大增加了评价的工作量,而且也降低了评估的准确性和可靠性。

随着我国经济和社会的发展,在项目国民经济评价中,大量物资,原先需借助国家制定影子价格,现在已经可以选用市场价格或口岸价格,我国颁布的国民经济评价方法仍然可以适应对当前项目的评价工作,但是,在具体参数的制定上,特别是在由谁制定上,似可采取更灵活的方法:鉴于国内价格与国际价格比价关系不断改善的实际情况,尽可能减少国家统一颁布的参数,选取更简便适宜的测算方法,由项目评价机构自行测算,可以大大改善影子价格的时效。

其中,影子汇率和社会折现率两大通用参数,建议采用以下更简便的测算方法。影子汇率按市场美元对人民币汇率乘以影子汇率系数的方法确定。项目评价采用的市场汇率,可根据近 3 年汇率逐季或逐月变动情况进行预测。影子汇率系数由国家制定,反映影子汇率与市场汇率的比值。鉴于我国已经实现本币与外币在经常项目下的自由兑换,市场汇率已经基本能真实地反映价值,影子汇率系数可近似为 1。影子汇率由绝对比价改为市场汇率乘系数,更符合我国当前的金融环境和发展态势,也更便于项目评价工作。

社会折现率按边际理论测算,采用外国商业银行对我国中长期贷款的边际利率。一年期以上的贷款可视为中长期贷款。我国是发展中国家,经济增长快而金融实力不足。各项投资除首先依靠本国银行以外,不足部分必然利用国外贷款。所接受的贷款中利率最高的为边际利率,高于此利率的贷款将不再被接受。国际上发展中国家主要采用这种方法确定本国的社会折现率。此种方法可操作性强,测算简便,理论明确。我国以往对社会折现率的确定,主要根据全社会投资收益率水平及资金余缺情况综合分析,方法较笼统,可操作性差,一旦颁布滞后,评价工作中无法根据当前情况及时调整。我国颁布的社会折现率1993 年由 10 % 提高到 12 % ,产生于经济过热、资金极度短缺的背景下,可起到抑制投资的作用。

然而沿用至今,显然不适应当前鼓励投资的新形势,而且常常使投资大、不可计量效益突出的基础设施项目难以通过国民经济评价。如果按国外商业银行对我国一年期以上商业贷款的边际利率测算,我国目前的社会折现率在 8% ~ 10 % 较符合现实情况。

(四)外汇的影子价格——影子汇率

1. 外汇影子价格的估算原理

在经济评价中,常常要进行外汇和本国货币的换算。

在许多发展中国家,一方面外汇短缺,另一方面又往往倾向于对本国货币定值过高,使得官方汇率小于进出口贸易中的实际换汇成本。官方汇率的这种失真,往往会导致项目评价中的严重偏差,特别是使用进口投入物,以及产品出口或替代进口的项目。

我国在进行项目经济评价时,采用影子汇率来表示外汇的影子价格。

2. 外汇影子价格估算方法和参数

影子汇率可通过影子汇率换算系数得出。影子汇率换算系数指影子汇率与外汇牌价之间的比值。影子汇率应按下式计算:

$$影子汇率 = 外汇牌价 \times 影子汇率换算系数 \qquad (4\text{-}8)$$

根据我国外汇收支、外汇供求、进出口结构、进出口关税、进出口增值税及出口退税补贴等情况,目前影子汇率换算系数定为 1.08。

【例 4-2】 某铁路建设项目中,部分机车车辆为进口,到岸价为 30 亿美元,影子汇率换算系数为 1.08,当前外汇牌价为 1 美元 = 6.5 元人民币,贸易费用率为 0.2% ,不计国内运杂费。计算这部分机车车辆购置费的影子价格。

$$机车车辆的影子价格 = 到岸价 CIF \times 影子汇率 + 贸易费用 + 国内运杂费$$

$$= 30 \times 6.5 \times 1.08 + 30 \times 6.5 \times 1.08 \times 0.2\% + 0$$

$$= 211(亿元人民币)$$

第三节 交通项目经济效益的识别与估算

一、交通项目经济效益的范围

交通项目应以经济费用效益分析为主。交通项目的经济效益,主要体现在改善网络结构、扩大网络运输能力而产生的正常运输量、转移运输量和诱发运输量所引起的节约运输费用、节省运输时间、减少交通事故、降低设施设备维护(养护)费用、改善运输服务质量方面。

项目的净效益一般也是根据"有项目"和"无项目"对比的原则来确定。它主要表现为所涉及的运输系统在客货运输过程中发生的各项效益。

(一)交通项目直接经济效益

直接经济效益指由项目产出物产生的并在项目范围内计算的经济效益,一般表现为项目为社会生产提供的物质产品、科技文化成果和各种各样的服务所产生的效益。

大部分的直接经济效益可以在财务评价中得到反映,尽管有时这些反映会有一定程度的价值失真。对于价值失真的直接效益在经济分析中应按影子价格重新计算。

但交通项目产生的效益有特殊性,不可能体现在财务分析的营业收入中。例如,交通项目产生的效益体现为时间的节约,从经济分析的角度应记作项目的直接经济效益。

1. 对提高运输安全保障水平,有利于减少人员伤亡等方面的积极影响

交通运输项目的效果之一表现为:通过建设先进的交通运输系统,提高运输安全保障能力,增加或减少因交通运输过程中事故等意外造成人员死亡或受伤害的价值。在进行评价时应根据项目的具体情况,测算可能引起的伤害和死亡增加或减少的价值,并将量化结果纳入项目经济费用分析的框架中。如果货币量化缺乏可靠依据,应采用非货币的方法进行量化。

对于项目的效果表现为增加或减少伤亡的价值,应尽可能地分析由于死亡风险的增加或减少的价值,根据社会成员为避免死亡而愿意支付的价格进行计算。在缺乏估算人们对生命的支付意愿的资料时,可通过人力资本法,通过分析人员伤亡所带来的为社会创造收入的减少来评价死亡引起的损失,以测算生命的价值,或者通过分析不同工种的工资差别来测算人们对生命价值的支付意愿。

2. 费用节约的效益

交通运输项目的效益还体现在费用的节约上,在计算中需要注意以下四点。

(1)按照"有无对比"原则,分析"有项目"和"无项目"两种情况下的费用变动趋势,尤其应重视对"无项目"情况下费用变动状况进行合理预测,通过增量分析估算费用节约的效益。

(2)从整个项目周期费用的角度进行分析,既要分析初始建设投资费用,也要分析运营期费用。

(3)从广义费用的角度进行分析,既要分析项目实体付出的费用,也要分析各种间接费用;既要分析货币量化的费用,又要分析非货币化的费用。

(4)在费用分析中应注意避免重复计算。

3.时间节约的效益

对于交通运输项目表现为由于交通技术的改进,运行速度的提高所产生旅客、货物在途时间节约效果的方面,应按照有无对比的原则分析"有项目"和"无项目"情况下的时间耗费情况,区分不同人群、货物,根据项目具体特点测算项目时间节约的价值。

(1)出行时间节约的价值是指为了得到这种节约受益者所愿意支付的货币数量。在项目经济费用效益分析中,应根据所节约时间的具体性质分别测算。一方面,如果所节约的时间用于工作,时间节约的价值应为将节约的时间用于工作带来的产出增加,由企业负担的所得税前工资、保险、退休金及有关的其他劳动成本综合分析计算;另一方面,如果所节约的时间用于闲暇,应从受益者个人的角度,综合考虑个人家庭情况、收入水平、对闲暇的偏好等因素,采用意愿调查评价的方法进行估算。

(2)货物时间节约的价值是指为得到这种节约受益者所愿意支付的货币数量。在项目经济费用效益分析中,应根据不同货物对时间的敏感程度测算其时间节约价值。

(二)交通项目间接经济效益

间接经济效益是指由项目引起,在直接经济效益中没有得到反映的效益。主要包括以下几种类型。

1.技术扩散效果

一个技术先进项目的实施,由于技术人员的流动,技术在社会上扩散和推广,整个社会都将受益。例如,青藏铁路项目的建设实施,培养了一批有经验的技术和管理人才,进行了大量技术研究,这些人才和研究成果是因该项目而形成的,但项目建成后,人才有相当一部分流动到其他项目中,研究成果也会在其他项目中得到应用,所产生的价值很难完全由财务收入或直接效益体现,即存在间接效益。在经济评价工作中,这类效益通常难以定量计算,往往只作定性说明。

2.上、下游企业相邻效果

项目的"上游"企业是指为该项目提供原材料或半成品的企业,项目的实施可能会刺激这些上游企业得到发展,增加新的生产能力或使原有生产能力得到更充分的利用。项目的"下游"企业是指使用项目的产出物作为原材料或半成品的企业,项目的产出物可能会对下游企业的经济效益产生影响,使其闲置的生产能力等到充分利用,或使其节约生产成本。

很多情况下,项目对上下游企业的相邻效果可以在项目的投入和产出物的影子价格中得到反映,不再计算间接效果。也有部分间接影响难以反映在影子价格中,需要作为项目的间接效益计算。

3.乘数效果

指项目的实施使原来闲置的资源得到利用,从而产生一系列的连锁反应,刺激某一地区或全国的经济发展。在对经济落后地区的项目进行经济分析时可能需要考虑这种乘数效果,特别注意选择乘数效果大的项目作为扶贫项目。

二、交通项目直接经济效益的估算

交通项目经济效益的识别和估算具有较强的行业特征。针对铁、公、水、航等不同交通项目,经济效益的估算也有所区别。

(一)铁路项目的经济效益

1.运输费用节约效益(B_1)

运输费用的节约或降低,主要是通过运输基础设施的兴建或运载工具的改进而取得的。运输费用的节约额应按正常的、转移的、新增的这三种类型的未来运量分别计算。

(1)按正常运输量计算。按正常运量计算的运输费用节约额属于项目的直接效益。其表达式为:

$$B_{11} = (C_w L_w - C_y L_y) Q_n \tag{4-9}$$

式中:C_w、C_y——分别为无项目和有项目时的单位运输费用(元/t·km 或元/人·km);

L_w、L_y——分别为无项目和有项目时的运输距离(km);

B_{11}——按正常运输量计算的运费节约效益(万元/年);

Q_n——正常运输量(万吨/年或万人次/年)。

(2)按转移运输量计算。按转移运量计算的运输费用的节约额,应是原运输方式(或运输线路)所发生的运输费用同新运输方式(或运输线路)所发生的运输费用间的差额。其表达式为:

$$B_{12} = (C_z L_z - C_y L_y) Q_z \tag{4-10}$$

式中:B_{12}——转移运输量的运费节约效益(万元/年);

C_z——原相关线路的单位运输费用(元/t·km 或元/人·km);

L_z——原相关线路的运输距离(km);

Q_z——转移过来的运输量(万吨/年或万人次/年)。

(3)按诱发(或诱增)运输量计算。按其含义计算的运费节约额公式可表示如下:

$$B_{13} = \frac{1}{2}(C_m L_m - C_y L_y) Q_g \tag{4-11}$$

式中:C_m、L_m——无项目时,各种可行的方式中最小的单位运输费用及相应的运输距离(元/t·km 或元/人·km);

B_{13}——诱发运输量的运费节约效益(万元/年);

Q_g——诱发运输量(万吨/年或万人次/年)。

式中之所以取营运费降低额的一半来计算,是因为新增运量的实现必须使营运费降低。如果取全额的营运费降低额,则实际上根本不可能实现新增运量,更无从谈其效益。因此,这里从运筹学的观点出发,取营运费降低额的一半来进行计算或许是恰当的。

2.旅客时间节约效益(B_2)

运输项目的实施,可改善线路的运行条件,缩短运载工具的行驶时间,从而给所运送的旅客和货物以及运载工具本身带来时间节约效益。

旅客旅行时间应包括旅客在运输全程各环节所需时间,如旅客短途运输、候车、候船、候机以及旅客在途中可能耽搁的时间。另外,时间价值对于不同的旅客和不同的旅行目的来说是不同的。对于创造国民收入的旅客来说,节省下来的时间也不一定全部用于生产性活动。

旅客旅行时间节约效益分别按正常客运量和转移客运量中的生产人员数计算。计算时,假定所节约的时间只有一半用于生产目的。

(1)按正常客运量计算:

$$B_{21} = \frac{1}{2}bT_n Q_{zp} \tag{4-12}$$

式中:B_{21}——按正常客运量计算的旅客旅行时间节约效益(万元/年);

b——旅客的单位时间价值(按人均国民收入计算)(元/h);

T_n——节约的时间(h/人),$T_n = T_w - T_y$(T_w、T_y分别为无项目和有项目的旅行时间);

Q_{zp}——正常客运量中的生产人员数(万人次/年)。

(2)按转移客运量计算:

$$B_{22} = \frac{1}{2}bT_z Q_{zp} \tag{4-13}$$

式中:B_{22}——按转移客运量计算的旅客旅行时间节约效益(万元/年);

T_z——节约的时间,h/人;$T_z = T_o - T_y$(T_o为其他线路上的旅行时间)。

3.缩短货物在途时间效益(B_3)

$$B_3 = \frac{PQT_s i_s}{365 \times 24} \tag{4-14}$$

式中:B_3——缩短货物在途时间的效益(万元/年);

P——货物的影子价格(元/t);

Q——运输量(万吨/年);

T_s——缩短的运输时间(h);

i_s——社会折现率。

计算该项效益时,应从运输量中扣除那些不受在途时间长短而影响正常储备的货物,如粮食等。另外,还应计算由于加快周转、减少库存量而节约的仓储费用,这可以用单位库存量所需的投资乘以定额库存的减少数量来求得。

4.提高运输产品或服务质量的效益(B_4)

提高运输产品或服务质量的效益是指由于基础设施改善、运输质量提高而减少货损的效益。其计算公式为:

$$B_4 = aPQ \tag{4-15}$$

式中:B_4——提高运输质量的效益(万元/年);

a——货损降低率,即无项目和有项目时的货物损耗率之差(%)。

(二)公路项目的经济效益

公路项目的国民经济效益计算主要包括三项,即运输成本降低效益、旅客时间节约效益和交通事故减少效益。

各项效益的计算方法见本章案例。

(三)民航机场项目的经济效益

民航机场建设项目的经济效益主要包括以下部分:

(1)旅客和货物运输时间节约效益。旅客运输时间节约效益根据乘坐飞机的旅客(包括工作出行人员和非工作出行人员)运输量、单位时间价值及乘坐飞机而节约的旅行时间计算。货物运输时间节约效益根据货物的影子价格、运输量、缩短的运输时间及社会折现率计算。

(2)飞机在机场停留时间节约效益。根据飞机数量、飞机费用及飞机在机场缩短停留时间(包括空中等待和地面延误的时间)计算。

(3)减少货物损失的效益。根据货物运输量、在途货物平均价值及"有无项目"情况对比时不同运输方式货损率之差计算。

(4)增收外汇效益。根据境外航空公司和旅客向机场支付的净增费用计算。

(5)提高交通安全的效益。根据交通事故平均损失费、无项目情况和有项目情况下不同运输方式的事故率之差及交通量计算。

(6)客、货运输费用节约的效益。根据有项目和无项目情况下单位运输费用及运输量计算。

(四)港口项目的经济效益

新建港口项目的经济效益主要体现在以下方面。

1.船舶装卸费用的节约

在无项目情况下,新增运量需经老港区(或其他相邻港区)装卸。将新建港区装卸费用与老港区装卸费用按影子价格计算进行调整,作有无项目的对比,计算每吨装卸费用的差额。

$$船舶装卸费用节约效益 = 货物吞吐量 \times 每吨装卸费用节约额 \qquad (4-16)$$

2.船舶待泊费用的节约

项目实施后,船舶在港待泊时间缩短从而使船舶在港费用节约。其计算方法和步骤如下。

(1)老港区船舶待泊现状分析。根据老港区的实际情况,分析进港船型、生产性停泊时间以及技术作业时间,得出船舶在港总服务时间。

(2)分析无项目时老港区船舶等待时间,可按下式计算:

$$船舶等待时间 = 船舶在港总服务时间 \times 船舶进港艘次 \times 待泊系数 \qquad (4-17)$$

其中,待泊系数可根据泊位利用测算。

(3)有项目的船舶待时分析。有项目时,由于船舶向新建项目分流,老港区进港艘次减少,船舶等待时间降低;同时,根据新建项目的服务水平和预测进港艘次,可估算出有项目情况下,新、老港区的船舶等待时间。

$$船舶待泊费用节约效益 = 船舶待泊时间节约 \times 船舶每天停泊费用 \qquad (4-18)$$

3. 货物在港停滞时间缩短的节约

即项目建成后,因减少货物在港积压时间所节约的停泊费用。由于船舶的港口停泊费用占运营成本较高比例,因此,在港口项目经济效益的测算中不能忽视这一项。

4. 其他交通方式的节约

包括公路建设投资节省,公路运输费用节约和铁路运费节约。

【延伸阅读4-2】 某公路建设项目经济评价

以第三章财务评价中的公路 A 为背景,本材料将展示什么类型的项目需要进行经济评价,以及评价的程序、计算的步骤等。

1. 经济费用调整

经济费用调整主要包括建设费用和经营成本的调整。

在公路建设费用中,对主要材料费、人工费、土地占用费、税金、供电贴费、利息等项目进行调整,其他投入物按实际财务支出考虑,不作调整。

1) 主要材料的费用调整

本项目所需的主要材料包括钢材、木材、水泥、沥青等,见表4-1。

主要材料费用调整系数计算表 表4-1

类　　别	外贸货物			非外贸货物
品名	钢材	木材	沥青	水泥
单位	元/t	元/m³	元/t	元/t
决算价格	3 250	1 153.7	1 313.75	341
到岸价格	2 600	1 096	1 036	—
影子价格	2 858	1 231	1 225	323
换算系数	0.879	1.068	0.932	0.947

本项目经济评价按照《建设项目经济评价方法与参数》中的规定,对4大工程建筑材料按影子价格进行了调整,其中钢材、木材、沥青为外贸货物,水泥作为非外贸货物调整。

外贸货物的费用调整以有关货物的到岸价格为基础,考虑影子汇率、公路铁路的运费和公铁运输费用的调整系数,以及贸易费率,得出影子价格与财务费用做比较,算出材料的换算系数,进行费用调整。

非外贸货物的调整利用贸易费率及运输费用影子价格的结果与财务费用进行比较,算出材料的换算系数进行费用调整。

外贸货物的影子价格计算公式为:

$$SP = CIF \times SER + (T_1 + T_{r1}) \tag{4-19}$$

式中:SP——外贸货物的影子价格;

　　CIF——货物到岸价;

　　SER——影子汇率;

　　T_1——运输费用影子价格;

　　T_{r1}——贸易费用。

非外贸货物影子价格计算公式为:

$$SP = SPF + (T_1 + T_{r1}) \tag{4-20}$$

式中:SPF——非外贸货物的影子价格;

其他符号含义同上式。

在调整过程中,贸易费用率取6%,影子汇率系数按1.08计,另外,在外贸货物中,公路货运影子价格换算系数取1.26,运距取40km,运输基价选用项目建设期第一年的价格。

根据工程所使用的主要材料的数量和已计算出来的换算系数,即可计算出A高速公路所用主要材料的经济费用。

2)土地费用的调整

将征用土地的财务费用调整为进行经济评价的经济费用,需要计算土地的影子费用。根据国家计委颁发的《建设项目经济评价方法和参数(第三版)》中的有关规定,土地影子费用(LSP)包括土地机会成本(LOC)加新增资源消耗费用(IC),即:本项目共永久性征用土地3 579亩,占用的土地类型为旱地,主要种植粮食作物。根据占用土地的机会成本和新增资源消耗,可得到工程占用土地的影子费用为每亩16 000元。

3)其他费用调整

其他费用调整的内容是剔除公路建设费用的税金、供电贴费、建设期贷款利息、建设期物价上涨费等转移支付部分的各费用。

根据上述各项费用的调整,可得到A公路工程建设经济总费用,即:从工程建设投资财务费用中增加(减少)主要材料经济费用的增量(减量),扣除财务费用的转移支付、实际征地拆迁费与土地影子费用之差。

由此可以得到该项目工程建设经济费用调整系数为0.97,经济费用调整见表4-2。

建设费用调整表

表4-2

序号	工程或费用名称	财务费用(万元)	影子价格或换算系数	经济费用(万元)
1	工程费用			
1.1	建筑安装工程	91 160	0.944 1	86 066
1.1.1	人工	10 090	0.75	7 567
1.1.2	原木	143	1 033	172
1.1.3	锯材	592	1 282	612
1.1.4	钢材	5 730	2 693	5 136
1.1.5	高强钢丝	1 677	6 500	1 866
1.1.6	水泥	8 447	354	7 869
1.1.7	沥青	5 157	2 254	6 458
1.1.8	税金	2 938	0.00	0
1.1.9	其他费用	56 386	1.00	56 386
1.2	设备及工器具购置	1 775	1.00	1 775
2	工程建设其他费用	18 637	0.50	9 362
2.1	永久占地:旱地	3 579	16 000	5 726
2.2	临时占地	216	2 000	120
2.3	供电补贴	0	0.00	0

序号	工程或费用名称	财务费用(万元)	影子价格或换算系数	经济费用(万元)
2.4	融资利息	11 326	0.00	0
2.5	其他费用	3 515	1.00	3 515
3	预备费	9 434	1.00	9 434
3.1	涨价预备费	0	0.00	0
3.2	基本预备费	9 434	1.00	9 434
4	建设投资合计	121 006	0.97	106 637

公路大修和养护的经济费用按项目建设总投资的经济费用系数 0.97 与财务费用共同确定。经营管理经济费用取财务费用不作调整。

2.公路经济效益调整

公路建设项目的效益主要包括以下三项,即运输成本降低效益、旅客时间节约效益和交通事故减少效益。

1)运输成本降低效益

本项效益的计算公式如下:

$$B_1 = B_{11} + B_{12} \tag{4-21}$$

式中:B_{11}——本项目降低营运成本的效益(万元);

B_{12}——原有相关道路降低营运成本的效益(万元)。

$$B_{11} = 0.5 \times (T_{1p} + T_{2p})(VOC'_{1b} \times L' - VOC_{2p} \times L) \times 365 \times 10^{-6} \tag{4-22}$$

式中:VOC'_{1b}——"无此项目情况"下,相关道路在正常交通量条件下的各种车型车辆的平均单位营运成本(元/车公里);

VOC_{2p}——"有此项目情况"下,本项目在总交通量条件下的各种车型车辆的平均单位营运成本(元/车公里);

T_{1p}——"有此项目情况"下,本项目的分车型正常交通量(辆/日);

T_{2p}——"有此项目情况"下,本项目的分车型总交通量(辆/日);

L'——原有相关道路的路段里程(km);

L——本项目的路段里程(km)。

$$B_{12} = 0.5 \times L'(T'_{1p} + T'_{2p})(VOC'_{1b} - VOC'_{2p}) \times 365 \times 10^{-6} \tag{4-23}$$

式中:VOC'_{2p}——"有此项目情况"下,原有相关道路在总交通量情况下的各种车型车辆的平均单位营运成本(元/车公里);

T'_{1p}——"有此项目情况"下,原有相关道路的分车型正常交通量(辆/日);

T'_{2p}——"有此项目情况"下,原有相关道路的分车型总交通量(辆/日)。

2)旅客时间节约效益

公路的建成通车,使得公路旅客在途占用时间有了大幅度的缩短,公路旅客可以利用这部分时间节约创造更多的社会效益,这部分效益就是公路建设项目的旅客时间节约效益。旅客时间节约效益包括使用该路的旅客时间节约效益和使用原有相关公路的旅客时间节约效益。具体的计算公式如下:

$$B_2 = B_{21} + B_{22} \qquad (4\text{-}24)$$

式中：B_{21}——本项目客运节约时间的效益(万元)；

　　B_{22}——原有相关公路客运节约时间的效益(万元)。

$$B_{21} = 0.5 \times W \times E \times (T_{1pp} + T_{2pp})(L'/S'_{1b} - L/S_{2p}) \times 365 \times 10^{-4} \qquad (4\text{-}25)$$

式中：W——旅客单位时间价值(元/人·h)；

　　E——客车平均载运系数(人/辆)；

　　S'_{1b}——"无此项目情况"下，原有相关道路在正常交通量条件下的各种车型客车的平均运行速度(km/h)；

　　S_{2p}——"有此项目情况"下，本项目在总交通量条件下的各种车型客车的平均运行速度(km/h)；

　　T_{1pp}——"有此项目情况"下，本项目的客车正常交通量(自然数,辆/日)；

　　T_{2pp}——"有此项目情况"下，本项目的客车总交通量(自然数,辆/日)。

$$B_{22} = 0.5 \times W \times E \times (T'_{1pp} + T'_{2pp})(L'/S'_{1b} - 1/S'_{2p}) \times 365 \times 10^{-4} \qquad (4\text{-}26)$$

式中：S'_{1b}——"无此项目情况"下，原有相关道路在正常交通量条件下的各种车型客车的平均运行速度(km/h)；

　　S'_{2p}——"有此项目情况"下，原有相关道路在总交通量条件下的各种车型客车的平均运行速度(km/h)；

　　T'_{1pp}——"有此项目情况"下，原有相关道路的客车正常交通量(自然数,辆/日)；

　　T'_{2pp}——"有此项目情况"下，原有相关道路的客车总交通量(自然数,辆/日)。

其中，旅客单位时间价值的计算应同时考虑工作时间价值的计算，采用按旅客出行目的进行分组测算的方法，即分别计算公务出行人员的时间价值和非公务出行人员的时间价值。

公务出行人员和非公务出行人员的时间价值分别按下面的公式计算：

$$公务出行人员时间价值 = \frac{国内生产总值}{从业人员总数 \times 年工作时间} \times 节约时间利用系数_1 \qquad (4\text{-}27)$$

$$非公务出行人员时间价值 = \frac{国内生产总值}{总人口 \times 年工作时间} \times 节约时间利用系数_2 \qquad (4\text{-}28)$$

$$年工作时间 = (年天数 - 休息日 - 节假日) \times 每日工作小时$$
$$= (365 - 104 - 10) \times 8 = 2\,008(h)$$

参照国内外研究机构和专家的有关研究成果和对项目所在地区的实际调查，公务出行人员和非公务出行人员的节约时间利用系数分别取 0.5 和 0.15。

3）交通事故减少效益

本项目建成通车后，交通事故率比以前有了一定程度的减少，从而使由于交通事故所产生的人员、车辆、道路的经济损失降低。具体的计算公式如下：

$$B_3 = B_{31} + B_{32} \qquad (4\text{-}29)$$

式中：B_{31}——本项目减少交通事故效益(元)；

　　B_{32}——原有相关道路减少交通量事故效益(元)。

$$B_{31} = 0.5 \times (T_{1p} + T_{2p})(r'_{1b} \times L' \times C'_b - r_{2p} \times L \times C_p) \times 365 \times 10^{-8} \qquad (4\text{-}30)$$

式中：C'_b——"无此项目情况"下，原有相关道路单位事故平均经济损失费(元/次)；

C_p——"有此项目情况"下,本项目单位事故平均经济损失费(元/次);

r'_{1b}——"无此项目情况"下,原有相关道路在正常交通量条件下的事故率(次/亿车公里);

r_{2p}——"有此项目情况"下,本项目在总交通量条件下的事故率(次/亿车公里)。

$$B_{32} = 0.5 \times L' \times (T'_{1p} + T'_{2p})(r'_{1b} \times C'_b - r'_{2p} \times C'_p) \times 365 \times 10^{-8} \tag{4-31}$$

式中:C'_p——"有此项目情况"下,原有相关道路单位事故平均经济损失费(元/次);

r'_{2p}——"有此项目情况"下,原有相关道路在总交通量条件下的事故率(次/亿车公里)。

经济效益的具体计算过程略。

【延伸阅读4-3】 铁路建设项目经济评价过程

某新建铁路全长1 000多公里,是政府投资的公益性铁路建设项目。项目建设期6年,计算期30年。其经济评价从资源合理配置角度,分析项目投资的经济效益和对社会福利所做出的贡献,评价项目的经济合理性。经济效益与费用的识别和估算遵循有无对比分析增量原则。"有项目"指实施本铁路项目后,相关路网将要发生的情况;"无项目"指不实施本项目,相关路网将要发生的情况。其中,"无项目"情况按现状交通达到饱和后,以最小投入维持现状。

1. 评价主要参数

社会折现率取8%;影子汇率为$1.08 \times 8.0 = 8.64$;影子工资换算系数取1.0。

2. 经济费用的识别和构成

按照经济费用效益计算口径对应一致的原则,有些投资和运营养护费用虽然在项目的财务分析中不需考虑,但在经济评价中需要考虑,这类费用主要包括:

(1)其他相关交通设施及附属设施的运营维护及更新投资等费用。

(2)因修建铁路而引起的环境维护费用。

3. 经济费用的估算

(1)建设期经济费用。根据经济费用效益分析原则,建设期经济费用需在投资估算基础上对主要投入物(主要材料、人工、土地等)按照机会成本原则进行换算调整,别除税金、进口设备关税、增值税等转移支付项目。考虑对本项目主要投入物中的主要材料、人工均以市场价格为基础进行计算,因此不对其进行调整(表4-3)。

建设期投资调整表(单位:万元) 表4-3

序号	工程及费用名称	调整原则	概算	经济费用	增减
	第一部分　工程投资				
1	拆迁及征地费用	不调整	23 146	23 146	−57 881
2	建筑安装工程费	剔除营业税	1 785 680	1 727 799	0
3	设备购置费	不调整	456 800	456 800	0
4	工器具及生产家具费	不调整	12 500	12 500	0
5	其他费用	不调整	532 591	532 591	0
6	基本预备费	不调整	96 183	96 183	0
	合计		2 906 900	2 849 019	−57 881
	第二部分　机车车辆购置费	按影子汇率调整	410 000	358 750	−51 250
	概算总额		3 316 900	3 207 769	−109 131

①土地费用调整。土地影子价格为占用土地机会成本与新增资源消耗。本工程占用多为闲置土地，因此土地机会成本采用建设费用中的土地征用费，不作调整。

②转移支付调整。按转移支付的类别，分别剔除国家对项目的补贴、营业税、进口设备关税等。

③外汇调整。本项目共使用3.125亿美元(财务价格)。根据影子汇率对外汇进行调整，并剔除10%的关税和17%的增值税。

(2)运营期经济费用。运营期经济费用包括运营费用、环境维护费用等，考虑目前各项费用均以市场价为基础，故经营费用不作调整。

(3)流动资金采用财务价格，不作调整，为10 594万元。

4.经济效益的识别与估算

本项目的经济效益，主要表现为铁路的使用者，旅客及货主运营时间的节约；运输成本节约的效益；运输质量提高的效益(包括旅客舒适度的提高、运输安全的提高等)，其中可以货币化的效益尽可能量化。但有些效益如舒适度的提高、环境效益等由于缺乏可靠的参数依据，仅做定性分析。

(1)转移客货运输时间节约的效益(略)。

(2)转移客货运量运输成本降低的效益(略)。

(3)转移客货运输质量提高的效益(略)。

(4)转移客货运量安全提高的效益(略)。

(5)诱增运量的效益(略)。

(6)环境影响效益。虽然铁路运输目前是对生态环境影响最小的运输方式，但铁路的修建也需要占用土地资源，施工及运营过程也难免对脆弱的生态环境产生影响。主要体现在：随着铁路的修建和运营，将会有大量施工人员和流动人口，加之施工设备和物流的增加以及施工等原因，都会对铁路沿线的生态环境造成影响。除了在设计和施工中采取一定的措施外，项目的费用中计列了日常环境维护费用，每年1 000万元，其余环境负效益目前没有公认一致的量化方法，因此不予计算。

5.经济评价基本报表及评价指标

根据上述费用与效益计算，编制经济费用效益流量表，计算可得经济内部收益率为9.52%，大于社会折现率8%，说明项目经济效益可行。

(资料来源：本案例摘自《建设项目经济评价案例》中的案例十一)

第四节　交通项目经济评价基本报表与指标

一、基本报表及其编制

交通项目经济评价的基本报表是项目投资经济费用效益流量表，格式见表4-4。

经济费用效益流量表的项目与财务现金流量表基本相同，不同之处主要有以下几点：

(1)表中现金流入和现金流出，原则上均应按影子价格计算，外币换算采用影子汇率。

项目投资经济费用效益流量表(单位:万元) 　　　表 4-4

序号	项　目	计　算　年　份								合计
		1	2	3	4	5	6	…	n	
1	效益流量									
1.1	项目直接效益									
1.2	资产余值回收									
1.3	项目间接效益									
2	费用流量									
2.1	建设投资									
2.2	维持运营投资									
2.3	流动资金									
2.4	经营费用									
2.5	项目间接费用									
3	净效益流量(1−2)									

计算指标:经济内部收益率(%)
　　　　　经济净现值(i_s=%)

注:运营期发生的更新改造投资作为费用流量单独列项或列入固定资产投资项中。

(2)销售税金和所得税及特种基金因系国民经济内部的转移支付,所以既不作为费用(现金流出),也不作为效益(现金流入)。

(3)由于从国民经济角度考察项目的效益和费用,因此在现金流入和现金流出中分别增加了"项目间接效益"和"项目间接费用"。

二、经济评价指标

(一)经济内部收益率

经济内部收益率(EIRR)是使项目经济净现值等于零时的折现率。它表示项目占用的投资对国民经济的净贡献能力,是一个相对指标。经济内部收益率大于或等于社会折现率时,说明项目占用投资对国民经济的净贡献能力达到了要求的水平。一般来说,经济内部收益率大于或等于社会折现率的项目是可以接受的。

经济内部收益率的表达式为:

$$\sum_{t=1}^{n}(CI-CO)_t(1+EIRR)^t=0 \tag{4-32}$$

式中:$(CI-CO)_t$——第 t 年的经济净效益流量;

　　　CI——经济效益流量;

　　　CO——经济费用流量;

　　　n——计算期。

（二）经济净现值

经济净现值（ENPV）是用社会折现率将项目计算期内各年净效益折算到建设期初的现值之和。当经济净现值大于零时，表示国家为项目付出代价后，除得到符合社会折现率的社会效益外，还可以得到以现值表示的超额社会效益；当经济净现值等于零时，说明项目占用投资对国民经济所作净贡献刚好满足社会折现率的要求。因此，经济净现值是表示项目占用投资对国民经济净贡献能力的绝对指标。一般来说，经济净现值大于或等于零的项目是可以接受的。

经济净现值的表达式为：

$$\text{ENPV} = \sum_{t=1}^{n} (\text{CI} - \text{CO})_t (1 + i_s)^t \tag{4-33}$$

式中：i_s——社会折现率。

（三）效益费用比

效益费用比（R_{BC}）是项目在计算期内效益流量的现值与费用流量的现值的比率，是一项辅助评价指标。其表达式为：

$$R_{BC} = \frac{\sum_{t=1}^{n} \text{CI}_t (1 + i_s)^{-t}}{\sum_{t=1}^{n} \text{CO}_t (1 + i_s)^{-t}} \tag{4-34}$$

如果效益费用比大于1，表明项目资源配置的经济效率达到了可以被接受的水平。

【本章小结】

为加强和完善宏观调控，应重视建设项目的经济评价。首先要明确什么样的项目必须进行经济评价，以及如何看待经济效益评价与财务效益评价之间的关系。经济评价工作中的难点是区分经济费用和经济效益。经济费用的识别和调整一般涉及一个重要概念，即影子价格。而交通项目在经济效益上有自己的特点，铁路、公路、民航等不同交通行业的经济费用和效益区分也不尽相同，是学习的重点。通过案例学习，应该认识到交通建设项目经济评价的范围是项目直接与间接影响的相关交通网。在计算经济费用和效益的基础上，才能填列经济评价的基本报表并测算指标。不同行业的项目，在这部分则是共通的。另外，本章还涉及一些重要概念，如转移支付、外部效果等。

【思考和讨论】

（1）在财务评价基础上编制经济评价报表时，主要应对哪些项目进行调整？试举例说明。

（2）经济评价和财务评价对交通建设项目的作用有什么共同点和不同点？当两者结论出

现矛盾时应如何处理? 试举例说明。

(3)讨论社会折现率的含义,并与财务基准贴现率对比。

(4)"当所有的货物和服务都由市场定价时,就没有必要计算影子价格了。"讨论这种说法是否正确。

【练习题】

某交通项目建设期为 2 年,运营期 18 年,占用农田 500 亩,最好可替代用途为种植水稻。占用前 3 年,水稻平均亩产为 1t,预计每年能递增 3%,稻谷的生产成本为 600 元/t(已调整为影子价格),出口离岸价为 300 美元/t,项目所在地离口岸为 300km,运费为 0.1 元/(t·km),运费的影子价格换算系数为 2。影子汇率换算系数为 1.08,官方汇率为 6.3 元/美元,贸易费用总计 5 美元/t。试计算该土地的机会成本。要求列出计算过程,结论保留 1 位小数点。

第五章
交通项目社会和环境评价

【本章主要内容】

(1)社会评价概念辨析,交通项目社会评价理论和实践的发展。

(2)交通项目社会评价的主要内容。

(3)交通项目社会评价的方法及其应用。

(4)交通项目社会稳定性评价的内容和方法。

(5)交通项目环境评价的内容和工作程序。

第一节　交通项目社会评价概述

一、社会评价的概念和特点

投资项目社会评价是一门正在发展中的新兴学科,是社会学、宏观经济学等社会科学理论在投资项目评价中的应用分支。社会评价方法是随着科学技术与社会的协调发展,以及人们社会意识的不断增强而建立起来的。国外经验表明,对政府投资项目,尤其是关系国计民生的公共基础设施建设项目,如果仅从财务效益和经济效益上评估可行与否是不全面的,不足以对项目做出最优选择,还必须从项目对社会发展目标的贡献和影响方面分析其利弊得失,使项目得以整体优化,并顺利实施,从而提高投资效益,促进社会进步。投资项目社会评价的发展是体现现代社会文明和进步程度的一个重要标志。

(一)社会评价的概念

国内外至今对投资项目的社会评价尚无统一的认识,无论是在名称、内容,还是在方法、指标体系上都存在较大差别。美国大多采用"社会影响评价"概念,英国更多采用"社会分析"(Social Analysis)概念,世界银行等国际组织使用"社会评价"(Social Assessment)概念。这几个概念之间存在着或多或少的差别。其中,"社会影响评价"除了关注社会影响之外,还特别关注谁得谁失的问题,也就是说,由于上了这样一个项目,社会中哪一个群体获得收益,哪一个群体遭受损失。同时,社会影响评价也特别考虑怎样减少社会损失的问题,这是应用于行动或项目调整的重要方面。"社会分析"是社会学家和人类学家应用社会学的理论和方法分析社会环境对于政策或行动的影响,以保证项目的实施有利于社会运行的各个方面。社会分析的任务是确定社会因素,收集社会信息,解释社会因素对于政策或行动的影响以及社会因素如何相互影响,同时给出在政策和项目设计阶段应考虑的社会因素的建议。世界银行所说的"社会评价"则吸收了以上两方面的内容,比较重视分析项目所在国家或地区的社会经济结构、生活方式、传统文化所受到的影响,以及特定的社会环境对项目能否顺利实施和达到项目目标所起的作用。

本书采用了世界银行的"社会评价"概念。一般来讲,任何一个投资项目的建设和运营,不仅形成一定的经济效益,还必然形成一定的社会效益和环境效益(或影响)。社会评价旨在系统调查和预测拟建项目的建设、运营产生的社会影响与社会效益,分析项目所在地区的社会环境对项目的适应性和可接受程度。通过分析项目涉及的各种社会因素,评价项目的社会可行性,提出与当地社会协调发展,规避社会风险,促进项目顺利实施,保持社会稳定的项目方案。因此,社会评价的概念可以表述为:社会评价是分析拟建项目对当地(或波及地区,乃至全社会)的影响和社会条件对项目的适应性和可接受程度,评价项目的社会可行性。

(二)社会评价的特点

我国投资项目社会评价是以各项社会政策为基础,分析评估投资项目为实现国家和地方各项社会、经济发展目标所做的贡献与影响,以及项目与社会经济的相互适应性的一种系统的调查、研究、分析和评估的方法。

社会评价相对于财务评价和国民经济评价,具有以下几个特点。

1. 评价的宏观性和长期性

对投资项目进行社会评价所依据的是社会发展目标,而社会发展目标本身是依据国家和地区的宏观经济与社会发展需要来制订的,涉及社会生活的方方面面。同时,社会评价也是长期性的。一般经济评价只考察投资项目不超过 20 年的经济效果,而社会评价通常要考虑一个国家或地区的中期和远期发展规划和要求,涉及对有些领域的影响或效益可能不只短短的几十年,而是上百年,甚至关乎几代人。因此,社会评价注重考察项目可能会产生的长期、持续、深远的社会影响。

2. 目标的多样性和复杂性

财务评价和国民经济评价的目标通常比较单一,主要就是衡量财务盈利能力高低和对国民经济净贡献的大小;而社会评价的目标则更为多样和复杂。社会评价的目标具有多层次的特点,需要从国家、地方、社区三个不同的层次进行分析,做到宏观分析与微观分析相结合。社会评价的目标还具有多样性。它要综合考察社会生活的各个领域与项目之间的相互关系和影响,分析多个社会发展目标,多种社会政策,多种社会效益和多样的人文因素和环境因素。

3.评价指标和评价标准的差异性

社会评价涉及的社会因素多种多样,比较复杂。社会目标多元化和社会效益本身的多样性使得难以使用统一的量纲、指标和标准来计算和比较社会效益,因而不同行业和不同地区的项目评价差异明显,评价指标的设定往往因项目而异。同时,社会评价的各个影响因素,有的可以定量计算,但更多的社会因素是难以量化的,这就要求在具体项目的社会评价中,充分发挥评价人员的主观能动性。

二、交通项目社会评价的发展

(一)国外交通项目社会评价的发展

1.理论起源

投资项目社会评价起源于西方国家,最初主要是针对政府负责的医疗、卫生、教育、福利等公共保障服务项目,以及能源、交通等公共基础设施建设项目开展。国外对交通运输等公共设施投资项目的社会评价认识和关注较早,1844年,法国工程师杜庇发表了《公共工程效用的度量》,第一次提出了"消费者剩余"的思想,可以说是最早的社会评价。虽然他仍是从经济角度来看待公共设施工程的效益,但已经跳出公共工程本身的财务概念,而从社会的观点来看待公共工程建设所产生的影响。

2.各国和相关组织机构的实践

美国是世界上较早关注投资项目社会评价方面分析研究的国家之一。20世纪30年代田纳西河流的开发,整个工程着眼于水资源综合利用和地区社会经济的开发;1950年颁布的《美国联邦内河流域项目经济分析方法建议》把项目分析与福利经济学联系起来。其后,在20世纪60~70年代和80年代相继颁布的《水及相关土地资源规划原则和标准》《环境政策法》《防洪法案》和《内河港口法案》中都强调要进行"国民经济发展""区域经济发展""环境质量"和"社会福利"四个方面的影响分析,对产生的正、负面效果做出评价。

英国对公路等公共交通投资项目也要求进行社会评价,除了项目经济目标外,还要按"四个政策性"目标进行分析评价。一是一般社会经济目标,包括三个方面:联结人类活动中心,促进自然资源开发,以及提供对外联系通道;二是军事战略需要,即在维护内部法制上的作用;三是社会服务,包括三个方面:消除隔离状态,创造受教育机会,以及提供医疗等便利条件;四是推动国家其他目标的实现,包括:工业重新布局,人口迁移,以及对现有运输网规划的影响。

原西德运输基础设施项目的基本目标几乎都是社会性目标,包括:改善公民的流动性,推动社会的发展;促进地区间民众平等的生活条件;提高经济系统运行效率;保持和创造就业机会。其具体项目目标为:降低运输费用;提高安全性,减少事故损失;提高经济效益,改善交通状况,减少行车时间,创造就业机会;保护环境,减少噪声和空气污染;保护自然风景,减少土地利用,防止干扰游览活动,防止水质污染和对动植物的危害;充分利用其他效益,提高风景旅游区价值等。

3.世界银行的社会评价体系

世界银行从 20 世纪 80 年代开始,对社会影响评价的发展起到了重要的推动作用。1980 年世界银行首先在移民和移民安置中分析了社会问题,1982 年对受项目影响的土著居民也进行了分析。1984 年明确提出将社会评价作为世界银行开展投资项目可行性研究的重要组成部分,在项目评价阶段,与财务、经济、技术和机构评价共同进行。1985 年世界银行出版了《把人放在首位》,介绍了社会分析在农业、农村发展项目设计中的应用。

目前,世界银行制定了关于移民安置、社会分析、社会评价等的专门手册,广泛应用于项目的分析和评价。与世界银行类似,亚洲开发银行、泛美开发银行等国际金融机构在 20 世纪 80 年代末、90 年代初也分别设立了社会发展部门,将社会影响评价发展作为项目评价的一个不可或缺的组成部分,使项目评价突破了传统方法的局限。

(二)我国交通项目社会评价的发展

改革开放以来,随着我国交通基础设施建设的加快,其对国家、地区社会经济发展产生了巨大的推动作用和深远的历史影响,在我国日益重视"以人为本"和"可持续发展"的 21 世纪,对其进行社会评价十分具有现实意义。

以往,由于项目评估的理论方法研究和国际交流的欠缺,以及评价体系的不完善,我国的交通项目不进行专门的社会评价,但在项目经济评价中涉及一些有关社会效益的内容。在公路项目国民经济评价中,计算以下社会效益:新建公路全社会货物运输成本降低额,新建公路旅客运输成本降低额,新建公路影响相关公路减少拥挤的效益,货物和旅客节约在途时间的价值,公路减少交通事故而节约的费用等。可见,最初的社会影响评价仅仅局限在"宏观经济"层面,而在社会公平、公民的基本权益保障程度等人文范畴的社会影响评价一直比较欠缺。

20 世纪 80 年代以来,随着交通基础设施建设的逐步开展,在引进国外工程技术和管理经验的同时,我国在项目决策及评价方面也进行了很好的国际交流,学习和借鉴了一些国外的做法,比如世界银行在公共设施建设项目或公共投资项目评价方面的方法和经验,其中社会评价作为投资项目评价体系中的重要组成部分,也逐渐得到了我国政府和研究机构等各方面的重视。

交通项目具有与一般投资建设项目相似的特点,同时又有其特殊性,在对其进行社会评价时应遵循以下基本原则:

(1)从国家或地区社会经济发展目标和项目的具体目标,以及项目的影响空间、时间和对象出发,客观地考察其产生的有利影响与不利影响。

(2)深入调查研究,逐次考察项目的实施对国家、区域、地方、企业、社会团体、利益集团以及个人产生的影响及其程度。

(3)社会评价指标的建立应从客观性和现实性出发,指标要反映项目确实产生的有意义的影响,而且该影响确实与受影响的对象存在利害关系,并可能对项目的执行和营运产生有利影响和不利影响。

(4)评价指标应能定量计算或具体地定性描述,具有可操作性。

(5)社会评价应遵循可比性原则,无论是方案比较或不同运输方式的比较,在价格、时限、计算方法、费用的范围等各方面均应保持其同一性。

三、交通项目社会评价的必要性

(一)社会评价的适用范围

社会评价适合于社会因素较为复杂,社会影响较为久远,社会效益较为显著,社会矛盾较为突出,社会风险或对宏观经济影响力较大的投资项目。其中主要包括:

(1)需要大量移民搬迁或占用农田较多的项目。

(2)具有明确社会发展目标的项目,如减轻贫困项目、区域发展项目、社会服务项目以及国防建设项目等。

(3)对国家或区域社会经济发展形态或总体布局、结构会产生重大影响的建设项目。

交通项目,尤其是大型交通基础设施建设项目,符合以上三个方面的特点,因此,交通项目社会评价在我国起步较早,目前已经形成了较为完整的理论和政策体系。

(二)交通项目社会评价的层次

根据项目周期,交通项目社会评价分为三个层次,在这三个层次中都可以进行社会评价。

(1)项目影响识别(初级社会评估)。通过实地考察,确定项目利益主体,筛选主要的社会风险,确定负面影响。通过初步的社会评价,识别项目社会影响因素,并为项目建设方案设计、实施做准备。

(2)项目评价准备(详细社会分析)。详细社会分析运用理论方法及专项技术,对于调查数据资料及现状进行系统的定量与定性分析,描述影响项目诸方面的社会形式和过程,并通过弱势群体和广泛利益主体的参与,交流信息,为项目实施做准备。

(3)项目评价实施(建立监控和评估机制)。在项目评价实施阶段,从社会整体利益或目标角度出发,测量项目相关的投入与产出关系,以此作为衡量项目成功进展的尺度,并随时间的发展衡量项目的社会影响,提出评价结论、政策建议及改进措施。

(三)交通项目社会评价的必要性

社会评价把项目放到较为一般的社会系统中去分析和考虑,既要考虑项目自身的效益,也要考虑项目所在地区的社会经济发展与公平公正问题。交通项目社会评价有以下几方面的功能。

1. 给出项目是否能成立的基本判断

项目可行性研究的一般思路是:先要考虑技术方面的可行性,再考虑经济上是否合理,然后再考虑其他方面的因素。技术可行、经济合理的项目,在社会方面可能存在隐患。社会评价的介入从社会的角度给出项目是否能成立的判断。如果不能成立,投资者可尽早退出项目,避免风险;如果项目可以成立,则将提供相关的建议,使项目得以完善。

2. 实现项目的社会发展目标

通过社会评价,消除项目中潜在的社会隐患,减少可能出现的负面影响,降低社会风险,保持社会稳定,促进社会发展,实现项目的社会发展目标。如交通项目建设过程中,往往面临征地拆迁、移民等问题。如果没有解决好移民的生活和生产问题,就会导致各种社会问题。如果在项目实施前能够正常地开展社会评价研究,这些问题则完全可以避免。

3.提高项目的经济效益

社会评价有助于协调各方面的利益关系,消除潜在隐患,降低项目风险,因而使项目产生稳定的、良好的经济效益。世界银行的一项统计表明,对项目进行社会学研究大大提高了项目的经济回报率。它对已完成的 57 个项目进行了统计,30 个项目进行过某种形式的社会分析,平均获得 18.5% 的经济回报率,27 个项目没有或几乎没有社会分析,经济回报率低于 9%。

总之,项目社会评价的意义在于,在项目决策过程中,使那些有益于落后地区,而不是有益于比较发达地区的项目;或有益于产生较高的积累和进一步增长,而不是有益于产生较高的目前消费的项目易于入选,从而使有限的投资资源产生最大的社会效益。这一点已为世界银行贷款项目实践所证实。由此可见,项目社会评价对提高项目的投资经济效益具有重要的意义。

第二节 交通项目社会评价的框架和内容

一、交通项目社会评价的框架

对交通项目进行社会评价的框架体系如图 5-1 所示。

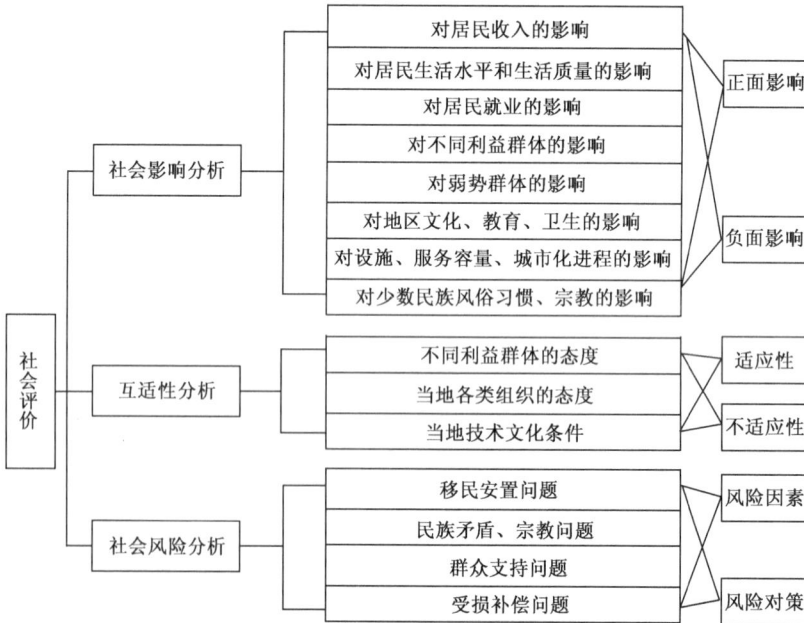

图 5-1 社会评价框架

二、交通项目社会评价的内容

交通项目社会评价从以人为本的原则出发,研究内容包括项目的社会影响分析、项目与所在地区的互适性分析和社会风险分析三个方面的内容。

(一)社会影响分析

交通项目的社会影响分析在内容上可以分为三个层次四个方面的分析,即在国家、地区、项目(社区)三个层次上展开分析,包括项目对社会环境方面、社会经济方面、自然与生态环境方面和自然资源方面的影响。

1. 对居民生活水平的影响

(1)分析交通项目对所在地居民收入的影响。主要分析预测由于项目实施可能通过促进地区经济发展,增加财政收入,改善社会福利而造成当地居民收入增加或者减少的范围、程度及其原因;收入分配是否公平,是否扩大贫富收入差距,并提出促进收入公平分配的措施建议。扶贫项目,应着重分析项目实施后,能在多大程度上减轻当地居民的贫困和帮助多少贫困人口脱贫。

(2)分析交通项目对所在地区居民物质文化生活水平和生活质量的影响。分析预测项目实施后居民居住水平、消费水平、消费结构、人均寿命的变化及其原因。

(3)分析交通项目对所在地区居民就业的影响。分析预测项目的建设、运营对当地居民就业结构和就业机会的正面影响与负面影响。

2. 对各个利益群体,尤其是弱势群体的影响

(1)项目对所在地区不同利益群体的影响。分析预测项目的建设和运营使哪些人受益或受损,以及对受损群体的补偿措施和途径。兴建露天矿区、水利枢纽工程、交通运输工程、城市基础设施等一般都会引起非自愿移民,应特别加强对这项内容的分析。

(2)项目对所在地区弱势群体利益的影响。分析预测项目的建设和运营对当地妇女、儿童、残疾人员利益的正面影响或负面影响。

3. 对地区整体社会发展进程的影响

(1)项目对所在地区文化、教育、卫生的影响。分析预测项目的建设和运营期间是否可能引起当地文化教育水平、卫生健康程度的变化以及对当地人文环境的影响,提出减小不利影响的措施建议。公益性项目要特别加强对这项内容的分析。

(2)项目对当地基础设施、社会服务容量和城市化进程等的影响。分析预测项目的建设和运营期间,是否可能增加或者占用当地的基础设施,包括道路、桥梁、供电、给排水、供气、服务网点,以及产生的影响。

(3)项目对所在地区少数民族风俗习惯和宗教的影响。分析预测项目建设和运营是否符合国家的民族和宗教政策,是否充分考虑了当地民族的风俗习惯、生活方式或者当地居民的宗教信仰,是否会引发民族矛盾、宗教纠纷,影响当地社会安定。

(二)互适性分析

互适性分析主要是分析预测交通项目能否为当地的社会环境、人文条件所接纳,以及当地政府、居民支持项目存在与发展的程度,考察项目与当地社会环境的相互适应性关系。

1. 分析各个利益群体对项目的态度

通过分析预测与项目直接相关的不同利益群体对项目建设、运营的态度和参与过程,选择可以促使项目成功的各利益群体的参与方式,对可能阻碍项目存在与发展的因素提出防范措

施。因此,有必要在项目周期的各个阶段,对社区参与的可行性进行考察和评估,考察的内容包括:

(1)分析项目社区中不同利益集团参与项目活动的重要性,并分析对当地人民参与有影响的关键的社会因素。

(2)分析在项目社区中是否有一些群体被排斥在项目设计之外或在项目的设计中没有发表意见的机会,同时分析并找出项目地区的人民参与项目设计、准备和实施的恰当的形式和方法。

2.分析各类组织对项目的态度

分析预测项目所在地区的各类组织对项目建设和运营的态度,可能在哪些方面、在多大程度上对项目予以支持和配合。

(1)首先,需要分析当地政府对项目的态度及协作支持的力度。如果投资者不是当地政府及其下属企业,则项目的建设和运营必须征得当地政府的同意并取得支持和协作,尤其是大型项目,在后勤保障等一系列问题上更离不开社会支撑系统。应当认真考察当地是否能够提供交通、电力、通信、供水等基础设施条件,粮食、蔬菜、肉类等生活供应条件,医疗、教育等社会福利条件的保障。国家重大建设项目更要特别注重对这方面内容的分析。如果当地政府不配合,项目成功的希望将可能十分渺茫。

(2)其次,应分析当地群众对项目的态度以及群众参与的程度。任何一个项目,必须是造福于桑梓、取信于民众的,使群众以各种方式参与到项目的设计、决策、建设、运营和管理中来,才能得到群众的拥护和支持。评价者要判明项目的受益者是谁? 受益面有多大? 受损者是谁? 受损程度如何? 怎样给予合适的补偿? 这些问题都应该在社会评价中予以解决。

3.分析项目与当地发展水平的互适性

分析预测项目所在地区现有技术、文化状况能否适应项目建设和发展。主要为发展地方经济、改善当地居民生活条件兴建的水利项目、公路交通项目、扶贫项目,应分析当地居民的教育水平能否适应项目要求的技术条件,能否保证实现项目的既定目标。

【延伸阅读5-1】 YR 高速公路进度计划延后的原因剖析

YR 高速公路于 2008 年 6 月开工,但在 2009 年 6 月出现了工期拖延。没有完成进度计划的原因是:KXXX + YYY 通道桥于 2009 年 3 月 16 日完成,右半幅安装后按规定挂出限高标志,当地村民看到标志后认为桥下净高 3.9m 无法满足通行要求。项目部就此问题立即向驻地办、代表处及管理部报告了情况,并请设计代表至现场勘察,但截止到 6 月份未能与县协调办、镇政府及村民代表达成一致的处理方案,受到当地村民长达两个多月的阻工。

这一突发情况表明,交通项目往往和地方民众的生产、生活联系在一起,一条高速公路的顺利建成需要很多部门的大力配合,尤其是地方政府的支持。YR 高速公路土地征用及建筑物拆迁等工作全部由地方政府负责,为此,所经过的 3 个设区市和各沿线政府(县、乡)都相应成立了高速公路协调办公室,负责前期的征拆及工程施工过程中各项牵涉到地方和老百姓的协调工作。但地方因素干扰施工进度的情况仍时有发生。要顺利解决,必须依靠当地政府的支持,他们支持的力度越大,问题就解决得越快,工程进度也能同步推进。同时,在工程施工前,应组织工作组成员层层召开会议,进村入户开展政策宣传,加强法制教育,争取群众的理解和支持。

（三）社会风险分析

项目的社会风险分析是对可能影响项目顺利实施的各种社会因素进行识别和排序，选择影响面大、持续时间长，并容易导致较大矛盾的社会因素进行预测，分析可能出现这种风险的社会环境和条件，以及风险可能导致的后果或不良影响。对可能诱发民族矛盾、宗教矛盾的项目要特别注重这方面的分析，并提出防范措施。

第三节　交通项目社会评价的步骤和方法

一、交通项目社会评价的步骤

交通项目社会评价一般分为社会调查、识别社会因素、论证比选方案三个步骤。

（一）社会调查

调查了解项目所在地区的社会环境等方面的情况。调查内容包括项目所在地区的基本情况和受影响社区的基本社会经济情况在项目影响时限内可能的变化。包括人口统计资料、基础设施与服务设施状况；当地的风俗习惯、人际关系；各利益群体对项目的反应、要求与接受程度；各利益群体参与项目活动的可能性；确定通过项目受益或受损群体，调查其受益或受损的性质、方式、程度。社会调查可采用多种调查方法，如查阅历史文献、统计资料，问卷调查，现场访问、观察，开座谈会等。

（二）识别社会因素

分析社会调查获得的资料，对项目涉及的各种社会因素进行分类。一般可分成三类。

（1）影响人类生活和行为的因素。如对就业的影响，对收入分配的影响，对社区发展和城市建设的影响，对居民身心健康的影响，对文化教育事业的影响，对社区福利和社会保障的影响等。

（2）影响社会环境变迁的因素。如对自然和生态环境的影响，对资源综合开发利用的影响，对能源节约的影响，对耕地和水资源的影响等。

（3）影响社会稳定与发展的因素。如对人民风俗习惯、宗教信仰、民族团结的影响，对社区组织结构和地方管理机构的影响，对国家安全和地区威望的影响等。

从这些因素中，识别与选择影响项目实施和项目成功的主要社会因素，作为社会评价的重点和论证比选方案的内容之一。

（三）论证比选方案

对项目建设方案设计中涉及的主要社会因素进行定性、定量分析，比选推荐社会正面影响大、负面影响小的方案，主要步骤如下。

（1）确定评价目标与评价范围。根据投资项目建设的目的、功能以及国家和地区的社会发展战略，对与项目相关的各社会因素进行分析研究，找出项目对社会环境可能产生的影响，确定项目评价的目标,并分析出主要目标和次要目标。分析评价的范围,包括项目影响涉及的空间范围和时间范围。

(2)选择评价指标。根据评价的目标,选择适当的评价指标,包括各种效益和影响的定性指标和定量指标。所选指标不宜过多(一般控制在 50 个以内),且要便于搜集数据和进行评定。

(3)确定评价标准。在广泛调查研究和科学分析的基础上,收集项目本身及评价空间范围内社会、经济、环境等各方面的信息,并预测在评价和项目建设阶段有无可能发生变化,然后确定评价的标准。定量指标的评价标准一定要明确给出。

(4)列出备选方案。根据项目的建设目标、不同的建设地点、不同的资金来源、不同的技术方案等,理清可供选择的方案,并采取拜访、座谈、实地考察等方式,了解项目影响区域范围内地方政府与群众的意见,将这些意见纳入方案比较的过程中。

(5)进行项目社会影响评估或后评价。根据调查和预测的资料,对每一个备选方案进行定量和定性评价。首先,对能够定量计算的指标,依据调查和预测资料进行测算,并根据一定标准评价其优劣。其次,对不能定量计算的社会因素进行定性分析,判断各种定性指标对项目的影响程度,揭示项目可能存在的社会风险。再次,分析判断各定性指标和定量指标对项目实施和社会发展目标的重要程度,对各指标进行排序并赋予一定的权重。对若干重要的指标,特别是不利影响的指标进行深入的分析研究,制订减轻不利影响的措施,研究存在的社会风险的性质与重要程度,提出规避风险的措施。最后,计算各指标得分和项目综合目标值,并对备选方案进行排序,得分高者中选;若出现得分相同情况,则以权重最大的某项指标为准,以该指标优者为优。

(6)专家论证。根据项目的具体情况,可召开相应规模的专家论证会,将选出的最优方案提交专家论证,对中选方案进行详细分析,就其不利因素、不良影响和存在的问题提出改进和解决办法,进一步补充和完善该方案。

(7)评价总结,编制"项目社会评价报告"。将对所评价项目的调查、预测、分析、比较的过程和结论,以及方案中的重要问题和有争议的问题写成一定格式的书面报告。在提出方案优劣的基础上,提出项目是否具有社会可行性的结论或建议,形成项目社会评价报告,作为项目决策者的决策依据之一。

二、交通项目社会评价的方法

(一)参与式乡村评估

1. 参与式乡村评估的含义

社会学家用一年或更长的时间来理解一个地区的文化,主要是通过参与性观察来了解研究对象,而社会评价往往用几天甚至更短的时间,通过观察、访谈、问卷、座谈会等方法去理解该地区的基本情况,了解居民的基本态度和看法。这种短时间的田野研究(Field Study)方法又被称为参与式乡村评估法(Participatory Rural Appraisal,简称 PRA)。

参与式乡村评估起源于 1980 年前后,用于实现当地与外部人群的共同学习,以保证发展项目工作者、政府官员以及当地人群能够共同设计适当的方案。PRA 常用于项目定义及准备阶段,被称为"来自农户、与农户一道和依靠农户学习了解农村生活和条件的一种方法和途径",它作为一个术语,被用于定义一套调查研究方法。可以这样理解 PRA:它是一种参与式的方法和途径,在外来者的协助下,使当地人能运用他们的知识分析与他们生产、生活有关的环境和条件,制订今后的计划并采取相应的行动,最终使当地人从中受益。

2. 参与式乡村评估的特点和原则

不同的人群有不同的知识背景。"外来者"(多数时候是一些参与性的实践者、政府成员、专家等)与"当地人"(社区成员、弱势人群等)在各自的知识上存在差异,有时是明显的差异,很多"外来者"在推动"当地人"的发展和别的社区的经济、文化等方面的工作时,往往强调了自身知识而忽视了对方,因而产生种种怪现象,如认为对方"落后""思想僵化"等。

认识到这种差异后,要了解一个村庄时,必须倾听村子里不同群体的看法,了解他们的经验和他们所关心的问题,以及他们为什么这样想,并根据他们的经验和条件,了解他们认为解决的办法是什么,PRA 的核心是一个互相沟通和对话的过程,互相尊重是一个必要条件,而尊重的一个重要基础就是承认这种知识的差异,改变自己的态度。没有互相尊重和互相信任,就没有真正的沟通,也没有相互间的充分理解。

基于以上特点,PRA 的原则包括:

(1)协助他们做。协助农村居民自己调查、分析、做出报告和学习。这样,他们才既能提供信息又拥有调查结果,并且研究它。这种被称为"移交指挥棒"的方式常常要外来者开个头,然后坐回去或走开,而不要进行访谈或打断。

(2)灵活和创新。任何事物都在不断地发生着变化,在进行 PRA 时,应及时捕捉重要信息,修订工作计划。工作地的任何事物都可以为评估人员的工作提供有用的信息。运用 PRA 工具时,没有必要墨守成规,应充分发挥村民的创造力和想象力。

(3)责任心并懂得做自我批评。评估人员或协调者应不断检查自己的行为,并试图做得更好。这包括从分析错误的过程中学习如何做得更好。

(4)分享所得的信息和观点。在当地居民之间、当地居民与协助者之间,以及不同协助者之间,相互交换信息和看法。

3. 参与式乡村评估的主要技术和工具(表 5-1)

PRA 的主要技术有:访谈(个体、农户、目标团体和社区会议),绘图(社区关系图、个人关系图和制度关系图),排序(问题排序、优先权排序和贫富排序),趋势分析(历史图、季节历和每日活动安排)。通过 PRA,可以推荐项目的设计方案,引入当地人群参与该项目的评价,设计基于社区层面的实施计划,也可以对当地社区赋权。

参与式乡村评估的主要目的和工具 表 5-1

目 的	需要收集的信息	常 用 工 具
了解社区的资源情况	社区自然资源与基础设施情况; 社会资源; 家庭人口与居住情况、人口分类、网络分析、机构分析	资源图、社区图、机构分析图
了解农户的生计情况	了解人们的角色、活动、收入与支出情况; 人们对资源的获取与控制; 谁是决策制订者	日记表; 决策图

目　　的	需要收集的信息	常　用　工　具
确定问题,选择活动	了解人们的需求,找到可以确定这些需求的方法	问题树; SWOT(优势劣势—机会风险)分析
制订干预活动的计划	确定目标、产出、活动、时间、需要的资源、干预活动的监测指标	逻辑框架法
监测与评价	检查项目的进展与产生的影响,并做出适当的修正	打分排序

根据交通项目建设目的、所经地区的不同,可以设计和采用不同的参与式乡村评估。本节仅介绍其中的资源图、机构分析图和日记表三种工具。逻辑框架法、打分排序等方法在本书第八章有具体介绍。

(1)资源图。资源图是在纸上画出的图,来表示一定区域内的自然资源及其利用以及基础设施的种类和分布。资源图绘制的过程一般包括以下几个步骤。

首先,讲清目的,适当地(而不是过分地)解释有关概念(资源、基础设施),尽可能用当地老百姓的术语。例如在北方农村,只是耕地分到了农户,山地大多仍然留在集体统一管理。农民说"地"往往指的是耕地,而没有包括山地。又例如在西南省份,很多地方农民把旱地叫作"土"。只有尊重并使用当地的术语,群众才能真正参与进来,自己进行分析。

第二,把笔交给被访问人,让他/她(们)自己做。鼓励他们按照自己的思路确定方向、边界、绘图、注明内容。采用不同的符号、线条、颜色,增加直观性、形象性,吸引在场农民积极参与。必要时,可以做些建议,如公路画双线,机耕道和人行小路可以由单实线和虚线表示。在资源图初步画好以后,请画图人和参与的当地农民介绍图上表示的具体内容。如当地土地利用类型的划分(一等地、二等地等)、村组之间在自然资源和基础设施方面的差异等。

第三,在空白处或另外的大纸上,说明村、组之间的类型划分、理由、各自特点。注意要耐心启发、等待,不要诱导提示。启发当地群众注意根本的原因,以便能确定有代表性的地点继续深入调研,为因地制宜地分析问题、确定发展机会打好基础。

最后,在资源图上标明方向和图例,写上制图人和参加讨论人的姓名、时间、地点。

(2)机构分析图。机构分析图又称为利益主体分析图,是用图形、连线来表示机构、群体之间相互关系的一种图解工具。其目的是帮助目标群体分析他们社区的组织、群体之间以及和他们发展的环境中相关的机构、群体之间的关系,确定应对措施。绘制过程一般包括以下几个步骤。

首先,说明意图、做法,启动分析过程。把大纸钉在展示板上或铺在桌子上。

其次,确定利益或利害关系分析的核心群体或事物,如贫困农户、农民、社区、农民自助组织等,写到大的卡片上,放在或钉在大纸的中央。进而讨论、分析与核心群体或事物有利害关系的包括哪些机构和群体、在社区以内和以上层次,注意社会性别差异。

最后,用线条将相关的机构、群体与核心群体或事物连接起来。可以用实线和虚线分别表示直接关系和间接关系。

(3)日记表。日记表列示了一天内需要完成的全部活动,能帮助评估人员了解社区内不同类型的人们(如男性、女性、富人、穷人、年轻人、老人)需要负担的工作。日记表制作的步骤包括以下几个步骤。

首先,将男性、女性分组,保证每个小组都有社会经济地位不同的人们,告诉他们想了解每个人在一个典型的日子所做的事情。让男性、女性分别绘制他们昨天所做的全部事情,以及每件事情所耗费的时间。

其次,将活动绘制在一个圆形饼状图上。如果有些事件是同时做的,如照顾孩子和整理园地,那就用同一空间表示。

绘制完毕后,还要针对图上所列的活动提出问题。问一下昨天的时间安排是否具备代表性。如果当前季节是雨季,那么让同一个人绘制代表其他季节(如旱季)的典型一日的时间安排,然后将二者做比较。

(二)参与式监测

1. 参与式监测的含义

参与式监测(Participatory Monitoring)是由公众(主要是受项目影响人)对项目的实施情况进行监测,就监测所发现的问题提出建议,制订行动方案,并激励各方执行。公众包括但不限于受项目影响人、妇女代表、少数民族代表、关注项目的公众、非政府组织、环保、社会专家或其他利益相关方等。

公众参与越来越被认为是监测过程不可分割的一部分,它为评估项目变化并从变化中学习经验提供了新的方法。这些方法更有参与性,对那些项目最直接受影响者的需求和渴望有更好的回应。参与式监测不仅与项目效果的检测有着紧密关系,同时也与建立主人翁感和加强项目的社会效益,建立责任制度和透明度,执行整改措施以改进项目实施和结果等方面都息息相关。

参与式监测中涉及的典型利益相关群体有:项目服务使用者(包括社区范围内的人们)、中介组织(包括非政府组织等)、与项目有关的私营商业部门和各层面的政府人员。

2. 参与式监测的特点和原则

传统的监测是由项目内部和外部的专家根据预先设定的指标,使用一些标准化的程序和工具对项目实施进行监测。参与式监测和传统的监测做法的区别在于它更注重主动地促进主要利益相关方的参与,共同反映和评估项目的进展情况,并更关注既定目标的达成。参与式监测实施的主要原则有:

(1)当地人群不仅是信息的提供者,更是积极的参与者。

(2)利益相关群体评价,外部力量推动。

(3)聚焦于构建利益相关群体分析及解决问题的能力。

(4)保证实施所有推荐的纠正行动的过程。

第四节 交通项目社会稳定性评价

一、社会稳定性评价概述

(一)社会稳定性评价的概念

1. 社会稳定性和社会稳定性评价

社会稳定风险在广义上是指一种导致社会冲突、危及社会稳定和社会秩序的可能性,是一类基础性的、深层次的、结构性的潜在危害因素,会对社会的安全运行和健康发展构成严重的威胁。一旦这种可能性变成现实性,社会稳定风险就会转变成公共危机。在狭义上,社会稳定风险是指由于所得分配不均、发生天灾、政府施政对抗、结社群斗、失业人口增加等造成社会不安、宗教纠纷、社会各阶级对立、社会发生内争等社会因素引起的风险,仅指社会领域的风险。

社会稳定风险评价,是指与人民群众利益密切相关的重大决策、重要政策、重大改革措施、重大工程建设项目、与社会公共秩序相关的重大活动等重大事项在制订出台、组织实施或审批核准之前,对可能影响社会稳定的风险因素进行系统调查、科学预测和分析评价,制订风险应对策略和预案,以便有效规避、预防、控制重大事项实施过程中可能产生的社会稳定风险事件,确保重大事项顺利实施。

2. 社会稳定性评价和社会评价

社会评价与项目社会稳定性评价存在很大差异。社会评价包括的内容非常广泛,其核心理念是以人为中心,如何使人们参与以及如何建立由他们自主管理的组织应当是社会评价的主要内容。社会评价是确定社会因素、收集社会信息、解释社会因素如何影响项目和社会因素如何相互影响,以及给出如何在项目方案设计和计划阶段考虑这些社会因素的建议的一系列活动。

社会稳定风险是拟建项目社会风险的一个组成部分,但并非全部。拟建项目可能产生各种各样的社会风险,如民族问题、性别平等问题、历史文化遗产保护问题、社会资本的损害及恢复问题、弱势群体保护问题、社会组织机构重建问题等,但是这些社会风险并不一定能够引起社会动荡,并不一定能够成为社会稳定风险。因此,社会影响分析或社会评价并不能代替社会稳定风险的分析评价。

2012年,在《国家发展改革委关于印发国家发展改革委重大固定资产投资项目社会稳定风险评估暂行办法的通知》中明确要求:"项目单位在组织开展重大项目前期工作时,应当对社会稳定风险进行调查分析,征询相关群众意见,查找并列出风险点、风险发生的可能性及影响程度,提出防范和化解风险的方案措施,提出采取相关措施后的社会稳定风险等级建议。社会稳定风险分析应当作为项目可行性研究报告、项目申请报告的重要内容并设独立篇章。"

(二)社会稳定性评价的特点

1. 宏观性和长期性

重大项目进行社会稳定风险评估所依据的是社会发展目标,而社会发展目标本身是依据国家和地区的宏观经济与社会发展需要来制定的,包括经济增长目标、国家安全目标、人口控制目标、减少失业和贫困目标、环境保护目标等,涉及社会生活的方方面面。进行重大项目的社会稳定风险评估时,要认真考察与项目建设相关的各种可能的影响因素,包括正面和负面影响,直接和间接影响。这种分析和考察应该是从所有与项目相关的社会成员角度进行的,是全面、广泛和宏观的。同时,重大项目的社会稳定风险影响往往具有长期性。一般经济评价只考察项目大约20年的经济效果,而社会稳定风险评估通常要考虑一个国家或地区的中期和远期发展规划及要求,有些领域的影响可能涉及几十年、上百年,甚至是关乎几代人。如建设青藏铁路这样的重大项目,在考察项目对生态环境、人民生活、社会发展的影响时,考察的时间跨度可能是几代人。

2.目标的多样性和复杂性

财务和经济分析的目标通常比较单一,主要就是衡量企业的财务盈利能力及资源配置的经济效率;而社会稳定风险评估的目标则远为多样和复杂,需要从国家、地方、社区等不同层次进行分析,以各层次的社会政策为基础展开,做到宏观分析与微观分析相结合。通常低层次的社会目标是依据高层次的社会目标制定的,但各层次在就业、扶贫、妇女地位、文化、教育、卫生保健等方面可能存在不同情况,要求和重点也可能各不相同。社会目标层次的多样性,决定了社会稳定风险评估需要综合考察社会生活的各个领域与项目之间的相互关系和影响,必须分析多个社会发展目标、多种社会政策、多种社会影响和多样的人文环境因素,进行多目标综合分析。

3.评价标准的差异性

在重大项目的环境、技术和经济分析中,往往都有明确的指标判断标准。社会稳定风险评估由于涉及的社会环境多种多样,影响因素比较复杂,社会目标多元化和社会效益本身的多样性使得难以使用统一的量纲、指标和标准来计算和比较社会影响效果,因而在不同行业和不同地区的项目评价中差异明显。同时,社会稳定风险评估的各个影响因素,有的可以定量计算,如就业、收入分配等,但更多的影响因素是难以定量计算的,如项目对当地文化的影响,当地居民对项目的支持程度等。这些难以量化的影响因素,通常使用定性分析的方法加以研究。

二、交通项目社会稳定性评价的内容和方法

(一)风险调查

社会稳定风险调查重点围绕拟建项目建设实施的合法性、合理性、可行性和可控性等方面开展。调查范围应覆盖所涉及地区的利益相关者,充分听取、全面收集群众和各利益相关者的意见,包括合理和不合理、现实和潜在的诉求等。

1.风险调查的范围和内容

凡是交通项目涉及利益相关者切身利益、容易引发社会稳定风险的因素,都应纳入调查范围,应当涵盖交通项目建设和运行可能产生负面影响的范围。风险调查的主要内容包括:

(1)拟建项目的合法性。包括与国家和当地经济社会发展规划、行业规划、产业政策、标准规范的符合性,与土地利用总体规划、城乡规划的符合性,分析项目达到合法性要求还需依法取得的相关前置审批文件等。

(2)拟建项目所在地周边的自然环境现状和社会环境状况,以及项目实施可能对当地经济社会的影响。包括可能对行业发展和区域经济的影响,对上下游已建或拟建关联项目的影响,对当地总体发展规划、经济发展、关联行业发展、就业机会的影响等;包括拟建项目占用地方资源(土地、能源、水资源、岸线、交通、污染物排放指标、自然和生态环境等)带来的影响,拟建项目的建设和运行活动对项目所在地文化、生活方式、宗教信仰、社会习俗等非物质性因素的影响,能否被当地的社会环境、人文条件所接纳等。

(3)利益相关者(包括受拟建项目建设和运行影响的公民、法人和其他社会组织)对拟建项目建设实施的意见和诉求。深入细致地向利益相关者了解情况,对受项目影响较大者、有特殊困难的家庭重点走访,当面听取意见。听取意见要注意对象的广泛性和代表性,注意方式方法,以便群众了解真实情况、表达真实意见。对于听取的意见和诉求,要通过分析利益相关者

的主要特征、背景和同质性等,鉴别出主要利益相关者。

(4)拟建项目所在地政府及其有关部门、基层政府和基层组织、社会团体的态度。在规划选址、土地房屋征收补偿、移民安置、环境保护等方面,征求项目所在地政府、有关部门及基层组织、社会团体等对拟建项目的支持态度,了解项目所在地存在的社会历史矛盾和社会背景等。

(5)媒体对拟建项目建设实施的态度。调查大众媒体包括网络媒体及移动媒体等新兴媒体对拟建项目的意见、诉求和舆论导向等。

(6)同类项目曾引发的社会稳定风险。调查公开报道的同类项目曾经引发的社会稳定风险,同类项目的后评价报告,风险的原因、后果和处置措施等。

2.风险调查的方式和方法

风险调查的方式有全面调查、抽样调查、个案调查和典型调查。调查的方法有观察法、访谈法、文献法、问卷法、实验法等。可根据项目的特点及项目所在地的实际情况,选择适用的方式方法进行调查。实际工作中可采取公告公示、实地踏勘、走访群众、召开座谈会、网上调查以及舆情分析等多种方式和方法,以达到广泛调查、充分收集各方意见和诉求的目的。

(二)风险识别

1.风险识别的内容

风险识别是在风险调查的基础上,针对利益相关者不理解、不认同、不满意、不支持的方面,或在日后可能引发不稳定事件的情形,全面、全程查找并分析可能引发社会稳定风险的各种风险因素。

风险识别时,可以在政策规划和审批程序、土地房屋征收方案、技术和经济方案、生态环境影响、项目建设管理、当地经济社会影响、质量安全和社会治安、媒体舆论导向等方面重点分析查找各风险因素。

2.风险识别的方法

风险识别一般可选用对照表法、专家调查法以及访谈法、实地观察法、案例参照法、项目类比法等方法。

(三)风险估计

1.风险估计的内容

风险估计需要根据各项风险因素的成因、影响表现、风险分布、影响程度、发生可能性,找出主要风险因素,并对每个主要风险因素的风险程度进行分析、预测和估计,层层剖析引发风险的直接和间接原因,预测和估计可能引发的风险事件,分析其引发风险事件的可能性,估计发生的概率,分析影响程度(后果),判断其风险程度。

可以根据以上分析编制主要风险因素及其风险程度表,见表5-2。

主要风险因素及其风险程度表　　　　　表5-2

序　　号	风险类型	发生阶段	风险因素	风险概率	影响程度	风险程度
1						
2						
…						

（1）风险类型,包括工程风险因素和项目与社会互适性风险因素。其中:工程风险因素可按政策、规划和审批程序,土地房屋征收及补偿,技术经济,环境影响,项目管理,安全和治安等方面分类。项目与社会互适性风险因素指项目能否为当地的社会环境、人文条件所接纳,以及当地政府、组织、社会团体、群众支持项目的程度,项目与当地社会环境的相互适应关系方面所面临的风险因素。

（2）风险发生阶段,一般包括项目决策、准备、实施、运行四个阶段。

2.风险估计的方法

风险估计一般采用定性分析与定量分析相结合的方法,逐一对风险因素进行多维度分析,估计其发生的概率和影响程度。选取的维度通常包括:可能产生风险的项目阶段、地域、群体,以及风险的成因、影响表现、风险分布、影响程度等特性。

主要风险因素的估计,可对风险概率、影响程度和风险程度进行定性和定量的分析评判,也可根据专家经验确定。根据风险程度进行排序,以揭示主要因素的风险程度。

（四）风险防范和化解措施

为了从源头上防范、化解拟建项目实施可能引发的风险,应根据拟建项目的特点,针对主要风险因素,阐述采用的风险防范、化解措施策略;阐述提出的综合性和专项性的风险防范、化解措施,明确风险防范、化解的目标,提出落实措施的责任主体、协助单位、防范责任和具体工作内容,明确风险控制的节点和时间,真正把项目社会稳定风险化解在萌芽状态,最大限度减少不和谐因素。

最后可以形成风险防范、化解措施汇总表,见表5-3。

风险防范和化解措施表   表 5-3

序　　号	风险发生阶段	风险因素	主要防范、化解措施	实施时间和要求	责任主体	协助单位
1						
2						
...						

对研究提出的风险防范、化解措施的合法性、可行性、有效性和可控性进行分析后,可以根据分析结果预测各主要风险因素可能变化的趋势和结果,结合预期可能引发的风险事件和造成负面影响的程度等,综合判断项目落实风险防范、化解措施后的风险等级。风险一般分为三个等级。

（1）高风险:大部分群众对项目有意见,反应特别强烈,可能引发大规模群体性事件。

（2）中风险:部分群众对项目有意见,反应强烈,可能引发矛盾冲突。

（3）低风险:多数群众理解支持但少部分人对项目有意见,通过有效工作可防范和化解矛盾。

三、交通项目社会稳定性评价案例

（一）项目背景

已有A铁路全长418.64km,位于我国华北地区,是煤炭外运通道。该线穿行山区,地形隐蔽,地理位置较为重要。全线共有车站 50 个,正线隧道共计 128 座。现对其进行电气化改造,总工期按照 2 年设计,由于北方地区冬季气候寒冷,每年考虑 4 个月冬歇期。

(二)项目风险调查内容和方法

1.风险调查范围

本铁路项目位于 B、C、D 县内,凡项目涉及利益相关者切身利益、容易引发社会稳定风险的因素,都纳入调查范围,涵盖拟建项目建设和运行可能产生负面影响的范围。

2.风险调查内容

(1)拟建铁路项目的合法性。项目建设方案及主要比较方案,全面征求了地方政府及有关部门的意见,外部条件稳定,方案风险较小。建设用地及征地拆迁补偿,包括国家、地方有关法律法规以及已实施项目实际发生的资料,拆迁范围满足国家有关规定的要求,特别是可能受项目影响的住宅、学校、医院、幼儿园、养老院、厂矿企业等,全面征求了产权单位及相关群众的意见,收集可能发生的相关费用。

(2)项目实施可能对当地经济社会的影响。本区段永久征地 $26hm^2$,主要为站场用地,占地较少,不会对沿线农业生产产生影响。本工程建设主要在站场范围有土建工程,对站场周边的植被和土层结构会产生一定的破坏和扰动,但由于本工程占地较少,因此工程建设不会对当地的农业产生造成不利影响(噪声、污水、扬尘的影响评估略)。项目所在省市十分依赖于铁路运输,铁路客货周转量均居全国前列。本线是沿线对外联系的唯一铁路通道,在沿线地区社会发展中起着重要作用,已得到沿线社会各界的广泛认可,因此本项目被当地的社会环境、人文条件所接纳。对 A 线进行电化改造,是为了配合提高铁路运输效率和效益、降低企业运输成本、节约能源为主的铁路;项目的实施,可以带动地区电力、建材等相关产业的发展;同时,本项目可以促进地方经济发展,与当地总体发展规划、经济发展规划相协调;另外,铁路建设、运营也可以增加项目沿线的就业机会。

(3)利益相关者的意见和诉求、公众参与情况。利益相关方主要涉及建设方案、建设用地及征地拆迁补偿、既有管线拆改、生态环境保护、文物保护、交通影响、施工措施及对沿线生产生活的其他影响等。通过广泛调查、充分收集各方意见和诉求的目的,针对社会各界和群众意见、建议,开展风险分析。其中,征地拆迁对城镇、农村集体及其成员的生产、生活、精神等方面会造成严重影响,这些影响是多方面的:失去收益性物质、失去农业工作机会、失去宅基地及住宅、失去赖以为生的土地、原有生活方式和邻里关系改变、产生失落感、剥夺感等。另外,不同年代之间、不同区域之间、不同征地性质之间的不同补偿标准和方式,有可能导致群众对比甚至盲目攀比,造成误解,产生不公平感等。管线产权单位主要涉及中国联通、中国电信、中国移动、地方电业局、地方供电局、地方自来水厂、石化企业等相关部门。(其他略)

(4)生态环境、文物保护。A 铁路线某地质公园,长度 20 余公里。A 铁路作为百年建筑已长久存在,已成为环境的一部分,本次电气化改造工程仅在铁路一侧埋设接触网杆,不新增占地,土石方量极少(接触网基础挖孔),没有在公园范围内设置永久和临时性设施,没有在公园内设置取、弃土场,没有向河流水体排放污水等污染物,电气化改造工程不会对保护区产生明显影响。(其他略)

(5)交通影响。本段线路为现状电化改造,本项目对沿线交通影响很小。

（6）施工措施。主要表现在施工过程土石方工程、地表开挖和运输过程产生扬尘污染，生产作业废水，施工机械、运输车辆及运营期列车运行引起的噪声和振动，基坑开挖导致周边地质沉降；桩基施工切断地下管道引起停水、停电或停气事故等方案给居民生活带来的影响及诉求；排洪小桥涵出口对农田、房舍及道路的影响以及立交桥涵施工对交通的影响等。

（7）政府及有关部门、基层组织、社会团体的态度。铁路总公司及地方铁路局认为本项目符合国家能源政策要求，扩大了通道运输能力，支持本项目的建设。并于 20××年对本项目建议书进行了批复。

（8）媒体舆情导向。通过媒体、网络论坛等了解，沿线群众支持本项目，具备广泛的群众基础。

（9）拟建项目周边敏感目标与历史矛盾、同类项目风险。在本区域内，近几年修建了多条铁路线等，沿线居民对铁路建设程序有所了解。了解到这些铁路项目建设和运营过程中发生过老百姓阻工和上访事件，主要是由于个别村民对铁路拆迁补偿标准存在争议，造成施工进度滞后，延误工期，在地方政府和建设单位的组织和协调下，工程都顺利完工。

3. 风险调查方法

通过媒体公告，广泛调查、征询对工程建设感兴趣的人群对工程的看法；通过公示和公众参与调查表调查、征询铁路沿线居民对工程建设的意见及建议；广泛征求铁路所经地区交通、环保、国土等主管部门意见。

问卷调查范围为本工程沿线附近地区，地域范围基本覆盖了工程直接影响范围；受调查人员既包括直接受本工程建设影响者，也包括间接受影响者。本次评价问卷个人调查表的发放对象主要为生活在拟建工程沿线的居民。（调查问卷略）

以对 B 县调查的情况为例，在被调查的公众中，有 75.56% 的被调查人了解或者听说过本项目，20% 的被调查人不知道本项目。被调查者普遍认识到环境的重要性，认为铁路导致的主要环境问题是噪声和振动，有 47.78% 和 45.56% 被调查者选择了这两个选项。其次是生态破坏和水污染，有 5.56% 和 1.11% 的被调查者选择了这两个选项。在被调查者中，50% 认为工程施工期间对本地区的环境影响一般或不大，23.33% 认为工程施工期间对本地区的环境影响很大。对于涉及征地问题，58.89% 听从政府安排，配合建设单位；36.67% 要求一定回报，改善生活条件；对铁路占用耕地的问题，94.44% 的人要求货币补偿，4.44% 的人要求再就业安置。对于拆迁安置办法，31.11% 的被调查者认为应就近安置，1.11% 的同意安置在其他地方，67.78% 的认为应该采取货币安置。

（三）项目风险识别和重点风险因素确定

本项目在建设、运行过程中引发社会稳定风险的因素众多，但归纳起来主要有两类：项目对社会产生的负面影响风险和项目与社会的互适性（社会对项目的认可接纳）风险。项目对社会稳定风险可分解为六种类型：政策规划和审批程序、征地拆迁及补偿、方案的技术经济性、生态环境影响、经济社会影响和媒体舆情。这六类可细分为 32 个因素，评估时结合本项目及周边环境特点，针对 32 个因素进行逐条对照，初步识别本项目风险因素（具体过程略）。

根据分析，本项目重点风险因素为：

（1）实施期房屋征拆范围、土地房屋征拆补偿标准。

（2）施工期扬尘影响引起的社会稳定风险。

（3）施工期污水排放引起的社会稳定风险。

（4）施工期噪声、振动影响引起的社会稳定风险。

（5）施工期水土流失引起的社会稳定风险。

（6）施工期、运营期振动对沿线文物的影响引起的社会稳定风险。

（7）运营期噪声、振动影响引起的社会稳定风险。

（8）运营期电磁影响引起的社会稳定风险。

（9）运营期对水源地的影响引起的社会稳定风险。

（四）项目风险估计和综合风险指数测算

选用专家讨论和打分等方法确定各单因素风险在拟建项目整体风险中的权重，采用综合分析指数法、层次分析法等风险分析方法，计算项目的整体风险指数（具体过程略）。

根据总体评判标准、预测可能引发的风险事件及可能参与的人数、单因素风险程度和综合风险指数等方面综合评判项目的初始风险等级。判断结果见表5-4。

A 项目社会稳定风险等级评判结果表　　　　　　　　　表5-4

风险等级	高(重大负面影响)	中(较大负面影响)	低(一般负面影响)
总体评判	—	—	√
可能引发的风险事件	—	集体围堵施工现场，堵塞、阻断交通	个人拉横幅、散发宣传品，散布有害信息等
风险事件参与人数	—	20~200 人	20 人以下
单因素风险程度评判标准	—	5 个较大单因素风险	—
综合风险指数			0.323

由评判结果可以看出，本项目属于中等偏低风险项目，综合风险指数为中等风险。但是有5个较大单因素风险，在"可能引发的风险事件"标准上为低风险，有必要采取措施，防范和化解风险。

（五）项目风险防范和化解措施

针对本项目的主要风险因素，结合项目进展的各个不同阶段，防范和化解风险，提出以下几个方面的措施。

1. 构建风险管理联动机制

坚持当地政府在项目社会稳定风险管理中的主导作用，构建由公安、规划土地、建设交通、环保等职能部门以及项目建设单位共同参与的风险管理联动机制，发挥各层次社会矛盾调解、社会稳定风险管理工作部门的作用，特别要充分发挥各相关镇政府的作用，按照属地管理原则，由其牵头形成一个合理、通畅的项目风险管理联动工作组，制订项目风险管理工作计划，有针对性地做好风险防范、化解工作，严防涉稳重大事件的发生。

建议建设单位编制针对各风险因素的宣传材料，各区、镇职能部门、居委会应统一宣传，统一解答口径，制订有关宣传手册，避免因职能部门间解答口径不一致而引发居民的更大不满。

2. 加强施工期、运营期管理

在设计过程中，建设单位和设计单位必须严格执行本工程《环境影响报告书》中提出的并经铁路总公司、环境保护部批复核准的各项环保措施,将投资列入概算中,并在后续设计中得到全面反映,以期能减少运营期间社会风险的发生。

在工程招投标过程中,建设单位应将环保工程摆在与主体工程同等重要的地位,建议加强施工管理,选择具备相应资质、信誉度高的合作伙伴,在相关的设计、施工、监理等合同中明确防止社会稳定风险的职责条款。

施工过程中,建议以工程施工总承包单位作为居民交流的平台,建立专门的机构,直接处理施工过程中对居民影响的相关投诉和意见,做好施工期噪声、扬尘等的控制措施,减少对沿线居民的影响。运营期通过加强环境管理,确保各项环保设施的正常运转,减少影响事故的发生,减少社会风险。

3. 慎重选择有电磁辐射设施的位置

接触网产生的电磁辐射对沿线居民收看电视的影响可通过接入有线电视网以及预留有线电视入网补偿经费的方式来消除;牵引变电所在选址时应注意避让,尽量远离居民区,降低电磁影响,消除居民的恐惧心理。GSM-R 基站选址应避免超标区域进入居民点范围,并尽量远离敏感区域。

4. 严格执行征地拆迁补偿标准

征地拆迁补偿标准具有较强的时效性和区域性的特点,政策性强,牵涉面广,事关民众切身利益,是影响社会稳定的关键因素。在建设前期、设计以及实施阶段,均应按照国家、地方等相关法律法规、政策执行。具体征地拆迁费用标准的科学性和合理性以及在执行过程中的有效性是规避该风险的重要基础。在建设的各个阶段应采取一定措施,将风险降到最小。

(六)项目风险等级确定

通过分析各项风险防范、化解措施落实的可行性和有效性,预测落实措施后每一个主要风险因素可能引发风险的变化趋势,包括发生概率、影响程度、风险程度等,最后综合判断拟建项目落实风险防范、化解措施后的预期风险等级(具体测算过程略)。落实措施后,各项目风险等级均有所降低,综合风险指数由 0.323 降低到 0.257,确定本项目为低风险项目。

第五节 交通项目环境影响评价

一、环境影响评价概述

环境影响评价和社会评价的最终目的均是为了可持续发展。经济发展、社会发展、环境保护是可持续发展相互依赖、相互促进的组成部分。

环境影响是指人类活动(包括经济活动和社会活动)对环境的作用和由此导致环境变化以及对人类社会和经济发展的影响。投资项目的实施一般会对环境产生影响,而这些影响的后果有时会十分严重。因此在投资项目实施之前,应该进行环境影响评价,充分调查涉及的各种环境因素,据此识别、预测和评价该项目可能对环境带来的影响,并按照社会经济发展与环境保护相协调的原则提出预防或减轻不良环境影响的措施。

(一)环境影响评价的目的和作用

1. 保障和促进国家可持续发展战略的实施

当前,实施可持续发展战略已经成为我国国民经济和社会发展的基本指导方针。实施可持续发展的一个重要途径,就是把环境保护纳入综合决策,转变传统的经济增长模式。国家制定环境影响评价法规,建立健全环境影响评价制度,就是为了在建设项目实施前就综合考虑到环境保护问题,从源头上预防或减轻对环境的污染和生态的破坏,从而保障和促进可持续发展战略的实施。

2. 预防因项目建设实施对环境造成不良影响

预防为主,是环境保护的一项基本原则。对建设项目进行环境影响评价,使其在动工兴建之前,就能根据环境影响评价的要求,修改和完善建设方案设计,提出并采取相应的环保对策和措施,从而预防和减轻项目实施对环境造成的不良影响。

3. 促进经济、社会和环境的协调发展

按照中央提出的"科学发展观"思想,实现可持续发展目标,经济的发展和社会的进步要与环境相协调。为了实现经济和社会的可持续发展,必须将经济建设、城乡建设、环境建设和资源保护同步规划,同步实施,以达到经济效益、社会效益和环境效益的统一。对建设项目进行环境影响评价在于避免和减轻环境问题对经济和社会的发展可能造成的负面影响,达到促进经济、社会和环境协调发展的目的。

(二)环境影响评价的要求

1. 环境影响评价的政策要求

我国为实施可持续发展战略,制订了一系列法律法规,为环境影响评价提供了政策依据。

(1)实行环境与经济协调发展的政策。所谓协调发展,是指经济建设与环境和资源保护相协调,其主要含义被归纳为"三建设、三同步、三统一",即经济建设、城乡建设与环境建设必须同步规划、同步实施、同步发展,以实现经济效益、社会效益和环境效益的统一。协调发展的政策,是对发展方式提出的要求,其目的也是为了保证经济社会的健康、持续发展。这种发展思想要求既不能片面追求经济效益而忽视环境损害的严重后果,也不能超越现实经济的承受能力,提出过高的环境保护要求。在发展经济中解决环境问题,在环境问题的解决中求得经济的健全发展,以符合中国的国情。

(2)实行预防为主、防治结合的政策。这个政策的主要含义是:在环境与资源保护中,采取各种预防性手段和措施,防止环境问题的产生或将其限制在最低程度,尽量在生产过程中解决环境问题,而不是等环境污染和资源破坏产生以后再去想办法治理。

(3)实行污染者负担、受益者补偿、开发者恢复的政策。污染者负担是指凡是造成环境污染和危害的单位和个人,都负有治理环境污染和补偿损害的责任。实行"谁污染谁治理"原则,其目的一是在于提高企业治理污染的责任感和紧迫感;二是把环境保护责任与经济责任挂钩。受益者补偿是指受益于环境治理与生态建设的单位和个人,有责任按照有关的法律规定进行补偿。这是因为,生态环境是一个有机的整体,任何一个局部环境的改善,不仅使当地受益,也会使周边地区、下游地区等相关地区受益。开发者恢复是指对自然环境进行开发利用的

单位和个人,有责任对其进行恢复、整治、更新和养护。

2.环境影响评价的工作要求

在具体的环境影响评价工作中,应根据上述政策要求体现政策性、针对性和科学性,并符合下列工作要求:

(1)环境影响评价要符合政策要求。政策性是建设项目环境影响评价的灵魂,评价工作必须根据国家和地方颁布的有关方针、政策、标准、规范以及规划进行,提出切合实际的环境保护措施与对策,使其达到必须执行的规定标准,也就是说符合国家环境保护法律法规和环境功能规划的要求。

(2)环境影响评价工作要有针对性。环境影响评价工作者必须针对项目的工程特征和所在地区的环境特征进行深入分析,并抓住危害环境的主要因素,即带着问题搞评价,使工作有的放矢,以确保环境影响评价报告真正起到三个基本功能的作用:为主管部门提供决策依据,为设计工作制定防治措施,为环境管理提供科学依据。

(3)环境影响评价应具科学性。环境影响评价是由多学科组成的综合技术,其工作内容主要是针对开发建设项目预测其未来的影响。由于这项工作在时间上具有超前性,所以开展这项工作时,从现状调查、评价因子筛选到专题设置、监测布点、测试、取样、分析、数据处理、模式预测以及评价结论都应严守科学态度,认真完成各项任务。

二、交通项目环境影响评价的内容和步骤

(一)环境影响评价的内容

建设项目对当地环境影响的定性分析主要从以下几方面进行。

1.建设项目与当地社会、文化生活水平的协调分析

主要分析项目的技术水平与当地文化科技状况、教育水平、风俗习惯等的适应性,特别是对采用先进技术的项目,尤为如此。拟建项目的建设,一般要全部或相当部分地使用当地的劳动力,项目与当地文化、教育水平、技术水平和风俗习惯的差异,必然会影响项目的效益,尤其是少数民族地区、贫穷落后地区,更要注意这方面的影响。对于这些问题,项目评估人员要通过调查研究,进行定性分析。

2.项目建设与当地可供资源的协调分析

主要分析项目是否可取得当地的资源。评估人员先要分析自然资源的所有权和占有权问题,是国家占有的,还是集体占有的。如果项目在生产工艺、技术、产品规模、质量、价格和经济效益等方面都与当地愿望相吻合,项目才有可能取得这些资源;否则,即使当地拥有自然资源,项目也不一定能顺利利用这些资源。劳动力资源也是如此。项目评估人员要从以上几个方面进行分析,如果项目能取得当地资源,才是可行的;否则,是不可行的。

3.项目建设与当地环境保护的协调分析

主要分析项目建成投产后对当地自然环境的影响,这也是当地最为敏感的问题之一。项目对自然环境的影响,是项目社会评估的一个重要方面,主要考察项目建设是否有"三废"治理措施,投产以后会产生哪些环境污染问题,分析当地的环境质量是否允许建设这种类型的项

目等。为此还需设置环境影响指标,评价由于项目实施对环境影响的后果,以促进投资项目采取必要的防治措施。

此外,项目对环境影响的定性分析还包括以下方面。一是对提高地区和部门科学技术水平的影响,其内容包括:能否填补某些技术上的空白?能否提高所在地区工业水平和技术水平?能否促进地区民众科技知识的增长与人才培养?能否改进地区原有经济模式?等等。二是其他影响,包括产品质量提高对产品用户的影响;项目对提高当地人民物质文化生活及社会福利的影响;项目对所在城市整体改造的影响等。

(二)环境影响评价的工作程序

项目决策分析与评价阶段的环境影响评价工作程序大体可以分为三个阶段:第一阶段为准备阶段,其主要内容是研究有关文件,进行初步的工程分析和环境现状调查,筛选重点评价项目,确定建设项目环境影响评价的工作等级,编制评价工作大纲;第二阶段为正式工作阶段,其主要工作是进一步做工程分析和环境现状调查,并进行环境影响预测和评价环境影响;第三阶段为报告书编制阶段,其主要工作是汇总、分析第二阶段工作所得的各种资料、数据,得出结论,完成环境影响报告书的编制,具体过程如图 5-2 所示。

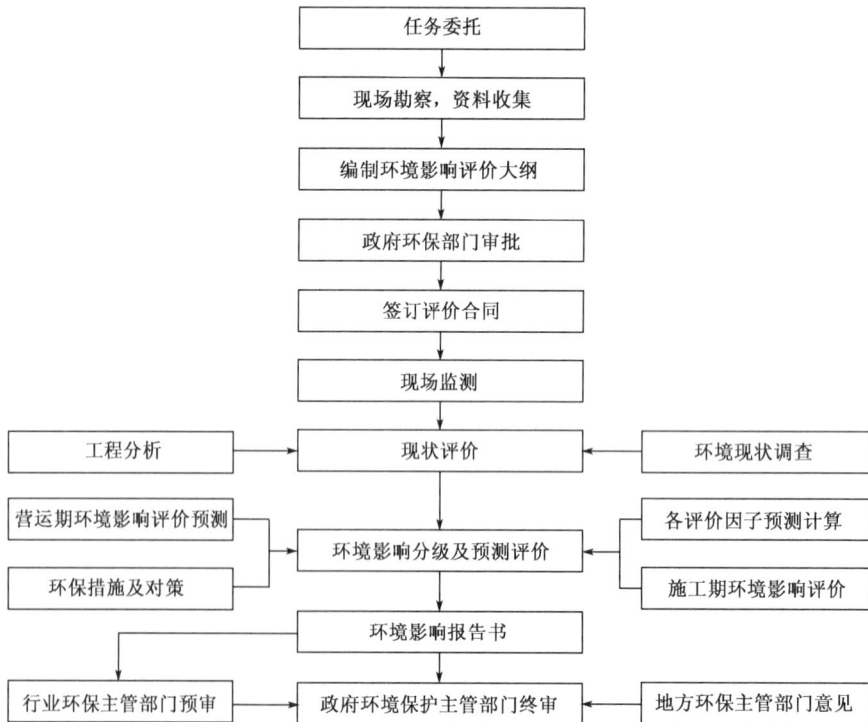

图 5-2 交通项目环境影响评价基本程序

三、交通项目环境影响评价体系

国家环保总局和相关主管部门对公路、铁路、港口等交通项目环境影响评价作了相应规定。

(一)公路项目环境影响评价

国家环保总局颁布的《环境影响评价技术导则》对交通项目环境影响评价的内容和范围都作了规定。在此基础上,公路项目环境影响评价体系和范围可归纳为表5-5。

公路项目环境影响评价体系和范围　　　　　　　　　　　表5-5

环评内容			评价范围	备注
社会环境	地区发展,沿线居民生产、生活质量		沿线的实际影响范围	1.实际影响范围一般取项目直接影响地区; 2.文物古迹应为县级以上文物保护单位; 3.重要景观较集中的区域,景观范围应适当扩大
	交通设施		项目直接影响地区	
	其他基础设施		沿线两侧各200m范围	
	资源利用	资源开发	项目直接影响区	
		土地利用	路线永久性利用的土地	
		文物古迹	沿线两侧各200m的范围	
	景观环境		沿线两侧各200m的范围	
生态环境	水环境质量		沿线两侧各200m的范围	地方政府规定的饮用水源地
			沿线两侧各300m的范围	一般水域
	土壤侵蚀		公路两侧路界以内范围及取、弃土(渣)场	对于动物可按活动范围适当扩大评价范围
	野生动植物及其他		沿线两侧各300~500m的范围	
声环境	交通噪声,环境噪声		沿线两侧各300m的范围	
	施工期环境噪声		施工场、料场外100m	
空气环境	空气质量		沿线两侧各200m的范围	一般地区
			沿线两侧各300m的范围	城镇、风景旅游区,名胜古迹附近

(二)铁路项目环境影响评价

1995年,原铁道部颁发了《铁路建设项目环境影响评价管理办法》,主要对环境影响评价的管理工作做了规定,要求铁路建设项目环境影响评价的技术必须符合《铁路工程建设项目环境影响评价技术标准》(TB 10502—93)。2008年,国家环保总局又发布了《环境影响评价技术导则铁路(征求意见稿)》。

铁路工程建设项目的产污环节和污染物特征基本相同,但由于项目所在地的环境敏感性和环境管理要求差异较大,因此,分析时应注意两者的结合,突出重点。工程前、工程后的能耗和污染物排放量以及工程前后的变化量应按"总量控制"行政管理区划分别统计。

铁路经过县级及以上人民政府划定的需特殊保护的地区,如自然保护区、风景名胜区、重点文物保护单位及其附近区域时,在保护区边界外1km的调查范围内,较全面、准确地识别建设项目与保护区的相互关系,以及可能产生的环境影响,进而研究确定合理的评价范围。对于受工程直接影响的原生林地或珍稀野生动物栖息地,则应以受影响的整个动植物群落为评价范围;否则评价范围仅限于直接影响区域。

当项目区域外围有高山陡坡、峭壁、河流形成天然隔离带,或城镇区域铁路两侧建筑物可产生隔离作用时,其生态影响不可能越过这些隔离地物,因此可以取这些隔离地物为界,缩小评价范围。

在环境评价工作过程中或完成后,如线路走向、区段站、编组站、大型客站的位置等或其主要技术条件发生重大变化时,评价单位应对变动部分的评价内容及时做出调整、补充,并按规定程序报请核批或重新报批。

(三)港口项目环境影响评价

根据《港口建设项目环境影响评价规范》(JTS 105-1—2011),港口建设项目环境影响评价应结合港口工程的特点,所在区域的环境特征及环境功能区划要求、环境敏感程度,合理确定环境影响评价的工作内容。

港口建设项目涉及的环境敏感区、环境一般区域的制定应满足下列要求。

(1)生态、水环境的环境敏感区:评价范围内的国家法律、法规、行政规章及规划确定或经县以上人民政府批准的1级、2级饮用水源保护区,自然保护区,珍稀动物栖息地,鱼虾产卵地,国家级重要湿地。

(2)大气环境和声环境的环境敏感区:评价范围内的居民集中居住区、医院、学校、珍稀动物栖息地,设区的市级以上人民政府批准的一类大气环境功能区。

(3)港口建设项目不涉及上述环境敏感区的,为环境一般区域。

水环境、大气环境、声环境、生态影响和风险评价可分为3个工作等级。

海港工程和河港工程的水环境、声环境和生态影响评价等级分别见表5-6和表5-7。

海港工程评价等级划分表 表5-6

港口性质	工程特性	环境敏感性	生态影响评价等级	水环境影响评价等级			声环境
				水文动力环境	冲淤环境	水质和沉积物环境	
煤炭、矿石、散化肥、散粮和散装水泥码头等工程	新开港区	环境敏感区	1	1	1	1	1
		一般区域	2	1	2	2	2
	开敞式港区	环境敏感区	2	1	1	2	1
		一般区域	3	2	2	2	2
	有掩护港区	环境敏感区	2	2	3	2	2
		一般区域	3	3	3	3	3
油品、化学品和其他危险品码头工程	新开港区	环境敏感区	1	1	1	1	1
		一般区域	2	1	2	2	2
	开敞式港区	环境敏感区	2	1	1	2	2
		一般区域	3	2	2	2	2
	有掩护港区	环境敏感区	2	2	3	2	3
		一般区域	3	3	3	3	3

续上表

港口性质	工程特性	环境敏感性	生态影响评价等级	水环境影响评价等级			声环境
				水文动力环境	冲淤环境	水质和沉积物环境	
集装箱、多用途和件杂货码头等	新开港区	环境敏感区	1	1	1	1	1
		一般区域	2	2	2	2	2
	开敞式港区	环境敏感区	2	2	2	2	1
		一般区域	3	2	2	2	2
	有掩护港区	环境敏感区	2	3	3	3	2
		一般区域	3	3	3	3	3
滚装、客运和游艇码头	新开港区	环境敏感区	1	1	1	1	1
		一般区域	2	2	2	2	2
	开敞式港区	环境敏感区	2	2	2	2	1
		一般区域	3	2	2	2	2
	有掩护港区	环境敏感区	2	3	3	3	3
		一般区域	3	3	3	3	3

河港工程评价等级划分表　　　　　　　表 5-7

港口性质	工程特性	环境敏感性	生态影响评价等级	水环境影响评价等级			声环境
				水文动力环境	冲淤环境	水质和沉积物环境	
煤炭、矿石、散化肥、散粮和散装水泥码头等工程	新开港区	环境敏感区	1	1	1	1	2
		一般区域	2	2	2	2	3
	非新开港区	环境敏感区	2	2	2	2	2
		一般区域	3	3	3	3	3
油品、化学品和其他危险品码头工程	新开港区	环境敏感区	1	1	1	1	2
		一般区域	2	2	2	2	2
	非新开港区	环境敏感区	2	2	2	2	2
		一般区域	3	3	3	2	3
集装箱、多用途和件杂货码头等	新开港区	环境敏感区	2	1	1	2	2
		一般区域	2	1	1	3	3
	非新开港区	环境敏感区	2	2	2	3	2
		一般区域	3	3	3	3	3
滚装、客运和游艇码头	新开港区	环境敏感区	2	1	1	2	2
		一般区域	3	2	2	3	3
	有掩护港区	环境敏感区	2	2	2	3	2
		一般区域	3	3	3	3	3

　　海港、河港工程大气环境评价等级应根据 SCREEN3 模式进行计算,并按照表 5-8 确定。排放量和风速相关的污染物宜按多年平均风速计算污染源强。

海港、河港工程大气环境评价等级划分表　　　　表 5-8

评价工作等级	评价工作分级判据
1 级	$P_{max} \geqslant 80\%$ 且 $D_{10\%} \geqslant 5km$
2 级	其他
3 级	$P_{max} \leqslant 10\%$ 或 $D_{10\%}$ < 污染源距厂界最近距离

港口建设项目的评价范围应根据港口功能定位、环境要素评价等级和所在地区的环境特征确定。评价的时间范围应包括施工期和运营期。评价的空间范围应包括项目相关的陆域和水域。陆域范围应包括港区和配套建设的疏港公路、铁路专用线及环境保护目标;水域范围应包括港池和配套建设的航道、锚地,以及与上述水域相邻的环境保护目标。

【延伸阅读 5-2】　环境保护部《关于做好城市轨道交通项目环境影响评价工作的通知》

为指导地方做好城市轨道交通建设项目环境影响评价工作,促进城市轨道交通建设与环境保护协调发展,现将有关事项通知如下。

一、强化城市轨道交通规划环评对项目环评的约束指导

城市轨道交通项目必须纳入城市轨道交通近期建设规划或线位规划,规划环评应由环境保护部召集审查,规划环评审查结论和意见作为相关项目环评受理审批的依据,规划及规划环评确定的原则和要求必须在项目环评中得到体现和落实。凡涉及线路长度、车站数量、线路基本走向、敷设方式、建设时序等重大变化调整,按规定需修编或调整规划的,应重新依法开展规划环评,并按上述程序完成审查。

二、充分发挥环评优化项目选址选线方案的作用

城市轨道交通项目选址选线应当符合城市总体规划,应当与规划环评审查结论和意见一致,尽量选择沿城市既有交通干线或规划交通干线敷设,与已有敏感建筑物之间设置足够的防护距离。线路穿越城市建成区和人口集中居住区域时,应当采用地下线敷设方式;穿越城市建成区以外非环境敏感区,可采用高架线或地面线的敷设方式。

三、强化噪声污染防治措施

对已有的居民区、学校、医院等声环境敏感目标实施有效保护,重点路段还要考虑未来规划建议的噪声敏感建筑与线路的位置关系是否合理。采取综合措施降低噪声污染,包括噪声源强控制、传播途径阻隔及受声点防护等,涉及环保拆迁和建筑物使用功能置换措施时必须落实相应责任主体、资金来源和进度安排。对预测超标的敏感路段优先采取声屏障措施,以高架、地面形式穿越规划建成区以外路段应预留安装声屏障条件。

四、严格控制环境振动及其他影响

尽量通过控制地下线与振动敏感点的距离、加大隧道埋深、提高运营维护水平等,降低振动源强,并根据减振量需要采取浮置板道床、减振扣件等轨道减振措施。

合理布局风亭和冷却塔。风亭排风口的设置尽量远离敏感点,一般不应小于 15m。主变电站应远离居民区等敏感目标,对电视信号受干扰的居民进行合理补偿。

五、做好施工期环境保护

在居民区等环境敏感区施工时,应做好基坑支护及基坑围护止水,控制地下线周边地下水位降落及地面沉降等次生环境影响。工程以地下线形式穿越大型居民集中区、文教区和文物

保护单位等振动敏感建筑时,应尽量采用盾构法、悬臂掘进机法等非爆破施工法。工程以高架线桥梁形式跨越地表饮用水水源地或其他环境敏感水体时,应优化桥梁设计,不设水中墩或少设水中墩,减少施工期的水环境污染。

六、做好政府信息公开和公众参与工作

按照《关于印发〈建设项目环境影响评价政府信息公开指南(试行)〉的通知》(环办〔2013〕103 号)的有关要求,主动公开城市轨道交通项目受理情况、拟做出的审批意见和审批情况,保障公众对环境保护的参与权、知情权和监督权。每年应定期向环境保护部报告城市轨道交通项目环评审批情况。环评文件应符合《环境影响评价公众参与暂行办法》(环发〔2006〕28 号)和《关于切实加强风险防范 严格环境影响评价管理的通知》(环发〔2012〕98 号)的要求,确保公众参与的程序合法性、形式有效性、对象代表性、结果真实性。

(资料来源:摘自环境保护部办公厅 2014 年 12 月 31 日印发环办〔2014〕117 号)

四、交通项目环境影响评价案例

本案例背景为 JJT 高速公路,这是一条部分利用世界银行贷款建设的跨省、市高速公路。该公路为新建双向 4 车道、全部控制出入的收费高速公路,其线路位于华北平原东北部,线路全长 142.69km。

由于 JJT 高速公路项目的实施对该区域乃至国家所产生的社会影响所涉及的宏观领域相当广泛,既包括生产、流通、分配、消费、产业结构及人口居住分布等各个环节,又包括科技、文化、教育等部门以及劳动就业、对外开放、城市建设、环境保护乃至社会思想观念等诸多方面。考虑与本章的相关程度,本案例分析仅介绍其环境影响评价和社会经济效益及影响评价结果。

1. 环境影响评价的意义及内容

环境保护关系到自然生态平衡和人们的生活质量。交通项目环境影响评价,近年来随着人们环境意识的不断增强,以及我国对于环境保护重视程度的提高,已被提到议事日程,是项目社会评价的一个重要方面。对于项目的环境影响评价一般包括以下几个方面。

(1)对于自然资源和生态系统的影响,包括土壤、大气污染,水资源、动植物保护等。

(2)对于人们生活环境和生活质量的影响,包括噪声污染的影响、对周围地形(包括自然景观)的影响。

2. 本项目环境影响评估报告结论

JJT 高速公路建设项目作为国家重点公路工程建设项目,在项目实施之初就对环境保护问题给予了高度的重视。在设计、施工等环节采取了相应的措施。尽管由于客观原因,在项目工程可行性研究阶段未能进行专项的环境影响评估,项目业主单位——JJT 高速公路联合公司于 1990 年 8 月在 JJT 高速公路北段竣工通车之时,委托有关单位完成了《JJT 高速公路环境影响报告书》(包括专题报告汇编)。该项评价工作达到了以下目的:对 JJT 高速公路工程给沿线声学环境、大气、水体、土壤植被带来的影响现状进行了调查、分析、预测和评价,并提出相应的防治和控制措施;为该公路的使用和管理以及沿线地区社会经济发展提供环境保护方面的科学依据。

1)评价采用标准(注:下文中,国标为案例发生时的老标准,目前已采用新国标)

大气:以大气环境质量标准 GB 3095—82 中的二级标准评价。

噪声:以城市区域环境噪声标准 GB 3096—82 中的交通干线道路两侧及二类混合区标准评价。

地表水:以地面水质标准 GB 3838—88 中的 V 类标准及污水综合排放标准 GB 8978—88 中有关标准进行评价。

土壤和植被:以沿线地区土壤和植被的背景值作为评价的参考标准。

其他标准:除上述标准外,对我国尚未制定标准的某些因子的评价参考国外标准。

2)评价内容

交通噪声对沿线环境的影响。

汽车尾气和扬尘对大气环境的影响。

高速公路对地表水的影响。

高速公路对沿线路侧土壤植被的影响。

3)评价范围和年限

噪声:公路两侧 150m 以内的地区。

大气:公路两侧 150m 以内的地区。

地表水:公路两侧 200m 以内的地区。

土壤植被:公路两侧 500m 以内的地区。

评价年限:1990 ~ 2013 年。

4)主要评价结论

(1)噪声:目前 JJT 高速公路沿线评价区域内的声环境现状较好,基本满足各功能区的标准。与此相交的路段交通噪声现状较差,均已超标,但距敏感区较远,影响不大。全线各路段因车流量不同,噪声影响范围随之变化。至项目环境评价当年,白天 70dB 等值线距公路用地界为 50 ~ 90m,夜间 55dB 等值线距用地界为 160 ~ 280m。公路通车运营后,公路两侧 200m 内的 26 个居民点、1 所中学均受一定噪声影响,白天村前超标的村庄占 50%,夜间村前超标占 100%。建议距公路 50m 以内噪声超标的个别零散户搬迁到非影响区,其余超标散户可加高院墙,改善门窗隔音性能,位于该地点的中学应考虑搬迁,加强临近公路的楼房室内噪声防护措施,改善窗户隔音性能。

(2)大气:目前高速公路沿线大气环境质量良好,公路所经过地区大部分为农田,公路在施工及运营后需注意重点采取环保措施的地点是城镇及居民稠密区,只要切实落实各项环保措施,施工影响可控制在较小范围内,公路运营后距路边 100m 处,各污染物对周围环境的影响已很小,从大气环境角度考虑该项目建设是可行的。

(3)地表水:公路所经过的河流等已受到不同程度的污染,其中 COD、DO、油超标严重。路面雨水径流中污染物是 COD、油和苯并芘;另外,根据有关资料,铅的污染也不可忽视,公路在运营期的污染应引起足够的重视。路面雨水径流对凉水河等河流污染影响甚微。建议对于施工期带有沥青和油的机械在停放和冲洗时远离农田、鱼塘、河道、水渠等地方,以免造成污染;筑路前应提前安排好过路水渠建设,施工土方堆积远离农田水利设施,避免造成堵塞;在筑路同时,注意护坡的铺设或种植植物,以防水土流失;处理好服务区的污水排放;为减轻铅污染,建议尽早改变我国含铅汽油使用状况;严防因交通事故发生导致油料泄漏而对农田造成污染。

(4)土壤植被:公路工程建设势必占用一定耕地,JJ 地区共占地 14 300 亩,虽然该公路建设对该区域农业生产和经营有些影响,但影响很小;对于开挖土方问题,应注意借土和弃土对局部水土流失的影响,若采取合适措施,影响将降低到最轻的程度。沿线土壤的铅背景均值为11.89ppm,未超出世界各国土壤含铅背景值范围,所以即使公路运营后,汽车尾气中的铅对两侧土壤不会有较大的影响。

3. 本项目环境保护单项竣工验收报告结论

为了进一步考察 JJT 高速公路对沿线地区环境的实际影响情况,按照建设项目竣工验收有关程序和规定,1995 年 7 月,国家环保局、交通部环境保护办公室等单位联合组织有关专家和技术人员组成工程验收小组,对 JJT 高速公路环境保护项目进行了全面检查。检查组的结论是:JJT 高速公路工程建设中执行了环境影响评价制度和"三同时"制度,采取了集中取土、边坡绿化、服务区小型污水处理设施等环境保护措施,经验收监测交通噪声基本达到《城市区域环境噪声标准》(GB 3096—93)不同路段原定 2 类或 4 类要求。鉴此,同意对其环境保护验收。

同时验收该公路全线及两侧敏感区基本符合国家有关噪声的标准,施工取土及完工后恢复利用较好,绿化完整美观,同意对《JJT 高速公路环境保护单项》的项目验收。因此,该项目的实施对于周边地区环境未造成不良影响。

【本章小结】

投资项目是在一定社会环境条件下实施的,在其投资建设和运营过程中,会产生各种社会影响和环境影响,受到影响的利益相关者会以不同途径和方式对项目的实施施加影响。在以人为本的要求下,投资项目社会评价和环境评价将越来越受重视。与经济评价不同,社会评价和环境评价目前在我国还没有形成一致的方法与参数。本章对社会评价作了一个基本介绍,主要包括什么样的项目应该进行社会评价,社会评价包括哪些内容,如何开展社会评价工作和环境评价工作等。

由于交通项目及其服务产品的社会公共属性,决定了其利益相关群体、服务对象都很广泛,尤其是一些公益性较强的项目,在经济性不明显的情况下,更有必要进行社会影响评价。同时,交通项目对环境的影响也较复杂,对于在传统意义上的财务与经济评价中无法定量分析的部分,应该在社会及环境评价中有所体现。

【思考和讨论】

(1)说明和分析国内外交通项目社会和环境评价的发展历程。

(2)社会评价与国民经济评价有何区别? 交通项目社会评价的侧重点有哪些?

(3)调查交通项目"社会评价""社会经济效益评价"相关报告、文献,讨论两者的侧重点及区别。

(4)交通建设项目社会影响调查的主要内容及对象包括哪些？常用调查方法有哪些？

(5)交通项目社会评价的定量方法主要有哪些？

(6)交通项目社会稳定性评价与社会评价有什么区别？

(7)分析交通项目环境评价在交通可持续发展战略中的地位和作用。

第六章

交通项目不确定性分析

【本章主要内容】

(1)不确定性分析的作用与产生的原因。

(2)盈亏平衡分析、敏感性分析和概率分析的基本原理与方法。

(3)不确定性分析方法的各自特点及实例应用。

第一节　交通项目不确定性分析概述

一、不确定性分析的作用

在交通项目财务和经济评价中,因所依据的基础数据,如交通项目投资额、交通(运输)量、运营收入、运输成本、建设工期等大部分来自于预测和估算,存在一定程度的不确定性。同时,环境的可变性、社会经济系统的复杂性、项目自身的动态性等也会造成实际数据与预测数据的差异。例如,投资估计的偏差、建设周期的延长、物价上涨、政府政策的变化等均能导致估计结果产生误差。因此,需要研究各不确定因素变化所引起的项目各种经济效益评估指标的变化及其程度,即称为不确定性分析。进行不确定性分析的目的,就是要尽量弄清和减少不确定性因素对经济效益评估的影响,避免项目建成投产后不能获得预期的效益,尤其是对投资多、建设期长、专业特点明显、改作他用困难的交通项目更需要做好不确定性分析,以提高交通项目投资决策的科学性和可靠性,优化投资结构,减少和规避投资风险,充分发挥投资效益。

需要指出的是,人们往往容易混淆"不确定性分析"与"风险分析"。但严格来讲,它们是既有联系,又有所区别的。不确定性分析主要着重于因情报、资料或经验的不足,对未来情况所做的估计与实际值的差异。例如,在将来某给定年份,项目的成本可能是100万元、200万元、500万元甚至1000万元,如果对于每一个可能值我们还能知道其发生的可能性(或者说概率),对这种情况进行的分析就称为风险分析;如果对这些值出现的概率不得而知,那么就需要采用别的方法来处理这种情况,这称为不确定性分析。一般地,人们习惯于把两种情况统一称为不确定性分析,从这个意义上讲,其内容就较为广泛了。交通项目不确定性分析包括盈亏平衡分析、敏感性分析和概率分析。项目评估时,一般是先进行盈亏平衡分析,然后再进行敏感性分析,若有必要再进行概率分析。

二、不确定性产生的原因

从项目可行性研究和评估工作的实践来看,一个拟建项目的所有未来结果都是未知的,因为影响一个工程建设项目的技术、经济、政策等各种不确定性因素的存在是不可避免的。一般情况,产生不确定性的主要原因分为主观因素和客观因素。

1. 由主观因素导致的不确定性

由于信息的不完全性和不充分性,在对投资项目进行分析时所采集的信息在质量和数量上不可能是完全准确和充分的。而花费过量的时间和资金以期获得大量准确的信息是不经济的,会导致消耗在信息采集上的经济资源的边际效率大大降低。

人的有限理性决定了人在现有条件下不可能准确无误地预测未来所发生的一切事情。因此,由人进行的对未来的预测总和实际存在着一定的偏差。

2. 由客观因素导致的不确定性

(1)物价的波动。物价是市场经济变化反映在投资项目运作过程中的一个具体缩影。在任何一个国家经济系统运行过程中,由于宏观经济的变化都存在着不同程度的物价变动。由于商品经济造成的市场竞争,通货膨胀产生价格浮动司空见惯。因此,随着时间的推移,项目评估中采用的产品价格和原材料价格,以及有关的各项费用和工资等必然会发生变化,如20世纪80年代末至90年代初,钢材、水泥等原材料价格的上涨,对于我国公路、铁路等交通基础设施建设项目工程造价提高产生重大影响,导致许多工程项目总投资决算大大超过可行性研究的估算值以及初步设计的概算额。

(2)技术装备和工艺水平的变化。技术条件选取的变化对于项目的成本控制及预期效益等也会带来很大影响。随着社会科学技术日新月异的迅速发展,在项目可行性研究和评估时拟定的工艺和技术方案,有可能在项目建设和实施过程中产生变更。这样,根据原有技术条件和水平估计的项目收益和产品(或服务)的数量、质量与价格,也将由于新技术、新工艺、新设备的出现或替代而发生变化。如高速铁路无论采用磁悬浮模式还是轮轨制模式等先进技术装备,在实施当中由于技术性能的不稳定性或掌握技术的难度都可能带来一些不利影响。

（3）生产能力的变化。由于种种原因会导致项目建成投产后达不到（或超过）评估时预期的设计能力，使生产成本上升或收入下降，随之改变各种经济效益指标。

（4）建设资金不足和建设工期的延长。由于基础数据选择和估算不准或统计方法的局限性，忽视了非定量的无形因素的估计，过低估算了项目投资总额；或投资筹集措施未落实，外购设备未及时到位等原因，使项目建设工期延长，推迟投产时间，引起投资总额、经营成本等其他各种收益的变化。如在公路项目的建设过程中，由于其建设规模大，往往会发生设计变更或漏项（例如筑路材料料场的变化、桥梁结构方案变化），由此造成的建设费用超支也经常发生，同时也延长了建设工期。

（5）政府政策和规定的变化。由于国内外政治形势和经济发展的影响，政府和各项经济政策和财务制度的规定也随之改变，尤其当前我国正处于改革深化阶段，许多不可预测和控制因素的变化，均会给项目评估带来不同程度的不确定性和投资风险。例如，企业的经营决策将受到国家经济政策调整、市场需要变化、原材料和外协件供应条件改变、产品价格涨落、市场竞争加剧等因素的影响，这些因素大都无法事先加以控制。

除上述主要原因外，还会有许多难以控制的项目运行环境变化而影响项目经济效果，尤其是某些国家经常发生的劳工罢工、市场竞争行为、政治事件（政变）、国际性金融危机和经济贸易情况的变化（如汇率波动），甚至自然灾害等。

对于交通项目而言，同样也会因上述原因影响项目的投资效果。以公路建设项目为例，影响其经济评价指标的不确定因素很多，有建设投资、工期、经营成本、交通量、贷款利率等，但主要因素有下列三点。

（1）工程造价。经济评价中使用的投资是工程造价计算的结果，建设投资是项目前期最主要的现金流出，投资的大小和时间分布均对财务分析的结果产生直接影响，对某些项目而言还会影响项目经济费用效益分析的结果。在其他条件不变的情况下，工程造价越高，建设投资就越高，项目前期的现金流出就较大，项目的经济效益就会较低；反之，工程造价越低，建设投资也就越低，项目前期的现金流出就较小，项目的经济效益就会较高。因此，为了提高项目的经济效益，必须通过造价管理将工程造价控制在合理的水平。

（2）远景交通量。远景交通量即远景年（公路建设项目通车后的第20年）分配在路段的交通量，通过交通量预测可以得到远景年的路网交通情况，从而为确定项目建设规模、技术标准提供依据。区域未来的路网交通量的确定，也是项目国民经济评价和财务评价以及制定项目建设计划的基础。公路建设项目交通量预测采用"四阶段"法，并考虑交通诱增、交通转移以及道路收费对道路交通的影响，交通量预测的大量数据都来自预测和估计，难免具有不确定性。

（3）经营成本。公路建设项目的经营成本主要包括日常的养护维修费、大中修费、管理费等，这些费用的取值参照交通部公路规划院《公路技术经济指标（第二次修订本）》的公式计算而得，只是对现有公路养护水平的大致反映，在一定程度上也具有不确定性。

由此可见，对交通项目进行不确定性分析是必要的。根据投资项目的类型、特点及其对国民经济的影响程度，确定对项目进行不确定性分析的内容和方法。

一般来说，盈亏平衡分析只用于项目的财务效益评估，而敏感性分析和概率分析则可同时用于财务效益评估和国民经济效益评估。目前由于统计数据不齐全，概率分析还不普及，可按照项目的特点和实际需要确定分析的深度，在条件具备时才进行概率分析。

第二节　盈亏平衡分析

一、盈亏平衡分析的基本原理

盈亏平衡分析是一种通过盈亏平衡点(Break-even Point,简称 BEP)分析项目成本与收益间平衡关系的方法,即分析项目正常生产年份产量、成本和盈利三者之间平衡关系或盈亏界限,据此判断在各种不确定因素作用下方案的风险情况。所以盈亏平衡分析又称为量—本—利分析,通过这种分析找出盈亏平衡点,就可以了解项目对市场条件变化的适应能力,以及项目所承受的经营风险。因此这是一种非常简便、实用的不确定性分析方法。

盈亏平衡分析一般是根据投资项目正常生产年份的产量或销售量、可变成本、固定成本、产品价格和销售税金等数据计算盈亏平衡点,在这点上销售收入等于销售成本,即可以表示为如下关系:

销售收入 = 销售成本

其中,销售收入和销售成本都是产品销售量的函数,在盈亏平衡图上则表现为产品销售收入函数曲线与销售成本函数曲线的交点,它标志该项目不盈不亏的生产经营水平。从另一个角度讲,反映了项目达到一定生产水平时的收益与支出的平衡关系,故亦称之为收支平衡点。盈亏平衡点通常用保本量和生产能力利用率表示,也可以用最高单位变动成本和最低单位售价来表示,由于销售收入与产品销售量、销售成本及产品产销量之间存在着线性和非线性两种可能的关系,因此盈亏平衡分析也分为线性盈亏平衡分析和非线性盈亏平衡分析。

二、项目盈亏平衡分析实例

以铁路建设项目为例,其正常生产年份可根据具体项目运量变化的特点确定,如既有线改造可取近期,国土开发性新线可取远期等。铁路建设项目一般包括盈亏平衡运量(保本运量)、盈亏平衡收入率(保本运价)和累计净现值盈亏平衡年度三个指标,可根据项目的具体情况,选择必要的指标进行分析。盈亏平衡点越低,表明项目适应市场变化的能力越大,抗风险能力越强。盈亏平衡分析是通过分析铁路建设项目投入运营后可能实现的运输收入、成本支出、利润之间的关系,判断铁路建设项目盈利或亏损状态的方法。

(一)线性盈亏平衡分析

1. 线性盈亏平衡分析的基本假设条件

(1)运输成本是客货运周转量的线性函数。

(2)设计供给能力等于实际发生的客货运周转量。

(3)每批客货运周转量的固定成本是相等的。

(4)单位可变成本与客货运周转量成正比变化。

(5)运输价格在各个时期、各种产量水平上都相同。

(6)运输收入是运输价格、客货运周转量的线性函数。

2.盈亏平衡分析的图解法和代数解析法

设盈亏平衡点为BEP;固定总成本为F,即在一定技术和生产组织条件下,成本总量不随客货运周转量变动的成本;单位可变成本为V,即在一定技术和生产组织条件下,成本总量随客货运周转量而成正比变化的成本;客货运价率为P;客货运周转量为X;运输收入为Y_1,则$Y_1 = PX$;运营总成本为Y_2,则$Y_2 = VX + F$。

下面用图解法和代数解析法进行盈亏平衡分析。

1)图解法

以客货运周转量X为横坐标,总运输收入(或支出)Y为纵坐标。以F的值作固定成本线,与纵轴交点为A,平行于横轴;以V的值为斜率作一从原点出发的直线,为变动成本线;两条成本线的总和为总成本Y_2;由P为斜率作一从原点出发的直线,为运输收入Y_1。如图6-1所示。由图可见,总成本线3与销售收入线4交于盈亏平衡点,设为E,此时收支平衡;所对应的客货运周转量为X_C,所对应的运输收入或总成本为Y_C。在AOE区域,总成本高于运输收入,所以是亏损区;在CDE区域,运输收入高于总成本,所以是盈利区。其中C、D点所对应的产量R为设计年客货运周转量。

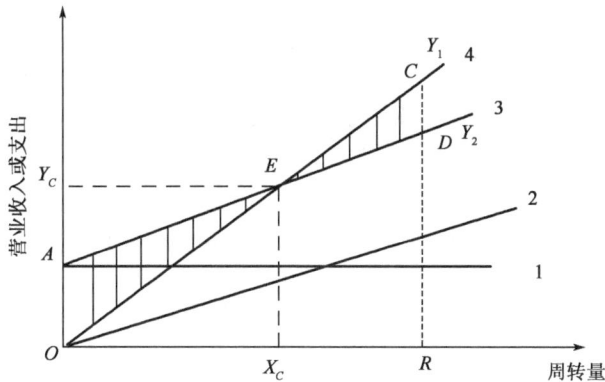

图6-1　图解法示意图

1-固定成本线;2-可变成本线;3-总成本线;4-销售收入线

2)解析法

解析法是指通过求解方程,求得盈亏平衡点。

(1)以实际客货运周转量表示的盈亏平衡点BEP_X:

由项目达到盈亏平衡时,总成本等于运输收入,得$Y_2 = Y_1$,即:$VX_C + F = PX_C$。

$$\mathrm{BEP}_X = X_C = \frac{F}{P - V} \tag{6-1}$$

当$X > \mathrm{BEP}_X$时,处于盈利状态;当$X < \mathrm{BEP}_X$时,处于亏损状态;当$X = \mathrm{BEP}_X$时,处于不亏不盈状态,即盈亏平衡。

(2)以运输收入表示的盈亏平衡点BEP_Y:

$$\mathrm{BEP}_Y = \mathrm{BEP}_X \times P = \frac{FP}{P - V} = \frac{F}{1 - V/P} \tag{6-2}$$

当实际运输收入大于BEP_Y时,处于盈利状态;实际运输收入小于BEP_Y时,处于亏损状态;实际运输收入等于BEP_Y时,处于盈亏平衡状态。

（3）以运输能力利用率表示的盈亏平衡点 BEP_L：

$$BEP_L = \frac{X_C}{R} = \frac{F}{(P-V)R} \times 100\% \tag{6-3}$$

式中，R 为最大供给能力。当运输供给能力利用率大于 BEP_L 时，处于盈利状态；运输供给能力利用率小于 BEP_L 时，处于亏损状态；运输供给能力利用率等于 BEP_L 时，处于盈亏平衡状态。

（4）以客货运收入率表示的盈亏平衡点 BEP_P，此时客货运周转量 $x = R$，客货运收入率 P_C 为：

$$BEP_P = P_C = V + \frac{F}{R} \tag{6-4}$$

当客货运收入率高于 BEP_P 时，处于盈利状态；客货运收入率低于 BEP_P 时，处于亏损状态；客货运收入率等于 BEP_P 时，处于盈亏平衡状态。

此外，若按财税制度考虑应缴纳税金（营业税金及附加）因素，则上述公式还应进行相应的调整。

【例6-1】 拟建某汽车专用二级公路总投资 5 000 万元，寿命期为 20 年，折现率为 10%，养护费与年等额换算投资相比很小，故全部纳入可变成本，均摊到每辆车上的可变成本约为 0.10 元。试进行盈亏平衡分析。[1]

解： 依题意，年固定成本 $F = 5\,000 \times \frac{0.1 \times (1+0.1)^{20}}{(1+0.1)^{20}-1} = 587.2981$（万元）

若每标准车收费 3 元，则盈亏平衡的临界交通量为：

$$Q_0 = \frac{F}{A-V} = \frac{5\,872\,981}{3-0.1} = 2\,025\,166\,（辆／年）$$

$$Q_0 = 5\,548\,（辆／昼夜）$$

最低年过路费用收入为：

$$P_0 = AQ_0 = 3 \times 2\,025\,166 = 6\,075\,498\,（元）$$

若该道路设计通行能力为 6 000 辆/昼夜，且交通量达到该数值，则最低收费标准为：

$$A_{min} = V + \frac{F}{Q} = 0.1 + \frac{5\,872\,981}{6\,000 \times 365} = 2.78\,（元／辆）$$

【例6-2】 中国—东南亚航线上的某 3 000 吨级船舶，每年大约营运 25 个航次，平均运费收入为每吨 200 元，年总成本为 1 125 万元，其中船价折旧费为 380 万元，燃油费为 300 万元，港口费为 150 万元，船员工资为 75 万元，保险费为 50 万元，维修、备件费为 120 万元，管理费为 50 万元，年营业税为年营运收入的 3%，试计算盈亏平衡点。[2]

解： 根据上述数据，可得：

年固定总成本：$F = 380 + 75 + 50 + 120 + 50 = 675$（万元）

年总运量：$Q = 0.3 \times 25 = 7.5$（万吨）

年总营运收入：$R = 7.5 \times 200 = 1\,500$（万元）

年可变动总成本：$C = 300 + 150 = 450$（万元）

---

[1] 本案例来自杨蕤《不确定性分析在公路工程经济评价中的作用》，并进行了修改。
[2] 本案例来自蒋惠园主编的《交通运输经济学》。

单位营运变动成本：$V = 450/7.5 = 60($元$/t)$

单位营运收入税金：$T = 1\ 500 \times 3\%/7.5 = 6($元$/t)$

单位变动成本：$C_V = 60 + 6 = 66($元$/t)$

盈亏平衡点产量：$Q_0 = \dfrac{F}{P - C_V} = \dfrac{675}{200 - 66} = 5.04($万吨$)$

计算表明，该航线船舶运量达到 5.04 万吨时即可保本。

如果考虑盈亏平衡生产能力利用率，则盈亏平衡时生产能力利用率：

$$E = \frac{Q}{Q_C} \times 100\% = \frac{50\ 400}{3\ 000 \times 25} \times 100\% = 67.2\% < 70\%$$

即该航线船舶若能够达到 67.2% 的货载率，即可保本，该项目经营安全，风险小。

（二）非线性盈亏分析

线性盈亏分析是建立在若干假设条件的基础上，但在实际中，这些假定仅有一定的适应范围，总成本和运输收入都可能与客货运周转量之间呈现出非线性变化，这就需要进行非线性盈亏分析。

非线性盈亏分析可分为三种情况，如图 6-2 所示。

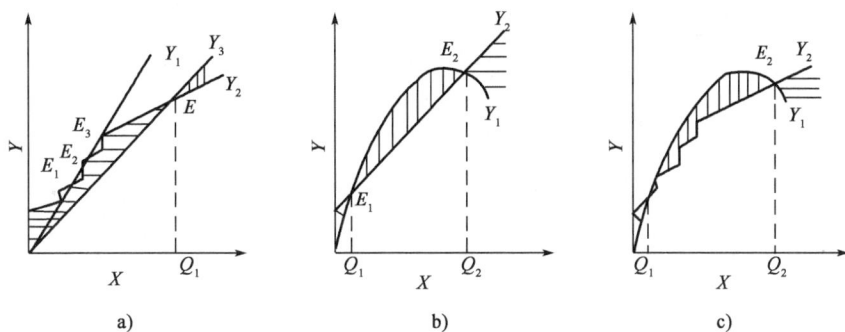

图 6-2　非线性盈亏分析图

图 6-2a) 为总成本呈非线性变化，运输收入呈线性变化。此时可能有一个或一个以上盈亏平衡点。以竖线表示的阴影区代表盈利区，横线表示的阴影区代表亏损区。图 6-2b) 为运输收入呈非线性变化，总成本呈线性变化，此时有两个盈亏平衡点。图 6-2c) 为总成本与运输收入均呈非线性变化，此时可能有两个以上盈亏平衡点（图示为两个平衡点）。

由图 6-2 可见，非线性盈亏分析可能有几个平衡点。一般把最后出现的盈亏平衡点称为盈利限制点。我们仅就图 6-2c) 进行具体分析。

由图 6-2c) 可知，当有两个盈亏平衡点时，只有客货运周转量在 Q_1 至 Q_2 之间时，才能盈利，并可以找到最大盈利所对应的客货运周转量 $Q_{\max}$。此外，在平衡点 E_2 以后，当运输收入等于可变成本时，就达到开关点，这时的运输收入只能补偿可变成本，亏损额正好等于固定成本。也就是当客货运周转量达到开关点时，如果还继续提高客货运周转量，那么所造成的亏损比当初停产所造成的亏损更大。

【例 6-3】　某运输企业年总运输收入是：$Y_1 = (300Q - 0.03Q^2)$ 元，Q 为年客货运周转量换算吨公里。总固定成本为：$F = 180\ 000$ 元，总可变成本为：$V = (100Q - 0.01Q^2)$ 元；因此，其总成本是：$Y_2 = (180\ 000 + 100Q - 0.01Q^2)$ 元。各曲线如图 6-3 所示，试进行盈亏平衡点分析。

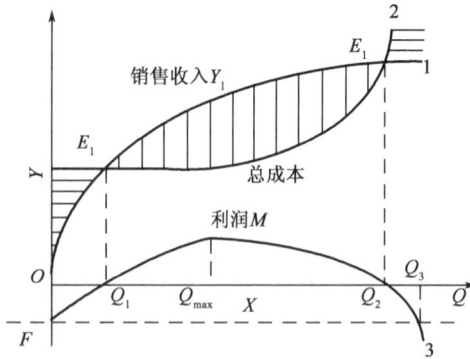

图6-3 盈亏平衡分析例图

解：其盈利函数为：

$$M = Y_1 - Y_2 = (300Q - 0.03Q^2) - (180\,000 + 100Q - 0.01Q^2) = 200Q - 0.02Q^2 - 180\,000$$

达到平衡点时，即：

$$200Q - 0.02Q^2 - 180\,000 = 0$$

解得 $Q_1^* = 1\,000$ 换算吨公里，$Q_2^* = 9\,000$ 换算吨公里。

说明可使该运输企业盈利的范围 $1\,000 \sim 9\,000$ 换算吨公里之间，若客货运周转量 $Q < 1\,000$ 换算吨公里或 $Q > 9\,000$ 换算吨公里，都会发生亏损。

若对盈利函数求导数，并令其等于零，便可求出最大盈利时的客货运周转量值。

$$\frac{\mathrm{d}M}{\mathrm{d}Q} = \frac{\mathrm{d}(200Q - 0.02Q^2 - 180\,000)}{\mathrm{d}Q} = 200 - 0.04Q$$

令 $\dfrac{\mathrm{d}M}{\mathrm{d}Q} = 0$，即 $200 - 0.04Q = 0$。

则 $Q = 5\,000$ 换算吨公里，此时最大盈利：

$$M_{\max} = 200 \times 5\,000 - 0.02 \times 5\,000^2 - 180\,000 = 320\,000(元)$$

$\dfrac{\mathrm{d}M}{\mathrm{d}Q}$ 可能分别为正数、负数、零三种情况，正数表明增加客货运周转量是有利的；负数表明只有减少客货运周转量才能增加盈利或减少亏损；为零时，盈利达到最大值。

盈利函数曲线上另一重要经济界限点就是开关点。开关点是年亏损正好等于年固定成本时的平衡点，即：

$$M = 200Q - 0.02Q - 180\,000 = -180\,000$$

解得 $Q_1 = 0$ 换算吨公里，$Q_2 = 10\,000$ 换算吨公里。

显然，开关点为 $10\,000$ 换算吨公里，若继续生产则年亏损大于固定成本，因而还不如当初就停产有利。例如，客货运周转量达到 $11\,000$ 换算吨公里时，总盈利为：

$$M = 200 \times 11\,000 - 0.02 \times 11\,000^2 - 180\,000 = -400\,000(元)$$

即年亏损达 $400\,000$ 元，比当初停产还多亏损 $22\,000$ 元。

第三节　敏感性分析

一、敏感性分析的含义

敏感性分析是指通过分析、测算投资项目的主要制约因素发生变化时引起经济效果评价指标变化的幅度，了解各种因素的变化对实现预期目标的影响程度，从而对投资项目对各种风险的承受能力做出判断。在项目的整个寿命周期内，会有许多不确定性因素对项目的经济效果产生影响，但影响程度各不相同。有些因素微小的变化就会引起经济效果评价指标产生较大的变化,这些因素称之为敏感性因素;反之,称为不敏感因素。敏感性分析实质上就是在诸多的不确定因素中,确定哪些是敏感性因素,哪些是不敏感因素,并分析敏感性因素对项目经济评价指标的影响程度。

二、敏感性分析的一般步骤

1.确定具体经济效果评价指标作为敏感性分析的对象

评价一个项目的经济效果指标有多个,但对于某一个具体的项目而言,没有必要对所有的指标都作敏感性分析。因为不同的项目有不同的特点和要求,因此,敏感性分析的指标选择应针对实际需要而定。一般最常用的敏感性分析指标是内部收益率和净现值等动态指标,此外还可以用投资回收期和借款偿还期等指标作为分析对象,有时还可以灵活地将某些具体参数值作为分析对象,如总投资和总成本等。

2.选择需要分析的不确定因素

由于不同的项目在不同的经济背景下,敏感性因素各不相同,但常用的包括价格、收入、成本、银行利率等,一般来说可以遵循以下原则:找出那些在成本、收益构成中所占比重较大,以及预计可能会对项目经济效果评价指标有较大影响且又是在整个项目寿命周期内有可能发生较大变动,或者在确定性分析中采用的该因素的数据准确性较差的因素作为敏感性因素。对于交通项目敏感性分析所涉及的不确定因素主要有交通(运输)量、运价率、年运营收益、固定资产投资等。对于具体的项目来说,还要作具体的选择和考虑,并且根据实际情况设定所选因素可能的变动范围。

3.确定经济效果评价指标对各敏感性因素的敏感程度

常用的计算方法是,假定除敏感性因素外,其他因素是固定不变的,然后根据敏感性因素的变动,重新计算有关的经济效果评价指标,与原指标值进行对比,得出其变动的程度(变化率),即可得出该指标对该不确定因素的敏感程度。根据各敏感性因素在可能的变动范围内不同幅度的变动,得出经济效果评价指标相应的变化率,建立起一一对应的数量关系,并用图或表的形式表示出来。

项目对不确定因素的敏感程度还可以表示为经济效果评价指标达到临界点时,如财务内部收益率等于财务基准收益率、净现值等于零时,允许某个不确定因素变化的最大幅度,即极限变化,如果该不确定因素的变化超过了此极限,该项目则不被接受。为求出各不确定因素变化的最大幅度,需绘制敏感性分析图(图6-4),其中与横坐标夹角最大的曲线即为最敏感因素变化线。同时,在图上还应标出经济评价指标的临界点,某种不确定因素对经济效果评价指标的影响曲线与临界线(或面)的交点所对应的某不确定因素的变化幅度,就是该种因素允许变化的最大幅度,即极限变化。这个极限对于项目决策十分重要,如果发生这种极限变化的可能性很大,则表明该项目承担的风险很大。

4.通过分析比较找出项目的最敏感因素,并对项目的风险情况做出判断

根据上一步的计算分析结果,对每种敏感性因素在同一变化幅度下引起的同一经济效果评价指标的不同变化幅度进行比较,选择其中导致变化幅度最大的因素。如图6-4中的不确定因素Ⅰ,就是该项目的最敏感因素,然后根据最敏感因素对经济效果评价指标的影响程度,判断该项目风险的大小。

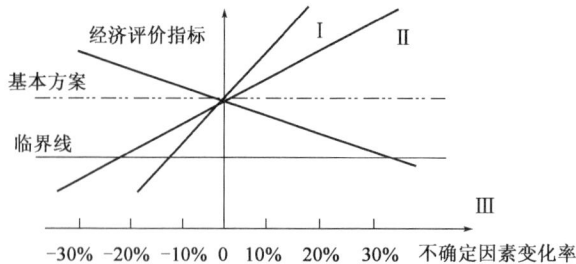

图 6-4　敏感性分析图

注:不确定因素Ⅰ是最敏感因素,极限变化为-12%;不确定因素Ⅱ是较敏感因素,极限变化为-21%;
　　不确定因素Ⅲ是相对不敏感因素。

三、项目敏感性分析实例

敏感性分析可以是对单一因素的分析,即假定其他因素不变,只分析一个不确定因素的变化对项目经济效果的影响,称之为单因素敏感性分析;也可以是对多个因素的分析,即考察多个因素同时变化时对项目经济效果的影响程度,称之为多因素敏感性分析。单因素敏感性分析计算简单,结果明了。但实际上它是一种理想化了的敏感性分析方法,现实中,许多因素的变动都是具有相关性的,一个因素的变动往往会伴随着其他因素的变动,单纯考虑单个不确定因素的变化对经济效果评价指标的影响不能够真实地反映现实的实际情况,因此具有一定的局限性。弥补这种不足的方法是进行多因素敏感性分析,这样才能更准确地判断项目的风险情况。

(一)单因素敏感性分析

因素的变化可以用相对值或绝对值表示。相对值是使每个因素都从其原始取值变动一个幅度,例如±10%、±20%等,计算每次变动对经济评价指标的影响,根据不同因素相对变化对经济评价指标影响的大小,可以得到各个因素的敏感性程度排序。用绝对值表示的因素变化可以得到同样的结果。

敏感性分析还应求出不确定因素变化的临界值。临界值可以通过敏感性分析图求得。具体做法是:将不确定因素变化率作为横坐标,以某个评价指标,如内部收益率为纵坐标作图,由每种不确定因素的变化可以得到内部收益率随之变化的曲线。每条曲线与基准收益率线的交点所对应的横坐标称为不确定因素变化的临界值,即该不确定因素允许变动的最大幅度,或称极限变化。不确定因素的变化超过了这个极限,项目就由可行变为不可行。将这个幅度与估计可能发生的变化幅度相比较,就可以判定项目经济效益对该因素敏感情况,以及项目承担的风险大小。交通项目评价中,一般是对项目内部收益率或净现值等经济评价指标进行敏感性分析,必要时也可以对投资回收期和借款偿还期等进行敏感性分析。

【例 6-4】　对某既有铁路改造项目的经济评价指标进行敏感性分析。本次敏感性分析选用运价率、运量、运营成本和土建投资等对评价指标影响较大的因素作为敏感性因素,分析这些因素变化对财务内部收益率的影响。❶

财务内部收益率敏感性见表 6-1 和表 6-2。

---

❶本案例来自李薇《既有铁路改造项目经济评价研究》,并进行了修改。

全部投资的财务内部收益率敏感性分析计算表　　　　　　表 6-1

EIRR(%)增减	−20%	−10%	0%	+10%	+20%
运价率	7.33%	8.76%	10.23%	11.66%	13.34%
运量	8.37%	9.31%	10.23%	11.12%	11.97%
运营成本	11.10%	10.67%	10.23%	9.79%	9.33%
土建投资	11.58%	10.86%	10.23%	9.69%	9.20%

自有资金的财务内部收益率敏感性分析计算表　　　　　　表 6-2

EIRR(%)增减	−20%	−10%	0%	+10%	+20%
运价率	7.90%	9.77%	11.15%	12.47%	13.76%
运量	8.91%	10.05%	11.15%	12.21%	13.24%
运营成本	11.68%	11.40%	11.15%	10.89%	10.61%
土建投资	12.49%	11.79%	11.15%	10.58%	10.09%

由敏感性分析计算表可知,对于全部投资和自有资金的财务内部收益率来说,最敏感的因素是运价率,其次是运量,再次是土建投资,最不敏感的因素是运营成本。进一步分析敏感性分析计算表中的数据,随着这些敏感性因素的变化,财务内部收益率随之变化的幅度较小,说明这些敏感性因素都不是十分敏感,项目具有很强的抗风险能力。

【例6-5】 现有一项省道扩建工程项目,项目总造价为 8 000 万元。固定资产形成率 100%。项目建设期 1 年,对项目完成后 40 年的时间内进行经济分析。年收益额为 300 万元,年运行费为 40 万元,税率 10%,内部收益率取 10%。❶

解: 根据以上项目简介,可以计算每年的折旧费用:8 000 ÷ 40 = 200(万元);每年交通收费收入:300 万元;税后纯利润:300 − (300 − 40 − 200) × 10% = 294(万元)。

项目在初始条件下的净现值:$FNPV_0 = 342$ 万元,由于 $FNPV_0 > 0$,该项目是可行的。取定三个因素:项目造价、年收益以及年运行费进行敏感性分析,令其逐一在初始值的基础上按 ±10%、±20% 的变化幅度变动,分别计算相对应的财务净现值的变化情况,计算结果如表 6-3 所示。

财务净现值变化情况　　　　　　表 6-3

幅度(%)	项目造价(万元)	年收益(万元)	年运行费(万元)
−20	4 150.8	2 630	3 413.4
−10	3 523.1	1 356.8	3 050.4
0	2 563.2	2 563.2	2 563.2
10	1 969.6	3 023.2	2 326.5
20	1 242.4	5 323.4	1 966.1
平均 +1	−2.72%	4.9%	−1.4%
平均 −1	2.72%	−5.1%	1.3%

---

❶本案例来自杨蕤《不确定性分析在公路工程经济评价中的作用》。

由表 6-3 计算结果可以看出,在各个因素变量变化率相同的情况下,公路年收益的变动对净现值的影响程度最大,为敏感因素。当其他因素均不发生变化时,年收益每下降1%,净现值下降5.1%。对净现值有较大影响的因素是项目造价,为次敏感因素。当其他因素均不发生变化时,项目造价增加1%,净现值下降2.72%。对净现值影响最小的因素是年运行费,在其他因素不发生变化的情况下,年运行费每上升1%,净现值下降1.4%。

单因素的敏感性分析在计算某特定因素变动对经济评价指标的影响时,假定其他因素不变。实际上这种假定很难成立,可能会有两个或两个以上的因素同时变动,此时单因素敏感性分析就很难反映项目承担风险的状况,因此,还应进行多因素敏感性分析。

(二)多因素敏感性分析

多因素敏感性分析需要考虑多种不确定因素可能发生的不同变动幅度的多种组合,计算起来比单因素敏感性分析要复杂得多,在这里我们只以两个因素同时变化对项目经济效果评价指标的影响为例,借此来说明多因素敏感性分析的实质和应用。

【例 6-6】 某项目其固定资产初始投资为170 000 元,年销售收入为35 000 元,年经营费用为3 000 元,项目寿命期为10 年,固定资产残值为20 000 元。基准收益率为13%,试就初始投资和年销售收入对该项目的净现值进行双因素的敏感性分析。

解:设 x 为初始投资变化的百分数,y 为同时改变的年销售收入的百分数,则:

$$\text{NPV}(13\%) = -170\,000(1+x) + 35\,000(1+y) \times (P/A,13\%,10) - 3\,000(P/A,13\%,10) + 20\,000(P/F,13\%,10)$$

如果 $\text{NPV}(13\%) \geq 0$,则该投资方案盈利率在13%以上。

$\text{NPV}(13\%) \geq 0$,即:$9\,531.6 - 170\,000x + 1\,89918.5y \geq 0$。

化简得:

$$y \geq -0.050\,2 + 0.895\,1x$$

把上述不等式表示在初始投资变化百分数 x 和年销售收入变化百分数 y 所示的平面图上,则可以得到如图 6-5 所示的两个区域。斜线以上的区域,$\text{NPV}(13\%) > 0$;斜线以下的区域,$\text{NPV}(13\%) < 0$,显示了两因素允许同时变化的幅度。

从图 6-5 可以看出,项目对投资的增加相当敏感。投资增加和年销售收入减少时,项目 $\text{NPV}(13\%) \geq 0$ 的区域如图中阴影的区域。

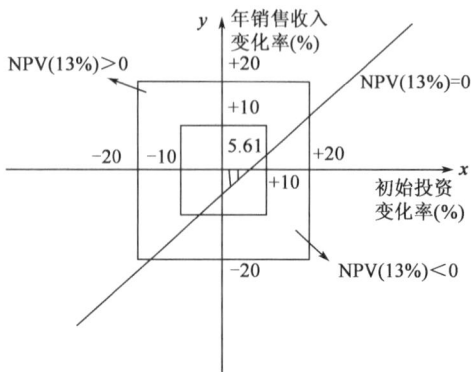

图 6-5 两因素敏感性分析图

敏感性分析已经在技术经济分析中获得应用,尤其是单因素的敏感性分析更加广泛。但是它本身具有不可忽略的局限性。

(1)敏感性分析要求被分析的各个经济参数是互不相关的。事实上,有些参数之间是有某种相关性的。如投资与工期之间,投资随工期的延长而增加;收益与运价及产量之间也有密切的相关性,价格上涨、运输量增加,则收益也增加。各因素之间的关系,有时是相当复杂的,这无疑会给敏感性分析带来困难。

(2)敏感性分析至多只能同时对三个经济参

数的变化作分析,四个及四个以上经济参数同时变化时,现有的敏感性分析是无能为力的。

(3)由于选择哪些参数进行分析,以及这些参数的给定变化量,均受分析人员的主观意愿的影响,尤其是敏感性分析表法,更易造成假象。因此,一般应绘制出敏感性分析图,以便为决策人员分析提供更全面的信息,也可使决策人员免受经济分析计算人员主观偏爱的影响,使决策更科学化。

(4)敏感性分析能够表明不确定因素对项目经济效益的影响,得到维持项目可行所能允许的不确定因素发生不利变动的幅度,从而预测项目承担的风险,但是并不能表明这种风险发生的可能性有多大。实践表明,不同的项目,各个不确定因素发生相对变动的概率是不同的。因此,两个同样敏感的因素在一定的不利变动范围内可能一个发生的概率很大,另一个发生的概率很小。很显然,前一个因素给项目带来的影响很大,后一个因素给项目带来的影响很小,甚至可忽略不计。而敏感性分析假定各个因素发生变化的概率是相等的,因此,这个问题是敏感性分析所解决不了的,还需进行概率分析。

【延伸阅读6-1】 敏感性指标

1)敏感度系数

敏感度系数是项目效益指标变化的百分率与不确定因素变化的百分率之比,即用来表示经济效果评价指标对不确定因素的敏感程度。敏感度系数高,表示项目效益对该不确定因素敏感程度很高,提示应重视该不确定因素对项目效益的影响。敏感度系数计算公式如下:

$$E = \frac{\Delta A}{\Delta F}$$

式中:E——评价指标不确定因素 F 的敏感度系数;

ΔA——不确定因素 F 发生 ΔF 变化时,评价指标 A 的相应变化率(%);

ΔF——不确定因素 F 的变化率(%)。

$E > 0$,则表示评价指标与不确定因素同方向变化;$E < 0$,则表示评价指标不确定因素反方向变化。$|E|$ 较高者敏感度系数高,但其数值大小并不是计算该项指标的目的,重要的是各不确定因素敏感度系数的相对值,借此了解各不确定因素的相对影响程度,以选出敏感度较大的不确定因素。但敏感度系数只是提供了评价指标变化率与各不确定因素变化率的比例,没有直接显示变化后的评价指标值,所以还需要编制敏感性分析表,列出各不确定因素变动率及相应的评价指标值。

以某铁路项目的敏感性分析表(表6-4)为例进行分析。表中基本方案是指项目财务分析中按所选定投入和产出的数值计算的指标,基准收益率为6%。[1]

某铁路项目的敏感性分析表 表6-4

不确定因素	不确定因素变化率	财务内部收益率	敏感度系数
基本方案	0	7.86%	
建设投资变化	10%	7.09%	−0.98
	−10%	8.73%	−1.11
运价变化	10%	9.23%	1.74
	−10%	6.37%	1.90

[1]本案例摘自贾元华主编的《铁路项目评估与管理》,并进行了删减与修改。

续上表

不确定因素	不确定因素变化率	财务内部收益率	敏感度系数
运量变化	10%	8.86%	1.27
	-10%	6.77%	1.39

表6-4中,建设投资变化这一因素的敏感度系数为负,说明建设投资增加导致内部收益率降低。比较三个不确定因素敏感度系数的绝对值,可看出运价对效益指标的影响程度最大。

2)临界点

临界点是指不确定因素的极限变化,如财务内部收益率等于财务基准收益率、净现值等于零时,允许某个不确定因素变化的最大幅度。当该不确定因素为费用项时,为其增加的百分率;当该不确定因素为效益项时,为其降低的百分率。当不确定因素的变化超过了临界点所表示的不确定因素的极限变化时,项目效益指标将会转而低于基准值,则该项目不被接受。

第四节 概 率 分 析

一、概率分析的含义

所谓概率分析,又叫风险分析,是指使用概率来研究不确定因素对项目经济效果影响的一种分析方法,具体而言,是指通过分析各种不确定因素在一定范围内随机变动的概率分布及其对项目经济效果的影响,对项目的风险情况做出比较准确的判断,从而为项目决策提供更为准确的依据。

通过上节的敏感性分析,对各种不确定因素对项目的经济效果的影响做了一定的描述,但这种分析只是研究了各种不确定因素如果发生某种程度变化时,会给项目带来多大的风险,而没有考虑这种变化给项目造成风险的可能性有多大,从而影响分析结论的准确性。比如可能有这样的情况,通过敏感性分析找出的某一最敏感因素未来发生不利变化的概率很小,因此实际上所带来的风险并不大,以至于可以忽略不计。而另一不太敏感的因素未来发生不利变动的概率却很大,实际上所带来的风险比那个最敏感因素更大。像这样的问题是敏感性分析所无法解决的,必须借助于概率分析。因此,从一定意义上讲,概率分析是敏感性分析的继续和补充。

概率分析的目的是通过确定影响项目经济效果的关键因素的可能的变动范围及其概率分布,对方案的经济效果评价指标做出某种概率描述,如求解概率期望值和估计各种净现值出现的概率,从而对项目的投资风险情况做出更准确的判断。概率分析常用的分析方法有期望值法、决策树法和模拟法等。概率有客观和主观两种意义上的概率,概率分析中主要是应用主观先验概率,也就是根据过去的经验数据和相关信息人为预测和估计而得的概率。

二、概率分析的一般步骤

(1)选择一个或几个不确定因素,作为概率分析的对象。可以选择根据敏感性分析确定的最敏感因素作分析对象,也可以选择估计最有可能变化的敏感因素作为分析对象。

(2)确定和估算每个不确定因素未来可能的状态及每种状态可能发生的概率。这个过程是概率分析准确与否的关键,因此各个概率值的估计要尽可能符合实际。

(3)根据对未来状态的估计值及其概率计算期望值 E。期望值是借助于概率加权计算的平均值,因此它包含了风险对潜在结果的影响,是一种含有风险的经济变量的标准度量,风险的大小反映在方差 σ 上。

(4)根据各不确定因素的期望值和各种变化的概率分布,求解项目经济效果评价指标的期望值和各种可能数值的概率分布。

(5)对投资项目进行风险分析。根据上述的计算结果,可以绘出投资风险分析决策树图或投资风险分析表和曲线。根据这些图、表、曲线对投资项目的风险进行分析。

三、项目概率分析实例

(一)概率未知情况下的分析

【例 6-7】 某铁路建设项目的市场需求量只能大致估计为较高、一般、较低和很低四种情况,而每种市场情况的未来出现概率无法预先估计。该铁路建设项目有 4 个方案可供选择,经计算,各个方案一定时期内对应每种需求情况所能得到的净现值如表 6-5 所示。

不同需求量的净现值表(单位:万元)　　　　　　　表 6-5

方案 i	市场需求量 Q			
	较高	一般	较低	很低
A	600	400	-150	-350
B	800	350	-300	-700
C	350	220	50	-100
D	400	250	90	-50

从表 6-5 中可以看出,当市场需求量较高时,方案 B 是最优的;当市场需求量一般时,方案 A 最优;而当需求量较低或很低时,方案 D 最优。很显然,不论出现哪种需求量,方案 C 都没有成立的可能,我们可以将其省略去,不再加以考虑。

方案 A、B、D 的选择是比较困难的,比如方案 B 在需求量较高时是最优的,而在需求量较低时它又成为最劣的方案。下面介绍几种解决此类问题常见的分析方法。

(1)悲观法(也称瓦尔德法、小中取大法)。这种方法认为对未来将出现状况的估计不应过于乐观,为了保险起见,应认为今后出现的是最不利的状态。其做法是:首先从每个方案的几种收益值中选取一个最小收益值,然后再从这些代表不同方案的最小收益值中选取一个最优值,以其所代表的方案作为最优方案,如果以 P_{ij} 代表方案 i 在自然状态 j 下的收益,则 $\max_i \{\min_j P_{ij}\}$ 即为最优方案。

这种方法是十分保守的,它的特点是从不利的情况出发,找出最坏的可能,然后在不利的情况下选择最好的方案,使不利的程度予以减低,保证从几种最差的可能结果中得到好的结果。结合上例,可从表 6-5 中找出每个方案的最坏情况下的净现值,并列于表 6-6。

悲观法方案选择表(单位:万元)　　　　　　　　　　表 6-6

方案 i	A	B	D	$\max_i\{\min_j[\,\mathrm{NPV}_{ij}\,]\}$
$\min_j[\,\mathrm{NPV}_{ij}\,]$	-350	-700	-50	-50

从表 6-7 可知,在三个方案中,最大净现值为 -50 万元,因此,应该选择其所对应的方案 D 为最优方案。

(2)乐观法(也称大中取大法)。这种方法恰恰与悲观法相反,它对客观情况总是抱乐观的态度,从最乐观的估计出发,认为今后出现的是最有利的状态。其做法是,首先从每个方案的几种收益值中选取一个最大的收益值,然后再从这些代表不同方案的最大收益值中选取一个最大值,以其所代表的方案为最优方案,即 $\max_i\{\max_j P_{ij}\}$ 为最优方案。

这种方法对不利的情况不加考虑,而是保证从几种最好的可能结果中得到最好的结果。在上例中,可从表 6-5 中找出每个方案在最有利情况下的净现值,列于表 6-7。

乐观法方案选择表(单位:万元)　　　　　　　　　　表 6-7

方案 i	A	B	D	$\max_i\{\max_j[\,\mathrm{NPV}_{ij}\,]\}$
$\max_j[\,\mathrm{NPV}_{ij}\,]$	600	800	400	800

从表 6-7 可知,在三个方案中,最大净现值为 800 万元,因此应该选择其所对应的方案 B 为最优方案。

(3)乐观系数法(也称胡尔维茨法)。这种方法的意图是,在最悲观估计和最乐观的估计两者之间找出一个折中的方法。它不像悲观者那样保守,也不像乐观者那样冒险,而是从中找出一个折中的标准,用一个系数表示乐观的程度,在完全悲观和完全乐观之间取得一种平衡。当该系数为 1 时,决策人对出现的状态持完全乐观的态度;当该系数为零时,决策人对将出现的状态持完全悲观的看法。因此这个系数称为乐观系数,记为 α,规定 $0 \leqslant \alpha \leqslant 1$。选定了 α 之后,就可以对每个方案分别计算,其折中收益值如下:

$$折中收益值 = \alpha(\max_j P_{ij}) + (1-\alpha)(\min_j P_{ij})$$

然后在各折中收益 j 值中取最大值。

$$\max_i[\alpha(\max_j P_{ij}) + (1-\alpha)(\min_j P_{ij})]$$

以其所代表的方案为最优方案。

当 $\alpha = 0$ 时,上式即成 $\max_i\{\min_j P_{ij}\}$ 成为悲观法的评价标准,当 $\alpha = 1$ 时,上式即成 $\max_i\{\max_j P_{ij}\}$ 成为乐观法的评价标准。因此,悲观法和乐观法是乐观系数法的两种特殊情形。

乐观系数法的关键是在 0 和 1 之间选取一个 α 值,这决定于决策者的性格及信息量等因素,具有主观色彩,难以有确定的标准。在对乐观与悲观缺少强烈的感觉时,选取 $\alpha = 0.5$ 的值是合理的。

在上例中应用乐观系数法,假定对未来净现值不太乐观,设 $\alpha = 0.2$,折中净现值计算结果如下:

A:　　　　　　　　　$0.2 \times 600 + 0.8 \times (-350) = -160(万元)$

B:　　　　　　　　　$0.2 \times 800 + 0.8 \times (-700) = -400(万元)$

D:　　　　　　　　　$0.2 \times 400 + 0.8 \times (-50) = 40(万元)$

因此,应选择 D 为最优方案。

(4)等可能性法(也称拉普拉斯法)。认为既然决策者不能预先估计未来各种状态出现的概率,在这种情况下不能说某一状态出现的机会大于另一状态出现的机会,自然应该对各种状态一视同仁,认为它们出现的可能性是相等的。如果未来有 n 种状态,则假设每种状态出现的概率均为 $1/n$,将问题转化为风险型分析,按期望值进行决策。这种假设的理由不充分,它是采用平均主义来简化分析方法。

在上例中,四种需求量出现的概率可按等可能性法假设为均等于 $1/4$,则每个方案的净现值期望值为:

$$\text{ENPV}_A = 0.25 \times (600 + 400 - 150 - 350) = 125(\text{万元})$$
$$\text{ENPV}_B = 0.25 \times (800 + 350 - 300 - 700) = 37.5(\text{万元})$$
$$\text{ENPV}_D = 0.25 \times (400 + 250 + 90 - 50) = 172.5(\text{万元})$$

即按等可能性法也应选取方案 D 为最优方案。

(5)最小最大后悔值法(也称沙凡奇法、后悔值大中取小法)。如果决策者选择了某一方案,而当以后出现的某种自然状态说明他本应选择另一方案时,他必然感觉到后悔,因为如果他对今后出现哪种自然状态事先已经完全知道的话,那他必然会选择相对应于该自然状态收益值为最大的方案,这个收益值与原来采取方案的收益值之差就叫作后悔值。

比如在上例中,若选择了方案 B,但后来的事实说明了产品的市场需求量一般,这时必然会后悔没有选择方案 A,因为方案 A 在市场需求量一般时净现值是最大的,比方案 B 的净现值大了 $400 - 350 = 50$ 万元,这 50 万元就叫作方案 B 在市场需求量一般时的后悔值。后悔值当然是越小越好,决策者为了避免后悔或产生过多的后悔,因此,最低限度就是要选择具有最小的最大后悔值的方案。

在上例中应用最小最大后悔值法,首先从表中找出各种市场需求量情况下的最大净现值 800、400、90 和 -50,其次从各个最大净现值中减去相应需求量情况下的其他净现值,即得到各个方案在各种需求量情况下的后悔值,如表 6-8 所示。

后 悔 值 表　　　　　　　　　　　　　　　　　　　　　　　表 6-8

方　　案	市 场 需 求 量			
	较高	一般	较低	很低
A	200	0	240	300 *
B	0	50	390	650 *
D	400 *	150	0	0

从表中选出每一方案的最大后悔值(在旁边用 * 号表示),然后在这三个最大后悔值中选择一个最小的。从表中可知方案 A 的最大后悔值最小,因此方案 A 为最优方案。

按照最小最大后悔值法评价方案,可以保证决策者今后可能遭受的损失趋向最小,从而使结果比较安全可靠,但其倾向是属于保守的。

以上介绍了概率未知情况下的五种分析方法,采用不同方法选择方案,所得到的结果并不尽相同,而且难以判别哪个方法好与不好。考察五种方法,可以看出各种方法均有其自己的优点。由于缺乏客观标准作依据,只能根据决策者对未来情况的估计和个人的性格特点来决策。因此,概率未知情况下决策的结论往往带有很大的主观性,因为既然未来状态出现的可能性未知,当然无法做出完全符合客观情况的决策。由于这些原因,决策者在遇到概率未知情况下分析问题时,总是力求避免马上进行分析,而是想方设法进行调查研究,取得更多的信息,使之向概率已知的问题靠拢,再进行分析。

(二)概率已知情况下的分析

1.期望值和标准差的计算

在不确定性情况下,经济分析所得出的经济效果评价值不是一个确定值,而是它们的某种概率描述。在已知概率分布的情况下,通过计算期望值和标准差(或均方差),可以表明其特征。

(1)期望值的计算。在大量重复事件中,期望值就是随机变量取值的平均值,也是最大可能取值,它最接近实际真值。期望值可用下式计算:

$$E(x) = \sum_{i=1}^{n} X_i P_i = \bar{x} \tag{6-5}$$

式中:$E(x)$——随机变量 X 的数学期望;

$\quad\quad X_i$——随机变量 X 的各种可能取值;

$\quad\quad P_i$——对应出现 X 的概率值。

例如:某铁路建设项目,其投资回收期在 5~9 年之间,其中 5 年的概率是 0.1,6 年的概率是 0.2,7 年的概率是 0.4,8 年的概率为 0.2,9 年的概率为 0.1,试求该项目投资回收期的期望值。

设随机变量 X 是投资回收期(年),所以期望值为:

$$E(x) = 5 \times 0.1 + 6 \times 0.2 + 7 \times 0.4 + 8 \times 0.2 + 9 \times 0.1 = 7(年)$$

就是说,在 5 个可能的投资回收期中,最接近实际发生的投资回收期是 7 年。

(2)标准差的计算。标准差表示随机变量的离散程度,也表示与其平均值的偏离程度。标准差 σ 可用下式计算:

$$\sigma = \sqrt{\sum_{i=1}^{n} (\bar{X} - X_i)^2 P_i} \tag{6-6}$$

式中:$\bar{X}$——平均值,计算时可用期望值代替。

由上式可算出上例投资回收期的标准差:

$$\sigma = 1.1(年)$$

上述计算说明,上述投资项目最大可能的投资回收期是 7 年,前后会有 1.1 年的偏差。

现实中,许多例子($\bar{X} - X_i$)的值并不像上例为整数且简单易求,用上式计算比较繁杂。可以证明,标准差也可用下式计算:

$$\sigma = \sqrt{\sum_{i=1}^{n} X_i^2 P_i - (\bar{X})^2} \tag{6-7}$$

2.期望值与标准差的权衡问题

对投资项目而言,总希望收益期望值大,而风险小(即标准差小)。但有时也会出现收益期望值大的方案,标准差也大,反之亦然。这时的决策就主要取决于决策者的态度及抗风险的能力。例如,有的决策者不怕风险,承受风险的能力也较强,就可以选择期望值大而风险也大的方案;反之,如果决策者不愿承担较大的风险,则应选择风险小的方案,哪怕收益期望值小一些也无所谓。但是从全局的观点看,中、小型项目应以期望值为主要选择依据,而对于一些大型项目,不但要考虑其期望值,对其风险也应该慎重考虑。

3. 对投资方案的风险分析(决策树法)

【例6-8】 某项目初始投资为50万元的概率为0.4,初始投资为30万元的概率是0.6,寿命期为5年,在这5年内每年的净收益为20万元、12万元、8万元的概率分别是0.2、0.3、和0.5。试计算该项目投资的期望值并对其进行风险分析。假设期末无残值,折现率按10%计算。

解:该项目投资最可能的结果是初始投资30万元,每年的净收益8万元,由此算得净现值NPV为:

$$NPV = -30 + 8(P/A, 10\%, 5) = -30 + 8 \times 3.7908 = 0.326(万元)$$

NPV为0.326万元的概率$P(NPV = 0.326) = 0.6 \times 0.5 = 0.3$。

按照上面的方法对每一个状态下的净现值NPV和概率值进行计算,所得结果详如图6-6所示。在该图中,每一结果的概率终值是相关节点概率的乘积,这些概率反映了多种因素作用下的每一种可能状态出现的可能性大小。最后一列的加权净现值是某一状态下的净现值与相应状态的概率值相乘得到的,所有状态下的加权净现值之和即是方案的期望净现值。

通过对图6-6的分析可以看出该项目的净现值的期望值为5.973万元,远远大于最可能的净现值结果0.326万元。而且该项目净现值大于零的概率超过了0.68,说明该项目投资是可行的。

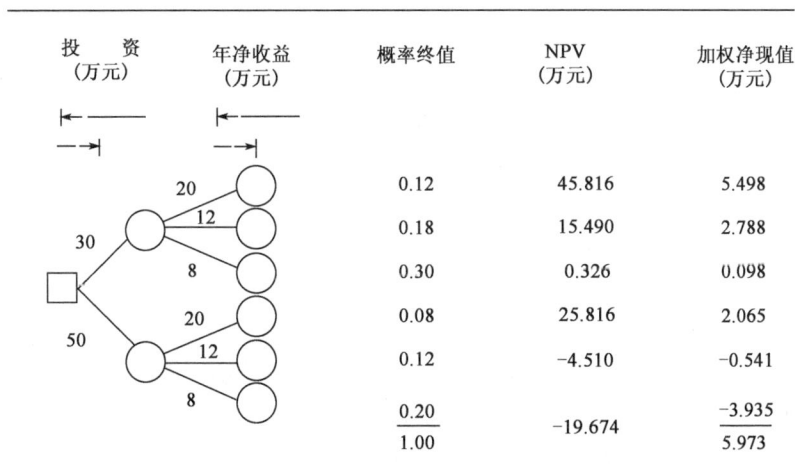

投 资 (万元)	年净收益 (万元)	概率终值	NPV (万元)	加权净现值 (万元)
	20	0.12	45.816	5.498
30	12	0.18	15.490	2.788
	8	0.30	0.326	0.098
	20	0.08	25.816	2.065
50	12	0.12	-4.510	-0.541
	8	0.20	-19.674	-3.935
		1.00		5.973

图6-6 投资风险分析决策树图

此外,依据上述计算的结果亦可以做出图6-7所示的投资风险分析表和曲线图。从图6-7可看出,投资风险分析曲线图更清楚地显示了净现值的累计概率分布,反映了投资方案的风险情况:该投资项目损失风险为30%(净现值小于零的概率),盈利的可能性是70%,因此,该项目是可以接受的。

以上列举的概率分析方法都是根据净现值的概率分布进行风险评价的,但由于影响经济效果评价指标的概率分布的不确定因素有若干种,而且这些因素的变化类型也不尽相同,因此,在实际中经济效果评价指标的概率分布往往很少能像上述的两个例子那样,通过简单的计算就能够清楚地描述出来。通常需要借助风险模拟的方法进行方案的风险分析。这种分析模拟法也称蒙特卡罗方法,是一种利用概率理论和模拟模型进行风险随机模拟计算的方法,具体而言就是通过反复进行随机抽样模拟各种随机变量的变化,再经过计算得出项目经济效果评价指标的概率分布。利用模拟方法进行风险分析,计算量非常之大,依靠手工计算往往很难实现,一般都需要借助于计算机进行模拟计算,在此就不作详细介绍了。

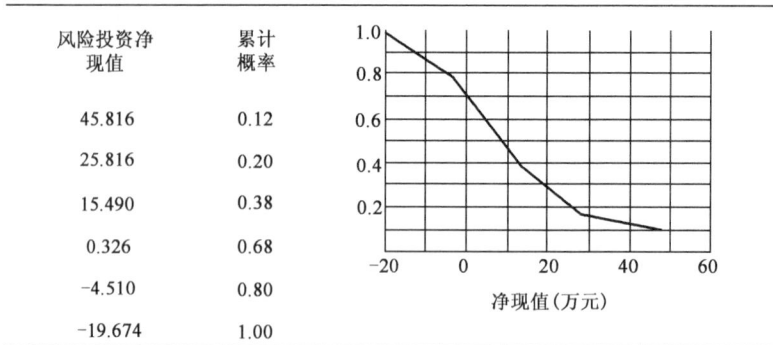

图6-7 投资风险分析表和曲线图

【本章小结】

在项目实施过程中,因某些可控与非可控因素的变化都会对项目的经济效益指标产生不同程度的影响,从而导致项目实际投资效果偏离方案评估时的预测值,因此,为了测算交通项目不确定性因素对项目效益影响的程度,运用一定的方法对影响交通项目效益指标的不确定性因素进行分析与计算,这也是交通项目评估工作的必要内容之一,从而估计交通项目可能承担的风险,确定交通项目在经济上的可靠性。

不确定因素产生的原因是多方面的,对不同的交通项目产生的影响也是有差异的,但归结起来不外乎产生于项目自身特点和项目运行的外部环境,此外,不确定性也可能出现在交通项目评估过程本身。不确定性分析主要包括盈亏平衡分析、敏感性分析和概率分析。一般来说,盈亏平衡分析只用于项目的财务效益评估,而敏感性分析和概率分析则可同时用于财务效益评估和国民经济效益评估。在本章学习中,不仅要理解和掌握各自的原理与计算方法,还应该注意掌握不同分析方法的特点及在实际应用中的效果。

【思考和讨论】

(1)交通项目评估时为什么要进行不确定性分析?

(2)交通项目不确定性产生的主要原因有哪些?

(3)盈亏平衡分析、敏感性分析与概率分析的主要特点是什么?

【练习题】

(1)某铁路线路设计输送能力为 1 000 万吨/年,实际输送能力为 800 万吨/年,假定其单位固定成本为 0.032 元,单位变动成本为 0.021 元,单位运价为 0.08 元,单位税金为 0.004元。试求出:

①以生产能力利用率表示的盈亏平衡点;

②判断该项目是否盈利。

(2)已知某铁路项目当运价、运量、运营成本、土建工程投资四个因素各自变化时,对该项目财务内部收益率的影响情况如表 6-9 所示。试据此绘制出该项目的敏感性分析图,并分析该项目的敏感性因素。

财务内部收益率 FIRR(%)敏感性计算表　　　　　　　　　　表 6-9

变动因素 ＼ 增减(%)	−20	−10	0	10	20
运价率	4.47	6.37	7.86	9.23	10.50
运量	5.60	6.77	7.86	8.86	9.80
运营成本	8.75	8.13	7.86	7.39	6.92
土建工程投资	9.75	8.73	7.86	7.09	6.41

(3)某公司以 25 000 元购置某设备,假设使用寿命为 2 年,项目第一年净现金流量的三种估计是 22 000 元、18 000 元和 14 000 元,概率分别为 0.20、0.60 和 0.20;第二年的三种估计是 28 000 元、22 000 元和 16 000 元,其概率分别为 0.15、0.70、0.15,折现率为 10%,试运用概率分析判断该项目是否可行。

(4)某项目有两个预选方案 A 和 B,方案 A 需投资 500 万元,方案 B 需投资 300 万元,其使用年限均为 10 年。据估计,在此 10 年间产品销售好的可能性为 70%,销售差的可能性为30%,设折现率为 10%,由于采用的设备及其他条件不同,故 A、B 两方案的年收益也不同(表6-10),试运用决策树对项目方案进行比选。

项目方案在不同状态下的年收益(万元)　　　　　　　　　　表 6-10

自 然 状 态	概　　率	方　案　A	方　案　B
销路好	0.7	150	100
销路差	0.3	−50	10

第七章

交通项目管理

【本章主要内容】

(1)项目管理的特点,项目评价在项目管理中的地位。

(2)交通项目管理的基本职能和模式。

(3)交通项目组织管理和计划管理工作步骤。

(4)交通项目招投标管理的范围和工作内容,以及项目合同管理的体系。

(5)交通项目进度管理的过程和方法,项目费用管理的主要方法,项目质量管理体系。

(6)交通项目风险管理的内容和方法。

第一节 项目管理概述

一、项目管理的概念和发展

(一)项目管理的概念和特点

1.项目管理的概念

项目管理就是以项目为对象的系统管理方法,即通过一个临时性的专门柔性组织,对项目进行科学、高效的计划、组织、指导和控制,以实现项目全过程的动态管理和项目目标的综合协调与优化。实现项目全过程的动态管理是指在项目生命周期内,不断进行资源的配置和协调,不断做出科学决策,从而使项目执行的全过程处于最佳的运行状态,产生最佳的效果。而项目目标的综合协调与优化是指项目管理应综合协调好时间、费用及功能等约束性目标,在相对较短的时间内成功地达到一个特定的成果性目标。

项目管理是以项目经理(Project Manager)负责制为基础的一种目标管理。一般来讲,项目管理是按任务(垂直结构)而不是按职能(平行结构)组织起来的。项目管理的主要任务一般包括项目计划、项目组织、质量管理、费用控制、进度控制等五项。日常的项目管理活动通常是围绕这五项基本任务展开的。项目管理自诞生以来发展很快,当前已发展为三维管理。

(1)时间维:即把整个项目的生命周期划分为若干个阶段,从而进行阶段管理。

(2)知识维:即针对项目生命周期的各不同阶段,采用和研究不同的管理技术方法。

(3)保障维:即对项目人、财、物、技术、信息等的后勤保障管理。

2. 项目管理的基本要素

(1)资源。资源是任何一个投资项目建设与生产运营所必需的最基本要素,也是项目管理的基本内容之一。它包括自然资源和人造资源、内部资源和外部资源、有形资源和无形资源。诸如人力和人才(Man)、材料(Material)、机械(Machine)、资金(Money)、信息(Message)、科学技术(Method of S&T)和市场(Market)等,可以归纳为若干个 M。

(2)需求和目标。投资项目利益相关者的需求通常可以分为两类:必须满足的基本需求和附加获取的期望要求。基本需求包括项目实施的范围、质量要求、利润或成本目标、时间目标以及必须满足法规的要求等。期望要求常对开辟市场、争取支持、减少阻力产生重要影响。

(3)项目组织。项目组织与其他组织一样要有好的领导、章程、沟通、人员配备、激励机制以及组织文化,同时,项目组织还要有机动灵活的组织形式和用人机制,可称之为柔性。项目的组织结构一般有职能式结构、项目单列式结构和矩阵式结构。其中,职能式结构有利于提高效率,项目单列式结构有利于取得效果,矩阵式结构兼具两者的优点,但在资源使用和人员管理等方面也会带来一些不利因素。

(4)项目环境。此处的"环境"是广义的环境,包括自然环境和社会人文环境,也可以理解为施工现场或生产厂址等硬环境,也包含政策法规、管理制度、市场等软环境。还可分为项目实施的内部环境和外部环境,项目管理通过优化完善内部环境,来适应或影响外部环境,并且与外部环境和谐共处。

3. 项目管理的特点

项目管理与传统的部门管理相比最大的特点是更注重综合性管理,或者说具有系统性,并且项目管理工作具有严格的时间限制。项目必须通过不完全确定的过程,在确定的期限内完成项目的预期目标或目的,生产出确定的产品,日程安排、进度控制常常对项目管理产生很大压力,具体体现在以下方面。

(1)项目管理的对象是项目或被当作项目来处理的工序或作业。

(2)项目管理全过程都贯穿着系统工程的思想。项目管理把项目看作是一个完整的系统,依据系统论"整体—分析—综合"的原理进行优化管理。

(3)项目管理的组织具有特殊性,表现在以下几点:项目本身为一个组织单元,围绕项目来组织资源,组织具有临时性,组织可能是柔性的,组织强调其协调控制职能。

(4)项目管理体制是一种基于团队管理的个人负责制。

(5)项目管理的基本方式是目标管理。

(6)项目管理的要点是创造和保持一种有利于项目进展的环境。

(7)项目管理的方法、手段具有先进性、开放性。

交通投资项目管理既包括一般投资项目管理共性的内容和要求,同时又要体现交通投资项目本身所具有的特殊性,即除了自身所具有的工程技术复杂性所带来项目管理的技术难度外,还包括因其公益性特点所带来的项目管理过程中社会关注程度高、社会影响面广、公共参与度高,以及政策性强等特征。这就要求交通投资项目管理中必然体现政府的宏观调控管理、社会公众的参与程度、广泛的沟通管理等内容,以及必须处理好项目机构内部与政府宏观管理、社会公众参与管理之间的协调。因此,从这个角度上讲,交通投资项目管理既是一项典型的管理系统工程,并且也是一个复杂的社会系统工程。

(二)项目管理的发展阶段

项目管理经历了从低级阶段到高级阶段的发展过程,从其产生到形成较完整的学科,大体经历了以下五个阶段。

1. 产生阶段(从远古~20世纪30年代以前)

在古代,我们的祖先就开始了项目管理的实践。人类早期的项目可以追溯到数千年以前,如古埃及的金字塔、古罗马的尼姆水道、古代中国的都江堰和万里长城等。这些前人的杰作至今仍向人们展示着人类智慧的光辉。但是,我们应该看到,直到20世纪初,项目管理还没有行之有效的计划方法,没有科学的管理手段,没有明确的操作规程和技术标准。因而,对项目的管理还只是依靠个别人的经验、智慧和直觉,根本谈不上科学性。

2. 初始形成阶段(从20世纪30年代初期~50年代初期)

在20世纪初,人们开始探索管理项目的科学方法。第二次世界大战前夕,横道图已成为计划和控制军事工程与建设项目的重要工具。横道图又名条线图,由亨利L·甘特于1900年前后发明,故又称为甘特图。甘特图直观而有效,便于监督和控制项目的进展状况,时至今日仍是管理项目尤其是建筑项目的常用方法。但由于甘特图难以展示各工作环节的逻辑关系,因此不适应大型项目的需要。应该指出的是,在这一阶段虽然人们对如何管理项目进行着广泛的研究和实践,但还没有明确提出项目管理的概念。项目管理的概念是在第二次世界大战后期,在实施曼哈顿项目时提出的。

3. 推广发展阶段(从20世纪50年代~70年代)

西方习惯于称现在的项目管理为MPM(Modern Project Management),网络计划技术的出现是MPM的起点。进入20世纪50年代,美国军界和各大企业的管理人员纷纷为管理各类项目寻求更为有效的计划和控制技术。在各种方法中,最为有效和方便的技术莫过于网络计划技术。网络计划技术克服了甘特图的种种缺陷,能够反映项目进展中各工序间的逻辑顺序关系,能够描述各工作环节和工作单位之间的接口界面以及项目的进展情况,并可事先进行科学安排,因而为管理人员实行有效的项目管理带来了极大的方便。

网络计划技术的开端是关键路径法(CPM)和计划评审技术(PERT)的产生和推广应用。

始创于 1956 年的关键路径法在次年应用于杜邦公司的一个投资千万美元的化工项目,结果大大缩短了建设周期,节约了 10% 左右的投资,取得了显著的经济效益;该方法由凯利和沃克于1959 年公之于世。

日本于 1961 年引进了美国的网络计划技术,日本政府认为此项技术是最优方法,并规定全面推广。日本专家认为,"时间是金钱,网络是专利"。苏联在 1970 ~ 1975 年的第九个五年计划期间,在建筑业推行了这一技术。美国建筑业也普遍认为:"没有一种管理技术像网络计划技术对建筑业产生那样大的影响。"英国除建筑业推广应用网络计划技术外,工业方面应用也很多,他们为各级企业管理人员举办不同类型的短期培训班,以适应各级管理人员的需要。

早在 20 世纪 60 年代初期,我国就引进和推广了网络计划技术。华罗庚教授结合我国"统筹兼顾,全面安排"的指导思想,将这一技术称为"统筹法",并组织小分队深入重点工程进行推广应用,取得了良好的经济效益。

网络方法的出现,为管理科学的发展注入了活力。它使 1957 年出现的系统工程得到了促进,第二次世界大战中发展起来的运筹学也得以充实。实践经验表明,应用网络计划技术,可节约投资的 10% ~ 15% ,缩短工期约 15% ~ 20% ,而编制网络计划所需要的费用仅为总费用的 0.1% 。网络技术由此也成为一门独立的学科,并逐渐发展和完善起来。

4. 进一步完善阶段(从 20 世纪 70 年代 ~ 80 年代)

进入 20 世纪 70 年代以后,项目管理的应用范围由最初的航空、航天、国防、化工、建筑等部门,广泛普及到了医药、矿山、石油等领域。计算机技术、价值工程和行为科学等理论在项目管理中的应用,更丰富和推动了项目管理的发展。

5. 现代项目管理阶段(20 世纪 80 年代以后)

20 世纪 80 年代以后,特别是 90 年代,以信息系统工程、网络工程、软件工程等为代表的高科技项目的开展取得了突飞猛进的发展,相应地,项目管理在涉及的领域与方法上也不断发展,带动了项目管理现代化。这一阶段,计划和控制技术、系统理论、组织理论、经济学、管理学、计算机技术等与项目管理的实际结合起来,并吸收了控制论、信息论及其他学科的研究成果,发展成为一门比较完整的独立学科。项目管理的职业发展和项目管理的学术发展是现代项目管理的突出表现。

(三)项目管理的发展趋势

1. 项目管理一体化

首先,业主方更多地期望设计和施工紧密结合,希望建筑业提供形成建筑产品的全过程服务,包括项目前期的策划和开发以及设计、施工,以至管理。传统的对项目某个环节的单一承包方式被越来越多的综合承包方式所取代。

同时,也对咨询业提出了更高的要求。长期以来,我国项目建设全过程的管理和咨询服务被分割在不同职能机构,可行性研究由专业咨询单位提供,勘察设计由设计单位进行,招标代理由专门的招标代理公司组织,工程监理由监理公司承担。这种分割容易造成前后信息链断裂,浪费人力资源。项目管理一体化趋势也要求咨询企业能提供更加多元化的服务。

2. 项目管理专业化

由于专业化分工,导致管理工作的复杂性,增加了业主的管理难度和强度。项目管理由政府和业主自行管理逐步过渡到委托咨询机构管理,由施工阶段委托监理发展到全过程委托或"代建制"全过程管理。

交通投资项目往往规模较大,且正在经历投资和管理经营的社会化进程。相比传统模式,EPC、BOT等项目管理模式的复杂程度大大增加,项目所涉及的利害关系者范围不断扩大,必然要求进行专业的管理,以提高资金使用效率,保证项目顺利实施。项目管理的理论发展和实践应用也促进了项目管理专业化,项目管理已成为一种重要职业。

3. 采用和谐项目管理的理念和方式

传统的建设合同中,业主和承包商之间往往视彼此为对手,导致了效率降低和成本增加。因此,出现了伙伴关系(Partnering)管理模式,即以伙伴关系为基础,业主与参建各方在相互信任、资源共享的前提下,通过签订伙伴关系协议来做出承诺和组建工作团队,在兼顾各方利益的条件下,明确项目管理的共同目标,建立协调和沟通机制,实现风险的合理分担和争议的友好解决。

4. 安全、健康和环境管理(HSE)受到重视

经济发展和社会进步使得安全、健康和环境总量受到空前关注。交通项目的建设和运营都涉及大量劳动力及用户,从而使安全和健康问题更加突出,而且交通项目一般或多或少会改变自然状态而对环境产生影响,因此在项目管理中也成为焦点。有关安全与环境的法律法规正在加强,安全与环境管理的保证体系正在被有机集成到项目管理的流程中。

此外,随着实践的积累和发展,项目管理理论、技术与方法和管理工具等都逐步呈现出新的发展趋势,如项目总控管理理论、信息技术的应用等。

二、交通项目管理的模式

交通项目管理的主要目的就是运用各种知识、技能、手段和方法去满足或超出工程项目利害关系各方的要求和期望。在项目管理领域的发展过程中,由于所处的社会历史背景不同,产生了不同的管理模式,并且在不断的创新中。本书列出了几种常见的管理模式。

(一)交通项目建设单位自行组织和管理

多年来,我国大型交通项目建设管理多采用这种模式,由业主(或建设单位)组建基建办、筹建处、指挥部进行管理,即建设单位自营模式。力量不足时,再委托咨询单位承担一部分前期工作,委托设计单位设计,委托施工单位施工,但总是自己进行工程项目有关各方面的协调、监督和管理。

这种临时组建的工程项目管理班子,项目完成后就解散,因此往往是只有一次教训,没有二次经验,容易造成浪费和损失。随着招投标制、工程监理制在我国的推行和完善,这种项目管理模式在逐步减少。但这种模式也有其优点:由于大型交通往往途经多个省、市、自治区,涉及多个管理部门,此时,由各省、市、自治区及相关部门抽调专业人员组成项目管理队伍,有利于多方协调和监督的顺利开展。

采用这种模式时,建设单位与设计、施工及设备物资供应等单位的关系如图7-1所示。建设单位往往也是业主单位,与设计、施工、供应单位签订合同,并由建设单位出面对合同的执行过程进行协调、监督。

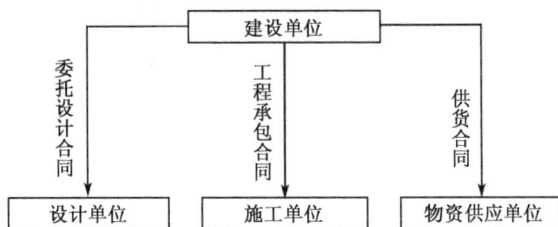

图7-1 建设单位自行组织管理模式

【延伸阅读7-1】 京津塘高速公路总体建设管理模式

京津塘高速公路是我国"七五"跨"八五"期间重点建设项目,也是我国第一条经国务院批准利用世界银行贷款建设的跨省、市的高速公路工程。该路主线从北京市东南四环路起,至天津市塘沽区河北路止,全长142.69km,其中北京市境内35km,河北省境内6.84km,天津市境内100.85km。鉴于京津塘高速公路在国家交通建设项目中的重要地位,为探索跨省、市高速公路建设体制,遵照国务院决定,于1986年8月成立京津塘高速公路工程领导小组,由交通部、财政部和两市一省的主管领导组成,作为本工程的组织协调机构。领导小组根据需要召开会议,检查贯彻实施建设计划情况,及时协调两市一省在工程实施过程中的相互配合和衔接事宜,研究决定工程建设与管理方面等重大问题。同时根据国务院决定,经领导小组研究,于同年8月底在北京设立京津塘高速公路联合公司,两市一省设分公司,具体负责贯彻工程领导小组的决议,实行企业法人责任制。

(资料来源:《京津塘高速公路项目执行及初验报告》)

(二)委托咨询公司协助业主进行项目管理

这种工程管理模式在国际上最为通用,世界银行、亚洲开发银行贷款工程项目和采用国际咨询工程师联合会(FIDIC)《施工合同条件》和《生产设备和设计、施工合同条件》的工程项目均采用这种模式。在这种模式下,业主委托咨询工程师进行前期的各项有关工作(如进行机会研究、可行性研究等),待工程项目评估决策后再进行设计,在设计阶段进行招标文件准备,随后通过招标选择设备承包商和施工承包商。与分包商和供应商单独订立合同并组织实施。业主单位聘请咨询工程师或监理工程师对工程进行监理(图7-2)。咨询工程师/监理工程师和承包商没有合同关系。

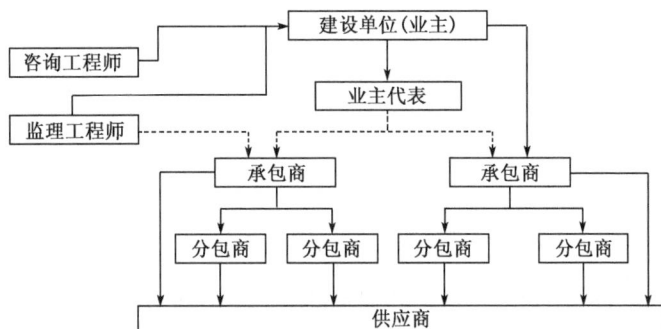

图7-2 委托管理模式
注:图中实线表示合同关系,虚线表示管理关系。

这种模式的优点是:由于该模式长期以来在世界各地被广泛采用,因而管理方法比较成熟,各方对有关程序都很熟悉;咨询设计人员长期从事建设项目的咨询和管理工作,经验比较丰富,协助业主管理有利于保证质量、进度和节约投资。

(三)设计—采购—建造(EPC)交钥匙模式

EPC 是英文 Engineering-Procurement-Construction 的缩写,这种模式是在投资项目决策以后,从设计开始,经过招标,委托一家工程公司对设计—采购—建设进行总承包。EPC 也被称为交钥匙工程模式。我国把这种管理组织形式叫作"全过程承包"或工程项目总承包。承担这种任务的承包企业有的是科研、设计、施工一体化的公司,有的是设计、施工、物资供应、设备制造厂家和咨询公司等组成的联合集团。

在这种模式下,按照承包合同规定的固定总价或可调总价方式,由工程公司负责对工程项目的进度、费用、质量、安全管理和控制,并按合同约定完成工程。这种模式有利于实现设计、采购、施工各阶段的合理交叉与融合,可提高效率,降低成本。但承包商要承担大部分风险,质量的保障靠承包商的自觉性,他可以通过调整设计方案包括工艺等来降低成本。因此,业主对承包商监控手段的落实十分重要。这种模式的组织形式如图 7-3 所示。

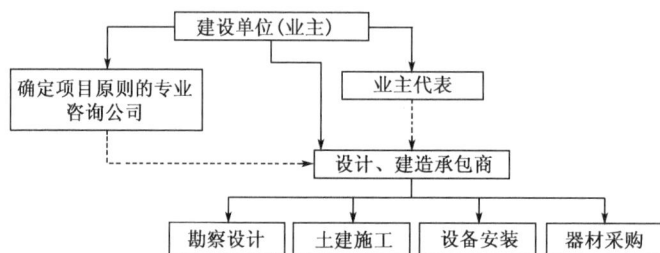

图 7-3　交钥匙管理模式

注:图中实线表示合同关系,虚线表示管理关系。

(四)建筑工程管理模式(CM 模式)

建筑工程管理模式,即 CM 模式(Construction Management Approach),是国际工程项目管理的一种新的趋势。这种模式与过去那种设计图纸完成后才进行招标的模式不同,而是采取阶段性发包形式。

由业主和业主委托的 CM 经理与工程师组成一个联合小组共同负责组织和管理工程的规划、设计和施工,CM 经理对设计的管理起协调作用。在主体设计方案确定后,随着设计工作的进展,完成一部分分项工程后,即对这部分分项工程进行招标,发包给一家承包商,由业主直接就每个分项工程与承包商签订合同。

CM 经理负责工程的监督、协调和管理工作,在施工阶段定期与承包商会晤,监督成本、质量和进度。业主与承包商、设计单位、供应商等之间是合同关系,与 CM 经理、工程师之间也是合同关系;而 CM 经理与承包商之间是管理和协调关系。

这种模式的优点是可以缩短工程从规划、计划到竣工的周期,节约建设投资,减少投资风险,比较早地获得收益。即一方面工程可以提前完工,另一方面减少了因通货膨胀等不利因素造成的影响。CM 管理模式的缺点在于:对 CM 经理的要求较高,分项招标导致承包费高。

根据合同规定的 CM 经理的工作范围和角色,可将 CM 模式分为代理型项目管理(Agency CM)和风险型项目管理(At-risk CM)两种方式。

1.代理型项目管理

在此种方式下,CM 经理是业主的咨询和代理。业主和 CM 经理的服务合同规定费用是固定酬金加管理费。业主在各施工阶段和承包商签订工程施工合同。业主选择代理型 CM 往往是因为其在进度计划和变更方面更具有灵活性。采用这种方式,CM 经理可只提供项目某一阶段的服务,也可以提供全过程服务。无论施工前还是施工后,CM 经理与业主都是信用委托关系,业主与 CM 经理之间的服务合同是以固定费和比例费的方式计费。施工任务仍然大都通过投竞标来实现,由业主与承包商签订工程施工合同。CM 经理为业主管理项目,但他与专业承包商之间没有任何合同关系。因此,对于代理型 CM 经理来说,经济风险最小,但是声誉损失的风险很高。

2.风险型项目管理

采用这种形式,CM 经理同时也担任施工总承包商的角色,一般业主要求 CM 经理提出保证最高成本限额(Guaranteed Maximum Price,简称 GMP),以保证业主的投资控制,如最后结算超过 GMP,则由 CM 公司赔偿;如低于 GMP,则节约的投资归业主所有,但 CM 公司由于额外承担了保证施工成本风险,因而能够得到额外的收入。有了 GMP,业主的风险减少了,而 CM 经理的风险增加了。风险型 CM 经理的地位实际上相当于一个总承包商,他与各专业承包商之间有着直接的合同关系,并负责使工程以不高于 GMP 的成本竣工,这使得他所关心的问题与代理型 CM 经理有很大不同,尤其是随着工程成本越接近 GMP 上限,他的风险越大,他对利润问题的关注也就越强烈。

两种 CM 模式的组织形式如图 7-4 所示。

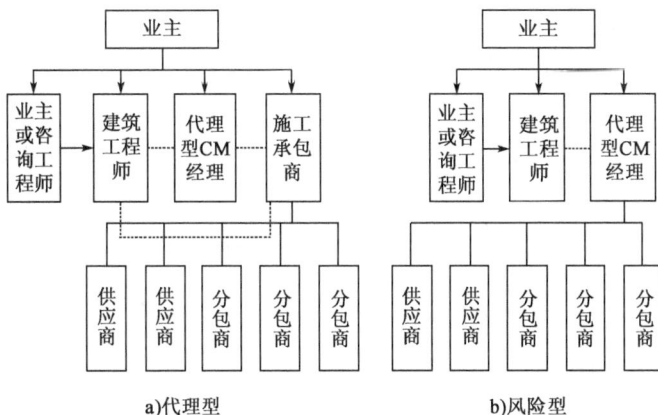

a)代理型   b)风险型

图 7-4 CM 管理模式

注:图中实线表示合同关系,虚线表示管理关系。

(五)项目管理(PMC)管理模式

项目管理模式是指项目业主聘请一家公司(一般为具备相当实力的工程公司或咨询公司)代表业主进行整个项目过程的管理,这家公司在项目中被称作"项目管理承包商"(Project

Management Contractor,简称 PMC）。PMC 受业主的委托,从项目的策划、定义、设计到竣工投产全过程为业主提供项目管理承包服务。选用该种模式管理项目时,业主方面仅需保留很小部分的基建管理力量对一些关键问题进行决策,绝大部分的项目管理工作都由项目管理承包商来承担。

采用这种模式可充分发挥管理承包商在项目管理方面的专业技能,统一协调和管理项目的设计与施工,减少矛盾;管理承包商负责管理施工前阶段和施工阶段,有利于减少设计变更;可更方便地采用阶段性发包,有利于缩短工期。但是,由于这种模式下业主与施工承包商没有合同关系,因而控制施工难度大;与传统模式相比,增加了一个管理层,也就增加了管理费。项目管理模式的组织形式如图 7-5 所示。

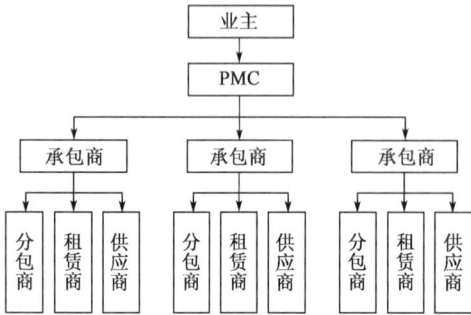

图 7-5 PMC 管理模式

（六）BOT 模式及相关模式

BOT(Build Operate Transfer)模式即建造—运营—移交模式。这种项目管理模式一般用于由政府负责建设,并采用市场化融资模式的公共设施或社会服务保障项目,如交通、供水、污水处理、能源等公共项目。在这种模式下,东道国政府为了解决自身能源、交通等公共设施投资项目建设财力或管理技术欠缺的问题,开放本国基础设施建设和运营市场,从国际、国内资本市场广泛吸收国内外民间资本,通过相关法律、法规或政策的规制,授以项目公司特许权,由该公司负责融资和组织建设,建成后负责特许运营及偿还贷款,在特许期满时将项目无偿移交给东道国政府(图 7-6)。国内外如东南亚许多国家一些收费经营的高速公路、铁路以及污水、垃圾处理等政府项目都曾采用了这种融资建设管理模式。

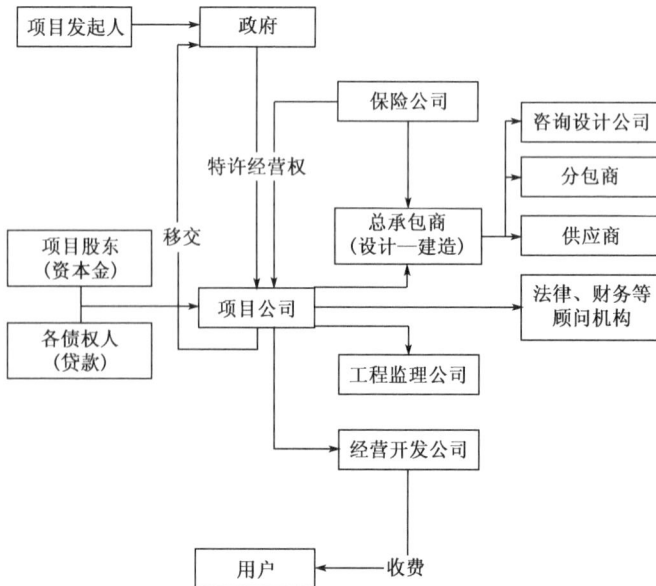

图 7-6 BOT 管理模式

严格来说,BOT模式并不是一种项目管理模式,而是项目投融资模式,但由于这种投融资模式与一般的银行贷款、发行股票、债券不同,出资各方会以不同的形式,全面介入项目建设施工、运营管理过程,一些投资方本身就具备设计、建造、运营能力。尤其是交通项目,近年来大量采用BOT及其变化模式进行项目投融资、施工建设、运营管理,因此这里也把BOT模式作为项目管理模式之一。

除了BOT模式外,一些交通项目还创新了TOT(移交—运营—移交模式)、BT(建设—移交模式)、LOT(租赁—运营—移交模式)等模式。

三、项目管理的职能和内容

(一)项目管理的职能

项目管理最基本的职能包括:计划、组织协调、评价与控制。

(1)项目计划。根据项目目标要求,对项目范围内全过程的各种活动及工作任务做出科学合理的安排。其主要内涵包括项目的任务明确与落实、确定工作难点或重点、进度安排和完成任务所需资源配置方案等。

(2)项目组织。组织包括组织机构和组织行为(活动),具体职能包括组织的设计、联系沟通、运行、行为与调整。

(3)项目评价。包括在项目不同阶段进行决策评价、目标评价、过程评价、后评价等。

(4)项目控制。对项目中各项工作(工序)、工程质量、费用与施工进度的控制。

(二)项目管理知识体系

1.知识体系的构成

包括项目集成管理(综合管理)、项目范围管理、项目时间管理、项目成本管理、项目质量管理、项目人力资源管理、项目沟通管理、项目风险管理、项目采购管埋等九大类项。

2.项目管理知识体系的主要内容

包括两个层次(企业层次、项目层次)、四个项目主体(业主、承包商、监理、用户)、四个阶段(概念、规划、实施和收尾阶段)、五个过程(包括启动、计划、执行、控制、结束过程)、九个领域(范围、时间、费用、质量、人力资源、风险、沟通、采购和综合管理)和四十二个要素(项目与项目管理、项目管理的运行、通过项目进行管理、系统方法与综合、项目背景、项目阶段与生命周期、项目开发与评估、项目目标与策略、项目成功与失败的标准、项目启动、项目收尾、项目的结构、内容范围、时间进度、资源、项目费用和财务、状态与变化、项目风险、效果衡量、项目控制、信息文档与报告、项目组织、协作、领导、沟通、冲突与危机、采购与合同、项目质量、项目信息学、标准与规则、问题解决、会谈与磋商、固定的组织、业务过程、人力开发、组织学习、变化管理、行销与产品管理、系统管理、安全健康与环境、法律方面、财务与会计)。

(三)项目管理的内容

交通项目管理的内容与项目管理的职能、知识体系及交通建设项目的特性密切相关,它是在交通主管部门推行的"项目法人制""招标投标制""工程监理制"与"合同管理制"框架下,按照项目建设的内在规律和程序对项目建设的全过程进行有效的组织、计划、协调和控制的工作系统,具体内容如下。

(1)工程项目管理组织。项目组织系统安排、管理体制建立和工作部门划分等是项目完成的重要保证。

(2)工程项目经济评价。项目经济评价是可行性研究的重要组成部分,内容包括国民经济评价和财务评价,其作用是在预测、选址、技术方案等项研究的基础上,对项目投入产出的各种经济因素进行调查研究,通过多项指标的计算,对项目的经济合理性、财务可行性及抗风险能力做出全面的分析与评价,为项目决策提供主要依据。

(3)工程项目可行性研究。即对工程项目的技术先进性、经济合理性和建设可能性进行分析比较,以确定该项目是否值得投资,规模应有多大,建设时间和投资应如何安排,采用哪种技术方案最合理等,以便为决策提供可靠的依据。可行性研究属于投资前研究阶段的主要内容,对完成同一工程的不同方案进行选优。

(4)概预算与工程定额。工程定额是由国家或地方主管部门颁布的在合理组织生产、合理使用资源及正常施工条件下,完成单位合格产品所消耗的人工、材料和施工机械台班的数量标准。概预算则是根据设计文件内容和国家规定的工程定额及收费标准,按照规定的计算程序和方法,预先计算和确定的控制性工程造价,是项目管理的基础。

交通项目在空间上是固定的、独立的,具有露天性、周期长、程序复杂、工程质量差异性大等特点,设计、生产的标准化程度低,这就决定了交通建设项目不可能统一计价,每个项目都要编制一个概算和预算,作为工程结算和投资控制的依据。所以,我们应当了解概算的费用组成和计算程序,要掌握概预算的编制方法,同时还应了解工程项目结算与决算的有关内容。

(5)工程招标与投标。通过一定的程序择优选择工程项目实施承包人的过程,称为工程招标;承包人按一定的程序,以自身的优势竞争取得主持实施工程项目资格的过程,称为工程投标。招标投标是采购物资、技术服务、承包工程等经济活动中常用的交易行为,具有竞争性、平等性和开放性等特点。通过招标投标,可以按等价交换的原则,平等、自愿、自主地以合同方式确定招标与投标者双方的权利和义务;可以打破封锁和垄断,引入竞争机制,使招标者能够择优选择施工单位;还可以通过投标者之间的相互竞争,促使施工单位提高经营管理水平,降低资源消耗,从而提高全行业的劳动生产率。

目前,招标投标已成为国际上进行工程承包的主要方式,所以要明确招标与投标的意义,了解招标投标的程序与方式,掌握投标的工作重点和报价策略,了解评标与定标的原则及招标文件的编制方法。

(6)合同管理。合同是当事人双方或数方确立各职责、权利和义务关系的协议,虽不等于法律,但依法成立的合同具有法律约束力。工程合同属于经济合同的范畴,受经济合同有关法规的约束。合同管理主要是指项目管理人员根据合同进行工程项目的监督和管理,是法学、经济学理论和管理科学在组织实施合同中的具体运用。合同管理的内容包括经济合同的有关基础知识、公路工程合同文件的组成条款等。

(7)工程施工组织设计与工程进度管理。施工组织设计是使工程项目付诸实施所不可缺少的工作。现代交通项目往往是一个复杂的综合体系,它由很多相互依存和相互制约的分体系组成,而这些分体系又受到本身和外界因素的影响。因此,要完成一项工程的施工,有大量的组织管理工作。施工组织设计的主要内容有施工阶段的主要工作程序、施工组织设计和方案设计、施工进度计划和资源调配计划的编制、施工现场平面图设计、流水施工组织、网络计划技术、网络图的调整和优化等。工程进度管理就是保证工程工期目标的实现，它包括工程进度计划的制订，工程实际进度与计划进度的动态监控，工程进度计划的调整等内容。

(8)全面质量管理。全面质量管理简称 TQC(Total Quality Control)，是 20 世纪 60 年代后期美国学者费根堡等人提出的新的管理理论，其含意概括地说就是以产品质量为核心，由企业全体人员参与，对产品生产的全过程进行全面系统的控制和管理。TQC 在道路工程建设中的应用取得了良好效果。

(9)工程费用管理。工程费用管理涉及施工阶段的投资控制问题，因此，又叫工程费用控制。具体是指在工程项目质量符合标准、工期遵照合同要求的基础上对工程费用的计算与支付实行有效的监督和控制。这里所指的工程费用应包括合同文件中工程量清单内所列的以及因承包人索赔或业主未履行义务而涉及的一切费用。

工程费用管理的核心是工程计量和支付，它是确保工程质量和进度的重要手段。费用管理的目的就是尽可能合理地减少工程量清单中所列费用以外的附加支出(附加工程索赔、意外风险)，以达到控制费用的最佳效果。所以应对工程费用的组成进行认真分析，明确工程量清单的内容与作用，运用正确、合理的计量支付标准和方法，使项目的实际费用控制在预算范围之内。尤其要注重对交通项目的成本控制，以提高经济效益。

(10)线路养护与营运管理。线路的养护管理着眼于线路工程的实体部分，基本内容是路基、路面(或轨道)、桥涵等设施的检测、评价和维修，其任务是保证线路工程系统保持良好状态。营运管理着眼于交通管理，通过各种行政的或技术的管理措施，保证交通安全。

(11)交通建设项目后评价。是指在线路建设项目通车(或通航)营运一段时间后，对项目的前期工作、实施情况及营运情况进行的再评价。其目的是通过对项目投资全过程的综合研究，衡量和分析项目的实际情况及其与预计情况的差距，确定有关预测和判断是否正确并分析其原因，从而总结经验教训，为今后改进交通建设项目的决策、设计、施工、管理等工作创造条件，并为改善和提高项目的投资效益和改善营运状况提出切实可行的对策与措施。

第二节 交通项目组织和计划管理

一、交通项目组织管理

(一)项目组织的概念和影响因素

按照管理学理论，组织是管理的一项重要职能。通常认为组织有两个方面的含义：一是表现为组织形式，即按照一定的体制，对部门设置、层次划分及职责分工而构成的有机整体；二是表现为组织行为，即为达到一定目标，运用组织所赋予的权力，对所需的资源进行合理配置。不论是哪一种含义，其目的都是处理好人与人，及人与事、物之间的关系。项目管理与其他管理一样,也需要良好的组织作保证。

影响项目组织结构的因素主要有二大来源,一是来自项目管理组织外部,一是来自项目管理组织内部。

1. 来自项目管理组织外部的因素

在影响项目组织结构的众多因素中,来自项目承办单位外部的主要因素有:

(1)国际通行的项目管理方法与惯例。工程项目管理在国外,特别是在一些发达国家得到了极大的重视,项目管理的理论与实践也相对先进,随着社会经济的交流与合作的开展,在项目管理方面人们逐渐形成了大家共同认可及遵守的国际惯例。

(2)国家经济管理环境和与项目相关的管理制度。

(3)项目的经济合同关系与形式。

(4)项目管理的范围,以及项目的种类、规模、性质和影响力。

2. 来自项目管理组织内部的因素

来自项目承办公司的内部主要因素有:

(1)公司的组织管理模式与制度。

(2)公司的项目管理方式。

(3)公司内领导层及各部门之间的运作方式。

(4)公司对项目运作的理念与企业文化。

(二)项目组织结构的建立步骤

1. 确定合理的目标

一个项目的目标可以包括很多方面,比如从规模、时间、质量、内容方面,或者几方面综合起来。这些方面的内容是相互影响的。对于项目的实施机构或完成者来说,同委托方进行讨论,明确项目运作实施所面临的主要矛盾,确定一个合理的、科学的项目目标是至关重要的,这是项目工作开展的基础,同样也是确定组织形式与机构的重要基础。

2. 确定项目工作内容

在确定项目目标的同时,项目工作内容也要得到相应的确认,这将使项目工作更具有针对性。确定项目具体工作内容,一般是围绕项目工作目标与任务分解进行的,从而使项目工作内容系统化。项目工作内容确定时,一般按类分成几个模块,模块之间可根据项目进度及人员情况进行调整。

3. 确定组织目标和组织工作内容

这一阶段首先要明确的是:在项目工作内容中,哪些是属于项目组织的工作内容。因为不是所有的项目目标都是项目组织所必须达到的,也不是所有的工作内容都是项目组织必须完成的,有的可能是项目公司或组织机构以外的部门负责进行的,而本组织只需掌握或了解。一些工作可能是公司的行政部门或财务部门的工作,项目组织与这些部门之间是上下游工序的关系。

4. 工作岗位与工作职责的确定

工作岗位确定的原则是以事定岗,要求岗位的确定能满足项目组织目标的要求。岗位的划分要有相对的独立性,同时还要考虑合理性与完成的可能性等。确定了岗位后,就要相应确定各岗位的工作职责。总的工作职责应能满足项目工作内容的需要,并做到前面所要求的权责一致。

5. 人员配置

因事设岗,以岗定人是项目组织结构设置中的一项重要原则。在项目人员配备时要做到人员精干,以事选人。项目团队中的管理人员结构合理配备应该是有层次的,并不是都需要高智力、高学历,应根据不同层次的事务安排不同层次的人。

6. 工作流程与信息流程

组织形式确定后,大的工作流程基本明确了。但具体的工作流程与相互之间的信息流程要在工作岗位与工作职责明确后确定下来。工作流程与信息流程的确定不能只在口头形式上,而要落实到书面文件,取得团队内部的认知,并得以实施。这里要特别注意各具体职能分工之间、各组织单元之间的接口问题。

7. 制订考核标准及考评机制

为保证项目目标的最终实现,与工作内容的最后完成,必须对组织内各职能岗位制订相应的考核标准,包括考核内容、考核时间、考核形式等。项目组织管理机构按照项目目标及进度计划,通过建立科学完善的绩效考核评价机制,对各职能部门、岗位、人员进行全面的考核评价,奖优罚劣,实现项目管理工作高效、高质量运行。

【延伸阅读7-2】 某铁路综合电气化工程组织结构和管理情况

按项目法施工要求,组建项目经理部,项目经理部领导层由项目经理、副经理、总工程师组成;管理层由施工技术部、物资机械部、安质环保监察部、计划财务部及综合办公室等部门组成。作业层由施工经验丰富、技术过硬的施工人员组成,其中有三年以上大中型铁路施工经验的职工比例超过50%。其组织机构设置图如图7-7所示。

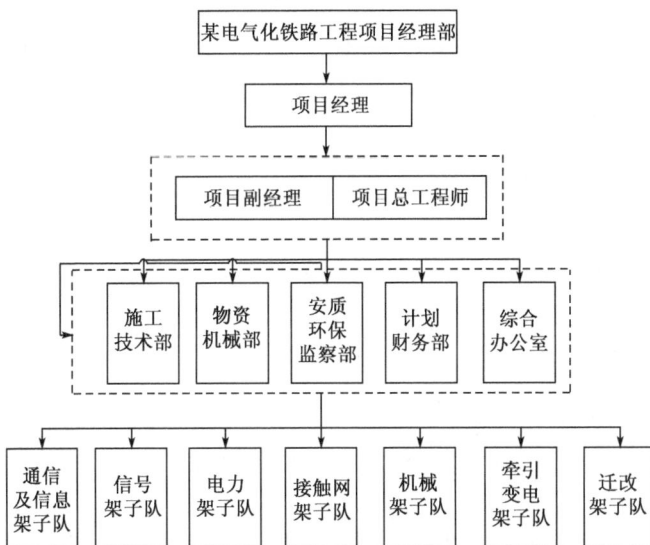

图7-7 组织机构设置图

其中项目经理和项目副经理的职责如下,其他部门职责略。

1. 项目经理

项目经理是工程的第一管理者,负责组织本工程的实施;认真贯彻执行国家、相关部委和当地政府的有关法律法规和政策,执行企业的各项管理制度,严格履行合同条款。

组建项目管理班子,选择施工队伍,制订项目经理部的规章制度。

组织编写施工目标规划,主持召开项目经理部的管理分析会议,指挥工程项目建设的生产经营活动,调配并管理进入工程项目的人力、资金、物资、机械设备等生产要素。

负责对外协调,参加建设单位、监理单位组织的工作例会,定期与建设单位代表、监理工程师及产权单位沟通情况,积极配合建设单位、监理单位及质量监督部门的监督检查,对提出的问题及时采取措施予以纠正。

配合产权单位、建设单位组织好工程项目的验收、开通和交付。

2. 项目副经理

协助项目经理进行本工程的工期、质量、安全、环保水保、文明施工、责任成本等各项管理工作。

对工程实施计划、工程质量和质量体系的运行情况进行监督检查,按合同要求,协调和控制工程进度,对配备的各类资源优化配置和动态管理。

参加对施工进度、工程质量、安全生产、施工环保和水土保持的定期检查,负责对质量、安全和环保的预防和纠正措施的落实进行检查。

对工程的材料、设备采购及管理情况进行监督检查。

二、交通项目计划管理

(一)项目计划的概念和目的

计划是组织为实现一定目标而科学地预测并确定未来的行动方案。项目计划是项目组织根据项目目标的规定,对项目实施工作进行的各项活动做出周密安排,又称为项目的范围管理。

1. 项目计划的目的

(1)确定并描述为完成项目目标所需的各项任务(活动)范围。

(2)确定负责制性项目各项任务的全部人员。

(3)制定各项任务的时间进度表。

(4)阐明每项任务所需的人力、物力、财力。

(5)确定每项任务的预算。

2. 项目计划的作用

(1)可以确立项目组成员、工作的责任范围和地位及相应的职权以便按要求去指导和控制项目工作,减少风险。

(2)促进项目组及项目委托人和管理部门之间的交流和沟通。

(3)使项目组成员明确项目目标。

（4）分析、协商及记录项目范围变化的基础，也是约定时间、人员和经费的基础。

（5）可以了解结合部在哪里，如何组织使结合部最少，并以标准格式记录关键性的项目资料。

（6）可以把叙述性报告的需要减少到最低量。

（二）项目计划的步骤和工具

1. 项目计划的九个步骤

（1）产品定义。

（2）确定任务。

（3）建立逻辑关系图。

（4）为任务分配时间。

（5）确定项目组成员可支配的时间（在项目中的时间）。

（6）为任务分配资源并进行平衡。

（7）确定管理支持性任务。

（8）重复上述过程直到完成。

（9）准备计划汇总。

2. 工作分解结构（WBS）

工作分解结构（WBS）是一种层次化的树状结构，是将项目工作目标或任务按照一定的方法划分为可以管理操作的基本单元，通过控制这些单元的费用、进度和质量目标，使它们之间的关系协调一致，从而达到控制整个项目的目标。它可以满足各级别的项目管理参与者的工作需要。

上述这种项目管理在操作层面所依据的项目计划管理方法的主要工具是工作分解结构图。工作分解结构图是将项目按照其相关构成逐层进行工作分解的一种方法。它可以将一个项目逐层分解到工作内容单一、便于进行组织管理的单项工作，并能把各单项工作在整个项目中的地位、构成直观地表示出来。项目经理要知道其所负责的项目包括哪些工作任务、各项工作任务间的关系如何、每项工作任务落实到基层单位或个人有多少个层次。据此，项目经理可以着手准备和组织编制一个项目实施计划。

工作分解结构一般包括以下部分：

（1）列出项目的任务清单和有关规定说明。

（2）把主要活动分解成各个分项活动。

（3）把所有组成部分联系起来，确定它们之间的对等关系和平行关系。

（4）核对分解是否正确。

【例7-1】 道路维修和配套工程的工作分解结构图

现需维修长度约1km的供水管线，市政局要求电力部门配合施工，同时铺设一条地下电缆，以增加该道路两侧的用电户。由于该项目要在现有道路上开挖，所以在回填后还要顺便铺设新的混凝土路面。为此成立项目管理办公室，以管理、协调该项目，包括：洪水工程、电力工程和道路工程。该项目的工作分解结构图如图7-8所示。

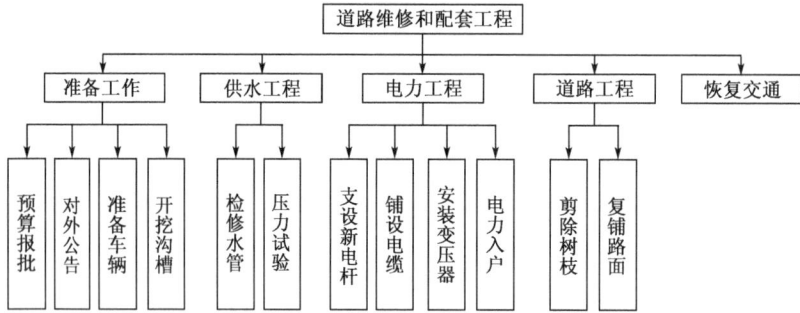

图 7-8　项目工作分解结构图

第三节　交通项目招投标和合同管理

一、交通项目招投标管理

(一)交通项目招投标的原则和依据

1. 招投标的基本原则

(1)公开原则。要求项目招标投标具有高的透明度,实行招标信息、招标程序公开,即发布招标通告,公开开标,公开中标结果,使每一个投标人获得同等的信息,知悉招标的一切条件和要求。

(2)公平原则。要求给予所有投标人平等的机会,使其享有同等的权利,并履行同等的义务,不歧视任何一方。

(3)公正原则。要求评标时按事先公布的标准对待所有的投标人。

(4)诚实信用原则。简称诚信原则,是民事活动的基本原则之一。招标投标当事人应以诚实、守信的态度行使权利,履行义务,以维持招标投标双方的利益平衡,以及自身利益与社会利益的平衡。

(5)独立原则。任何招标投标人都应当是独立的法人单位,在招标投标过程中,应自主决策,不受外界任何因素的干涉。

(6)接受行政监督原则。招标投标活动的核心是竞争,招标投标的过程,实际上是竞争的过程,招标投标双方当事人都要遵守有关法律、法规以及有关规定,在招标投标的全过程中,要接受有关行政监督部门依法实施的监督。

2. 招投标管理的法律依据

为维护市场平等竞争秩序,完善社会主义市场经济体制,1999 年 8 月 30 日,九届全国人大常委会第十一次会议审议通过了《中华人民共和国招标投标法》(以下简称《招标投标法》),并于 2000 年 1 月 1 日起实施。

凡是在中国境内进行的工程项目招标投标活动,不论招标主体的性质、招标投标的资金性质、招标投标项目的性质如何,都要执行《招标投标法》的有关规定。

3.招标代理制度

招标人具有编制招标文件和组织评标能力的,可以自行办理招标事宜。招标人不具备自行招标能力的,可以委托具有相应资质的招标代理机构全权代理业主办理招标事宜。招标代理机构是依法设立、从事招标代理业务并提供相关服务的社会中介组织。招标代理机构与行政机关和其他国家机关不得存在隶属关系或者其他利益关系。

招标代理机构应当具备下列条件:

(1)有从事招标代理业务的营业场所和相应资金。

(2)有能够编制招标文件和组织评标的相应专业力量。

(3)有符合《招标投标法》第三十七条第三款规定条件,可以作为评标委员会成员人选的技术、经济等方面的专家库。

(二)交通项目招标范围和条件

1.必须进行招标的工程项目范围

对于建设工程中哪些必须进行招标,哪些可以直接发包,有关的法律、法规和部门规章中都有明确的规定。

目前,在我国境内进行下列工程建设项目必须进行招标:

(1)大型基础设施、公用事业等关系社会公共利益、公众安全的项目。

基础设施,是指为国民经济生产过程提供的基础条件,通常包括能源、交通运输、邮电通信、水利、城市设施、环境与资源保护设施等。公用事业,是指为适应生产和生活需要而提供的具有公共用途的服务,如供水、供电、供热、供气、公共交通、邮电、通信、科技、教育、文化、体育、卫生、社会福利等。

(2)全部或者部分使用国有资金投资或者国家融资的项目。

(3)使用国际组织或者外国政府贷款、援助资金的项目。

上列项目的具体范围和规模标准,由国务院发展计划部门会同国务院有关部门制订,报国务院批准。法律或者国务院对必须进行招标的其他项目的范围有规定的,依照其规定办理。

《招标投标法》规定三大类工程建设项目,包括项目的勘察、设计、施工、监理以及与工程建设有关的重要设备、材料等的采购,必须进行招标。大部分交通工程项目作为必须招标的大型基础设施项目,招标标的范围涉及了现行招标、采购货物、工程和服务的所有领域。

2.可以不进行招标的工程项目的范围

工程有下列情形之一的,可以不进行工程招标:

(1)停建或者缓建后恢复建设的单位工程,且承包人未发生变更的。

(2)施工企业自建自用的工程,且该施工企业资质等级符合工程要求的。

(3)在建工程追加的附属小型工程或者主体夹层工程,且承包人未发生变更的。

(4)法律、法规、规章规定的其他情形。

3.招标交通项目应具备的条件

对交通项目来说,在实行实施招标之前还应具备一些基本条件。以水运工程项目为例,应具备以下条件才能开展招标相关工作:

(1)具有审定的施工图设计,或者具有经过批准的初步设计和工程概算。

(2)征地拆迁工作已基本完成或落实,能保证分年度连续施工的需要。

(3)有交通行政主管部门核验的报建手续。

(4)资金或者资金来源已经落实。

【例7-2】 ❶某港务局拟建设1个10万吨级泊位,2个5万吨级泊位,其中2个5万吨级泊位的初步设计和工程概算已经过批准,征地拆迁工作已经落实,能保证分年度连续施工的需要;10万吨级泊位的施工图设计已审定,征地拆迁工作已基本完成。全部工程的资金已经落实。问:该港务局是否可以对该工程进行招标?为什么?

分析:根据案例材料所述,该港务局已经具备了水运工程施工招标4个条件中的3个,尚没有提出由交通行政主管部门核验的报建手续,因此还不能进行施工招标。

(三)交通项目招投标管理的主要工作

交通工程建设涉及众多领域,包括路网规划、勘测设计、土建工程、机电运营设备等系统,工程规模巨大,系统复杂,建设周期较长。为保证工程建设顺利进行,必须实行严格的招标投标。从大部分交通工程项目招标的范围来看,在货物方面,包括了车辆、机电设备、成套设备、建筑材料等多个系统和产品;在工程方面,包括工程建设和安装,从地下工程到地面工程,从建筑安装到工业安装;在服务方面,包括了勘察、设计、监理、科研、咨询、代理、租赁、保险等众多内容。

交通投资项目招标范围的广泛性和招标环节的复杂性,要求招标人全面了解和研究各类标的的技术、商务特点及价格形成机制,熟知国际、国内对招标范围相关的政策规定、管理制度及操作办法,其涉及的主要工作如下。

1.确定招标方式和发布招标信息

(1)公开招标。是指由招标人依照《招标投标法》的规定,通过公开的媒体发布招标公告,使所有符合条件的潜在投标人可以有平等的机会参加投标竞争,招标人从中择优确定中标人的招标方式。其特点是:首先,招标人发出招标公告,其针对的对象是所有对招标项目感兴趣的法人或者其他组织,对参加投标的投标人在数量上并没有限制,具有广泛的竞争性;同时,公开招标应当采用公告的方式,向社会公众明示其招标要求,从而保证招标的公开性。这种公告方式,可以大大提高招标活动的透明度,对招标过程中的不正当交易行为起到较强的抑制作用。

(2)邀请招标。是指由招标人预先确定一定数量的符合招标项目基本要求的潜在投标人并向其发出投标邀请书,由被邀请的潜在投标人参加投标竞争,招标人从中择优确定中标人的招标方式。其特点是:第一,招标人邀请参加投标的法人或者其他组织在数量上是确定的,但这些确定的法人或者其他组织在数量上也有一定要求。根据《招标投标法》第17条的规定,采用邀请招标方式的招标人应当向3个以上的潜在投标人发出投标邀请书;第二,邀请招标的招标人要以投标邀请书的方式向一定数量的潜在投标人发出投标邀请,只有接受投标邀请书的法人或者其他组织才可以参加投标竞争,其他法人或组织无权参加投标。

2.投标申请人资格审查

招标人可以根据招标项目本身的要求,在招标公告或者投标邀请书中,要求投标申请人提

---

❶本案例摘自《港口与航道工程实务》第三版。

供有关资质证明文件和业绩情况,并对投标申请人进行资格审查,招标人不得以不合理的条件限制或者排斥潜在的投标申请人,不得对投标申请人实行歧视待遇。

无论是资格预审还是后审,都是主要审查投标申请人是否符合下列条件:

(1)具有独立订立合同的权利。

(2)具有圆满履行合同的能力,包括专业、技术资格和能力,资金、设备和其他物质设施状况,管理能力,经验、信誉和相应的工作人员。

(3)以往承担类似项目的业绩情况。

(4)没有处于责令停业,财产被接管、冻结、破产状态。

(5)在最近几年内(如最近三年内)没有与合同有关的犯罪或严重违约、违法行为。

3. 招标文件编制与发放

一般情况下,招标文件应当包括下列内容:

(1)投标须知,包括工程概览,投标范围,资格审查条件,工程资金来源或者落实情况(包括银行出具的资金证明),标段划分,工期要求,质量标准,现场踏勘和答疑安排,投标文件编制、提交、修改、撤回的要求,投标报价的要求,投标有效期,开标的时间和地点,评标的方法和标准等。

(2)招标工程的技术要求和设计文件。

(3)采用工程量清单招标的,应当提供工程量清单。

(4)投标函的格式及附录。

(5)拟签订合同的主要条款。

(6)要求投标申请人提交的其他材料。

4. 编制工程标底

标底是指项目业主或受业主委托的招标人根据招标项目的具体情况,依据国家统一的工程量计算规则、计价依据和计价办法计算出来的工程造价,是招标人对建设工程预算的期望值。

5. 踏勘现场与答疑

1)踏勘现场

踏勘现场是指招标人或业主组织投标申请人对工程现场场地和周围环境等客观条件进行的现场勘察,招标人根据招标项目的具体情况,可以组织投标申请人踏勘项目现场。

投标人在踏勘现场中如有疑问,应在招标人答疑前以书面形式向招标人提出,以便于得到招标人的解答。投标人踏勘现场发现的问题,招标人可以书面形式答复,也可以在投标预备会上解答。

2)答疑

答疑一般采取书面形式进行,必要时也可召开招标文件答疑会现场答疑。

6. 投标文件编制与送达

投标文件应按招标文件的要求进行编制。投标文件应当包括下列内容:

(1)投标函。

(2)施工组织设计或者施工方案。

(3)投标报价。

(4)招标文件要求提供的其他材料。

投标人应当在招标文件要求提交投标文件的截止时间前,将投标文件密封送达招标文件规定的地点。招标人收到投标文件后,应当向投标人出具标明签收人和签收时间的凭证,并妥善保存投标文件。在开标前,任何单位和个人均不得开启投标文件。在招标文件要求提交投标文件的截止时间后送达的投标文件,为无效的投标文件,招标人应当拒收。

为了保证充分竞争,对于投标人少于3个的,应当重新投标。

投标人在招标文件要求提交投标文件的截止时间前,可以补充、修改或者撤回已提交的投标文件。

7. 开标、评标与中标

1)开标

所谓开标,就是投标人提交投标截止时间后,开标由招标人主持,邀请所有投标人参加。招标单位当场只宣读投标价,不解答任何问题。对包含设备安装和土地工程的招标,或是对大型成套设备的采购和安装,有时分两个阶段开标。即投标文件同时递交,但分两包包装,一包为技术标,一包为商务标。只有在对技术实施方案的审查通过后才开商务标,技术标不通过的则商务标原封退回。

开标后任何投标人都不允许更改其投标内容和报价,也不允许增加优惠条件,但在业主需要时可作一般性说明和疑点澄清。

2)评标和中标

评标是审查确定中标人的必经程序,是保证招标成功的重要环节。因此,为了确保评标的公正性,评标不能由招标人或其代理机构独自承担,而应组成一个由行业或专业领域内有关专家和人员参加的评标委员会,负责依据招标文件规定的评标标准和方法,对所有投标文件进行评审,向招标人推荐中标候选人或者直接确定中标人。

3)废标和重新招标

在招标文件中一般规定业主方有权废标,并重新招标。一般在几种情况下考虑废标:一是资格预审合格的潜在投标人不足3个;二是在投标截止时间前提交投标文件的投标人少于3个;三是所有投标均被否决的;四是中标候选人均未与招标人订立书面合同的。如要重新招标,应对招标文件有关内容,如合同范围、条件、设计、图纸等重新审订修改后才能进行。

8. 签订合同

招标人和中标人应当自中标通知书发出之日起30日内,按照招标文件和中标人的投标文件订立书面合同,招标人和中标人不得再行订立背离合同实质性内容的其他协议。

【延伸阅读7-3】 公路工程施工招标中的评标办法

公路工程施工招标,评标采用综合评估法或者经评审的最低投标价法。综合评估法包括合理低价法、技术评分最低标价法和综合评分法。

合理低价法,是指对通过初步评审的投标人,不再对其施工组织设计、项目管理机构、技术能力等因素进行评分,仅依据评标基准价对评标价进行评分,按照得分由高到低排序,推荐中标候选人的评标方法。

技术评分最低标价法,是指对通过初步评审的投标人的施工组织设计、项目管理机构、技术能力等因素进行评分,按照得分由高到低排序,对排名在招标文件规定数量以内的投标人的报价文件进行评审,按照评标价由低到高的顺序推荐中标候选人的评标方法。招标人在招标文件中规定的参与报价文件评审的投标人数量不得少于3个。

综合评分法,是指对通过初步评审的投标人的评标价、施工组织设计、项目管理机构、技术能力等因素进行评分,按照综合得分由高到低排序,推荐中标候选人的评标方法。其中评标价的评分权重不得低于50%。

经评审的最低投标价法,是指对通过初步评审的投标人,按照评标价由低到高排序,推荐中标候选人的评标方法。

公路工程施工招标评标,一般采用合理低价法或者技术评分最低标价法。技术特别复杂的特大桥梁和特长隧道项目主体工程,可以采用综合评分法。工程规模较小、技术含量较低的工程,可以采用经评审的最低投标价法。

(资料来源:《公路工程建设项目招标投标管理办法(交通运输部〔2015〕24号)》)

【延伸阅读7-4】 铁路建设项目施工招标投标实施细则

第一章 总则

第一条 为规范铁路建设工程施工招标投标工作,维护招标投标各方合法权益,保证铁路建设顺利实施,依据《招标投标法》《招标投标法实施条例》《工程建设项目施工招标投标办法》和中国铁路总公司有关规定,制订本实施细则。

第二条 本实施细则适用于中国铁路总公司(以下简称总公司)管理的铁路大中型建设项目。采用工程总承包的铁路建设项目应同时执行总公司相关规定。

第三条 工程建设项目符合《工程建设项目招标范围和规模标准规定》要求的,必须通过招标选择施工单位。任何单位和个人不得将依法必须进行招标的项目化整为零或者以其他任何方式规避招标。

第四条 铁路建设施工招标投标必须遵循公开、公平、公正和诚实信用的原则。

第五条 铁路建设工程施工招标由建设单位负责,委托代建工程一般由代建单位负责招标。任何单位和个人不得非法干涉正常开展的招标投标活动。

第六条 招标人应严格按照国家和总公司有关规定编制资格预审文件和招标文件,合理划分施工标段、设路资质条件和范本中由建设单位自主确定的内容。招标计划、资格预审文件和招标文件实行集体研究决定,参与研究确定者要签字背书。

第二章 招标计划审批

第七条 施工招标应具备下列条件:(一)建设单位(或项目管理机构)依法成立;(二)有相应的资金或资金来源已经落实;(三)施工图已经审核合格;(四)施工图预算已经核备或批准;(五)指导性施工组织设计已经编制完毕。建设项目的特殊重点控制工程可以分段实施。

第八条 迁改工程(包括"三电"迁改、电磁防护和管线迁改等)应优先采取经济补偿方式,征地拆迁地方政府费用包干项目建设单位与地方实施单位签订经济补偿协议,非地方政府费用包干项目建设单位与产权单位签订经济补偿协议,由产权单位按约定的时间拆除既有设施并组织建设。对外发包的"三电"迁改、电磁防护和管线迁改等工程(含征地拆迁协助工作),可在初步设计批复后招标,招标应具备下列条件:(一)建设单位(或项目管理机构)已经依法成立;(二)有相应资金或资金来源已经落实;(三)有招标所需的设计图纸及技术资料。

第九条　施工招标分为公开招标和邀请招标。采用邀请招标的须符合《招标投标法实施条例》第八条规定,经依法批准后实施。

第十条　招标人具有与招标项目规模和复杂程度相适应的技术、经济等方面专业人员,符合国家规定自行招标条件的,可自行办理招标事宜,不符合条件的须委托具有相应资质的招标代理机构招标。任何单位和个人不得强制招标人委托招标代理机构办理招标事宜。建设项目招标范围、招标方式、招标组织形式应在上报可行性研究报告时提出申请,并严格执行可行性研究报告批复。

(资料来源:《铁路建设项目施工招标投标实施细则》铁总建设〔2014〕59号)

二、交通项目合同管理

(一)交通项目合同管理的基本原则

1.符合法律法规的原则

合同当事人订立、履行合同,合同的内容形式、程序等都要符合法律法规规定,尊重社会公德,不得扰乱社会经济秩序,损害社会公共利益。

2.平等自愿的原则

自愿是指当事人在法律、法规允许范围内,根据自己的意愿签订合同,即有权选择订立合同的对象,合同的条款内容,合同订立时间和依法变更和解除合同,任何单位和个人不得非法干预。贯彻平等自愿的原则,必须体现签约双方在法律地位完全平等。合同要在双方友好协商的基础上订立,任何一方都不得把自己的意志(例如单方提出的不平等条款)强加于另一方,更不得强迫对方同自己签订合同。

3.公平原则

公平原则是民法的基本原则之一。合同当事人应当遵循公平原则确定各方的权利和义务。按照公平的观念设立、变更或者取消民事法律关系。

4.诚实信用原则

诚实信用原则实质上是社会良好道德、伦理观念上升为国家意志的体现。合同当事人行使权利、履行义务应当遵循诚实信用原则。要实事求是向对方介绍自己订立合同的条件、要求和履约能力,充分考虑对方的合法利益和实际困难,以善意的方式设定合同权利和义务。

5.等价有偿的原则

等价有偿原则是《民法通则》的一项原则,也是订立合同的一项基本原则。

(二)项目合同体系

合同管理贯穿于交通项目建设的全过程,在项目建设的各阶段都必须用合同的形式来约束各方的责任、权利和义务,是一个完整的体系。

1.交通项目前期咨询合同

交通项目前期咨询(包括项目建议书、可行性研究、评估报告等)协议或合同,是在投资建设的决策阶段,为了完成项目立项技术经济论证工作,与工程咨询评估等中介机构签订的具有法律效应的合作协议。由于该项工作涉及投资决策的正确与否,涉及工程项目的成败,因此,加强工程项目前期咨询阶段的协议或合同管理,就显得非常重要。

2. 勘察设计合同

交通项目建设的工程勘查合同是指根据建设工程的要求,查明、分析、评价建设场地的地质地理环境特征和岩土工程条件,编制建设工程勘查文件的协议。《合同法》规定,"勘查、设计合同的内容包括提交有关基础资料和文件(包括概预算)的期限、质量要求、费用以及其他协作条件等条款"。

3. 工程承包合同

工程承包合同是发包人与承包人就完成具体工程项目的建筑施工(或含部分设计)、设备安装、设备调试、工程保修等工作内容,确定双方权利和义务的协议。施工合同是工程建设的主要合同,是工程建设质量控制、进度控制、投资控制的主要依据。

4. 货物采购合同

建设工程货物采购合同,是指平等主体的自然人、法人、其他组织之间,为实现建设工程物资买卖,设立、变更、终止相互权利义务关系的协议。

5. 其他合同

除以上合同外,一些交通项目还涉及融资合同、保险合同等。BOT 项目应有项目转让合同,PPP 项目则应有 PPP 项目合同、股东协议等。具体的合同体系应视项目特点而定。

(三)交通项目承包合同的主要内容

工程承包合同条款内容除当事人写明各自的名称、地址、工程名称和工程范围,明确规定履行内容、方式、期限,违约责任以及解决争议的方法外,还应明确建设工期、中间交工工程的开工和竣工时间、工程质量、工程造价、技术资料交付时间、材料设备供应责任、拨款和结算交工验收质量保证期、双方互相协作等内容。

1. 工程范围

工程范围是指施工的界区,是施工承包人进行施工的工作范围。工程范围是施工合同的必备条款。

2. 建设工期

建设工期是指施工承包人完成施工任务的期限。每个工程根据性质的不同,所需要的建设工期各不相同。建设工期能否合理确定往往会影响工程质量的好坏。实践中,有的发包人由于种种原因,常常要求缩短工期,施工承包人为了赶进度,只好偷工减料,仓促施工,结果导致严重的工程质量问题。因此为了保证工程质量,双方当事人应当在施工合同中确定合理的建设工期。

3. 中间交工工程

中间交工工程是指施工过程中的阶段性工程。为了保证工程各阶段的交接,顺利完成工程建设,当事人应当明确中间交工工程的开工和交工时间。

4. 工程质量

工程质量是指国家现行的有关法律、法规、技术标准、设计文件及合同中对建设工程的安全、使用要求、经济技术标准、外观等特性的综合要求,是工程承包合同中的核心内容。工程质量往往通过设计图纸和技术要求说明书、施工技术标准加以确定。工程质量条款是明确承包人施工(或含设计)要求,确定承包人责任的依据,是工程承包合同的必备条款。工程质量必须符合国家规范和有关建设工程环保、安全标准化的要求,发包人不得以任何理由,要求施工承包人在施工中违反法律行政法规以及安全标准,降低工程质量。

5. 工程造价

工程造价是指建设该工程所需的费用,包括材料费、施工成本等费用。当事人根据工程质量要求及工程的概预算,合理地确定工程造价。实践中,有的发包人为了获得更多的利益,往往压低工程造价,承包人为了盈利,选择偷工减料,以次充好,结果必然导致工程质量不合格,甚至造成严重的工程质量事故。因此,为了保证工程质量,双方当事人应当合理确定工程造价。

6. 技术资料

技术资料主要是指勘查、设计文件以及其他承包人据以施工所必需的基础资料。技术资料的交付是否及时往往影响到施工进度,因此当事人应当在施工合同中明确技术资料的交付时间。

7. 材料和设备供应责任

材料和设备供应责任是指由哪一方当事人提供工程建设所必需的原材料以及设备。材料一般包括水泥、砖瓦石料、钢筋、木料、玻璃等建筑材料和结构配件。设备一般包括供水、供电管线和设备、消防设施、空调设备等。在实践中,有的由发包人负责提供,也可以由施工人负责采购。材料和设备的供应责任应当由双方当事人在合同中做出明确规定。

8. 拨款(或工程支付)

拨款是指业主按照合同条款给工程承包单位工程款的拨付,结算是指工程交工后,计算工程的实际造价与已拨付工程款之间的差额。拨款和结算条款是承包人请求发包人支付工程款和报酬的依据。一般来说,除"交钥匙工程"外,承包人只负责建筑、安装等施工工作,由发包人提供工程进度所需款项,保证施工顺利进行。现实中,发包人往往利用自己在合同中的有利地位,要求施工承包人垫款施工。施工承包人垫款完成施工任务后,发包人常常是不及时结算,拖延支付工程以及施工承包人所垫付的款项,这是造成目前建筑市场中拖欠工程款现象的主要原因,因此当事人不得在合同中约定垫款施工。

9. 竣工验收

竣工验收是工程交付使用前的必经程序,也是发包人支付工程主要价款的前提。竣工验收条款一般包括验收的范围和内容、验收的标准和依据、验收人员的组成、验收方式和日期等内容。建设工程竣工后,发包人应当根据施工图纸及说明书、国家颁发的施工验收规范和质量检查标准及时进行验收。

10. 保修范围

建设工程的保修范围应当包括地基基础工程、主体结构工程、屋面防水工程和其他工程,以及电气管线、上下水管线的安装工程,供热、供冷工程等项目。质量保证期是指工程各部分正常使用的期限,在实践中也称质量保修期。质量保证期应当与工程的性质相适应,当事人应当按照保证工程合理寿命年限内的正常使用,维护使用者合法权益的原则确定质量保证期,但不得低于国家规定的最低保证期限。

11.双方相互协作条款

双方相互协作条款一般包括双方当事人在施工前的准备工作,施工承包人及时向发包人提出开工通知书、施工进度报告书,对发包人的监督检查提供必要的协助等。双方当事人的协作是施工过程的重要组成部分,是工程顺利施工的重要保证。

【延伸阅读7-5】 京津塘高速公路的招标和合同管理

京津塘高速公路的施工,实行国际竞争性招标。全部工程分为5个合同,其中4个为土建合同,即:第一合同为北京、河北段,长41.84km;第二合同为天津西段,长43.75km;第三合同为天津东段,长52.84km;第四合同为宜兴埠至徐庄子高架桥段,长4.26km;第五合同为交通工程电子与机电设备工程的采购与安装,为全线及管理控制中心提供监控、通信、收费、照明等4个系统。1986年9月,4个土建合同公开招标。国内外共有51个承包商申请投标,经资格预审,其中40个单独承包商和联营体取得投标资格。1987年6月24日在北京公开开标,由中国技术进出口总公司国际招标公司和两市一省组成的评标小组进行评选,评标结果经国家评标委员会批准和世界银行确认。第五合同于1990年10月20日招标,参加投标的有国内外10个承包商联营体,1991年4月23日开标。

京津塘高速公路是我国按照国际通用合同条款(FIDIC)组织施工的高速公路工程,在项目执行过程中,工程进度、质量和支付的控制与监督,由监理部门全权负责。4个土建合同全线设三级监理组织,即:总监理工程师及其代表处为全线最高监理机构,编制为20人;北京、河北、天津三段各设高级监理办公室,其编制为北京段26人,河北段5人,天津段29人;各段在高级监理办公室之下,设驻地监理办公室,其编制为北京段26人,河北段10人,天津段101人。以上三级监理组织,共有中方监理217人,监理密度为平均每公里1.3~1.5人。在中外监理人员行使对工程进度、工程质量和工程支付等控制权的过程中,抓好工程支付的控制是关键。因为FIDIC合同条款之一就是以计量支付为手段来控制工程质量和工程进度,使之达到合同要求,这也是FIDIC合同条款同传统管理方式的重要区别,由于中外监理人员遇到工程质量不合格,工程进度缓慢,或承包商有其他方面的违约行为,就拒付工程款项,从而树立了监理工程师的权威及其在项目管理中的核心地位,使工程施工坚持按合同条款进行。

(四)项目合同管理的职责

涉及项目合同管理的主要有三方,即业主、工程师和承包商。业主和承包商是合同双方,而工程师则是受雇于业主按照业主和承包商的合同进行项目管理的。从合同管理的角度看,各方的职责和义务不同,但目标一致。表7-1说明了三方在合同管理中的主要职责。

三方在合同管理中的主要职责表 表7-1

合同内容	业 主	工 程 师	承 包 商
总的要求	(1)项目立项、选定、融资和施工前期准备; (2)选择承包商和监理工程师等; (3)决定工程师的职责和权限	受业主聘用,按业主和承包商签订的合同中授予的职责、权限对合同实施监督管理	按合同要求,全面负责工程项目的具体实施、竣工和维修

续上表

合同内容	业　主	工　程　师	承　包　商
进度管理	(1)进度管理主要依靠工程师,但对开工、暂停、复工特别是延期和工期索赔应审批; (2)可将较短的变更和索赔交由工程师决定,报业主备案	(1)按承包商开工后的总进度计划进行检查督促; (2)下开工令,下令暂停、复工、延期,对工期索赔提出具体建议并报业主审批	(1)制订具体进度计划,研究各工程部位的施工安排和调度,确保工程进度; (2)根据实际情况提交工期索赔报告
质量管理	(1)定期了解检查工程质量,对重大事故进行研究; (2)平时主要依靠监理管理和检查工程质量	(1)审查承包商的重大施工方案并提出建议,但质量保证措施由承包商定; (2)拟定或批准质量检查办法; (3)对每部分质量进行检查检验,不合格的下令返工	按规范要求拟定具体施工方案和措施,保证工程质量,对质量问题全面负责
费用管理	(1)审批工程师审核后上报的支付表; (2)与工程师讨论并批复有关索赔; (3)可将较小数额的支付和索赔交工程师定并报业主备案	(1)按照合同规定把支付关,审核后报业主审批; (2)研究索赔内容和数额,报业主审批	(1)拟定具体措施,从各方面降低成本,提高利润率; (2)设立索赔组适时申报索赔
风险管理	注意研究重大风险的防范	替业主把好风险关,进行经常性的风险分析,研究防范措施	注意风险管理,做好索赔工作

第四节　交通项目进度、费用和质量管理

一、交通项目进度管理

(一)交通项目进度管理的概念

交通项目进度管理,又称为时间管理,是涉及确保项目准时完成所必需的过程。交通项目能否在预定的时间内交付使用,直接关系到项目经济效益的发挥。因此通过对项目进度的有效控制,以达到预期的目标,是交通项目管理的中心任务,也是一般工程项目管理的三大目标之一。

交通项目进度管理包括为确保项目按期完成所必需的所有工作过程。包括:工作定义、工作顺序安排、工作时间估计、进度计划制订和进度控制。

在交通工程项目的实施过程中,由于受到种种因素的干扰,经常造成实际进度与计划进度的偏差。这种偏差得不到及时纠正,必将影响进度目标的实现。为此,在项目进度计划的执行过程中,必须采取系统的控制措施,经常将实际进度与计划进度进行比较,发现偏差,及时采取

纠偏措施。

进度计划控制的具体内容包括：

（1）对造成进度变化的因素施加影响，以保证这种变化朝着有利的方向发展。

（2）确定进度是否已发生变化。

（3）在变化实际发生或正在发生时，对这种变化实施管理。

（二）交通项目进度管理的方法

在项目进度检测过程中，一旦发现实际进度偏离计划进度，必须认真分析产生偏差的原因及其对后续工作及总工期的影响，并采取合理的调整措施，确保进度目标的实现。具体过程如图 7-9 所示。

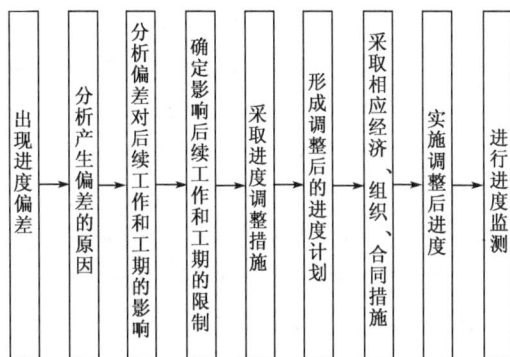

图 7-9　项目进度调整系统

为及时发现项目进展过程中的偏差，分析偏差出现的主要原因和对后续工作的影响程度，同时做出相应调整，在项目管理工作中已形成了一套相关办法，大多数需要图上作业和数据测算，直观有效，包括网络计划技术、甘特图（横道图）和 S 曲线法等。

1. 网络计划技术

网络计划技术也称统筹法，它是通过网络图的形式来选择最佳方案，组织协调和控制生产的节点及费用，使其达到预期目的。

网络计划是交通项目进度管理的中心，对承包商的施工组织与监理工程师的监理工作都是十分重要的，是工程进度管理的中心。网络计划图是对各种影响正常施工的因素进行定量分析最有效的依据，是审查费用索赔的重要依据。网络计划主要有如下特点：

（1）应用网络形式来表达一项计划中各个工序之间复杂的逻辑关系。

（2）通过计算可以找出计划中关键工序和关键线路，以便掌握和知道关键工序的关键线路是否正常运行。

（3）可以综合地反映工程进度、费用和各种资源的关系。

（4）适合应用电子计算机进行计划的优化。

应用网络计划技术，在开工前，承包商要制订一份施工组织计划，包括施工程序与施工方法，同时，还应按照这个施工计划，建立一个关键线路网络计划分析图。该网络计划分析图，应至少每隔一段时间修正一次，使网络计划分析图与实际的施工进度计划始终保持一致。

【例7-3】 ●某铁路工程项目的施工招标表明该工程采用综合单价计价方式,工期为15个月。施工单位在投标书中编制的施工进度计划如图7-10所示。

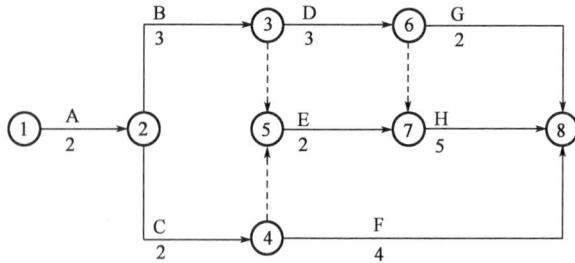

图7-10 铁路项目施工进度计划网络图

施工过程中发生了以下事件。

事件1:A、C两项工作为土石方工程,施工按计划进行4个月后,设计院以设计变更通知发布新增土方工程N的指示,该工作的性质和施工难度与A、C工作相同。N工作在B和C工作完成后开始施工,且为H和G的紧前工作,施工单位按计划用4个月完成N工作。

事件2:F工作,因设计变更等待新图纸延误1个月。

事件3:G工作由于分包单位施工的工程质量不合格造成返工,实际3个月完成。

(1)请对以上施工过程中发生的3个事件进行合同责任分析。

(2)请计算投标时的计划工期,并在图中计算网络计划参数,标示关键线路。

(3)重新绘制调整后的网络计划,确定调整后的工期并计算网络计划参数,标示关键路线。

分析:(1)事件1、2属于建设单位责任,事件3属于承包单位责任。

(2)投标时的工期为13个月,网络计划参数如图7-11所示,粗线为关键线路。

(3)增加N工作后调整的网络计划图及参数如图7-12所示,工期调整为14个月。

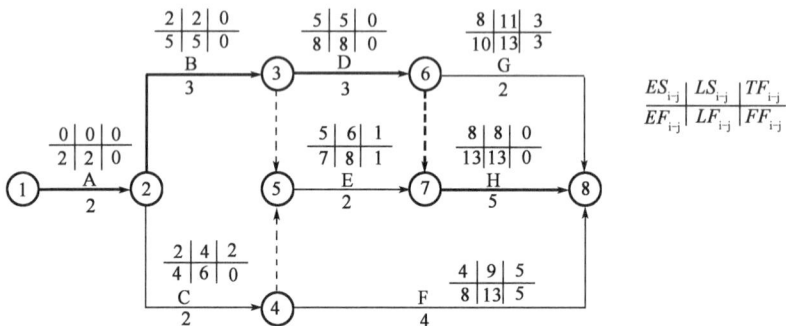

图7-11 网络计划参数计算

2.甘特图(横道图)法

实际进度与计划进度比较常用的方法是横道图法,即将项目实施中检查实际进度收集的

● 该案例摘自《铁路工程管理与实务》第三版。

信息,经整理后直接用横道线标于原计划的横道线下,便于直观比较。

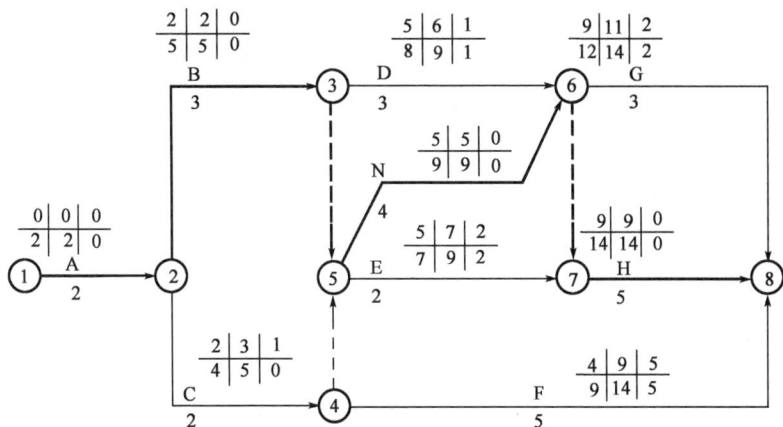

图 7-12 调整后的网络图及参数

3.S 形曲线比较法

在交通项目实施过程中,每隔一段时间将实际进度绘制在原计划的 S 曲线上进行直观比较。通过比较可以了解到:实际工程进展速度,进度超前或拖延的时间,工程量完成情况,后续工程进度预测,如图 7-13 所示。

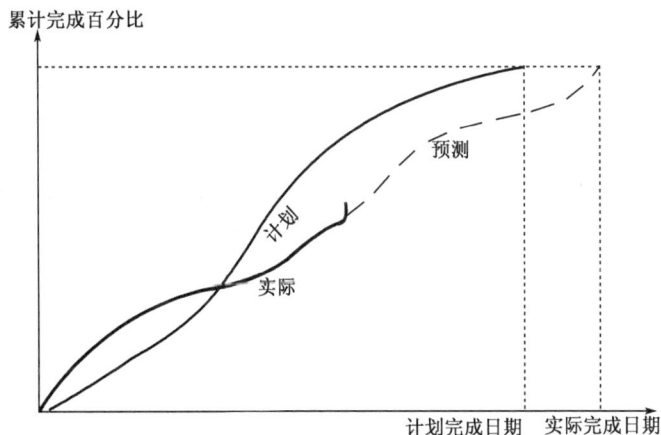

图 7-13 S 形曲线比较图

(三)交通项目进度计划的变化和调整

1.进度变化的原因分析

1)工程项目各相关单位之间的协调配合

工程项目是一个多专业、多方面协调合作的复杂过程,如果政府部门、业主、咨询单位、设计单位、物资供应单位、贷款单位、监理单位等各单位之间,以及土建、水电、通信、运输等各专业之间没有形成良好的协作,必然会影响工程建设的顺利实施。

2)工程变更

边界条件的变化,如设计变更、设计错误、外界(如政府,上层机构)对项目提出新的要求或限制。

3)风险因素

风险因素包括政治、经济、技术及自然等方面的各种预见或不可预见因素。

4)工期及相关计划的失误和管理过程的失误

计划工期及进度计划超出现实可能性;管理过程中的失误,如计划部门与实施者之间,总、分包商之间,业主和承包商之间缺少沟通、工作脱节等。

2.进度计划的调整

当交通项目施工实际进度影响到后续工作时,总工期需要对进度计划进行调整时,通常采用以下方法。

(1)改变某些工作之间的逻辑关系。当交通项目实施中产生的进度偏差影响到总工期,且有关工作的逻辑关系允许改变时,可以改变关键线路和超过计划工期的非关键线路上的有关工作之间的逻辑关系,达到缩短工期的目的。如将顺序进行的工作改为平行作业、搭接作业以及分段组织流水作业等。

(2)缩短某些工作的持续时间。这种方法是不改变工程项目中各项工作之间的逻辑关系,而通过采取增加资源投入、提高劳动效率等措施来缩短某些工作的持续时间,使工程进度加快,以保证按计划工期完成该项目。这些被压缩持续时间的工作是位于关键线路和超过计划工期的非关键线路上的工作;同时,这些工作又是持续时间可被压缩的工作。

二、交通项目费用管理

(一)交通项目费用管理的概念

交通项目的费用管理,又称成本管理,不仅是对项目建设全过程中发生费用的监控和大量费用数据的收集,更重要的是对各类费用数据进行正确分析并及时采取有效措施,从而达到将项目最终发生的费用控制在目标范围之内的目的。

(二)交通项目费用管理的方法

1.交通项目费用管理的内容

(1)比较。按照某种确定的方式将费用计划值与实际值逐项进行比较,以发现费用是否已超支。

(2)分析。在比较的基础上,对比较的结果进行分析,以确定偏差的严重性及偏差产生的原因。这一步是费用控制工作的核心,其主要目的在于找出产生偏差的原因,从而采取有针对性的措施,减少或避免相同问题的再次发生或减少由此造成的损失。

(3)预测。根据项目实施情况预测整个项目完成时的费用。预测的目的在于为决策提供支持。

(4)纠偏。当工程项目的实际费用出现了偏差,应当根据工程的具体情况、偏差分析和预测的结果,采取适当的措施,以期达到使费用偏差尽可能小的目的。纠偏是费用控制中最具实质性的一步。只有通过纠偏,才能最终达到有效控制费用的目的。

(5)检查。它是指对工程的进展进行跟踪和检查,及时了解工程进展状况以及纠偏措施的执行情况和效果,为今后的工作积累经验。

为了实现在交通项目进展过程中对成本费用的检查、预测和分析,可以运用多种方法和工具,常用的是挣值法。

2. 挣值法进行费用管理

挣值法(Earned Value)是一种测量费用实施情况的方法,它通过实际完成工程与原计划的比较,确定工程进度是否符合计划要求,从而确定工程费用是否与原计划存在偏差,是将进度管理和费用管理相结合的一种方法。

(1)三个参数。挣值法涉及三个参数:已完工程实际费用(ACWP)、已完工程计划费用(BCWP)和拟完工程计划费用(BCWS)。

(2)两个偏差。根据三个参数,可以计算费用偏差和进度偏差。

$$费用偏差(CV) = 已完工程计划费用(BCWP) - 已完工程实际费用(ACWP) \quad (7-1)$$

当 CV < 0 时,说明费用超支;当 CV > 0 时,说明费用节约。

同时,由于工程费用的发生与工程进度有着密切的关系,因此为了能准确反映费用偏差的情况,可以引入进度偏差概念,并将它用费用偏差来表示:

$$进度偏差(SV) = 已完工程计划费用(BCWP) - 拟完工程计划费用(BCWS) \quad (7-2)$$

当 SV < 0 时,说明进度拖延;当 SV > 0 时,说明进度超前。

(3)两个绩效。除反映绝对值的费用和进度偏差外,还可以计算体现相对念头的费用绩效指数和进度绩效指数。

$$费用绩效指数(CPI) = \frac{已完工程计划投资}{完工程实际投资} \quad (7-3)$$

当 CPI < 1 时,成本超支,即实际费用高于计划费用;当 CPI > 1 时,成本节约,即实际费用低于计划费用。

$$进度绩效指数(SPI) = \frac{已完工程计划投资}{拟完工程计划投资} \quad (7-4)$$

当 SPI < 1 时,进度拖延;当 SPI > 1 时,进度提前。

(4)费用分析曲线。费用偏差分析也可以通过挣值法绘制曲线。通常,费用计划值与费用实际值的比较可用费用实际值曲线、费用计划值曲线这两条曲线之间的竖向距离来表示。但这种比较过于简单,因此在实践中结合实际进度,引入已完工程费用曲线 a,已完工程计划费用曲线 b 和拟完工程计划费用曲线 p,如图 7-14 所示。图中曲线 a 与曲线 b 的竖向距离表示费用偏差,曲线 b 和曲线 p 的水平距离表示进度偏差。用这种方法进行偏差分析具有形象、直观的优点。

【例 7-4】 某公路修建项目,预算单价为 400 元/m,计划用 30 天完成,每天 120m。开工后 5 天测量,已完成 500m,实际付给承包商 35 万元。费用偏差 CV 和进度偏差 SV 是多少?说明什么?进度绩效指数 SPI 和费用绩效指数 CPI 是多少?

分析:

$$CV = BCWP - ACWP = 已完工程计划费用 - 已完工程实际费用$$
$$= 500 \times 400 - 350\,000 = -150\,000(元)$$

说明项目费用超支。

$$SV = BCWP - BCWS = 已完工程计划费用 - 拟完工程计划费用$$

$$= 500 \times 400 - 5 \times 120 \times 400 = -4\,000(元)$$

说明项目进度拖延。

$$CPI = 已完工程计划投资/已完工程实际投资 = 500 \times 400/350\,000 = 0.57$$

$$SPI = 已完工程计划投资/拟完工程计划投资 = 0.83$$

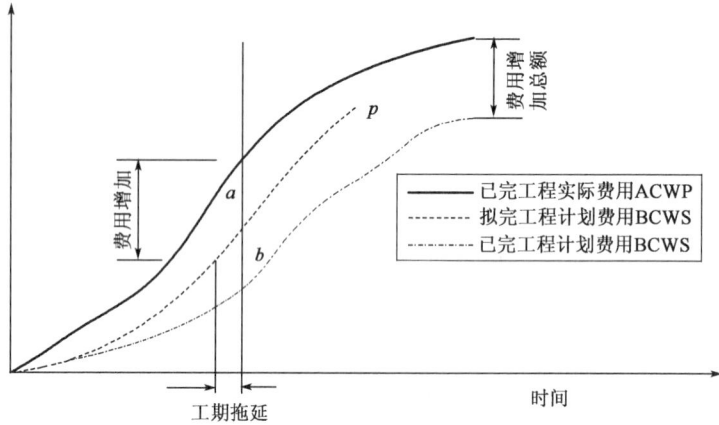

图 7-14　三种费用分析曲线

(三)交通项目费用的偏差和控制

1. 出现费用偏差要进行原因分析。

费用偏差分析的一个重要目的就是要找出引起偏差的原因,从而采取有针对性的措施,减少或避免相同原因的再次发生。产生费用偏差的常见原因包括:

(1)物价上涨因素,如人工、材料、设备涨价,利率和汇率变化等。

(2)设计原因,如设计错误,设计漏项,设计标准变化,设计保守,图纸提供不及时等。

(3)业主原因,如增加项目内容,费用计划不当,组织未落实,建设手续不全,协调不佳,无法及时提供场地等。

(4)施工原因,如施工方案不当,施工质量有问题,赶进度,工期拖延等。

(5)其他客观原因,如天气影响,社会影响,法规变化等。

2. 费用偏差的纠正措施

对偏差的类型及原因进行分析后,要及时采取纠偏措施。纠偏措施通常可分为以下类型:

(1)组织措施。包括落实组织机构和人员,明确各级费用管理人员的任务、职能分工、权力和责任,分析组织机构及工作人员和设备的配置是否合理等。

(2)经济措施。在项目管理过程中要适时检查费用目标分解是否合理,材料采购是否超标。尤其是在交通基础设施建设工程中,材料费所占比例较高,是影响项目成本的主要因素,也是费用管理的重点所在。对大宗材料的采购,可采取公开招标的方式,同时强化物资管理,以减少材料在使用中的浪费。

(3)技术措施。不同的技术措施往往会有不同的经济效果,当项目出现较大的投资偏差时,可以考虑运用技术措施纠偏。

(4)合同措施。按照工程造价,在保证预期利润的前提下进行费用细化,签订成本承包合同,达到用合同控制成本的目的。在项目管理过程中应按照费用分析曲线图不断地纠偏、调整,根据合同要求及时发现、解决问题,有效地控制和降低工程施工成本。

三、交通项目质量管理

(一)交通项目质量管理的概念

项目质量管理的目的,是通过管理工作,使建设项目科学决策、精心设计、精心施工,建设质量合格的工程项目,保证投资目标的实现。

交通工程项目质量管理具有如下特点:

(1)工程项目的质量特性较多。除了项目的物理化学功能特性外,还要考虑可靠性、耐久性(寿命期内功能的持续性、减少维修量)、安全性(人身安全、运行安全)与环境的协调。

(2)工程项目形体庞大,高投入,周期长,牵涉面广,具有风险性。

(3)影响工程项目质量因素多。工程项目不仅受工程项目决策、勘察设计、工程施工的影响,还要受材料、机械、设备的影响。对工程所在地的政治、经济、社会环境以及气候、地理、地质、资源等影响也不能忽视。由此可见,影响工程项目的因素较多。

(4)工程项目质量管理难度较大。一种工业产品,生产工艺技术成熟后,有固定的生产线,建立稳定质量管理制度,可以连续批量生产许多年。工程项目产品则不同,它是一次性生产,或者叫单件生产,每个项目产品都有着各自的特点和区别,质量管理工作需要不断地适应新情况。同时,建设项目周期长,实施过程中,情况不断变化,许多新因素不断加入,这就给工程项目质量管理带来难度。

(5)工程项目质量具有隐蔽性。工程项目中分项工程交接多,中间产品多,隐蔽工程多,如不在施工过程中及时进行监督检查,事后很难发现内在的质量问题。因此必须加强过程中的监督检查。

(二)交通项目质量管理的过程和方法

1. 交通项目质量管理的过程

参与交通项目建设的有关单位,都应按照国家规定的相关标准建立质量管理体系,基本步骤是:

(1)在认真理解项目业主和其他相关方的需求和期望的基础上,建立项目管理的质量方针和质量目标。主要依据包括:国家有关部门关于建设项目质量管理的要求和规定,有关工程建设的各种技术规范和标准,以及委托合同及合同附件规定的各项具体质量要求和规定。

(2)将质量目标层层分解,使各项工作目标和质量目标结合起来。

(3)结合项目团队职能的分层次分解,把质量管理的职能(包括直接质量活动和间接质量活动)分层次分解到各职能部门、分解到各个作业人员。

(4)在质量目标、质量管理职能分层分解的基础上制订工程项目的质量计划。质量计划应尽可能简明、便于操作。

(5)按质量计划组织实施。按规定进行监测,做好监测记录。

(6)及时清除不合格工程,并总结经验教训,分析产生原因,提出改进措施,持续改进质量管理体系。

2. 质量管理控制图法

项目质量管理和控制方法一般采用 $\bar{x}\text{-}R$ 控制图。$\bar{x}\text{-}R$ 控制图适用范围比较广泛,只要工程中所控制的产品质量指标是一种物理变量,在生产过程中又趋完全正常时,那么该产品质量指标的典型分布应该是正态分布。对于正态分布来说,a 和 b 两个参数可以通过经验数据计算出来。

【例 7-5】 $\bar{x}\text{-}R$ 控制图在某高速公路沥青用量管理中的应用。

控制图可以用于沥青混凝土拌和厂、无机结合料拌和厂、工程质量检测、室内试验数据分析、混凝土构件生产等方面的质量管理。

$\bar{x}\text{-}R$ 控制图是利用在一定时间内所测定产品质量的算术平均值 $\bar{x}$、极差 R 来进行计量控制。在数理统计中,通常控制 $\bar{x}$ 是考查产品质量的集中程度;控制 σ 是考查产品质量的差异程度,实际中可以用 R 来代替 σ 作为控制对象。

制定 $\bar{x}\text{-}R$ 控制图可以分为以下 4 个步骤:

(1)从若干组样品中计算每一组样品的 $\bar{x}$ 值和 R 值,再计算若干组的 $\bar{\bar{x}}$ 和 $\bar{R}$ 值。

(2)制定 $\bar{x}$ 控制图的上下控制限。

$\bar{x}$ 控制图的上下控制限按下式要求:

$$\bar{x}\text{ 的控制上限} = \bar{\bar{x}} + 3\sigma = \bar{\bar{x}} + 3\frac{\bar{R}}{c\sqrt{n}}$$

$$\bar{x}\text{ 的控制下限} = \bar{\bar{x}} - 3\sigma = \bar{\bar{x}} - 3\frac{\bar{R}}{c\sqrt{n}}$$

当所控制的产品质量有标准数据 m 规定时,则按下式要求:

$$\bar{x}\text{ 的控制上限} = m + 3\sigma = m + 3\frac{\bar{R}}{c\sqrt{n}}$$

$$\bar{x}\text{ 的控制下限} = m - 3\sigma = m - 3\frac{\bar{R}}{c\sqrt{n}}$$

式中:$\bar{\bar{x}}, m$——期望值;

σ——标准差;

$\bar{R}$——极差的算术平均值;

c——随着 n 的大小而确定的数值。

当上述 $\bar{x}$ 的控制上下限是在正常生产情况下计算得出,则所抽取样本的 $\bar{x}$ 越出控制上限或下限的概率只有 0.003,所抽取样本的 $\bar{x}$ 落入控制上限或下限的概率就有 0.997。

(3)制定 R 的控制上下限。

当 $n \leqslant 10$ 时,R 的分布可近似地看成是正态分布,其上下控制限为:

$$R\text{ 的控制上限} = \bar{R} + 3\sigma = \bar{R} + 3\frac{d}{c}$$

$$R\text{ 的控制下限} = \bar{R} - 3\sigma = \bar{R} - 3\frac{d}{c}$$

式中:d——随着 n 的大小而确定的数值。

(4)复核。

复查若干组样品的 $\bar{x}$ 是否均在控制上下限之间。如果都在控制上下限之间,说明产品质量的集中程度都是正常的,若有一个 $\bar{x}$ 越出上下限之外,应将此样本剔除出去,重新计算 $\bar{x}$、$\bar{R}$,计算完毕后,再按原方法复查,直至所有样品的 $\bar{x}$ 都落在控制上下限之内。对于 R 的复查也是如此。

取 JJT 高速公路某沥青拌和厂 20 个样本测定的沥青用量测定结果,通过计算相关指标,根据 $\bar{x}$-R 的控制上下限,将所有样本数据制成 $\bar{x}$ 控制图和 R 控制图(图 7-15),可以发现 20 个样本的 $\bar{x}$ 和 R 数据均在控制上下限之内,所以不需要进行修正。以后每天测定的沥青用量结果,都可经计算将其分别画在 $\bar{x}$-R 控制图上,考察生产是否正常。

应该注意的是,控制图使用一段时间后,应根据实际质量水平,对控制界限进行修正。

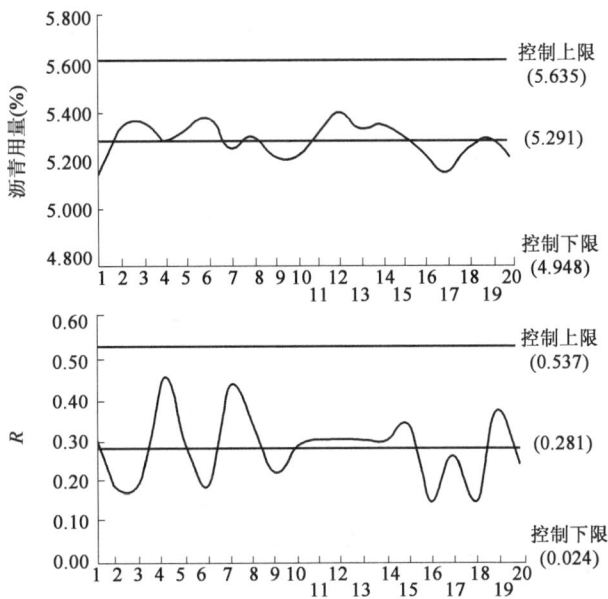

图 7-15 $\bar{x}$-R 控制图

(三)交通项目质量缺陷处理

1. 质量缺陷性质的确定

质量缺陷性质的确定是最终决定缺陷问题处理办法的首要工作和依据。一般通过下列方法来确定质量缺陷的性质。

(1)了解和检查。指对有质量缺陷的工程进行现场情况、施工过程、施工设备和全部基础资料的了解和检查,主要包括调查、检查质量试验检测报告、施工日志、施工工艺流程、施工方法、施工机械情况以及气候情况等。

(2)检测与试验。通过了解和检查可以发现一些表面的问题,得出初步结论,但往往需要进一步的检测与试验来加以验证,包括直观检测和仪器检测。

(3)专门调研。有些质量问题,仅仅通过以上两种方法仍不能确定,就有必要组织有关方面的专家或专题调查组,提出检测方案,进行综合分析研究,找出产生缺陷的原因,确定缺陷的性质。

2. 质量缺陷的处理办法

(1)整修与返工。质量缺陷的整修主要是针对局部性的、轻微的且不会给整体工程质量带来严重影响的缺陷,如道路结构层的局部压实度不足。这类缺陷一般可以比较简单地通过修整得到处理,不会影响工程总体的关键性技术指标。而返工的决定应建立在认真调查研究的基础上,是否返工应视缺陷经过补救后能否达到规范标准要求而定,对于补救后不能满足要求的工程必须返工。

（2）综合处理办法。主要针对的是较大的质量事故。它是一种质量缺陷或事故补救措施,能够以最小的经济代价和工期损失,使质量重新满足规范要求。处理的办法因质量缺陷或事故的性质而异。

第五节　交通项目风险管理

一、交通项目风险管理的概念和作用

(一)风险和风险管理的概念

风险是指由于项目实施过程中可能发生的一些事件,造成实际结果与主观预料之间的差异,并且这种结果可能伴随某种损失的产生。

项目风险管理就是确定和度量项目风险,以及制订、选择和管理风险处理方案的过程。

对于交通项目来说,风险因素及相关的风险事件可以分成以下几类。

1. 技术风险

(1)设计方面的风险因素。包括设计内容不全,设计缺陷、错误和遗漏,设计规范不当,未考虑地质条件,未充分考虑施工可能性等。

(2)施工方面的风险因素。包括施工工艺落后,不合理的施工技术和方案,施工安全措施不当,应用新技术新方案失败,未充分考虑场地条件等。

(3)其他因素。如工艺设计未达到先进指标,未充分考虑操作安全性等。

2. 非技术风险

(1)自然与环境方面的风险因素。如洪水、地震、火灾、台风等不可抗拒自然力,不明的水文气象条件,复杂的工程地质条件,恶劣的气候以及施工对环境的影响等。

(2)政治法律方面的风险因素。如法律规章的变化,战争和骚乱,禁运等。

(3)经济方面的风险因素。如通货膨胀,汇率变动,市场动荡,资金不到位,资金短缺等。

(4)组织协调和人员方面的风险因素。如业主和上级主管部门协调,业主和设计方、施工方、监理方的协调,业主内部的组织协调;业主、设计人员、监理人员和其他施工、管理人员的素质。

(5)合同方面的风险因素。如合同条款遗漏、表达有误,承包发包模式选择不当,索赔管理不力,合同纠纷等。

(6)材料设备方面的风险因素。如原材料或设备供货不足或拖延,数量差错或质量发生问题,安装失误,发生故障等。

交通基础设施建设项目往往是关系国计民生以及百年大计的经济、社会发展基本保障工程,具有技术标准规范要求严格、工程质量要求高的特点,加之影响面广、工期长等因素,因此,这类项目风险管理工作难度大、技术含量高、政策性强,其风险管理要求的水准也比一般投资项目要高,如作为现代化交通工具的京沪高速铁路的工程及运营技术风险、青藏铁路的地质条件及施工作业风险、北京奥运交通系统(包括机场、道路、轨道交通、车站枢纽等)的工期质量风险及安保条件风险等,都是我国交通项目风险管理有待探索、创新的问题。

(二)交通项目风险管理的作用

风险管理最早是从企业经营管理实践中总结出来的,应用于项目管理有其特殊的原因。这是因为:

(1)项目因其所具有的一次性、单件性特点,决定其不确定性的因素大量存在,而人们认识或预见这种不确定性的能力是极其有限的。

(2)大型土木工程因其技术、施工、地质、材料等方面的客观原因,存在着许多不可见的干扰因素与施工障碍。

(3)项目由于建设周期长、涉及单位多,不可避免地遇到诸如政治、社会人文、物价等不可抗力和不可预见事件。

(4)工程项目由于合同方式是典型的对手关系,如业主与承包商等,存在大量合同风险转移因素。

所以,该节内容可以说是风险管理理论方法在现代项目管理中的一个应用分支。铁路、公路、民航、水运等各种交通运输基础设施投资项目由于工程艰巨、技术条件复杂、工期较长、社会经济影响面大、影响因素多等因素,在实施过程中不可避免地面临着许多风险,并且在建成运营当中也将遇到来自于政治或市场经济等方面的影响因素。因此,交通项目的风险管理显得尤为重要。

当风险一旦发生,为了能迅速保持项目顺利进展,完成项目目标,项目管理就需要运用风险管理方法。它最重要的目标就是通过必要的干预,在出现或面临风险的情况下,依然能够使项目管理的三大目标——费用、质量、工期得到有效的控制。

二、交通项目风险管理过程

交通项目风险管理应是一种系统的、完整的过程,包括风险识别,风险分析和评价,风险控制决策,决策实施和检查等步骤。

(一)风险识别

风险管理首先必须识别和分析评估潜在的风险领域,这是交通项目风险管理中最重要的步骤。风险识别包括确定风险的来源、风险产生的条件,描述其风险特征和确定哪些风险会对本项目产生影响。可以采用风险分解的途径来进行识别,如图7-16所示。

(二)风险分析和评价

项目风险分析和评价是将项目风险的不确定性进行定量化,用概率论来评价项目风险潜在影响的过程,在项目风险识别和合理管理项目风险之间起着重要的桥梁作用。项目风险分析和评价包括以下内容:

(1)确定风险事件发生的概率和可能性。

(2)确定风险事件的发生对项目目标影响的严重程度,如经济损失的大小,工期的延误量等。

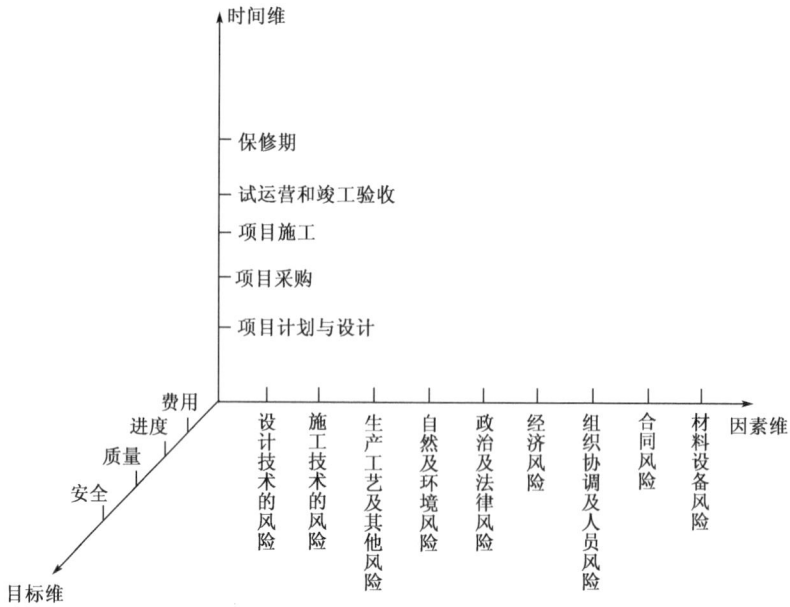

图 7-16　交通项目风险分解识别示意图

(3)确定对风险事件的预测能力及发生后的处理能力。

(三)风险管理决策

项目风险管理的基本对策有风险控制、风险保留和风险转移三种形式。管理人员决策时,往往选择不止一种对策,而是几种对策的组合。

1.风险控制对策

风险控制包括所有为避免或减少项目风险发生的可能性及其潜在损失而采取的各种措施,可分为风险回避和损失控制两种。

(1)风险回避。风险回避是以放弃或拒绝承担风险作为控制方法,来回避损失发生的可能性。这是各种风险管理技术中最简单也是较为消极的一种,虽可彻底消除实施该项目可能造成的损失和可能产生的恐惧心理,但同时也失去了实施项目可能带来的收益。风险回避常用的形态有两种:第一,将存在风险的特定事件予以根本免除,如不进行工程建设就免除了该工程的所有风险;第二,中途放弃某种既存的风险。在与业主签订合同时,承包商应考虑如果发生某种巨大的风险(如建设资金长期不到位),如何避免该风险。如在合同中写明如果业主出现严重的违约情况,承包商可提出中断合同,以此来避免承担更大的风险。

(2)损失控制。这是当风险不可回避的情况下,通过启动应急预案管理机制,调动所有可支配的风险管理资源,有针对性地采取各项有效的干预措施,控制风险规模及波及范围,减少损失发生的机会,降低所发生损失的严重性来处理项目风险。与风险回避相同,损失控制以处理项目风险本身为对象,但回避偏重于一种消极的放弃和中止。损失控制包括设立损失预防手段,如安全计划;以及损失减少手段,如灾难计划和应急计划等。

2. 风险自留对策

风险自留是一种重要的财务性管理技术,业主将承担项目风险所导致的损失。与风险控制技术不同,风险自留并未改变项目风险的性质、发生频率和损失的严重性。风险自留分为非计划性和计划性风险自留。

(1)非计划性风险自留。当风险管理人员没有意识到项目风险的存在,或没有处理项目风险的准备,风险自留就是非计划的,被动的。

(2)计划性风险自留。指风险管理人员经过合理分析和评价,并有意识地不断转移有关的潜在损失。

3. 风险转移对策

风险转移是项目风险管理中广泛应用的对策,主要分为非保险或合同转移方式及工程保险方式。

(1)合同转移,又称为非保险转移,指通过业主与设计方、承包商等分别签订合同,明确规定双方的风险责任,从而减少业主对对方或第三方损失的责任。事实上,合同转移是业主与各方共同承担项目风险的方式,业主也由此必须考虑其相应承担的合同风险。对于交通项目来说,合同转移包括保证担保、工程分包、合同条件三种情况。

(2)工程保险。工程保险的目的在于通过把伴随着工程的进行而发生的大部分风险作为保险对象,从而减轻与工程建设有关者的损失负担,以及与这种负担有关的纠纷。保险是最重要的风险转嫁方式,它长期以来都被视为传统、有效的风险转移手段,通过保险,可以有效降低风险程度,并借助保险公司的风险管理机制有效地控制风险的发生和风险的损失程度,能以小额的固定支出换取对巨额风险的经济保障。

(四)决策实施和检查

当风险管理人员在各种风险管理对策中做出选择后,必须实施其决策,如制订相应的安全计划、损失控制计划等,以及在决定购买工程保险时,确定恰当的保险水平和合理保费,选择保险公司等,这都是决策实施的重要内容。

同时,在项目进展中不断检查前几个步骤及决策的实施情况,以评价这些决策是否合理,并确定在条件变化时,是否提出不同的风险处理方案,以及检查是否有遗漏的项目风险或发生新的项目风险。

三、案例分析

以某公路桥梁投资项目的项目管理为例。

1. 工程概况

本项目由××工程局大桥建设部承建,总投资 800 余万元,该项目主要目标如下。

(1)交付成果:各项技术指标合格的大桥。

(2)工期要求:总工期约 18 个月。

(3)成本要求:项目总投资额为 800 余万元。

2. 项目管理组织结构

根据发包方、监理单位的要求和工程项目的特点,本工程采用项目部模式进行管理,成立大桥工程项目部,项目经理由工程局大桥建设部任命,全权负责该工程的各项工作。本项目参与人数为 120 人。项目部具有相对独立的人财物权力,以保证工程进度、质量和成本的有效控制。组织结构如图 7-17 所示(圆圈中数字表示人员数量)。

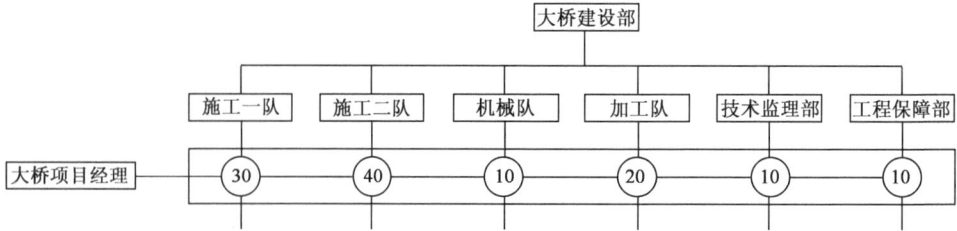

图 7-17   项目组织结构图

3. 工作分解结构(WBS)及编号

项目的工作分解结构包含了项目实施过程中的全部工作,本项目的 WBS 图依据大桥的主要组成部分进行分解,以部分可交付成果的形式表示,如图 7-18 所示。

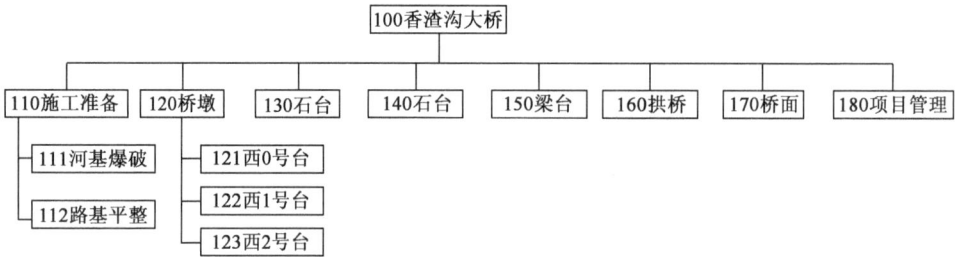

图 7-18   工程分解结构图

4. 重点任务分派

参与项目各方的责任一般通过责任分配矩阵的方式进行表达,可以直观地将项目责任方的责任和权利表达出来,便于项目各方进行有效协调,对项目成功实施非常关键,见表 7-2。

项目任务分派表 表 7-2

任务名称	施工一队	施工二队	机械队	加工队	技术监理部	工程保障部	项目经理
110	★	★	◆	◆	△	◆	◇
120	★	★	◆	◆	△	◆	◇
130	★		◆	◆	△	◆	◇
140		★	◆	◆	△	◆	◇
…	…	…	…	…	…	…	…

注:★表示负责;◆表示参与;◇表示批准;△表示监督。

5. 项目里程碑计划

本项目的主要里程碑事件——石桥梁主要组成部分的验收工作,只有验收合格才能进行下一道施工,才能从总体上控制大桥的质量,见表 7-3。

项目里程碑计划表 表 7-3

里程碑事件	1	2	3	4	5	6
东岸桥墩验收	▲					
西岸桥墩验收			▲			
石台验收		▲				
梁台验收				▲		
桥拱验收					▲	
桥面验收						▲

6.人力资源计划

人力资源的安排对于项目的实施非常重要,在责任确定下来以后,就必须落实每项工作需要的具体人数以及需要的工作时间。思路是先预计每项工作的工作量,然后结合资源的可利用情况及项目工期的限制进行综合分析,确定每项工作需要的资源数量和工作的工期,见表 7-4。

大桥建设项目人力资源计划 表 7-4

任务名称	工期/天	工程师数量/人	工人数量/人
100 香渣沟大桥	530		
110 施工准备	60		
111 河基爆破	30	10	15
112 路基平整	60	9	20
120 桥墩	205		
121 西 0 号台	30	11	15
…	…	…	…

7.主要工程数量及材料数量

(略)。

8.施工方案

(略)。

9.施工准备

包括技术准备、物资准备、现场施工准备。

10.项目的进度安排

进度安排是项目按期完成的基本前提条件。良好的进度安排可以保证项目按照预定的计划得以实施;相反,如果项目计划的时间安排不合理可能会导致项目的实施非常被动。安排计划可以先不考虑项目工期的限制,根据现有的资源及人力情况进行合理的、客观的估计,然后再结合可利用的资源情况和工期限制综合考虑进行适当的工期及资源优化,保证项目按照预先规定的工期完成。本项目的进度计划由单代号网络图(略)表示,关键路线由总时差为 0 的连续工序构成,且满足总工期需要。

11. 项目的费用分解

项目的总费用限额为 800 万元,每项工作需要多少费用才能够完成是项目费用分解所需要确定的内容,项目费用分解的一种基本思路就是分别确定每项工作的人力资源费用及材料等费用,然后进行汇总,如图 7-19 所示。

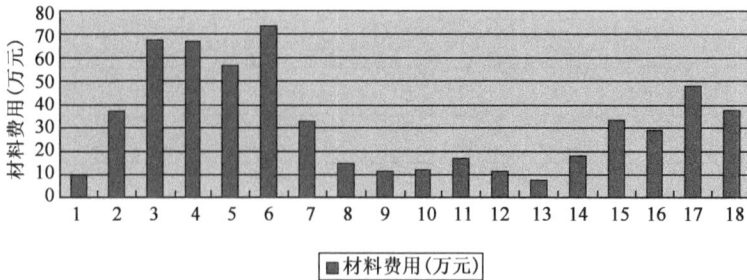

图 7-19　材料费用的月分配图

12. 项目的成本费用分析

项目的成本费用分析涉及项目的资源分配图或资源负荷图的编制,项目的费用预算负荷图、项目的累计费用曲线等的绘制,可以使项目管理人员事先了解什么时候需要多少必需的什么资源,同时对费用的支付情况事先也有一个初步的预算,到什么时候需要支付多少费用,到每个时间点为止共计划支付多少费用都一目了然。

13. 项目质量管理措施

(1)抓好全员的质量教育,强化质量意识。

(2)健全目标管理和质量保障体系。

(3)坚持标准化作业,确保工程质量。

(4)采用先进技术,提高工程质量。

(5)开展 QC 小组活动,运用 QC 原理,实行目标管理。

(6)强化试验工作。

(7)质量保障措施,把好原材料质量关、技术关和工序质量关。

(8)安全技术措施(安全管理规定)。

14. 项目实施的风险分析

(1)外部风险。

(2)技术风险。

(3)资金风险。

(4)人员风险。

15. 项目的进度管理

项目的进度管理主要涉及两个方面的问题,即项目状态分析与项目进展报告,进度执行的分析与处理。

进度检测分析的主要方法是,通过对各个工作实际的执行时间、实际消耗费用及完成情况,分析整个工程的项目进度执行情况及费用支付情况。

【本章小结】

本章对交通项目管理的一些基本内容进行了阐述,包括项目组织、项目计划、项目招投标、合同管理,以及项目进度、费用和质量管理等,这些管理工作贯穿项目决策和建设的全过程。严格来说,项目运行不属于项目管理范畴;但本书从投资项目评估的角度来讨论项目管理,将项目建成后的运营、后评价等都纳入项目管理的整体。在整个项目管理过程中,项目的组织和计划管理是基础,招投标管理和合同管理是辅助,项目进度、费用和质量管理是核心,项目风险管理是保证。

【思考和讨论】

(1)评述交通项目管理的几种模式的特点和优缺点。

(2)公开招标和邀请招标有什么区别?

(3)交通项目工程承包合同应包括哪些信息?

(4)如何对交通项目的风险进行有效识别?

(5)为什么交通工程项目容易出现进度偏差?

(6)什么是挣值法?

(7)在交通项目中,费用超支引起的原因是什么? 如何来有效控制解决?

(8)项目组织有哪些内容? 有哪些影响因素?

(9)交通建设项目管理有哪些特点? 试举例说明。

第八章

交通项目后评价理论方法及应用

【本章主要内容】

(1)交通项目后评价的主要内容和工作程序,后评价报告的编写。

(2)交通项目后评价的主要方法,与前评估的对比。

(3)交通项目目标可持续性评价的理论依据。

(4)交通项目目标可持续性评价的主要内容和方法。

(5)交通项目后评价与可持续性评价的特点。

第一节 项目后评价原理及方法

一、项目后评价概述

(一)项目后评价的概念

项目后评价是指在项目建成投产运营(使用)一段时间后,对项目的立项决策、建设目标、设计施工、竣工验收、生产经营全过程所进行的系统综合分析和对项目产生的财务、经济、社会和环境等方面的效益和影响及其持续性进行客观全面的再评价。项目后评价的基本目的是,通过项目的实际情况与预期目标的对照,考察项目投资决策的正确性和预期目标的实现程度;通过对项目建设程序各阶段工作的回顾,查明项目成败的原因,总结投资项目管理的经验教训,提出补救和改进措施;把后评价信息反馈到未来项目中去,改进和提高项目实施的管理水平、决策水平和投资效益,为宏观投资计划和投资政策的制订和调整提供科学依据。

(二)项目后评价的产生与发展

项目后评价是投资项目管理的一个重要环节,尤其是对于以政府为主导的投资项目。世界银行、联合国教科文组织等国际组织与印尼、菲律宾、哥伦比亚、墨西哥和泰国等发展中国家都建立了比较完善的项目后评价制度和方法。20 世纪 80 年代以来,我国也开展过类似项目后评价的工作,这些工作大都是以工作总结或调查报告的形式进行的,其目的在于总结经验教训或为国家有关部门制订政策提供依据,如建设银行总行于 1984 年、1987 年分别对大中型项目进行了经济效益调查。这类工作总结或调查报告无固定的程序和方法,其深度和广度远未达到后评价的要求。

自 20 世纪 80 年代末以来,我国项目后评价工作得到了较大的发展,并日益得到有关部门的重视,政府有关部门相继制订了项目后评价方法,学术界对此也作了大量的探讨,初步建立了我国项目后评价理论和方法。

1989 年,原交通部发布《港口建设项目后评价报告编制办法》,1990 年发布《公路建设项目后评价实施办法》,之后在交通行业率先开展了公路、水运建设项目后评价工作,制订出台了相应的后评价办法,并在北京召开了"公路建设项目后评价座谈会",选择一批重点建设项目(包括世界银行等国际金融组织贷款项目)进行后评价试点工作。1997 年年底,验收完成了《京津塘高速公路项目后评价报告》。

1995 年以来,国家开发银行,中国国际工程咨询公司和中国人民建设银行等机构通过学习借鉴国外经验,结合我国项目管理特点,相继成立了后评价机构来推进项目后评价工作,这些机构大多类似世界银行的模式,具有相对的独立性。

1998 年,原铁道部也出台了铁路建设项目后评价试行办法,这些工作标志着我国重点工程建设项目和政策性贷款项目后评价已步入正轨。

2004 年,《国务院关于投资体制改革的决定》提出,完善重大项目稽查制度,建立政府投资项目后评价制度,对政府投资项目进行全过程监管。2005 年,国资委发布了《中央企业固定资产投资项目后评价工作指南》。2006 年,北京、江苏、海南等地发改委相继发布了《政府投资建设项目后评价试行办法》。

2008 年,国家发改委发布了《中央政府投资项目后评价管理办法(试行)》。从 2009 年开始,国家发改委选择多个项目试点开展了中央政府投资项目后评价。

2011 年交通运输部印发了《公路建设项目后评价工作管理办法》和《公路建设项目后评价报告编制办法》,细化了公路项目后评价的相关办法。

2014 年,国务院国有资产监督管理委员会(简称国资委)编制了《中央企业固定资产投资项目后评价工作指南》(以下简称《工作指南》),以加强中央企业固定资产投资项目管理,提高企业投资决策水平和投资效益,完善投资决策机制,建立投资项目后评价制度。

2014 年 9 月 21 日,国家发改委印发了《中央政府投资项目后评价管理办法》和《中央政府投资项目后评价报告编制大纲(试行)》,以健全政府投资项目后评价制度,规范项目后评价工作,提高政府投资决策水平和投资效益,加强中央政府投资项目全过程管理。

(三)项目后评价与前评估的区别

对应于投资项目后评价,项目评估又被称为前评估,尽管二者的客观对象是相同的,都是投资项目,所用的基本理论与方法也大致相似,但二者又有明显区别,主要表现在以下方面。

1.评估主体不同

前评估主要由投资主体(企业、部门或银行)及其主管部门组织实施;而后评价则是以投资运行的监督管理机构或后评价权威机构或上一层的决策机构为主,组织主管部门会同计划、财政、审计、银行、设计、质量、司法等有关部门进行,按照项目单位自我评价、行业主管部门评价和国家评价三个层次组织实施,以确保后评价的公正性和客观性。

2.评估的性质不同

前评估是以定量指标为主,侧重于经济效益的评估,以直接作为项目投资决策的重要依据;而后评价要结合行政和法律、经济和社会、建设和生产、决策和实施等各方面进行综合性评价。它是以事实为依据,以提高效益为目的,以法律为准绳,对项目实施结果进行鉴定,并间接作用于未来项目的投资决策,为其提供反馈信息。

3.评估的内容不同

前评估主要是通过对项目建设的必要性、可能性和技术方案与建设条件等评估,对项目未来经济和社会效益进行科学预测;而后评价除了对上述内容进行评价外,还要对项目立项决策和实施效果进行评价,对项目实施运行状况进行深入的分析。

4.评估的依据不同

前评估主要以历史资料和经验性资料,以及国家和部门颁发的政策、规定和参数等文件为依据;而后评价则主要依据建成投产后项目实施的现实资料,并把历史资料和现实资料结合起来进行对比分析,要求准确程度较高。

5.评估的阶段不同

前评估是在项目决策前的前期工作阶段进行,作为投资决策的依据;而后评价则是在项目投产运营一段时间后,对项目全过程(包括建设期和生产期)的效益进行评价。

综上所述,项目后评价并不是对前评估的简单重复,而是依据国家政策和制度,对投资项目的立项决策水平和实施结果进行严格的检验和评价,总结经验教训,提出补救措施,促进企业更快地提高和发挥投资效益。

(四)项目后评价的意义和作用

1.有助于改进投资决策,提高投资效益

从多年我国固定资产投资管理的情况看,虽然多数建设项目是成功的,但也应当看到,有一些项目投资的实际效益低于预测效益,有的项目长期达不到设计能力,还贷能力差,这其中的原因是多方面的。这时就有必要通过项目后评价,认真地研究、分析项目效益达不到预期目

标的原因,确定哪些是由项目决策造成的、哪些是由项目实施中管理不善造成的、哪些是由外部环境和条件变化造成的,并提出适当的纠正措施。同时,通过后评价,将有关信息反馈到投资管理和投资决策部门,可以优化完善已建成项目、指导在建及拟建项目,为改进和改善项目投资政策提供依据。

2. 是保证前评估客观公正的需要

建立完善的项目评价方法和制度,对前评估进行较全面、客观的检测和衡量,并建立起相应的奖惩制度,可以促使项目的前评估人员和有关部门在进行前评估的过程中树立高度的责任感,确保项目前评估的客观、公正。同时,随着金融体制改革的深化,也要求银行在项目信贷合同生效后对项目进行后评价,针对每个项目的具体情况,提出改进经营方法、加快贷款回收的措施和建议,使企业生产经营活动朝着预期目标运行。因此,对于银行来说,项目后评价也是保证银行信贷资产的效益性、安全性和流动性的必要手段。

3. 有利于实现项目管理科学化

做好后评价工作不仅能提高投资决策水平,而且有利于提高项目管理水平,有利于实现项目管理科学化。项目建设管理是一个复杂的系统工程,在这个大系统中,客观地存在着不同层次的科学管理机制,即项目建设管理的客观规律。进行项目后评价,是通过实际数据、资料来检验、分析工程管理中存在的问题,总结、研究项目各阶段变化的内在联系和促成因果,形成科学的评价结论。运用评价的结论和所获得的经验教训,指导新的项目建设,可以达到不断提高项目管理水平的目的。

二、项目后评价的内容和程序

(一)项目后评价的主要内容

借鉴世界银行项目后评价经验,结合我国实际情况,项目后评价的主要内容如下。

1. 项目目标评价

评定项目立项时预定目标的实现程度,是项目后评价的主要任务之一。因此,项目后评价要对照原定目标应完成的主要指标,检查项目实现的情况和变化,分析实际发生改变的原因,以判断目标的实现程度。判别项目目标的指标应在项目立项时确定,一般包括宏观目标,即对地区、行业或国家经济、社会发展的总体影响和作用。建设项目的直接目的可能是解决特定的供需平衡,向社会提供某种产品或服务,指标一般可以量化。目标评价的另一项任务是要对项目原定决策目标的正确性、合理性和实践性进行分析评价。对有些项目原定目标不明确或不符合实际情况的,项目后评价要给予重新分析和评价。

2. 项目实施过程评价

项目的过程评价应对照立项评估或可行性研究报告时所预计的情况和实际执行的过程进行比较和分析,找出差别,分析原因。过程评价一般要分析以下几个方面:

(1)项目的立项决策、开工准备和评估。

(2)项目内容和建设规模。

(3)工程进度和实施情况。

(4)配套设施和服务条件。

(5)受益者范围及其反映。

(6)项目的管理和机制。

(7)财务执行情况。

3. **项目效益评价**

项目的效益评价即财务效益和国民经济效益评估,其评价的主要内容与项目前评估无大的差别,主要分析指标还是内部收益率、净现值和贷款偿还期等项目盈利能力和清偿能力的指标。但进行项目后评价时有以下几点需加以说明:

(1)项目前评估采用的是预测值,项目后评价则对项目实施以来已发生的财务现金流量和经济现值流量采用实际值,并按统计学原理加以处理;对后评价时点以后的流量变化趋势做出新的预测。

(2)当财务现金流量来自财务报表时,对应收而未实际收到的债权和非货币资金都不可计为现金流入,只有当实际收到时才作为现金流入;同样,应付而实际未付的债务资金不能计为现金流出,只有当实际支付时才作为现金流出。必要时,要对实际财务数据做出调整。

(3)实际发生的财务会计数据都含有物价通货膨胀的因素,而通常采用的盈利能力指标是不含通货膨胀水分的。因此对项目后评价采用的财务数据要剔除物价上涨的因素,以实现前后评价的一致性和可比性。

4. **项目影响评价**

项目的影响评价内容包括经济影响、环境影响和社会影响,具体有以下几个方面。

(1)宏观经济影响评价。主要分析评价项目对所在地区、所属行业和国家所产生的宏观经济方面的影响。评价的内容主要包括区域经济一体化发展、生产力布局优化、产业结构调整、分配、就业、国内资源成本(或换汇成本)、技术进步等。由于经济影响评价的部分因素难以量化,一般只能做定性分析。

(2)环境影响评价。一般包括项目的污染控制、地区环境质量、自然资源利用和保护、区域生态平衡和环境管理等几个方面。

(3)社会影响评价。重点评价项目对所在地区和社会的影响,一般包括贫困、平等、公正参与、妇女地位改善和可持续性等内容。

5. **项目目标持续性或可持续能力评价**

项目目标的持续性是指在项目的建设资金投入完成之后,项目的既定目标是否还能继续,项目是否可以持续地发展下去,接受投资的项目业主是否愿意继续实现既定目标,项目是否具有可重复性,即是否可在未来以同样的方式建设同类项目。项目目标持续性评价主要从外部条件和内部条件两个层面进行分析、判断和评价,重点是项目业主无法控制的外部条件,例如技术创新、设备改进、价格、收费、扩建、政策性补助、立法等。

(二)项目后评价的工作程序

根据我国项目决策体制、项目管理权限及项目审批程序的规定,国家发改委提出我国项目后评价按三个阶段进行。

1. 第一阶段：建设单位进行自我评价阶段

即由项目业主单位或负责国家重点建设项目后评价工作的单位，开展项目后评价工作，负责编写"项目后评价报告"，并按隶属关系报送行业或地方主管部门，同时上报国家发改委备案。

在项目后评价的自我评价阶段应包括以下几个工作步骤：

(1)提出问题，明确后评价的任务。

(2)建立后评价小组，筹划准备。项目后评价工作可以委托设计与工程咨询公司等经过资格审查的其他单位承担；也可以由项目业主自己组织实施。而承办单位接受任务后即可组织后评价小组进行筹备工作，制订出项目后评价的实施计划。

(3)深入调查、收集资料。

(4)对实际资料数据的完整性和准确性进行核实、测算和审查，并依据核实后的资料数据进行对比分析研究和论证；采用一些定量和定性分析相结合的科学方法，合理评价项目实际成果；找出存在问题，总结经验教训；提出今后的改进措施和建议。

(5)编制项目后评价报告。将分析研究的结果汇总，编制出项目后评价报告，提交委托单位和上级有关部门。

2. 第二阶段：行业或地方主管部门对"项目后评价报告"进行初步审查阶段

主要由主管部门对项目后评价报告和项目建设实际情况进行深入考察，结合行业或地方建设项目反映出来的共性问题和特点与经验，站在国家的立场，从行业或地方的角度，提出对项目后评价报告的初步审查意见。主管部门一方面对具体项目的后评价工作进行评价，另一方面也为改进行业部门或地方有关工作做某一方面的经验总结，最后由主管部门完成"项目后评价审查报告"报送国家发改委，并抄送有关部门和单位。

3. 第三阶段：对"项目后评价报告"的复审阶段

由国家发改委组织有关方面或聘请专家人员对主管部门的"项目后评价审查报告"和项目单位自我评价的"项目后评价报告"进行复核审查。要求站在国家整体利益的立场上，从微观与宏观相结合的角度提出"项目后评价复审报告"，并报国家发改委和发至有关部门和单位。

由行业主管部门或地方安排的后评价项目，其审查报告报国家发改委备案后，国家发改委将组织有关方面进行抽查复审。而由国家发改委直接下达的后评价项目，将全部进行第三步的复审工作。

上述三个阶段的后评价工作程序，既有利于保证项目后评价工作的广泛性、全面性和公开性，也有利于实现评价结论的公正性、科学性和可靠性。

20世纪90年代以来，我国交通、铁路两个行业开展了公路、铁路基础设施建设项目后评价工作，并且经过了十余年的实践，摸索出了符合自身特点的相应的后评价工作程序。目前，公路和铁路两个领域的项目后评价主要采取了两阶段式工作程序，即建设单位自我评价与行业部委审核评价的模式。从进一步完善后评价机制的意义上看，今后应逐步走向三阶段模式，即增加复审评价报告环节，使后评价工作程序更为科学合理。

(三)项目后评价报告

1. 项目后评价报告的编写要求

项目后评价报告是评价结果的汇总,应真实反映情况,客观分析问题,认真总结经验。另一方面,后评价报告是反馈经验教训的主要文件形式,必须满足信息反馈的需要,而且后者显得更为重要。对后评价报告编写有以下要求:

(1)报告文字准确清晰,尽可能不用过分专业化的词汇。报告应包括摘要、项目概况、评价内容、主要变化和问题、原因分析、经验教训、结论和建议、评价方法说明等。这些内容既可以形成一份报告,也可以单独成文上报。

(2)报告的发现和结论要与问题和分析相对应,经验教训和建议要把评价的结果与将来规划和政策的制订、修改联系起来。

2. 项目后评价报告的内容

一般项目后评价报告的内容包括项目背景、实施评价、效果评价和结论建议等几个部分,具体如下:

(1)项目背景。主要说明项目的目标和目的、项目建设内容、项目工期、资金来源与安排。

(2)项目实施评价。应简单说明项目实施的基本特点,对照可行性研究报告找出主要变化,分析变化对项目效益影响的原因,讨论和评价这些因素及影响。世界银行、亚洲开发银行项目还要就变化所引起的对其主要政策可能产生的影响进行分析,如环保、扶贫等。

(3)效果评价。应分析项目所达到和实现的实际结果,根据项目运营和未来发展以及可能实现的效益、作用和影响,评价项目的成果和作用,包括项目运营和管理评价、财务状况分析、财务和经济效益的重新评价、环境和社会效果评价、可持续发展状况评价等五个部分。

(4)结论和经验教训。项目独立后评价报告的最后一部分内容包括,项目的综合评价、结论、经验教训、建议对策等。

3. 建设项目独立后评价报告的格式

根据项目后评价报告的主要内容及其附件,交通建设项目后评价报告的格式如下:

(1)报告封面(包括编号、密级、后评价编制单位名称、日期等)。

(2)封面内页(世界银行、亚洲开发银行要求说明汇率、英文缩写、权重指标及其他说明)。

(3)项目基础数据。

(4)地图。

(5)报告摘要。

(6)报告正文(包括项目背景、项目实施评价、效果评价、结论和经验教训)。

(7)附件(包括项目自我评价报告、项目后评价专家组意见、其他附件)。

(8)附表(包括项目主要效益指标对比表、项目财务现金流量表、项目经济效益费用流量表、企业效益指标有无对比表、项目后评价逻辑框架图、项目成功度综合评价表)。

三、项目后评价的主要方法

为了达到项目后评价的目的,后评价方法应采用宏观分析和微观分析相结合、定量分析和定性分析相结合的对比方法,通过综合分析,总结经验和教训,提出问题和建议。目前,项目后评价通常采用的方法主要有三种。

(一)对比分析法

对比分析法是项目后评价的基本方法,主要是通过有无对比综合分析模式,在项目影响区内将投资项目建设及投产后的实际效果和影响,与倘若没有这个项目可能发生的情况进行对比分析,以度量项目的真实效益和影响。对比的重点是要分清项目作用的影响与项目以外作用的影响,常用于项目的效益评价和影响评价,详见表8-1。

有无对比综合分析模式

表 8-1

项目 效益	有项目	无项目	差　别	分　析
财务效益				
经济效益				
经济影响				
环境影响				
社会影响				
综合结果				

(二)逻辑框架法

逻辑框架法是国外进行项目后评价所采用的主要方法。它可用来分析和评价项目目标层次之间的因素关系。逻辑框架分析法的模式一般可用矩阵表表示(表8-2)。

逻辑框架分析法的矩阵模式

表 8-2

项目结构	验证指标	验证方法	假设条件
宏观目标	达到目标的测定	信息来源、采用方法	目的—目标的条件
目的	项目的最终状况	信息来源、采用方法	产出—目的的条件
产出	计划产出、完工期具体范围	信息来源、采用方法	投入—产出的条件
投入	投入/预算、资源必要成本、性质、水平和开工期	信息来源	项目的原始条件

表8-2的矩阵图表示了逻辑框架分析法的结构模式,它是由4×4的矩阵模式组成。在垂直方向各横行代表项目目标层次,它按照因果关系,自下而上地列出项目的投入、产出、目的和宏观目标等四个层次,包括达到这些目标所需要的检验方法与指标,说明目标层次之间的因果关系和重要的假定条件与前提;在水平方向各竖行代表如何验证这些不同层次的目标是否达到,自左到右列出项目各目标层次的预期指标和实际达到的考核验证指标、信息资料和验证方法,以及相关的重要外部假设条件。采用专门的客观验证指标及其验证方法分析研究项目的资源消耗数量、质量和结果,对项目各个目标层次所得的结论进行专门分析和详细说明。

整个逻辑框架分析的结构逻辑关系是由下到上的,就是从一个项目的投入(活动)在什么条件下能产出什么,有了这些产出在什么外部假设条件下又可以达到项目的直接目的,而达到了这个目的后又在什么客观假设的必要或充分条件下最终达到项目的预期宏观社会经济目标。下面举例说明。

【例 8-1】 某高速公路项目是世界银行贷款项目——"中国公路项目"中的一个分项目,整个贷款项目的目的是:通过对交通部及其他地方部门的支持,帮助中国国家和地方交通发展规划的实施,以适应和促进工农业的需求和发展;同时引进项目管理的科学方法,提高未来项目建设的质量,改善公路项目的投资效益,开展公路规划的研究,提高专业人员素质和能力。项目分层次的目标和任务见表 8-3 与图 8-1。

项目的逻辑框架表　　　　　　　　　　表 8-3

各 层 次 目 标	验 证 指 标	方法与资料来源	外部重要条件
影响:形成国家公路网、促进经济发展	国务院×××年的要求,交通部公路发展规划	国务院文件,国家统计资料	国家宏观经济发展方针和政策
作用:打通国道断头路即××北通路,提高公路项目管理水平,促进××地区经济发展	×国道与×国道的连通,形成项目评估、招标和监测等管理机制,3 个县及×地区工农业经济指标的增长	项目完工报告和审核报告(世行),项目自评报告;××省统计资料;现场调查	合理的计划;合理的公路收费;地方的支持;较小的汇率风险
产出:建设该公路项目,引入项目管理机制,培训专业人员	公路于×××年×月正式投入运营,工期延误 10 个月;交通量平均年增长 25%	项目监测和竣工报告;统计资料;现场调查	国际招标的经验、当地社区的支持、天气条件
投入:资金、技术和设备、专业人员、维护保养、材料供应	总投资×亿元;土地;建筑材料数量;×××年×月开工	项目实施计划,报告;统计资料	项目决策和准备搬迁等

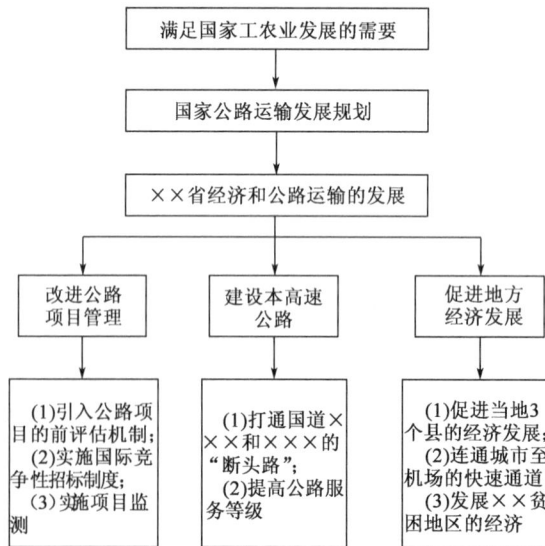

图 8-1　项目的目标树示例

(三)成功度分析法

成功度分析法是依靠评价专家或专家组的经验,综合项目后评价各项指标的评价结果,对项目的成功程度做出定性的结论,具体方法如下。

1.项目成功度的标准

一般可分为五个等级：

（1）完全成功的,有时用 AA 来表示,表明项目的各项目标都已全面实现或超过;相对于成本而言,项目取得了巨大的效益和影响。

（2）成功的,有时用 A 来表示,表明项目的大部分目标已经实现;相对于成本而言,项目达到了预期的效益和影响。

（3）部分成功的,有时用 B 来表示,表明项目实现了原定的部分目标,相对于成本而言,项目只取得了一定的效益和影响。

（4）不成功的,有时用 C 来表示,表明项目实现的目标非常有限;相对于成本而言,项目几乎没有取得什么效益和影响。

（5）失败的,有时用 D 来表示,表明项目的目标是不现实的,根本无法实现;相对于成本而言,项目不得不终止。

2.成功度的测定

项目的成功度评价是专家组对项目后评价结论的集体定性。一个大中型项目一般要对十几个重要的和次重要的综合评价因素指标进行定性分析,断定各项指标的等级。这些综合评价指标主要包括:对宏观经济扩大或增加的生产能力、扶贫和教育的影响,对卫生和健康的影响,对妇女和儿童的影响,对环境的影响,对社会的影响,对技术进步的影响,对机构组织和管理水平的影响,以及经济效益指标等。对于每个具体的项目,以上各指标的重要程度各有不同。项目成功度评价的程序是:确定评议专家,然后选定综合评价指标并确定其权重,专家个人打分,专家集体评议,进行数据处理,最后得出成功度评估的等级。

3.测定的步骤和方法

在评定具体项目的成功度时,并不一定要测定上述所有的指标。因此,评价人员首先要根据具体项目的类型和特点,确定上述指标与项目相关的程度,把它们分为"重要""次重要"和"不重要"三类,对"不重要"的指标就不用测定了。一般的项目实际需要测定的指标为 7 ~ 10 个。

在测定各项指标时,采用打分制,即按上述评定等级标准的 A、B、C、D 表示。通过指标重要性分析和单项成功度结论的综合,可得到整个项目的成功度指标,也用 A、B、C、D 表示。

第二节 交通项目后评价应用

自 20 世纪 80 年代末以来,随着后评价管理办法的不断应用,作为国家重要基础保障条件的交通行业,在其重点工程项目建设发展过程中逐步开始引入了后评价管理办法。我国的许多交通基础设施投资项目,包括铁路、公路、港口等,都已在项目运营后进行了后评价。其中,原交通部自 1990 年来已先后颁发了港口和公路建设项目后评价报告编制试行办法和修订后的后评价报告编制与管理办法,并且对数十个高速公路以及港口建设项目完成了后评价,取得了丰硕成果。本书摘取相关文件,以说明交通项目后评价的基本要求。

一、港口项目后评价

1. 后评价报告编制办法

1989年12月14日,原交通部颁发了《港口建设项目后评价报告编制办法》。

为了全面总结港口建设项目从决策、设计、实施到投产营运全过程的经验、教训,科学评价建设成果,使港口建设管理步入程序化、规范化、工作方法科学化的轨道,强化全行业宏观管理机制,提高港口建设的管理水平,在原交通部1986年建立的《交通建设重点项目管理卡》和《交通建设重点项目总结工作制度》试点的基础上,特制订本办法。

第一条 港口建设项目后评价工作是建设项目科学管理的重要机制,是项目管理的最终环节,也是建设项目的全面总结。它是在建设项目建成投产后,经过二三年的实际生产活动考核,按系统工程的思想方法,全面对照、总结建设项目从立项决策、设计方案、工程施工直至投产营运的全过程各阶段工作的成功与失误、先进与落后,追踪各阶段工作成果变化的内在联系与促成因果,为不断地提高决策、设计、施工管理水平,合理利用建设资金,全面改进建设管理,制订相关政策等提供科学依据。

第二条 编制建设项目后评价报告必须以建设项目的实际情况和各阶段的正式文件为依据,以提高社会经济效益为中心,以科学数据为基础,通过科学分析、对比,检验项目决策、设计、施工管理及生产营运各阶段主要指标及方案、物价、利率、汇率等方面的重大变化及其因果关系;对比、分析建设规模、工程概算、经济效益、财务效益等各项技术经济指标的变化及其原因,判别其变化是否科学、合理。

第三条 后评价依据的主要文件包括:立项决策、设计阶段的主要工作成果及其审查意见、批复文件,施工阶段重大问题的请示及批复、工程竣工报告、验收报告和审计后的工程决算及主要图纸等。

第四条 建设项目后评价的主要方法是"对比""追踪"。科学的后评价工作,必须与完善的跟踪管理系统相结合,建立、健全"港口建设项目综合管理卡"和若干子系统管理卡,实行计算机统计跟踪管理,推行建设项目跟踪审计,建立决策、设计、施工、投产营运各阶段的技术、经济档案,为建设项目后评价工作积累完整的技术经济资料和科学的技术经济数据。

第五条 要建立建设项目营运考核期制度。根据项目特点,建设项目自验收投产至后评价工作开始的二三年内,在企业内部经济核算的基础上实行单独的统计、会计、业务核算,检验设计能力、技术参数、经济效益等各项指标的实际水平,为项目最终总结提供营运方面的可靠数据。

第六条 建设项目后评价成果的主要文件为"后评价报告""项目综合管理卡""施工监理大事记"。"后评价报告"的主要内容包括:

建设项目的概述;

项目立项决策、设计阶段("项目建议书""设计计划任务书""初步设计")的变化分析;

项目施工阶段与设计阶段的主要变化及原因分析;

考核期营运情况及其与决策、设计的预期目标的差别和原因分析;

对建设项目最终的综合评价;

后评价的结论和建议;

利用国外贷款的项目的后评价报告还应包括国内、外咨询(评估)效果、贷款额及其使用情况和偿还能力等。

第七条 凡属港口建设的大中型及重点工程项目,均应按规定开展项目的后评价工作。各建设单位应于建设项目立项后(即项目建议书批准),开始填写港口建设项目综合管理卡,建立起建设项目跟踪管理系统和定期检查制度,并按规定逐步完善各阶段的各项管理机制。

第八条 港口建设项目后评价工作由港务局负责,组织设计、施工和其他有关部门参加,研究编制后评价报告,经本单位行政领导和主管技术、经济的负责人(总经济师、总工程师、总会计师)自审后上报主管部门;主管部门邀集国家有关部门、设计与施工单位和港口管理方面的有关专家及地方政府的有关人员共同审查;提出审查意见后,后评价报告的编制单位要根据主管部门的审查意见对后评价报告做进一步修改、补充,并报送主管部门作为建设项目管理的最终成果。

第九条 上报的后评价报告编就后,由编制单位负责人、总经济师、总工程师、总会计师签章并加盖公章,报送主管部门一式三十份。报告文本统一按 16 开(210mm×297mm)装帧,封面为紫红色;报告及主要附件合并装订。

第十条 本办法适用于沿海及内河港口的大中型和重点工程项目,包括利用国内资金和国外贷款的新建工程、改扩建工程和技术改造项目。小型项目的后评价工作,亦参考本办法执行。

第十一条 本办法的解释权属原交通部,执行中如与国家颁布的其他规定相抵触时,由交通部会同有关部门协商解决。

第十二条 本办法自正式批准公布之日起实行。

2. 报告文本格式及内容要求

第一章 概述

概述后评价报告主要内容:建设项目地点,项目立项、开工、竣工、投产时间,项目的建设规模、功能、主要内容,立项、决策、设计、实施等各阶段主要指标的变化,后评价的主要结论。

第二章 项目立项、决策、设计、建设的情况

(一)工程建设项目各阶段的依据

项目建设的必要性;预可行性研究报告和工程可行性研究报告编制工作的委托、完成情况,审查会议提出的主要修改意见;"项目建议书""计划任务书""初步设计"的批复文号及批复时间(附批复文件);施工图设计情况;项目开工、竣工、验收等文件的主要内容。

(二)工程实施情况和评价

(1)施工单位名称及其承担的工程内容和实施管理方式。

(2)工程投资来源(含计划内、计划外、外资贷款)。

(3)工程实施中的主要质量事故或较大的改革及其对工程质量、进度的影响。

(4)设备采购方式,招标采购结果给工程带来的利弊。

(5)设备订货合同执行的管理机构、管理方式及合同执行情况。

(6)设备质量检验、验收的效果及存在的主要问题,对工程进度和投产后营运的影响。

(7)安装、调试、空载和重载试车时出现的问题。

(8)生产人员和生产管理人员的培训情况。

（9）施工期各年度投资完成情况（含内、外币的数额及当年利率或汇率）。

（10）主要单项工程的计划安排与实际进度的比较分析，各部分进度协调程度，总工期。

（11）工程决算与批准的初步设计概算比较（按单项工程，分内币和外币等）。

（12）工程验收的主要结论。

第三章　建设项目各阶段主要指标的变化分析

分析建设项目各阶段主要指标的变化及其原因。工程的主要指标包括：工程规模（泊位数、泊位吨级、泊位能力、码头线长度、库场面积及堆存能力、铁路装卸线能力）、工程内容及主要工程量、工艺流程、主要装卸机械和其他大型配套设施的数量、工程投资等。

（1）分析预可行性研究、项目建议书及其批复，工程可行性研究、设计计划任务书及其批复等立项、决策阶段成果的主要指标的变化及其原因。

（2）初步设计与决策阶段相比，主要指标发生的变化及其原因。

（3）项目实施结果与设计方案的差别及其原因分析。

（4）工程投资节余或超支的原因、资金使用的合理性分析。

第四章　项目考核期营运情况和评价

（一）项目考核期营运概况

（1）项目营运考核期的时间跨度。

（2）投产后装卸的货种、数量及船型统计。

（3）营运考核期是否达到设计能力，各主要作业环节能力发挥情况；各主要设备的运行是否达到设计或合同技术规格书的要求。

（4）考核期间发现总平面布置、工艺流程及主要生产设施存在的问题。

（5）全部设计、设备是否符合我国国情（包括技术发展方向、技术水平及管理水平）。

（6）配套工程及辅助设施的建设是否必要和适宜。

（二）考核期的评价

（1）是否具备预期的功能。

（2）实际吞吐量与预测运量的差别及其原因。

（3）项目达到预计目标的可能性分析。

第五章　效益评价

（一）经济效益评价

根据《水运建设项目经济评价办法》和营运考核期的生产实际，重新评价项目的经济效益，并与决策、设计阶段预测的效益比较。

（二）财务效益评价

（1）根据内、外币投资和考核期营运实际，计算实际成本，并与预计成本比较。

（2）分析因设计的改变、运量水平的降低或增加、货种结构改变、物价上涨、汇率或利率变化、费率或税率变化及不可预见因素等对成本的影响。

（3）根据项目建设的最终成果和营运考核期生产中发生的实际必要费率、资金利税率、单位能耗、劳动生产率，测算净现值、内部收益率、投资回收期、贷款偿还期。

（4）比较重新测算的财务指标与设计预测值的差别，并分析其主要原因。

说明物价上涨、汇率变化对企业财务效益、工程决算产生的实际影响。

项目成本和效益计算中，应将每年的当时价格按换算率折合成基准年的价格。

第六章 后评价的结论

(一)结论

(1)根据项目营运考核期生产实践,从总体上评定项目决策和决策阶段确定的主要指标是否正确。

(2)工程建设方案和工艺流程存在的问题及解决的办法。

(3)工艺设计及主要设备的选型是否先进、合理、适用,是否符合国情。

(4)工程和设备招标、施工监理的经验、教训。

(5)投资(含内、外币)使用是否合理,有何经验与教训。

(6)项目效益及达到预期效益的措施。

(二)建议

(1)对未达到设计能力的项目提出针对性的措施。

(2)对决策、设计、施工及设备招标、采购等方面存在的问题提出改进办法。

(3)对投资安排、资金配套、外资的引进提出具体建议。

二、公路项目后评价

2011 年,交通运输部颁布了《关于印发〈公路建设项目后评价工作管理办法〉和〈公路建设项目后评价报告编制办法〉的通知》(交规划发〔2011〕695 号)。

《公路建设项目后评价报告编制办法》见附件四。其内容如下:

第一条 项目后评价是基本建设程序的重要组成部分。为加强和规范公路建设项目后评价管理工作,制定本办法。

第二条 本办法适用于纳入交通运输部后评价工作管理的公路建设项目,其他公路建设项目可参照执行。

第三条 公路建设项目后评价是用科学、系统的评价方法,通过对项目立项、可行性研究、设计、施工和运营各阶段工作的跟踪、调查和分析,全面评价项目的作用与影响、投资与效益、目标实现程度及持续能力等,总结项目的经验与教训。根据需要,也可针对项目的某一方面或问题进行专题评价。

第四条 公路建设项目后评价应遵循独立、公正、客观、科学的原则,后评价工作不受项目以往各阶段结论的约束。

第五条 纳入交通运输部后评价工作管理的公路建设项目,由交通运输部根据有关规划和具体项目情况,商各省(区、市)交通运输主管部门确定,重点选择国家公路网规划中的重大建设项目或对行业发展具有重大指导意义的项目,并以后评价工作计划形式下达;进行后评价的项目应已建成通车运营 5 年以上并通过竣工验收。

省(区、市)交通运输主管部门应组织项目单位,按照公路建设项目后评价报告编制办法要求开展公路建设项目后评价报告编制工作,并组织可行性研究、设计、施工、监理、运营、管理等部门和单位配合,提供必要的外部条件和基础资料。报告完成后,省(区、市)交通运输主管部门进行项目后评价报告的初审工作,并将修改后的报告和初审意见报部。交通运输部根据后评价工作计划情况,委托具备相应资质的咨询机构承担项目后评价报告的审查任务。

第六条 纳入交通运输部后评价工作管理的公路建设项目后评价报告的编制应由具有甲级工程咨询资质的咨询机构承担,该机构不得是参加过同一项目前期工作和建设实施工作的工程咨询机构;参与后评价工作的人员不得是该项目各阶段的主要参与者。

第七条 承担公路建设项目后评价报告编制的工程咨询机构,在接受委托后,应组建满足后评价要求的专家组或工作组,并在现场调查和资料收集的基础上,按照公路建设项目后评价报告编制办法的要求,对项目进行全面系统地分析与评价。

第八条 工程咨询机构在开展项目后评价报告编制的过程中,应重视公众参与,广泛听取各方面意见,并在后评价报告中予以客观反映。

第九条 对于纳入交通运输部后评价工作管理的项目,项目法人或建设单位应健全收集、保存项目各阶段的相关信息和档案资料的机制,为后评价工作积累完整的技术经济数据和资料。

第十条 公路建设项目后评价经费由省(区、市)交通运输主管部门负责落实。

第十一条 交通运输部将后评价成果及时提供相关部门和机构,并组织有关单位定期总结项目后评价的经验教训,为规划编制、项目审批、投资决策、项目建设和管理等提供参考。

第十二条 省(区、市)交通运输主管部门和公路建设项目各相关单位要充分重视后评价成果,从中吸取经验教训,并采取相应措施,完善已建项目,改进在建项目,指导待建项目。

第十三条 本办法由交通运输部负责解释。

第十四条 本办法自颁布之日起施行。原交通部发布的交计发〔1996〕1130号中《公路建设项目后评价工作管理办法》同时废止。

三、案例分析

本案例背景A市轨道交通网中的2号线一期工程,线路全长19km。该工程于2000年底开工,2006年7月试运营。2011年,针对一期工程进行了项目后评价。本例摘取了后评价报告的提纲和其中的一些重要指标及结论,以说明后评价的框架内容和评价目的。

(一)报告提纲

(1)报告摘要。包括基础资料、企业简况、项目目标和基本情况、后评价主要内容和结论、主要经验教训等。

(2)前言。

(3)项目概况。包括项目建设目的和目标、项目决策要点、工程建设内容和进度、项目投资和资金来源、项目运营状况等。

(4)项目实施过程评价。包括项目前期决策(项目建议书和可行性研究报告)总结与评价、项目实施准备工作评价、项目实施过程、工程实施中的变化、主要问题及原因分析等。

(5)项目影响和效果评价。包括项目运营效果评价、项目财务和经济评价、项目社会影响评价和环境影响评价等。

(6)结论、主要经验教训和建议。

(二)效益指标变化及分析

项目后评价与前评估测算的主要效益指标变化如表8-4所示。

项目主要效益和汇率变化 表8-4

评价内容	指标	前评估	后评价
财务评价结论	内部收益率	3.13%	0.25%
	财务净现值	13 855 万元	−237 765 万元
	投资回收期	22.1 年	28.3 年
国民经济评价结论	国民经济内部收益率	12.6%	8.2%
	经济净现值	12 252 万元	7 561 万元

该项目总投资37.2亿元,后追加增购36辆车投资3.8亿元。其中资本金占30%,商业银行贷款占总投资的70%。本项目虽然在招标、过程控制及结算时,都进行了严格有效的投资控制,但决算阶段较可行性研究批复投资超出24%,主要原因是建设时规划调整了局部线路,线路增长2km,增加了应急救援、安防、安检系统设施(设备)、危岩滑坡治理等内容。同时,由于城市规划变动、轨道交通路网中其他线路建设推迟等原因,一期工程通车初期的交通量被高估。这些因素使得项目后评价阶段的经济评价指标与前评估阶段有较大差别。

(三)结论和建议(节选)

1. 评价结论和主要经验教训

(1)招标管理:本着公开、公平、公正的原则,根据《中华人民共和国招标投标法》,制订了各项招投标程序、制度和办法,完成了各类招标任务,招投标管理较为规范。

(2)合同管理:合同管理从合同的草拟、谈判、签订、执行、审批等阶段均实行了合同审查程序和制度,合同签订符合合同法、招投标法及相关法律法规。

(3)进度管理:按照工程总体筹划,认真实施了工程计划管理。用横道图、里程碑节点计划和网络图管理手段是较为适当的,但受拆迁、地质、轨道梁试制等因素影响,工期略显滞后。

(4)质量管理:项目单位制订了一系列质量管理规章制度,组织制订并发布了一系列技术规范、规定,做到事前、事中、事后三阶段控制,工程质量控制良好,满足运营功能需要。

(5)投资控制:本项目虽然在招标、过程控制及结算时,都进行了严格有效的投资控制,但决算阶段较可研批复投资超出24%,需认真进行原因分析。

(6)征地拆、迁效果:按照国家法律、法规和市政府的相关政策统一对农户进行了补偿安置,全线征用地补偿土地费用共计3 170万元。

(7)后评价阶段通过实际数据指标分析验证,项目的国民经济效益显著,财务效益一般。目前项目自身的财务抗风险能力较弱,对财政补贴及扶持政策的依赖性仍较大。这一点与国内其他轨道交通项目类似,但随着轨道交通线网的完善及客流的不断增长,财务等效益将会有所改善。

(8)项目建成开通以来显示出的社会效益显著,社会及环境影响总体上是十分积极的,项目的建设实施对拉动经济的快速发展,提升整体竞争力,促进城市社会和谐进步、环境友好、资源节约等方面产生了巨大的影响,其正效应远大于征地拆迁等负效应。

2. 建议

(1)建议强化"公交一体化"理念,调整2号线沿线公交线路的设置,加强市政公交与轨道交通的接驳,相互补充,互相支持。

(2)由于上下班高峰期客流量较大,既有的 4 节车厢编组已难以适应,车内拥挤度较高,服务水平下降,建议根据客流增长需要,特别是结合高峰期的客流特点,尽快研究扩大编组或缩小发车间隔等本线提高运输能力的措施。

(3)建议根据新一轮城市发展规划和轨道交通线网规划,以现状客流为基础重新进行客流量预测,为下一步运营管理和设备配置提供基础依据。

(4)在政策法规的指导下,增加政府财政补贴力度,多渠道融资,以减少亏损,提高企业财务效益及可持续发展能力。

第三节　项目目标持续性评价

一、目标持续性评价的理论和概念

(一)目标持续性评价的理论基础

1. 可持续发展理论

"可持续发展"一词起源于 20 世纪 70 年代中期。70 年代初,以人口、资源、环境为主要研究对象,以讨论人类前途为中心议题的"罗马俱乐部"成立,随后发表了震惊世界的著作——《增长的极限》。其主要论点是:人类社会的增长由五种相互影响、相互制约的发展趋势构成,其作用的后果是人类社会将面临一场"灾难性的崩溃",而避免这种前景的出路是限制增长,使之成为"零增长"。"零增长"的结论很快被后来的学者和理论否定了,但这个看似危言耸听的论点引发了人类对自身发展的深刻思索,并孕育了可持续发展思想的诞生。

"可持续发展"概念的提出和普及是 20 世纪 80 年代后期以来发展观的最重要的进步。这一提法虽然在 1972 年的世界环境大会上就已出现,但它真正成为国际社会的共识,则是在 1987 年世界环境与发展委员会在题为《我们共同的未来》的报告中对其做了定义与阐述之后。在报告中"可持续发展"被定义为"既满足当代人的需要,又不对后代人满足其自身需求的能力构成危害的发展"。

可持续发展包括以下三方面的内容:

(1)环境可持续性。可持续发展建立在资源的可持续利用和良好的生态环境基础上,保护整个生命支撑系统和生态系统的完整性,保护生物多样化;保护自然资源,保证以持续的方式使用可再生资源,使人类的发展在地球承载力之内;预防和控制环境破坏和污染,积极治理和恢复已遭破坏和污染的环境。

(2)经济可持续性。可持续发展鼓励经济增长,它不仅重视增长数量,而且要求改善质量、优化配置、节约资源、降低消耗、减少废物、提高效率、增加效益、建立资源节约型国民经济生产体系,实施清洁生产和文明消费。

(3)社会进步可持续性。可持续发展以改善和提高人类的生活质量为目的,积极创造一个保障社会公正、安全、文明、健康发展的社会环境。为此,它强调要控制人口增长,提高人口质量;合理调节社会分配关系;消除两极分化、失业和不平等现象;大量发展教育、文化和卫生事业,提高人民的科学文化水平和健康水平;建立健全社会保障体系,保持社会稳定。

以上三方面,环境持续是基础,经济持续是条件,社会持续是目的,三者相互依存,相互促进。人类的共同目标应该是自然—经济—社会复合系统的持续、稳定、健康发展。

2. 企业可持续发展理论

企业可持续发展理论虽然诞生较晚,但发展相对迅速。随着社会环境的变化,企业面对变化迅速的环境很难适应,而且随着众多企业失败现象的出现,如何使企业保持目前状态并在未来依然取得良好的发展势头,越来越引起企业的重视。近年来随着第一批"政策型、暴发型"企业发展的日趋平静,而且很多企业都成了"流星",现存的公司利润很难再有大的发展,企业发展面临新的"瓶颈"期。从某种意义上讲,这些"流星"企业都是产品成功型企业,也就是凭借企业家的胆略和敏锐,抓住中国经济发展过程中的某个机遇、某个产品、某个项目、某种稀缺资源使企业迅速做大,但这种成功并不等于企业的成功,更谈不上企业的持续成功。

企业可持续发展战略是指企业在追求自我生存和永续发展的过程中,既要考虑企业经营目标的实现和提高企业市场地位,又要保持企业在已领先的竞争领域和未来扩张的经营环境中始终保持持续的盈利增长和能力的提高,保证企业在相当长的时间内长盛不衰。

企业可持续发展,表现为企业活动若干要素的发展。从所有人的角度讲,企业应当持续盈利(或一段时期内总体盈利);从雇员的角度讲,企业应当保持和扩大雇佣的规模;从供应商的角度讲,企业应当不断提出新的订单;从政府的角度讲,企业应当不断地纳税;而从顾客的角度讲,企业应当持续地供应符合市场数量需求和价格需求的产品。在所有上述表现中,最为基本的,应当是企业源源不断地提供适应市场需要和变化的产品(商品)。

企业可持续发展战略的提出应当是一个系统性的工程,并涉及企业的方方面面,可以说企业可持续性发展战略的实施是一场革命,不管是"破坏性"的还是"渐进式"的。企业可持续性发展战略涉及企业发展运行中的每一个环节,主要体现在以下两个方面:

(1)外部环境。外部环境又可分为社会环境和任务环境两个部分。企业的社会环境是指那些对企业活动没有直接作用而又经常对企业决策产生潜在影响的一些要素,主要包括与整个企业环境相联系的技术、经济、文化、政治法律等方面。这些方面影响着企业的可持续性发展战略具体确定和实施情况。任务环境是指直接影响企业主要活动或企业主要运行活动的要素及权利要求者,如股东、客户、供应商、竞争对手、金融机构等。企业任务环境直接影响企业可持续性发展战略,例如行业发展前景和行业竞争状况将直接影响企业的可持续性发展战略。

(2)内部环境。内部环境包括企业的各项职能,是企业可持续性发展战略制订的基础,包括管理职能、营销职能、理财职能、生产运行职能、研究开发职能等。各种职能相互作用构成企业可持续性发展的基础和骨架。

(二)目标持续性评价的概念和内涵

1. 目标持续性评价的概念

项目目标持续性评价,是随着社会发展观的进步而逐渐被人们认识的,是"可持续发展"理论在项目后评价领域中的实际应用,是项目后评价体系中一个重要内容,主要是对未来一定时期内,外部、内部各种条件对项目影响程度的评价。具体来说,要从项目的财务、技术、环境、管理和政策等方面分析项目生存和发展的可能性,研究项目目标和效益能否实现,实现这些指标的必要条件有哪些,有什么风险,是一种前瞻性评价。

具体来说持续性评价要对以下几方面做出判断：

(1)项目建成投产以后,项目既定目标是否可以持续。

(2)业主是否可以按原定目标继续下去,有没有能力继续下去。

(3)哪些项目可以重复,哪些项目不可以重复。

(4)将来的条件会发生什么变化,发生变化后,项目在什么条件下才能继续。

2. 目标可持续性的内涵

项目可持续性的内涵体现为自然环境的相容性、经济效益的合理性、社会影响的和谐性和管理体系的整体性。

1)社会影响的和谐性

指项目对其所在区域的社会影响能够促进人口素质、文化教育、生活质量和社会稳定等社会事业和谐发展的贡献程度。项目是随着其所在区域的社会共同发展的,社会影响的和谐性要求项目在满足当代人需求的同时,不损害后代人的生存权和发展权。这是因为没有社会的和谐稳定,就没有项目的存在和发展。从这个意义上讲,社会影响的和谐性体现了项目可持续性的稳定能力。

2)经济效益的合理性

指建设项目在充分考虑环境的价值和成本的前提下,创造经济效益、增加社会财富和福利的能力。忽视环境因素的传统生产模式使建设项目的经济活动在微观和宏观两种角度下表现出完全不同的结果。经济效益的合理性要求把环境因素纳入建设项目的经济活动之中,通过清洁生产、提高资源利用程度和增加科学技术含量的途径,达到增加社会财富和福利的目的。经济的合理性体现了经济增长与保护环境的有机结合,是建设项目可持续性的动力牵引。

3)自然环境的相容性

指建设项目与自然环境相互适应,保持和增强自然环境对其的承载力,以及其对自然资源永续利用的能力。可持续发展观把自然环境看作一种资源,任何资源都是有限的。自然环境的相容性要求建设项目注重保护和恢复自然环境系统的平衡,提高资源利用率、扩大综合利用和循环利用,减轻和减缓项目的资源消耗给自然环境带来的承载压力。自然环境的相容性是建设项目可持续性的约束限制。

4)管理体系的整体性

指项目从规划、设计、建设到运营的每一个生命阶段都以可持续性为目标保持连贯一致的管理策略的能力。它从战略的高度把项目的整个生命周期看作一个整体,要求项目在每个生命阶段的管理目标前后一致。管理体系的整体性是可持续性的支撑基础,管理体系的调节能力能够保证项目保持旺盛的生命力,引导项目沿着可持续的进程不断前进。

3. 目标持续性评价的特点

建设项目可持续性的思想来源于社会可持续发展理论,因此也继承了可持续发展的三个本质特征,即发展度、协调度和持续度。

可持续性必须能够体现建设项目的"发展度",即判别一个项目是否朝着其目标不断发展。可持续性并非只强调减少对环境的污染和对资源的浪费,而忽视了对项目自身目标的追求。"可持续"是在实现项目目标过程中的"可持续","发展度"是衡量建设项目能否实现项目目标的数量维特征。

可持续性应当能够衡量建设项目发展的"协调度",即判别项目在发展过程中能否维持环境与发展之间的平衡,能否维持效率与公正之间的平衡。协调度强调项目运营过程中内在的效率和质的概念,是衡量项目各种投入、产出的质量维特征。

可持续性还要能够衡量建设项目的"持续度",即判断项目在发展上的长期合理性。可持续性是建立在较长时间上的调控机理,持续度是其时间维特征,注重从项目的整个生命周期来把握发展度和协调度,保证项目的发展速度和发展质量能够持续足够长的时间。

4.目标持续性评价的意义

建设项目可持续性后评价主要应用于大型基础设施的项目管理之中,是社会可持续发展理论在项目评价领域中的具体应用,是建设项目后评价体系中的重要组成部分,其意义主要体现在以下几个方面。

1)实现建设项目目标的需要

建设项目的目标总是与人类社会的发展观保持一致的。自从第二次世界大战之后,人类社会的发展观经历了注重经济增长、满足人类基本需求和可持续发展三个阶段。建设项目的目标也随之变化,从最初单纯地追求经济效益,过渡到追求具有良好的可持续性,在整个项目生命周期内实现经济、社会和环境三种效益的协调统一。

2)区域和国家可持续发展战略的要求

当前,可持续发展已成为世界各国共同认可的发展观,对其理论、战略和评价的研究均取得了显著的成果。但值得注意的是,目前的研究主要集中在宏观和中观领域,忽视了微观领域中的可持续问题。实际上,宏观、中观和微观领域的可持续发展是相互依赖、紧密联系的,宏观、中观的可持续发展理论和方法只有落实到微观领域,才能够保障和推动整个社会可持续发展目标的实现。建设项目是微观领域中一种重要的经济活动,在其整个生命周期内,为人类社会提供生产或生活服务,也消耗了大量自然资源,对人类社会的生存和发展产生了极大的影响。可持续发展战略的实施,要求从宏观的整体上把握建设项目的综合效益,加强建设项目的可持续性,把建设项目的效益和影响统一到社会可持续发展目标之中。

3)可持续性后评价的结果准确、全面,具有较好的反馈性

可持续性后评价是在建设项目投入生产或运营一段时间以后,在对社会、经济和环境等效益和影响分析的基础上进行的,目的在于为建设项目管理者提供依据、反馈信息,完善项目的全生命周期管理水平。与项目前期的可行性研究相比,可持续性后评价需要对项目已经完成的阶段进行总结,研究的是项目的实际情况,因此评价结果更加全面、准确。同时,可持续性后评价还要根据已有的数据资料对项目的发展方向进行预测,并提出意见和建议,以供项目管理者决策,因此评价结果具有较好的反馈性。

二、目标持续性评价的内容和方法

(一)项目目标持续性的影响因素

可持续性是建设项目的一种属性,同时体现了建设项目的一种能力,会受到各种因素的影响。

1.内在持续发展因素

内在持续发展因素是指项目本身固有的持续性因素,与项目设计和项目经营的实际密切

相关,主要包括以下几种因素:

(1)规模因素。主要指项目规模是否有经济规模,经济效益和竞争力如何。如果没有经济规模,是否将要扩展到经济规模。

(2)技术因素。主要指项目所选用技术的成长性和竞争性。首先应对技术的先进性、可靠性和实用性进行归纳,因为这三者是项目得以正常经营的根本所在;其次对该技术所处地位加以分析,主要指其成长性,即是否具有发展潜力;再者要对该技术在市场和获利能力方面的竞争能力进行分析。

(3)市场竞争力因素。主要指项目产品的竞争力以及对市场变化的适应能力。

(4)环境因素。主要指项目本身的三废污染及治理情况是否能满足当前国家和地方环保的要求,特别是能否满足在不久的将来拟改变的环保政策。

(5)机制因素。主要指项目及企业的体制和管理水平,是否能适应和促进项目及企业的发展,能否善于协调项目不同利益群体的关系。

(6)人才因素。主要指人员结构、人力资源开发和利用方面是否得当,是否有利于人才施展自己的才能,促进企业发展。

2. 外部持续发展因素

外部持续发展因素是指项目外部的可能影响项目持续发展的因素,特别要就那些对项目的持续发展可能形成制约的因素重点进行分析。因为这些外部因素不会因项目的需要而改变,相反,项目必须去适应它们才能得到发展。

(1)资源因素。对于资源开发项目和大量利用不可再生自然资源的项目,资源的储量和持续可行性是影响项目持续发展的重要因素。资源开发的持续时间是资源开发项目寿命的制约因素;不可再生自然资源的持续可得性会严重影响项目的发展和经济效益。

(2)自然环境因素。项目的外部自然环境对项目的持续发展十分重要。外部环境对项目三废排放的要求及对项目运输设施和方式的制约都可能影响项目的生存和发展。面对越来越严格的环保要求,项目评价中应更加重视可持续发展的自然环境因素。

(3)社会环境因素。项目所在的社会环境可能对项目的发展形成制约,也可能促进项目的发展。如当地的人文因素和民族习惯对项目和项目产品的接受程度、当地社区对项目的参与程度等。

(4)经济环境因素。项目所在的经济大环境对项目的持续发展也很重要,特别是产业政策,主要指项目是否符合国家当时的产业政策,国家的产业政策在可预见的未来是否有调整的可能,以及该调整对项目的影响程度都是应予重视的因素。

(5)资金因素。项目若缺乏资金犹如无米之炊。因此项目所需资金是否有可靠来源,是否能按时到位,都会对项目的发展产生至关重要的影响。

(二)目标持续性评价的步骤

(1)明确项目目标(宏观、中观、微观)。

(2)定性分析项目目标持续性的各影响因素。

(3)建立项目可持续性后评价指标体系。建设项目可持续性后评价指标体系应当能够体现可持续性概念的内涵,突出社会影响、经济效益、环境影响和管理体系四个方面,应当具有逻辑清晰、简捷易取和层次分明的特点。指标体系的设计不仅要从项目自身的角度出发,还要从其影响区域的可持续发展战略出发,使项目的可持续性与区域整体可持续发展保持一致。不仅要关注项目的直接效益和影响,还要考虑项目的间接效益,充分挖掘其潜在影响。指标体系还应当根据项目的类别分别进行设计。不同类别的项目具有各自的特点,如水利、铁路、电信、工民建等,存在行业差异性,可持续性的内涵和外延具有极大的差别。因此,应当在共同的可持续性基础概念和理论的指导下,依据每个项目的特殊性建立符合各自实际情况的指标体系。建立建设项目可持续性后评价指标体系是从定性分析阶段向定量分析阶段转变的必要手段。

(4)选用一种定量评价方法进行定量分析,并做出对策建议。

(三)目标持续性评价的方法

1.定性方法

成功度评价法是指依靠评价专家或专家组的经验,综合后评价各项指标的评价结果,对项目的成功程度做出定性的结论。项目评价的成功度可分为 5 个等级,即完全成功、成功、部分成功、不成功、失败。在进行项目成功度评价时,首先根据项目特点对各指标的重要性进行分析,选出一些与项目密切相关的重要指标,接着测定各单项指标的成功度等级,然后对各单项指标成功度结论进行综合,则得到整个项目的成功度等级,即总体成果。

在成功度表和逻辑框架法的基础上,可以根据项目目标持续性评价的特点,主要确定持续性发展中的关键性因素,设计项目目标持续性评价表,采用表格形式将评价结果进行归纳。

2.定量方法

对复杂对象的多指标综合评价方法,一直是人们研究的课题,国内外先后有价值函数法、层次分析法、模糊综合评价方法以及 1978 年提出的 DEA(数据包络分析)法等。

(1)价值分析法,其实质是根据各单项评价指标的权重,以及在单项指标作用下系统的价值,然后通过加权而得到综合指标。其特点是简单明了,计算方便,但系统的价值(效果),尤其是各指标权重的确定是比较困难的。

(2)模糊综合评价法(Fuzzy 综合评判),不管是多层评价还是单层评价模型,其中关键的两步是:确定单因素评价矩阵 R 和计算模糊评判子集 $B = A \cdot R$。其特点是:考虑了客观事物内部关系的错综复杂,考虑了价值系统的模糊性,但模糊综合评价中,模糊隶属函数的确定及指标参数的模糊化会掺杂人为的因素并丢失有用的信息,而且各指标权重的确定,也存在着过多的主观依赖性。

(3)数据包络分析(Data Envelopment Analysis,简称 DEA)方法,主要应用于评价部门间的相对有效性,这一模型是用来研究具有多个输入,特别是具有多个输出的"生产部门",同时为"技术有效"与"规模有效"的一种较理想且有效的方法,但也存在一些局限,决策单元相对效率只能通过投入或产出测算且两种角度的测算结果通常不相同,而不能同时通过投入和产出测算,决策单元是否相对有效还须在相应的数学规划中引入无穷小"ε"后才能做出判断。

实际应用中,应当根据评价的重点、指标的设计和数据的情况选择合适的评价方法。常见的是把各类方法综合起来使用,即定性与定量相结合,主观与客观相结合,确保评价结果的准确可靠性。

三、交通项目目标持续性评价

(一)交通项目目标持续性的内涵

交通运输是社会经济大系统运行的重要基础保障条件,交通基础设施建设是关系国计民生的百年大计,因此,这类项目的可持续能力无论是项目前评估还是后评价都是关注的重点问题之一,尤其是后评价阶段,从项目目标的持续性方面,对于项目的可持续能力评价是交通建设项目后评价的重要内容之一。

在世界银行编著的《可持续运输:政策变革的关键》一书中,提出了可持续运输这一概念,其基本内容有:

(1)经济与财务可持续性,指运输必须保证能够支撑不断改善的物质生活水平。

(2)环境与生态可持续性,指运输不仅要满足物品流动性增加的需要,而且要最大限度地改善整个生活质量,减少人的生命和健康损失是保持环境可持续性的最重要内容,推行节约技术、搞好土地的规划利用、对拥挤和污染建立有效的措施都是极为重要的战略选择。

(3)社会可持续性,指运输产生的利益应在社会的所有成员间公平分享。

可持续运输要求在发展运输过程中不仅要考虑运输本身产生的经济效果,更为重要的是要充分考虑运输的外部正效用与负效用。

公路建设项目"目标持续性评价"是 1996 年 12 月 31 日开始实施的《公路建设项目后评价报告编制办法》中新增的评价内容,它是"可持续发展"理论在项目后评价中的实际应用。根据该办法,建设项目目标持续性评价的定义为根据对建设项目的公路网状况、配套设施建设、管理体制、方针政策等外部条件和运行机制、内部管理、运营状况、公路收费、服务情况等的内部条件分析,评价项目目标(服务交通量、社会经济效益、财务效益、环境保护等)的持续性,并提出相应的解决措施和建议。

就所有交通建设项目而言,目标可持续性的实现,宏观上需要国家以及行业相关政策法规的规制、引导和调控,微观上需要项目业主及上级主管部门按照系统的建设发展目标,在交通运输系统内部建立良好的并能够与外部环境协调的运营管理机制,以保证项目的既定目标能够在未来一定的时期内继续得以实现。

(1)与国民经济、社会环境等大系统保持长期动态协调发展。

(2)与区域综合交通系统和综合运输体系协调发展。

(3)公益性交通项目在其运营使用年限内,能够维持较高的运输供给,方便人们出行,货物运输。

(4)带有经营性质的项目,如收费经营型高速公路,除了使交通基础设施维持良好的运行状态,经营企业还要有能力适应未来的未知环境,实现企业发展目标,确保企业顺利地持续运营下去。

其中,第一、二层次可视为交通项目目标持续发展的外部条件,第三、四层次所涉及的项目主管单位运营管理的软、硬件条件可视为项目目标持续发展的内部要求。

(二)交通项目目标可持续发展的条件

交通系统的发展是交通自身发展条件改善和外部环境因子影响的结果。交通系统作为社会经济系统的一部分,其发展的影响因素主要有交通地理特征(地理区位、地质构造、气候条件、地貌形态等)、自然资源分布、社会经济发展水平、环境承载能力、交通安全性、科技发展水平、人才资源培养、不同运输方式间协调发展程度以及交通设施等。因此,交通项目目标持续性评价主要从外部条件和内部条件两个方面进行影响因素的系统分析。

1. 外部条件

(1)区域经济发展。交通运输与经济发展存在着密切的联系,任何一方的变化都会对另一方产生影响。两者之间的作用是相互的,构成反馈环。一方面,交通运输作为区域经济的子系统,其功能的提高可增强区域经济的开放程度。另外,交通运输功能的提高,可带来运费降低、产品市场扩大、区域可达性提高等直接效果,并引起区域产品成本下降、产品市场扩大、区域经济比较优势增强等一系列良性的间接效果。交通运输条件的改善,还可以加强区域经济的集聚作用,提高规模经济效益,有效提升区域的区位优势,增加对投资的吸引力。另一方面,区域经济发展水平的提高,对交通运输起着促进作用。经济发展水平提高,经济活动加强,必然引起原材料、产品和人员流动的增多,将导致对交通运输需求的增长,在市场经济条件下,运输需求的增长是刺激运输供给、促进区域交通运输发展的重要市场信号。另外,区域经济水平上升,经济实力提高,就有能力投入和吸引更多资金到本地区交通运输中来。这是良性循环的一面。反之,经济落后无法满足交通基础设施的建设发展,滞后的交通反过来也制约着经济的发展,形成恶性循环。

(2)综合交通运输系统发展。主要从项目所在地区综合交通运输系统整体角度出发,考虑在区域交通网内项目与同种交通方式的路线之间存在的互补竞争关系,以及与其他运输方式的优势互补关系,要正确公正地评价项目在综合运输网中的地位、作用以及综合运输网中其他道路布局、发展对该路线的影响,以达到对项目目标持续性评价的目的。就这方面而言,项目目标持续发展的能力主要体现在综合交通运输系统内部的协调发展上。

(3)政策环境。交通运输的发展要通过对交通运输政策和交通运输项目的实施才能得以实现,对两者的可持续发展评价具有非常重要的意义。交通运输政策评价主要应该考虑所制定的政策对交通运输本身的影响,包括对各种运输方式间协调性的影响及对具体交通方式的影响;还应考虑政策对环境的影响、资源利用的影响和公众福利的影响。项目所在地区不同,管理体制、政策法规也各有差异。评价政策环境对项目目标持续性影响主要考虑国家政策、地方法规两方面的内容。

(4)环境保护。交通建设项目对环境的影响主要表现在:在建设和施工阶段可能需要占用大量土地;取土弃土改变地貌和破坏植被对自然景观的影响;桥涵设置可能改变水流状态,引起下游冲刷和上游积水淹没农田;线路穿越动植物分布及栖息地,影响动植物物种的分布与栖息;高填深挖处的坡面容易引起的塌方、泥石流等地质灾害。在营运阶段,交通建设项目对环境的影响主要表现在:运输工具噪声的影响;运输工具排污对全球变暖和大气污染的影响;货物运输及装卸过程中的粉尘污染;旅客在旅行途中产生的废弃物污染;洗刷工具等对水环境和土壤的影响等。

交通项目的环境影响评价涉及因素多而复杂,难以综合为一个定量指标进行比较,只能针对方案的某些方面进行定性描述或定量比较。

2. 内部条件

(1)项目业主管理体制与运行机制。经营管理体制是项目可持续发展的一个重要保障条件,随着交通行业各地区各部门管理体制的改革,其成败也是影响交通项目今后健康发展的十分重要的影响因素。运行机构的内部管理,是指项目开始运营后,为保证交通正常运行而成立的管理机构的一系列活动,包括设施维护管理、交通安全管理、人力资源管理、风险管理、管理创新等。

(2)财务可持续能力。项目产品市场销售收入(运输收入或车辆通行费收入)的可持续能力、融资能力。

(3)硬件设施的维护能力与保障条件。施工质量应该达到设计的既定要求,其交通管理与控制系统能够保证实现运输省时、省力、安全、舒适与有效的目标,并且这种目标能够在运行期限内持续下去。

(4)技术保障与创新能力。技术能力评价是从交通建设项目的技术角度出发,通过对建设项目技术能力的分析,评判出项目实施对改善交通质量、提高服务水平等方面的作用,以实现技术和人类社会(包括自然环境)协调发展。

(5)员工的素质及培训条件。

四、案例分析

本案例背景为某城市道路,属公益性交通基础设施项目。

(一)评价指标体系

城市道路建设项目的目标包括宏观上改善城市的交通系统,满足人们不断增长的交通出行需求,促进社会经济的发展,以及人与自然环境的和谐;中观上优化城市道路网络系统,改善交通条件,为居民出行提供良好的服务,缓解交通拥堵,促使城市人口和产业布局优化,带动沿线土地开发和郊区城镇化发展,改善城市环境,节能减排;微观上与具体项目有关,在不同城市或城市的不同地区,道路建设目标有所不同,如提高道路通行能力和交通服务水平,增强道路交通安全保障条件,促进城市交通运输系统现代化,增加公共交通系统利用率,节约能源等。

城市道路目标可持续性的影响因素也与其所处的具体环境息息相关,尤其是政策因素。该项目的影响因素包括:

(1)经济因素。经济发展速度和水平对私人小汽车使用的影响,对货运的影响,对公共交通使用的影响。

(2)政策因素。城镇发展政策,包括中心城区与卫星城的定位,项目所连接的中心城区在全市的定位,支持连接的卫星城发展何种产业;道路拥挤收费政策,是否支持道路分时分段实行计时收费;市区停车收费政策;城市对私人小汽车和公共交通的相关限制及支持政策。

(3)城市交通因素。包括平行道路、交叉道路的修建和运行,机动车拥有量的增加等。

(4)管理因素。政府部门对道路的管理模式和投资力度;道路管理部门对道路的管理水平。

其中,经济、政策和路网因素可视为外部因素,属于道路管理部门不可控的因素,与城市整体经济和规划有关;管理因素可视为内部因素。

以城市道路的外部环境和内部条件作为评价基本要素,建立评价指标体系,见表8-5。

城市道路项目目标持续性评价指标体系 表 8-5

项目目标持续性评价指标体系 U	外部条件对项目目标持续性的影响 U_1	经济因素 U_{11}	城市社会状况和发展 U_{111}
			城市经济状况和发展 U_{112}
			城市建设发展规划 U_{113}
		城市交通因素 U_{12}	城市交通体系发展 U_{121}
		政策因素 U_{13}	智能化交通管理 U_{131}
			环境保护政策 U_{132}
			法规建设 U_{133}
			城市交通政策 U_{134}
	内部条件对项目目标持续性的影响 U_2	项目管理模式 U_{21}	项目管理模式 U_{211}
		项目业主运行管理 U_{22}	项目业主单位企业管理能力及水平 U_{221}
			项目业主单位专业技术条件及水平 U_{222}
			人才结构及培训 U_{223}
		项目还贷资金来源 U_{23}	项目还贷资金来源 U_{231}
		项目运行管理水平 U_{24}	交通配套设施管理 U_{241}
			项目养护保洁制度及水平 U_{242}

(二)综合评价

建立评价指标体系之后,采用专家打分法及层次分析方法(AHP)进一步确定指标体系中各个因素的权重,见表 8-6。

评价指标体系各因素权重 表 8-6

W	$W_1 = 0.771$	$W_{11} = 0.349$	$W_{111} = 0.275$
			$W_{112} = 0.331$
			$W_{113} = 0.394$
		$W_{12} = 0.438$	
		$W_{13} = 0.213$	$W_{131} = 0.271$
			$W_{132} = 0.273$
			$W_{133} = 0.113$
			$W_{134} = 0.343$
	$W_2 = 0.229$	$W_{21} = 0.221$	
		$W_{22} = 0.266$	$W_{221} = 0.451$
			$W_{222} = 0.323$
			$W_{223} = 0.226$
		$W_{23} = 0.142$	
		$W_{24} = 0.371$	$W_{241} = 0.369$
			$W_{242} = 0.631$

权重确定后,采用模糊评判方法确定其对评价集的隶属关系。具体做法是让参与评价的专家组成员按照规定的五个评价等级 $V_j = \{好,较好,一般,较差,差\}$ 给各评价指标确定等级,

然后依次统计各评价因素等级 V_j 的频数 m_{ij} 计算各指标的隶属度 r_{ij}。

$$r_{ij} = \frac{m_{ij}}{n} \tag{8-1}$$

式中：m_{ij}——U_i 被评为 V_j 的次数；

n——参与评价的专家的人数。

可以得到单因素模糊评价：

$$R_i = \frac{r_{i1}}{(u_i, v_1)} + \frac{r_{i2}}{(u_i, v_2)} + \frac{r_{i3}}{(u_i, v_3)} + \frac{r_{i4}}{(u_i, v_4)} + \frac{r_{i5}}{(u_i, v_5)} \tag{8-2}$$

因此，整个因素集内的隶属度向量组成隶属度矩阵，即模糊矩阵：

$$R = \begin{bmatrix} r_{11} & r_{12} & \cdots & r_{1n} \\ r_{21} & r_{22} & \cdots & r_{2n} \\ \cdots & \cdots & \cdots & \cdots \\ r_{m1} & r_{m2} & \cdots & r_{mn} \end{bmatrix} \tag{8-3}$$

评价指标体系的综合评判采用合成运算模型对所有因素进行运算，每一个因素的单因素评价都是低一层次的多因素综合评价，这样，根据指标体系的结构，由低到高，逐步运算，最终得到总的评价结果。多级模糊综合评价模型可以表示为：

$$B_i = A_i \cdot R_i = (a_{i1}, a_{i1}, \cdots, a_{in}) \cdot \begin{bmatrix} r_{11} & r_{12} & \cdots & r_{1n} \\ r_{21} & r_{22} & \cdots & r_{2n} \\ \cdots & \cdots & \cdots & \cdots \\ r_{m1} & r_{m2} & \cdots & r_{mn} \end{bmatrix} = (b_{i1}, b_{i2}, \cdots, b_{in}) \tag{8-4}$$

应用多层次模糊综合评价模型计算出的结果 A 是对目标评价的一种模糊数字结果，为使结果的优劣程度易于区分，可以设计等级评分表，划分一定等级区间来直观定性判断项目的持续性是否良好。

【本章小结】

项目后评价是对已完成项目的决策过程、建设过程运营及效益进行的系统的、客观的分析；项目目标可持续性评价是对项目在运营过程中完成既定目标能力的分析，也往往作为项目后评价的一部分出现。进行项目后评价和可持续评价都是基于这样一种认识：项目并不是孤立的，一个项目建设完成、开始运营后，还要考虑项目未来的运行和影响，以及该项目决策过程对其他项目的借鉴意义。因此，后评价和目标可持续性评价往往都采取对比的评价方法。交通项目的建设期和运营期都较长,对社会和经济的影响大,更有必要在适当时机进行项目后评价和可持续性评价。

【练习题】

(1)简述交通项目投资项目后评价及其目的。

(2)投资项目后评价与项目前评估有哪些主要区别?

(3)投资项目后评价的主要方法有哪些?

(4)项目后评价工作程序一般包括哪些环节?

(5)交通建设项目目标可持续性评价主要从哪些方面进行?试举例说明。

案例一
S-Z 段铁路投资可行性研究

一、项目概况[1]

S-Z 段铁路为山东省北部的一条铁路运输通道,设计线路为环渤海铁路、沿海铁路的重要分支,将成为山东北部烟台、龙口、潍坊等港口的重要集疏运通道。其建设是适应山东省"一体两翼"区域发展和海洋经济发展战略的需要,也是加速沿线经济快速发展、完善区域路网布局、促进节能减排的重要举措。

二、沿线运量分析

S 段和 Z 段运量分析方法类似,故此处节选 S 段运量分析。

(一)吸引范围内经济概况

(1)吸引范围的确定:本工程的直接吸引范围包括广饶县和寿光市,研究年度内的货源主要为沿线企业原材料进口与产成品外运。

(2)行政区划、面积、人口及产值(略)。

(3)资源分布及开发情况(略)。

---

[1] 本案例来源于裴磊硕士论文《寿光至邹平铁路投资可行性研究》,并进行了删减和合并。

（4）工农业现状及发展（略）。

（5）交通运输现状及发展（略）。

（6）间接吸引范围内经济概况（略）。

（二）货运量

（1）运量预测的方法及依据：大宗运量预测以调查分析法为主，通过深入调查主要企业的发展规划和原材料、产成品的运输情况，对本线大宗运量做出分析预测；其他运量的预测结合当地经济现状和发展规划，以产销系数法、增长率法等进行分析预测。

（2）地方运量：对主要货物的运量和产运销进行分析；预测主要站货物到发运量。

（3）通过运量：对主要品名的构成、流向及大宗货物进行分析。

（4）区段货流密度。

根据上述分析确定本线各区段的货流密度见案例表1-1。

货流密度表（单位：万吨） 案例表1-1

区 段	初 期		近 期		远 期	
	上行	下行	上行	下行	上行	下行
华泰—华星	598	77	1 040	174	1 405	196
华星—寿光西	1 013	172	1 455	219	1 930	291
寿光西—田柳	1 008	381	1 426	510	1 939	660

（5）货流波动系数：根据本线的运量规模，并结合所运货物品类和货源特点，本次可研货运波动系数取1.20。

（三）运量预测中不确定因素的分析

1. 市场情况对本线运量的影响

本线货源主要集中在少数大企业中。铁路设计需对项目建成后的长期运量进行预测，而企业的生产经营受市场供求状况的影响很大，若研究年度企业的生产规模或原材料供应地产生大的调整，将会对本线的运量带来较大影响。

2. 寿平铁路建设周期对本线运量的影响

本线通过运量比重很大，通过运量的产生严重依赖于S-Z段铁路其他各段的工程进展情况。若S-Z段铁路其他各区段不能顺利实施，将会对本线运量预测产生较大影响。

三、项目方案确定及实施计划

（一）线路概况

本线自兴广线的华泰站向东到达益羊线的田柳站，全长34.519正线公里。大中桥长度为4.948km，占线路总长的14.3%，铺架工作量大。跨东青高速公路特大桥跨越1条高速公路、2条省道，基础为钻孔桩基础，施工复杂。

(二)全线主要工程分布情况

本项目全线路基土石方 3 325 200m³,桥梁 34 座,共计 5.319km,正线铺轨 35.42km,站线铺轨 19.41km,征地 1 972.9 亩,房屋工程建筑面积 4 199m²。

(三)项目所在地区交通运输情况

1. 铁路运输

与本线有关的既有铁路主要有胶济线、益羊线及正在施工中的兴广线,铁路施工材料可通过益羊线上的寿光北站、田柳站运往工地。

2. 公路运输

本线处于东营、潍坊地区,沿线公路交通较好,基本与本线并行,沿线主要有 S323、S226、S230、S231,均为二级(或一级)沥青路面,路况良好,可以作为本线运输主干线。此外还有部分县道及乡镇道路,多为四级路面,运输便利。

(四)沿线资源可利用情况及当地建筑材料的分布情况

(略)。

(五)施工组织方案的比选及推荐意见

1. 施工组织方案

根据全线工程分布和工期、工艺要求,尽量缩短建设周期,以加快地方经济的发展,采用方案为全线分段同步施工,全工程一次性完成。本项目除跨东青高速公路特大桥外,无特殊复杂工程,施工组织方案主要针对铺轨工程进行研究,对人工铺轨和机械铺轨进行比选。

2. 各施工总工期及其依据

近年来铁路项目建设管理和施工技术水平逐步提高,根据本项目工程特点,参照近期已建成的类似铁路项目的实际情况综合分析合理确定建设工期。推荐施工总工期 24 个月。

人工铺轨方案:施工准备 3 个月,路基 14 个月;桥梁 15 个月;铺轨采用人工铺轨,工期 4 个月;房屋、站场设备、三电等站后配套工程配合总工期的要求随铺轨工程进度逐步完成,站后配套及运营前调试 10 个月,总工期 24 个月。

机械铺轨方案:施工准备 3 个月,路基 15 个月;桥梁 16 个月;铺轨采用机械铺轨,工期 2 个月;房屋、站场设备、三电等站后配套工程配合总工期的要求随铺轨工程进度逐步完成,站后配套及运营前调试 10 个月,总工期 24 个月。

3. 各方案铺轨及控制工期工程的进度与措施

本项目控制工期的工程主要为跨东青高速公路特大桥,应合理考虑该工程的流水作业,妥善组织控制工期工程并协调全线工程。

跨东青高速公路特大桥工程详情(略)。

4. 材料运输方案

本工程考虑以汽车运输为主,火车运输为辅。地方材料就地取材,采取汽车运输;外来材料由火车运至接轨站,再用汽车运至工地。

5.各方案优缺点分析、比选及推荐意见(案例表1-2)

方案比较及推荐意见 案例表1-2

方　　案	机械铺轨方案	人工铺轨方案
工期方面	按每天工作2班制,每班8h计算。全线铺轨架梁工期为1.69个月	按每天工作2班制,每班8h计算。全线铺轨架梁工期为4.01个月
经济方面	设置临时轨排基地费用为150万元,正式工程费用为9 595.3万元,合计9 745.3万元	考虑在田柳站设置轨料堆放点,估计费用20万元,正式工程费用9 127.94万元,合计9 147.94万元
其他方面优缺点	1.机械铺轨有利于机械化施工,与架梁工程相协调; 2.路基、桥涵的工期较合理	1.人工铺轨不利于与机械架梁相协调,且人工劳动强度大; 2.若要保证总工期24个月,必须加大劳动强度以压缩路基、桥涵的工期
结论	1.工期方面:人工铺轨施工进度较慢,但满足总工期的要求; 2.经济方面:人工铺轨费用比机械铺轨费用省597万元; 3.本线较短,机械铺轨不利于发挥机械施工的规模效益。 综合以上分析本项目按人工铺轨考虑	

6.施工工期总体安排意见

施工准备3个月,路基14个月,桥15个月;铺轨采用人工铺轨,工期4个月;房屋、站场设备、三电等站后配套工程配合总工期的要求随铺轨工程进度逐步完成;站后配套及运营前调试10个月,总工期24个月。

7.施工区段划分意见、主要大型临时设施项目及数量

(略)。

8.分年度所需主要材料数量、完成的主要工程量及投资

(略)。

(六)其他

此外,还有施工准备工作,主要工程和控制工程,行车干扰地段的安全施工举措意见,材料供应计划,临时工程,施工环保及安全措施等(略)。

四、项目经济评价

S段和Z段经济评价步骤及内容相似,此处节选S段经济评价内容。

(一)基础资料

1.评价依据

国家发展改革委和建设部发布的《建设项目经济评价方法与参数(第3版)》;铁道部发展计划司和铁道部经济规划研究院编写的《铁路建设项目经济评价办法(第3版)(初稿)》;国家

现行财税制度和价格体系。

2.评价范围

本项目为新建铁路,建设长度34.52km。本次评价范围包含本线建设正线范围田柳—华泰段,不包含华星铁路专用线。

3.研究年度、建设期和计算期

研究年度为初期2015年,近期2020年,远期2030年;计划工期为2年;计算期采用25年(包含建设期)。

4.货运量

本线货流密度见案例表1-3。

货流密度表(单位:万吨)   案例表1-3

区 段	初 期		近 期		远 期	
	上行	下行	上行	下行	上行	下行
华泰—华星	598	77	1 040	174	1 405	196
华星—寿光西	1 013	172	1 455	219	1 930	291
寿光西—田柳	1 008	381	1 426	510	1 939	660

5.铁路主要技术标准

(1)铁路等级:地铁Ⅰ级,线下采用国铁Ⅱ级。

(2)正线数目:单线。

(3)限制坡度:5.0‰。

(4)最小曲线半径:一般地区1 200m,困难地区800m。

(5)牵引种类:内燃。

(6)机车类型:DF8B。

(7)牵引质量:5 000t。

(8)到发线有效长:1 050m。

(9)闭塞类型:继电半自动。

6.投资估算及资金筹措

本项目的投资总额包括两部分:土建工程投资和机车车辆购置费,详情略。

7.流动资金

运营期单位换算周转量所需的流动资金取16元/万吨公里,流动资金中自有流动资金占总额的50%,其余采用短期贷款。

8.运营成本及运营支出

(略)。

9.运价率、税金及附加、营业外支出

(略)。

10.运输收入

(略)。

(二)财务评价

1.盈利能力分析

(1)财务评价指标:财务内部收益率5.0%,财务净现值24 565万元,投资回收期(含建设期2年)16.6年,资本金财务内部收益率3.0%,资本金财务净现值24.6万元,借款偿还期(含建设期2年)18.5年。

(2)财务评价指标分析:本项目总投资内部收益率和资本金内部收益率均高于(或略高于)铁路投资项目基准收益率3%,财务净现值均大于零,说明该项目在财务上可以接受。

2.财务敏感性分析

运价率、运量和土建投资对项目财务内部收益率影响较大,为了分析这些数据发生变化时对评价指标的影响,故进行敏感性分析,具体计算结果见案例表1-4。

财务内部收益率敏感性计算表　　　　　　　　　　　　案例表1-4

因素	指标	−20%	−10%	0%	10%	20%
运价率	FIRR(%)	2.6	3.9	5.0	6.1	7.1
运量	FIRR(%)	3.0	4.1	5.0	6.0	6.8
土建投资	FIRR(%)	6.4	5.7	5.0	4.5	4.0

可以看出,对内部收益率最敏感的影响因素是运价率,其次是运量和土建工程投资。在各项指标向不利方向变化10%时,财务内部收益率仍高于基准收益率3%。

3.财务评价结论

本项目财务内部收益率为5.0%,大于铁路投资项目基准收益率3%,财务净现值24 565万元,说明该项目具备一定的盈利能力。从敏感性分析来看,本项目具有一定的抗风险能力。

(三)国民经济评价

本项目国民经济评价以动态分析为主,采用效益费用法进行国民经济评价,考虑影子价格。即在财务评价的基础上,用影子价格换算系数分析计算本项目实施带来的社会效益。

1.费用分析

(1)土建工程固定资产投资:土建工程投资影子换算系数为1.0。

(2)运营成本:运营成本影子换算系数为1.0。

(3)流动资金:流动资金的影子换算系数为1.0。

(4)社会折现率为8%。

2.效益分析

(1)直接效益分析:货运收入、其他收入、回收流动资金及回收土建工程。

(2)间接效益分析:铁路运输相对于公路运输运输费用节省的效益;由于本项目实施增加就业人数所获得的效益;环境影响效益。

3.国民经济评价指标和盈利能力的分析

(1)经济内部收益率(EIRR)为11.4%,高于8%的社会折现率,说明该项目是可行的。

(2)本项目经济净现值为31 884万元,说明为本项目投入的资金,除可以得到符合社会折现率的社会盈余外,还可以得到31 884万元现值的社会盈余,说明从国民经济的角度看,本项目具有较好的社会效益。

(3)投资回收期为计算期的第12.3年(运营第10.3年),说明为该项目付出的影子费用投入可在运营第12.3年以影子运输收入和社会盈利的形式回收。

综上所述,国民经济评价结论均为可行。

4.国民经济敏感性分析

本项目国民经济评价的敏感性分析指标为经济内部收益率,变化因素取运价率、运量和土建工程投资,详细计算结果见案例表1-5。

经济内部收益率敏感性分析表　　　　　案例表1-5

因素	指标	-20%	-10%	0%	10%	20%
运量	EIRR(%)	8.7	10.1	11.4	12.7	13.9
工程投资	EIRR(%)	13.6	12.4	11.4	10.5	9.8

从表中可看出,在运量和投资变化为20%情况下,国民经济内部收益率均大于社会折现率8%,因此本项目抗风险能力较强。

5.国民经济评价结论

本项目国民经济评价内部收益率为11.4%,高于8%的社会折现率,经济净现值为31 884万元。从上述主要指标和敏感性分析来看,本项目经济效益好,承受风险能力较强,对经济发展具有很大的推动作用,从国民经济角度来看本项目可行。

(四)综合评价

财务评价表明,本项目在采用拟定运价时,财务内部收益率为5%,高于铁路行业基准收益率3%,财务净现值24 565万元,说明项目具有一定盈利能力;从敏感性分析来看,本项目具有一定抗风险能力;项目投资回收期16.6年,借款偿还期18.5年,能够满足国内银行还贷的要求,具备财务清偿能力。本项目在财务上是可行的。

国民经济评价表明,内部收益率为11.4%,高于社会折现率8%,经济净现值为31 884万元,具备较好的国民经济效益;从敏感性分析来看,本项目抗风险能力较强。本项目在国民经济宏观角度看是可行的。

综上所述,本项目可行。

SD 高速公路项目后评价

　　SD 高速公路[1]是连接京沈高速国道主干线公路以及国道 102、205 线的重要交通干线,是 TJ 市大型重点道路基础设施建设项目之一。其建设连通了 TJ 市中心区与蓟县、宝坻区路段,沿线途径 6 个区县,全长 102.6km,同时也是 TJ 市重要的旅游线路之一。SD 高速公路作为 TJ 市北部地区重要的经济干线公路,具有建设投资最多、路线最长、工程量最大等特点,并对完善 TJ 市路网规模效益发挥了重要作用。

　　随着 TJ 经济社会快速发展,TJ 市区交通需求呈现不断增长的趋势,因此迫切需要修建贯穿 TJ 南北的高速公路,从而完善 TJ 市公路网干线骨架,缓解津围公路交通压力,以促进经济的持续、平稳增长。为此,TJ 市政府于 1997 年提出了修建 SD 高速公路的要求,1998 年 TJ 市市政工程局下达《关于 SD 高速公路工程可行性研究报告的批复》,原则同意该工程的可行性研究报告。

　　2001 年 TJ 市 SD 高速公路正式开始施工。2003 年工程建设单位及时组织有关单位进行交工验收。经评定认为 SD 高速公路在工程设计、质量监督、建设管理、施工监理等方面均符合要求,质量优良。2004 年该项目工程质量被评定为优良工程。

　　SD 高速公路资金来源包括国债贷款、交通部补助、车购费、银行贷款、养路费和自筹资金,自有资金的比例达到 47%,满足国家要求。SD 高速公路所筹集的资金按照进度和比例投入,

---

[1] 本案例来自吴宪利《SD 高速公路项目后评价研究》,并进行了删减和合并。

以确保 SD 高速公路正常施工进度。

一、项目建设实施过程评价

(一)前期工作情况和评价

1. SD 高速公路项目建议书阶段

根据 TJ 市城市总体规划,1998 年 TJ 市公路管理局编制完成了"SD 高速公路工程项目建议书",并向 TJ 市市政工程局提出 SD 高速公路立项的请示,同年 TJ 市市政工程局批准内部立项。

2. SD 高速公路可行性研究阶段

1998 年由 TJ 市公路管理局委托 TJ 市市政工程设计研究院进行可行性研究并编制可研报告。

(1)根据所在地区的交通运输状况、社会经济发展状况和项目所在地理位置说明 SD 高速公路建设必要性。

(2)对 SD 高速公路进行充分的分析和预测之后,提出 SD 高速公路工程的建设标准和规模。

(3)根据 SD 高速公路项目建设的标准和规模,报告推荐 SD 高速公路技术方案。

(4)对 SD 高速公路项目的投资进行估算,并提出资金筹措方式建议。

(5)SD 高速公路项目实施方案的设计,并进行 SD 高速公路工程的经济分析。

3. SD 高速公路初步设计阶段

TJ 市公路管理局于 1998 年委托 TJ 市市政工程设计研究院开展初步设计工作,初步设计于 2000 年年底全部完成。TJ 市市政工程局组织与 SD 高速公路各方面有关专家对初步设计进行了审查批复并提出初审意见,TJ 市公路管理局委托 TJ 市市政工程设计研究院完成了修改补充初步设计审核,市政局于 2001 年对 SD 高速公路进行了批复。

4. SD 高速公路施工图设计阶段

TJ 市公路管理局于 2001 年委托 TJ 市市政工程设计研究院承担施工图设计工作,主体工程设计单位为 TJ 市市政工程设计研究院,SD 高速公路附属工程设计单位为北京市泰克公路科学技术研究所。

(二)建设实施情况及评估

1. SD 高速公路项目实施环境

1)SD 高速公路建设环境

SD 高速公路全线共计完成项目拆迁征地 11 584.75 亩,SD 高速公路拆改完成项目 96 道,项目电讯拆迁完成了 111 道,为项目工程的顺利进行创造了良好的施工条件。

2)SD 高速公路施工环境

SD 高速公路位于 TJ 北部地区中部地带,年降雨量大部分集中在 6~8 月份,为 652.6mm。四季分明,温差明显,年平均气温 11.10℃,地势北高南低,在大陆性海洋性气候的过渡带上,沿线大部分地区为冲积层。

该地区地下水位埋深较浅,资源较丰富,由于本路路基较高,一般为0.6~1.0m,但本地区雨量较充沛,一般情况对路面不形成直接危害。但是蓟县及宝坻路段降雨量高于平均水平,水利对路基将形成一定的危害。

2.SD高速公路项目施工情况

(1)在SD高速公路工程质量方面,SD高速公路施工单位与各合同项目经理总工、业主项目经理部与母公司都签订了质量保证书,同时,施工单位建立并完善了质量保证体系和施工自检体系,为SD高速公路工程质量提供了有力的保证。

(2)在SD高速公路安全施工方面,施工单位本着"安全第一、预防为主"的精神,杜绝伤亡事故和机械事故的发生。

(3)在SD高速公路文明施工方面,各单位经理做到责任到人、目标分解、加强阶段性检查、措施到位、进行自评,对SD高速公路施工部门的文明施工及安全生产进行检查,不断推进工程质量水平。此外,施工材料、设备的标识及堆放应齐全整齐,并控制噪声、振动,减少对沿路居民生活的干扰。

3.SD高速公路实施情况评估

SD高速公路项目实施三大主体(业主、监理单位、施工单位)应明确职责,相互配合,顺利完成项目质量、投资及工期的预定目标。其中,业主保证资金及时拨付,做好协调及服务工作;监理单位采用现代化管理方法合理监理,保证实现质量投资和进度三大目标;施工单位配备水平高的管理人员及先进设备,积极采用新工艺、新材料,精心组织施工。

(三)运营情况及评估

1.运营情况

SD高速公路自开通以来交通量持续稳定,通过TJ市高速公路公司及历年车统计资料,2004~2007年TJ站—宝坻北站和宝坻北站—蓟州站的SD高速公路流量月平均日流量变化趋势明显呈现季节性变化,2004年、2006年、2007年的9月和10月为高峰月。2005年4月为高峰期,SD高速地理位置致使旅游车车流量呈上升趋势。5月份车辆选走京津塘高速,5月的车流量与4月比呈下降趋势。7月份实载货车禁行,流量出现下降拐点。直至2006年3月1日大型货车恢复通行,实行计重收费,3月份与2月相比有大幅度增加,2006年增长趋势与2004年一致。

2.SD高速公路运营评估

将SD高速公路通车后现状及远景交通量与SD高速公路项目可行性研究中同期交通量预测结果统一折算标准后进行对比分析。SD高速公路项目可行性交通量预测值与后评价预测值对比分析表见案例表2-1、案例表2-2。

交通量预测值与实际值对比分析表(单位:pcu/日)　　　　　　案例表2-1

年份	项目可行性预测		实际值		误差率(%)	
	SD高速	SD通道	SD高速	SD通道	SD高速	SD通道
2004	22 748	31 923	8 804	50 178	158.38	-36.38

注:误差率=(项目可行性预测值-实际值)/实际值。

SD 高速公路项目可行性交通量与后评价预测值对比表(单位:pcu/日)　案例表 2-2

年份	项目可行性预测值		后评价预测值		误差率(%)	
	SD 高速	SD 通道	SD 高速	SD 通道	SD 高速	SD 通道
2014	43 044	59 310	32 138	63 276	25.34%	−6.69%
2024	60 231	91 677	67 136	104 143	−11.46%	−13.60%

注:误差率 =(项目可行性预测值 – 后评价预测值)/项目可行性预测值。

由案例表 2-1 可看出,SD 高速公路项目可研报告预测流量大于实际量,SD 高速公路通车初期项目可行性阶段预测值高于实际 158%,SD 公路通道内项目可行性交通量低于实际 36%。

由案例表 2-2 可见,2014 年 SD 高速公路项目可行性阶段预测高于后评价报告预测值并随着年份的增加误差率变小,SD 公路交通量与后评价报告预测误差较小,项目可行性阶段预测值与后评价预测值误差绝对值在 6% ~14%,SD 高速公路后评价预测值略高于项目可行性预测值。

(四)SD 高速公路配套设施情况及评估

在项目建设同时配套 SD 高速公路安全设施、SD 高速公路管理设施和 SD 高速公路管理部门等设施。

1. 交通安全设施

交通安全设施包括轮廓标、标志、标线、隔离栅护栏和防眩板设施等,详情略。

2. 管理服务设施

SD 高速公路向驾乘人员提供餐饮、加油、住宿、汽车维修等服务,详情略。

3. 监控通信和收费系统

SD 高速公路设置的机电系统功能运行正常,收费统计准确,收费系统采用封闭式收费制式,近期采用人工收费,预埋车辆检测器校核、计算机管理。监控系统为基本配置,在互通式立交间及收费站处设车辆检测器。通信系统为配置移动通信系统,全线设置数字光纤传输及程控交换等通信系统,紧急电话采用国产设备。

二、国民经济效益评价

SD 高速公路项目的评价是从国家宏观整体角度出发,以资源合理配置为原则,分析 SD 高速公路项目成本效益理论方法,按照有无对比方法识别 SD 高速公路项目的效益,并用影子价格对各效益进行估算。SD 高速公路项目的费用效益法主要用流量分析方式,采用 IRR(内部收益率)、NPV(净现值)等指标进行分析。

(1)社会折现率:根据《建设项目经济评估方法与参数(第三版)》取 8%。

(2)影子工资系数:0.8。

(3)残值:根据原交通部规定,为 SD 高速公路投资建设的相应经济费用 50%,在 SD 高速公路评估期末主要以负值等惯例计入经济费用计算残值。

根据 SD 高速公路项目的完成后经济效益,得出 SD 高速公路项目的国民经济评估指标:国民经济 IRR,国民经济 NPV,国民经济投资回收期(N 年),国民经济效益成本比(EBCR);SD

高速公路国民经济评估的 NPV 表详见案例表 2-3。

SD 高速公路评估结果　　　　　　　　　　　　　　　案例表 2-3

指标	IRR(%)	NPV(亿元)	BCR	投资回收期(年)
数值	34.12	76	3.96	7.63

根据后评价特点,不确定性因素高速公路交通量会引起效益变化,不可预见因素会引起费用变化,估算 SD 高速公路项目的风险,需对 SD 高速公路项目进行敏感性分析,确定 SD 高速公路项目在经济上的可靠性。仅对 SD 高速公路成本和效益情况进行分析,见案例表 2-4。即使在 SD 高速公路成本上涨 1/5,SD 高速公路效益下降 1/5 情况下, SD 高速公路项目评估依然良好,IRR 达 17%,说明 SD 高速公路项目抗风险性良好。

敏感性分析——SD 高速公路　　　　　　　　　　　　案例表 2-4

效　　益	费　　用	0%	10%	20%
−20%	N 年	6.24	9.91	10.27
	ENPV(亿元)	55.66	53.09	50.52
	EBCR	3.17	2.88	2.64
	EIRR(%)	27.86%	25.53%	23.56%
−10%	N 年	8.62	9.05	8.92
	ENPV(亿元)	65.83	63.26	60.69
	EBCR	3.56	3.24	2.97
	EIRR(%)	31.01%	28.44%	26.26%
0%	N 年	7.63	7.87	8.04
	ENPV(亿元)	76.00	73.43	70.86
	EBCR	3.96	3.60	3.30
	EIRR(%)	34.12%	31.30%	38.92%

由案例表 2-4 分析可知,正常条件下和特定条件下计算出敏感性分析满足 SD 高速公路国民经济评估基本要求,SD 高速公路的国民经济效益情况良好,从 SD 高速公路项目效益看,SD 高速公路在考虑了影子工资价格汇率等影响后,SD 高速公路项目依然有贡献产出,说明 SD 高速公路项目的建设实施是可行的。

由于 SD 高速公路的建设内部收益率超过了社会折现率 8%,且 SD 高速公路对区域发展有促进作用,因此,该项目国民经济评估是不错的。

三、财务效益评价

(一)SD 高速公路收益计算

SD 高速公路项目的财务收益主要来源于 SD 高速公路通行费收入。影响通行费收入的主要因素是交通量及车辆通行费率标准。在确定收费标准时主要考虑以下几个因素:SD 高速公路使用者获益;同等级公路收费标准;使用者获效益及对公路损坏程度;SD 高速公路使用者对收费负担和接受能力;投资者期望收益率。

(二)财务评估指标的计算与分析

财务指标包括 FIRR、FNPV、效益成本比和 P_t 评估指标。SD 高速公路项目的财务效益及盈利能力财务效益评估指标见案例表 2-5。

SD 高速公路财务效益评估指标表　　　　　　　　　案例表 2-5

FIRR(%)	效益成本比	FNPV(%)	净现值(亿元)	静态 P_t(年)	动态 P_t(年)
6.21	1.63	10.46	20.97	16.38	20.51
8	1.32	10.46	9.71	16.38	22.35

(三)SD 高速公路敏感性分析

SD 高速公路敏感性分析的目的是分析因素变化对高速公路项目净效益的具体影响,以及财务净效益对高速公路因素变化程度的影响。主要因素有建设收费收入和运营费用。评估时项目成本已投入,营运成本增减可体现费用变化。通过敏感性分析判断高速公路维持正常运营平衡能力,从而评估 SD 高速公路财务效益的抗风险状况。SD 高速公路项目敏感性分析中评估指标有 FIRR、FNPV、FBCR 和 P_t。SD 高速公路数据中投资和营运成本、敏感性分析选 2006 年以前和 2006 年后两个时限,SD 高速公路数据收入按降低和营运成本按增加各分为 0%、10%、20% 三种情况,敏感性分析表略。

(四)SD 高速公路项目贷款偿债能力

(略)。

(五)SD 高速公路财务指标评估结论

根据 SD 高速公路项目投资现金流量表(略)可知,自 2007 年起,其偿债能力满足要求,因此 SD 高速公路决策在财务上可行。从 SD 高速公路敏感性分析结果可知,其具有良好的抗风险性。从 SD 高速公路贷款偿还能力看,SD 高速公路项目运营初期收益低、还款难度高。与 SD 高速公路可行性研究报告相比,SD 高速公路运营后的实际值小于当初项目可行性报告预计值,主因是车流量分配、运营管资金使用存在差异。

四、社会及环境影响评价

SD 高速公路的建成通车对沿线及周边区域的经济产生重大影响。其建设发展有利于区域经济发展,形成区位经济优势。SD 高速公路区位优势形成产业布局上的相对集中和聚集,有利于吸引相关生产力要素,从而促进该地区的经济发展。SD 高速公路产生正面效应,发展形成了新的非均衡系统,使原有的封闭区域变成有高级干线轴交流开放区域,为附近区域的发展奠定了良好基础。

(一)SD 高速公路对区域路网的影响

TJ 市高速公路网总规模 1 200km,规划高速公路网概括为"三三九二"(三条过境、三条京津城际高速、九条中心放射线和两条联络线),滨海新区城区和中心城区通往周边的九条高速公路呈现放射状,增强了中心城市对外辐射集聚功能,为社会与经济发展提供了良好的服务。

SD 高速公路全长 102.6km,紧密连接市区与蓟县宝坻,改善了通达条件。SD 高速公路有利于缩短时空距离,加快流量速度,提高车辆利用率,降低成本,取得了较好的社会效益和经济效益。

SD 高速公路吸引着部分津围公路的流量转移,逐渐替代津围公路成为公路通道,大大缓解了交通通行压力,见案例表 2-6。

通车前后交通量表(单位:pcu/日)　　　　　　　　　　　案例表 2-6

通车前后	通 车 前			通 车 后			
年份	2001	2002	2003	2004	2005	2006	2007
交通量	25 694	28 364	29 338	30 504	21 078	22 090	18 661

由案例表 2-6 可见,津围公路 2003 年均断面流量在通车后出现下降,在 SD 高速公路运行初期对津围公路的车辆吸引并不明显,津围公路交通量并没大幅度下降,但近几年随着路网的不断完善,津围公路交通量有明显下降。

(二)SD 高速公路对沿线地区社会生活的影响

SD 高速公路的开通带动了运输业、餐饮服务、房地产业、旅游服务和服务业发展,拓宽了就业渠道,加速了物流、客流、信息流的流通,行成相关产业链条,推动了 TJ 市和 TJ 北部地区经济的快速发展。此外,SD 高速公路的开通运营引导农民转向农产品流通,进一步增加了农民的收入,有利于扩大农民劳务收入。

(三)SD 高速公路对影响区宏观经济的影响

SD 高速公路项目建设拉动影响区的 GDP 增长。2000~2003 年高速公路通车使沿线六县区 GDP 占全市比例提高 2.6%;2004~2006 年 SD 高速公路开通后,津北六县区的 GDP 年均增 15.3%,高于全 TJ 市 12.4%的速度。

(四)SD 高速公路沿线地区产业结构及布局

(略)。

(五)影响区域旅游业发展

(略)。

五、建设项目持续性后评价

(一)外部条件对项目可持续性的影响评估

"十五"期间,TJ 市建设交通投资累计达 343.8 亿元,公路投资 197 亿元,较计划增加 77.3 亿元,较"九五"增长 53%,为 TJ 市国民经济和社会发展做出了重要贡献。SD 高速公路的建成缓解了交通基础设施对经济发展的制约,拉动了沿线地区社会经济的发展,对 TJ 市社会经济的发展产生积极的影响。同时,SD 高速公路为社会经济可持续发展带来了积极的影响,从而社会经济发展与 SD 高速公路建设相适应。

　　环境是高速公路可持续的一个重大问题,也是可持续发展评估的一个重大问题。从 SD 高速公路实际运营情况来看,沿线环境质量整体上较好,对自然生态环境没有造成明显影响。建设过程中,SD 高速公路对环境保护采取了可靠的管理保护措施,防止噪声、节约土地和防止污染,沿途绿化不仅保护了环境,还改善了当地生态景观,具有可持续性。SD 高速公路评估建议项目定期对噪声和大气污染指标进行监测,及时采取措施以减少道路交通对环境的不良影响。

(二)内部条件对项目可持续性影响的评估

　　SD 高速公路建设严格管理,有效控制工程质量。SD 高速公路运营以来状态良好,路面完好率保持在 95% 以上,未出现大质量问题。除了路面、桥头伸缩与桥板做过零星养护处理外,路基及大部构筑物未大修。此外,维持高速公路项目运营、折旧等方面的资金可靠,在未来的发展过程中没有较大的经营风险。

六、SD 高速公路项目后评价结论

　　(1)SD 高速公路建设规模、标准与时机适当,工期合理。

　　(2)SD 高速公路管理规范,注重细节,精细管理,工程质量高。

　　(3)SD 高速公路经济效益合理实现了项目可持续发展的目标。

　　(4)SD 高速公路建设中重视安全文明施工与环境保护,体现可持续发展。

　　(5)SD 高速公路建设项目推动沿线地区的经济发展,在区域运输网中产生显著的社会效益和经济效益。

A-B 段公路改造项目评估咨询报告

一、概况

1. 咨询依据

(1)某省发展与改革委员会以及省交通厅的委托。

(2)现行国家及行业有关技术标准、规程、规范及文件编制办法。

2. 咨询内容

A-B 段公路旧路改造为单幅二级公路工程项目。据该省交通设计研究院编制的《工程可行性研究补充报告》(以下简称《工可补充报告》)中推荐方案路线全长 80.326km,其中,旧路补强段 26.189km。咨询内容主要为该项目《工可补充报告》(2003 年 10 月),并参考该项目《工可研报告》(2001 年 10 月)。根据委托单位的要求,本报告主要侧重于对该工程项目投资估算的评估咨询。

3. 总体评价

由于 A-B 公路旧路改建项目工程实际执行情况超出该省计委(即现在的发展与改革委员会)原先批准总投资估算 2.8 亿元近 1 个亿,按照计委要求,该省交通设计研究院受省交通厅委托于 2003 年 10 月对该段进行了工程可行性补充研究,并编制了《工程可行性研究补充报告》,该设计院曾于 2001 年 10 月编制完成了该项目的《工程可行性研究报告》。

由于该工程项目目前已经建成通车,该《工可补充报告》根据项目实施的具体情况出发,主要是在原《工可报告》的基础上,对于工程项目重大设计变更内容及理由进行了分析介绍,重新进行了投资的估算,论证总体上是比较充分的。

从报告中可见,报告编制单位在工程可行性补充研究过程中,按照有关规定和要求,做了大量实地调查和资料收集工作,通过广泛调查项目影响区域社会经济和交通运输发展现状,并在调查研究公路交通需求量和车辆构成特点的基础上,按照原工可报告确定的路线走向和主要控制及路线方案,并充分考虑沿路线地区具体地形、工程地质、河流水文等相关资料,提出了本项目建设工程设计方案的若干项变更内容及其必要性。

从专家现场调查情况来看,《工可补充报告》编制单位征询了项目施工设计有关部门意见,调查较广泛,资料较齐全,分析较合理,提出的路基和路面结构方案,以及工程数量和技术经济指标的选取基本符合有关"技术标准""规范"的要求;投资估算基本上能反映当地工程建设实施的实际情况,资金来源及筹措计划基本合理;经济评价等所进行的介绍、分析研究内容较齐全,编制较合理,基本符合《公路建设项目可行性研究报告编制办法》的有关规定。

但报告中总投资估算与原《工可报告》批复总投资及施工图设计批复核准总投资预算差距过大,并且因报告中对一些主要工程方案说明和分析论证不够充分,给评估报告的分析增加了难度,也使得工程总投资估算增加 1 个亿以上的论据不够充分,同时,《工可补充报告》在文字表述及分析结果也存在一些遗漏和值得商榷之处。

二、建设理由及交通量预测

由于在原《工可报告》中关于本项目建设必要性已经作过详尽的论述,而《工可补充报告》对此未进行论述,基于项目目前实际上已经建成通车,故在此不做具体讨论,仅提出以下问题与建议。

(1)从专家现场考察观察情况以及走访该省有关领导了解的情况综合来看,目前随着该地区煤炭等资源的开发,公路货运需求量很大,尤其煤炭运输,近期呈现不断增长趋势。A-B公路旧线改造完成后,交通量增长很快,车流量构成中,占绝大多数的是运煤的大型车辆,且交通量高峰主要集中在夜间。而与该线路处于同一公路通道,且基本平行的某条高速公路则交通量相对较少,据了解主要是由于交管部门规定大型载重拖挂车辆不允许走高速公路所致。本项目对该条高速公路交通量分流影响程度如何,是否会影响到后者作为世行项目的预期目标的实现,报告中应予以分析说明。

(2)按照现状的交通量规模、构成及其增长趋势,如果未来继续正常增长下去的话,则现有二级公路的设计通行能力(昼夜 5 500 辆次)则很快将不能适应运输的需求。那么,在项目工程技术等级标准的选择上是否合理,对此在工可报告及补充报告中均没有考虑到,也没有进行分析论证,建议交通厅及当地公路部门对此应给予必要的关注,采取科学、有效的管理措施,协调处理好 A-B 段公路和该条高速公路之间交通量的分配关系,统筹规划,科学合理地利用好运力资源,更好地发挥公路通道整体效益。

(3)专家在现场调查过程中也了解到,目前在 A-B 段公路上的货运车辆主要是运煤车辆,超载现象十分严重。在工可报告中没有对超载车辆进行介绍,同时也没有对政府主管部门采取管制措施后可能出现的对相关公路交通量影响程度的分析。此外,对于新建或改扩建铁路分流的可能性也未做分析,建议对此问题应予以考虑和必要的补充说明。

三、工程部分

1.建设规模及技术标准

根据本项目所处区域的路网规划、经济发展趋势、预测交通量、沿线地形、公路使用功能及工程经济等,本段按二级公路标准建设,线路全长80.326km,其中旧路补强26.189km。

改建项目技术标准:按照二级公路技术标准修建。设计行车速度采用80km/h,路基宽12m,路面宽度11.4m,两侧路肩各设0.3m水泥混凝土预制块。桥涵设计载荷为:汽车—超20级,挂车—120。路面结构采用改性沥青混凝土高级路面。大中桥小桥涵与路基同宽。

补充工可报告采用的建设规模及相应的技术标准符合原交通部所规定的相应技术等级公路的数据指标标准。为适应当地大型载货车辆运输的特点,将原工可报告中普通沥青混凝土路面方案改为采用改性沥青混凝土结构方案也是合理和可行的。

2.路线走向、主要控制点及路线方案

本段路线走向(略)。

由于该线路目前已经建成,《工可补充报告》未进行线路方案比选。该报告主要对原工可报告中设计方案已发生重大变更的内容进行了必要的说明。

补充工可按二级公路平原微丘区标准进行选线方案研究,路线平、纵断面线形均符合二级标准,但也存在个别地段方案优化考虑不足的问题,主要问题与建议如下。

(1)该项目线形方案不足之处在于本项目线路终点北路段有两处"小S形"路线,对行车的平顺性及安全性有不利影响。

(2)据专家组查阅世界银行贷款该省公路项目执行办公室"A-B公路建设方案变更说明"曾经提出"如果利用旧路方案,并采用原交通部现行规范进行修建,绝大部分路基将被翻开重新进行换填及碾压,其建设费用可能会超过新建费用,而使用效果又不理想,造成不必要的浪费"的分析结论,而项目工可研报告在旧路改造线路方案的论证中没有考虑这一因素,也没有做方案比较,值得商榷。

(3)路基宽度符合二级公路标准的要求,并据工程建设部门有关技术人员介绍,该项目路基处理采用技术标准远远超过二级标准,投入工程量和资金也很大,仅仅由于十几年前原旧路路基未经过机械化压实处理为依据,采取如此"超强"处理方案是否经济合理也值得商榷。

3.路基断面形式

拟定的路面结构等基本可行。

4.桥涵

(略)。

四、经济评价(包括国民经济与财务评价)

《工可补充报告》经济评价以国家计委颁布的《建设项目经济评价方法与参数》为依据,采用的方法正确,所用指标、参数基本合理,基本符合原交通部颁发的有关规定和要求,但在该报告中省略了交通量预测分析部分的内容,也未对国民经济与财务效益评价定量计算所采用的交通量预测结果进行介绍和描述,故无法对报告得出效益指标结果进行评估和核实。

该项目《工可补充报告》在国民经济与财务评价当中文字说明与描述过于简单和粗糙,同

时也存在下列一些遗漏和值得商榷之处:

(1)《工可补充报告》中在公路大修及养护费用单价的选取时,对该地区二级公路小修养护费用按 1.8 万元/(km·年)计算,如果考虑该公路建成通车后主要承担大型载货汽车运输功能,并且交通量增长较快的因素,即便不考虑货车存在严重超载的情况,则该指标取值也是偏低的;同样大修费按照小修养护费用的 13 倍选取也是比较低的。

(2)《工可补充报告》中对运营管理费用按照 400 万元/年左右确定,没有说明管理费用主要用途、业务规模及计算依据。

(3)《工可补充报告》在国民经济评价一节的"效益计算"部分只考虑了运输成本降低和时间节省两项效益,按照原交通部关于公路建设项目经济评价办法,应计算三项效益,至少还应该计算交通事故减少所产生的效益。

(4)《工可补充报告》在财务评价部分,财务评价基准折现率采用加权平均资金成本率计算得到数值为 2.92%。该指标如果按照报告中提供的筹资方案(即全部利用世界银行和国内银行贷款),则可能取值偏低。

(5)《工可补充报告》在财务评价一节的"资金筹措"部分提到"本项目资金需求量较大,将利用世界银行贷款进行修建,其贷款额为 6 500 万美元,折合人民币 53 819 万元"的说法与报告最前面"工程概述"一节中的"资金筹措"部分的说法不符。

五、投资估算与资金筹措

1. 投资估算

《工可补充报告》以原交通部交公路发×××号文颁布的《公路基本建设工程投资估算编制办法》及《公路工程估算指标》和交公路发×××号文颁布的《公路基本建设工程概算、预算编制办法》及该省有关规定为依据编制投资估算,投资估算编制依据基本正确,补充报告提出全线估算总投资为 44 752.51 万元,平均每公里造价 557.11 万元。由于工可补充报告是在该项目基本建成基础上编制完成的,有一阶段设计的工程数量及预算为参考依据,取费标准的确定,报告中测算的工程量及投资的估算应能够基本反映实际工程造价。

但该项目《工可补充报告》提出的总投资估算与该省发展计划委员会 2002 年 5 月对原工可报告批复中提出的"该项目建设总投资控制在 2.8 亿元以内"的数值差距过大,并且与 2003 年 5 月该省交通厅对 A-B 段公路改建工程施工图设计的批复中提出"全线核准工程预算总额为 30 709 万元"也存在相当的差距。此外,该报告总投资估算中尚存在一些遗漏和值得商榷之处,主要是个别工程方案的采用,如果站在可行性研究及项目评估的角度,其技术经济性也存在不尽合理之处,容易造成工程数量及造价的大幅度增加;此外,一些技术经济指标与原工可报告相比,工程数量相同,但单价与估算金额却明显增加了,报告中又未对指标变化的原因加以详细说明,建议设计单位研究予以核查。

(1)路基土石方。评估专家认为,工可补充报告测算的土石方量过大,建议核减土石方量 3 747 627 m^3,按照 55.5km 计算,平均每公里土石方量估算为 67 525 m^3 比较合理,由此,则可减少投资 36 730 966 元。

(2)旧路填挖量:工可补充报告与原工可报告中同等工程数量下,技术经济指标相差 0.89 元/m^3(原工可为 3.96 元/m^3,补充工可为 4.85 元/m^3),仅此一项就增加投资 527 592 元。

(3)排水与防护工程(略)。

（4）特殊路基处理（略）。

（5）交叉工程（略）。

（6）收费站（略）。

（7）安全设施工程（略）。

（8）施工技术装备费（略）。

（9）路面（略）。

总之，该工可补充报告在投资估算时，没有对原工可阶段批复总投资估算以及施工图设计批复总投资预算数进行说明，也没有针对前、后总投资数的显著差异及其原因按照具体变更项目或变化内容进行具体的解释和说明，是不够严谨的，给此次评估以及上级主管部门审核带来很大困难。

2. 关于资金筹措方式

A-B段公路旧路改建工程项目按照工可补充报告估算总投资为 44 752.51 万元人民币。资金筹措方式为：利用相关路段高速公路的世界银行贷款余额 1 400 万美元（其中 530 万美元已经用于设备采购，余 870 万美元，折合 7 221 万元人民币用于旧路改建工程）；此外，通过国内银行贷款 37 531.51 万元人民币。

六、其他问题与建议

（1）该项目原工可报告未经审批就开始了施工详测和施工，与原交通部颁布的程序不符，并且原工可报告做得比较粗糙，造成工可投资估算与测设预算相差太大。

（2）《工可补充报告》中对于收费站位置及规模应加以介绍。

（3）该项目资金筹措方案基本上是合理、可行的。但是从国内基建项目管理程序以及世界银行贷款项目资金管理要求上是否规范、合理、可行，还值得商榷和探讨。

审批政府出资公路水路项目所需的前置性文件

一、事项名称

1. 使用中央投资 5 亿元及以上的公路水运项目、使用中央投资且总投资 50 亿元及以上的公路水运项目。

2. 使用中央预算内投资 3 000 万元及以上的中央本级非经营性投资项目。

3. 使用中央投资的跨境桥梁项目。

二、审批范围

使用中央投资 5 亿元及以上的公路水运项目、使用中央投资且总投资 50 亿元及以上的公路水运项目,使用中央预算内投资 3 000 万元及以上的中央本级非经营性投资项目(符合国家相关规划的项目直接审批可行性研究报告,其他项目审批项目建议书、可行性研究报告),使用中央投资的跨境桥梁项目(项目建议书、可行性研究报告)。

三、办理依据

(一)《国务院关于投资体制改革的决定》(国发〔2004〕20 号)。

(二)《关于印发国家发展改革委核报国务院核准或审批的固定资产投资项目目录(试行)的通知》(发改投资〔2004〕1927号)。

(三)《关于印发〈国家发展改革委关于改进和完善报请国务院审批或核准投资项目的管理办法〉的通知》(发改投资〔2005〕76号)。

(四)《国务院关于调整固定资产投资项目资本金比例的通知》(国发〔2009〕27号)。

(五)《国务院办公厅关于加强和规范新开工项目管理的通知》(国办发〔2007〕64号)。

(六)《固定资产投资项目节能评估和审查管理办法》(国家发展改革委令2010年第6号)。

(七)《关于印发国家发展改革委重大固定资产投资项目社会稳定风险评估暂行办法的通知》(发改投资〔2012〕2492号)。

(八)中央预算内直接投资项目管理办法(国家发展改革委令2016年第45号)。

四、申报材料

(一)项目建议书审批(审核)

1.项目所在地省级发展改革部门初审意见(交通运输部直属单位项目由交通运输部出具初审意见,并附项目所在地省级发展改革部门意见),一式3份。

2.预可行性研究报告(一式1份,编制机构应具备甲级工程咨询资质)。

3.根据国家法律法规和相关规定,附送以下文件(一式1份):

(1)交通运输部出具的行业审查意见。

(2)资本金筹措方案、银行贷款意向。

(3)跨境桥梁项目,需提供两国相关地区签订的建桥协议。

(4)内河航电枢纽项目,需提供移民安置大纲批复。

(5)涉军方项目,需提供军队有关部门出具的意见。

(6)涉海项目,需提供国家海洋局出具的用海预审意见。

(二)项目可行性研究报告审批

1.项目所在地省级发展改革部门初审意见(交通运输部直属单位项目由交通运输部出具初审意见,并附项目所在地省级发展改革部门意见),一式3份。

2.项目可行性研究报告(一式1份,编制机构应具备甲级工程咨询资质)。

3.交通运输部出具的行业审查意见。

4.根据国家法律法规和相关规定,附送以下文件(一式1份):

(1)省、自治区、直辖市、计划单列市人民政府城乡规划行政主管部门核发的选址意见书(仅指以划拨方式提供国有土地使用权的项目)。

(2)国土资源部出具的用地预审意见(不涉及新增用地,在已批准的建设用地范围内进行改扩建的项目,可以不进行用地预审)。

(3)根据《建设项目环境影响评价文件分级审批规定》(环境保护部第5号令)规定,由相应级别的环境保护行政主管部门出具的环境影响评价审批文件。

(4)节能审查机关出具的节能评估审查意见(可以并行申报)。

（5）省（区、市）发展改革委对项目社会稳定风险评估报告的意见,并附社会稳定风险评估报告。

（6）投资方出具的资本金承诺函、银行贷款承诺函。

（7）项目招投标方案及相关资质材料。

（8）跨境、跨10万吨级及以上航道海域、跨大江大河(现状或规划为一级及以上通航段)的独立公路桥梁、隧道项目,需提供有权限的交通运输部门出具的通航安全影响论证审查意见。

（9）跨境桥梁项目,需提供两国政府间签订的建桥协定。

（10）涉河项目,需提供水利部门审查意见。

（11）内河航电枢纽项目,需提供移民安置规划批复。

（12）直接审批可行性研究报告的涉军方项目,需提供军队有关部门出具的意见。

（13）直接审批可行性研究报告的涉海项目,需提供国家海洋局出具的用海预审意见。

核准企业出资交通项目
所需的前置性文件

一、项目所在地省级发展改革部门初审意见(一式 3 份)

二、项目申请报告(一式 1 份,编制机构应具备甲级工程咨询资质)

三、根据国家法律法规和相关规定,附送以下文件(一式 1 份)

1. 省、自治区、直辖市、计划单列市人民政府城乡规划行政主管部门核发的选址意见书(仅指以划拨方式提供国有土地使用权的项目)。

2. 国土资源部出具的用地预审意见(不涉及新增用地,在已批准的建设用地范围内进行改扩建的项目,可以不进行用地预审)。

3. 根据《建设项目环境影响评价文件分级审批规定》(环境保护部第 5 号令)规定,由相应级别的环境保护行政主管部门出具的环境影响评价审批文件。

4. 节能审查机关出具的节能评估审查意见(可以并行申报)。

5. 项目社会稳定风险评估报告。

6. 项目单位(投资方)出具的资本金承诺函。

7.项目招投标方案及相关资质材料。

8.根据行业特点需要附送的文件:

(1)国务院有关部门、计划单列企业集团、中央管理企业直接报送项目申请报告的,需附项目所在地省级政府发展改革部门的意见。

(2)投资方和项目法人的营业执照副本复印件。

(3)跨境、跨10万吨级及以上航道海域、跨大江大河(现状或规划为一级及以上通航段)的独立公路桥梁、隧道项目,需提供有权限的交通运输部门出具的通航安全影响论证审查意见。

(4)涉海项目需提供国家海洋局出具的用海预审意见。

(5)涉军方项目需提供军队有关部门出具的意见。

(6)涉河项目需提供水利部门审查意见,内河航电枢纽项目还需提供移民安置规划批复。

(7)跨境桥梁项目需提供两国政府间签订的建桥协定。

交通项目评估报告内容框架

铁路项目可研评估报告内容

一、项目概况

1. 概述
2. 沿线社会经济与资源情况
3. 相邻其他交通设施

二、建设必要性

1. 路网意义
2. 运量增长
3. 经济发展意义

三、运量预测

1. 预测年度与运量吸引范围
2. 客运量预测

3. 货运量预测

4. 分区段客货运量密度表

四、主要技术标准与线路远期输送能力

1. 相邻线路主要技术标准

2.《可研报告》推荐主要技术标准

3. 对主要技术标准的评估

4. 线路远期输送能力

五、建设方案和建设规模

1. 主要线路走向

2. 接轨方案

3. 线路重大局部方案

4. 建设规模

六、投资估算和资金筹措

1. 投资估算

(1)项目原投资

(2)投资调整

(3)调整的理由

2. 资金筹措

(1)资金来源

(2)构成及比例

七、经济评价

1. 财务评价

(1)参数选取

(2)主要评价指标

(3)指标分析与结论

2. 国民经济评价

(1)参数选取

(2)主要评价指标

(3)指标分析与结论

3. 敏感性分析

八、问题、结论和建议

1. 归纳总结可研报告中存在的主要问题

2. 针对存在的问题,提出改进建议

3. 评估结论

九、附表及有关附件

1. 评估前后投资估算对比表
2. 主要技术经济指标汇总表
3. 国民经济效益费用流量表(全部投资)
4. 财务现金流量表(全部投资)
5. 其他附表附件

高速公路项目可研评估报告内容

一、项目概况及建设的必要性

(一)项目概况

(二)建设的必要性

1. 路网建设
2. 区域经济发展
3. 交通量增长
4. 改善行车条件

二、交通量预测

1. 可研报告交通量
2. 本项目与其他运输方式的关系
3. 预测交通量及预测结果分析

三、建设规模、技术标准

(一)线路方案

1. 原线路方案
2. 调整后的线路方案
3. 调整的理由

(二)建设规模

1. 原建设规模
2. 调整后的规模
3. 调整的理由

（三）技术标准

1. 原技术标准

2. 调整后的技术标准

3. 调整的理由

四、投资估算与资金筹措

（一）投资估算

1. 项目原总投资

2. 项目投资调整及依据

3. 调整后项目总投资

（二）资金筹措

1. 资金来源

2. 构成及比例

五、经济评价

（一）财务评价

1. 成本及依据

2. 主要技术经济指标

3. 经济指标分析及结论

（二）国民经济评价

1. 有关参数选取说明

2. 国民经济评价主要技术经济指标

3. 评价指标分析及结论

六、问题、结论和建议

1. 归纳总结可研报告中存在的主要问题

2. 针对存在的问题，提出改进建议

3. 评估结论

七、附表及有关附件

1. 评估前后投资估算对比表

2. 主要技术经济指标汇总表

3. 国民经济效益费用流量表（全部投资）

4. 财务现金流量表（全部投资）

5. 其他附表附件

城市轨道交通项目可研评估报告内容

一、项目背景

1. 项目概况
2. 前期筹建主要情况及问题
3. 评估工作主要情况

二、项目建设必要性

1. 城市概况
(1) 城市经济财力现状及经济发展状况
(2) 城市布局现状及总体规划
2. 交通现状及主要问题
3. 轨道项目建设意义及必要性

三、线路方案及客流预测

1. 线路长度、走向及平纵方案
2. 客流预测基础资料
3. 预测主要方法和参数
4. 客流预测结果及分析

四、运营方案

1. 系统规模及运输能力
2. 行车计划与组织

五、土建工程方案评估

1. 主要技术标准
2. 车站等工程方案
3. 结构工程方案
4. 轨道工程等其他

六、机电设备方案评估

1. 车辆
2. 供电工程
3. 通信工程
4. 信号工程

5. 通风与空调工程

6. 防灾报警、环境监控系统

7. 自动售检票系统及其他

8. 车辆段及基地

七、国产化方案

(略)。

八、投资估算与资金筹措

1. 投资估算依据

2. 总投资估算

(1)原投资估算

(2)评估调整内容

(3)评估投资额

3. 资金筹措

(1)资本金筹措

(2)国内银行及金融机构贷款

(3)国外贷款

(4)其他融资方案

九、经济评价

(一)财务评价

1. 基础数据(票价、成本估算及依据)

2. 主要技术经济指标

3. 经济指标分析及结论

(二)国民经济评价

1. 有关参数选取说明

2. 国民经济评价主要技术经济指标

3. 评价指标分析及结论

十、问题、结论和建议

1. 归纳总结可研报告中存在的主要问题

2. 针对存在的问题,提出改进建议

3. 评估结论

十一、附表及有关附件

1. 评估前后投资估算对比表

2. 主要技术经济指标汇总表

3. 车辆、机电设备国产化率计算表

4. 国民经济效益费用流量表(全部投资)

5. 财务现金流量表(全部投资)

6. 其他附表附件

民航项目可研报告评估报告内容

一、项目概况及建设的必要性

1. 机场布局建设

2. 区域经济发展

3. 对航空运输的需求

4. 发展航空运输的意义

二、交通量预测

1. 可研报告航空业务量预测

2. 评估对航空业务量预测

(1)本项目与其他运输方式的关系

(2)预测方法

(3)预测结果分析

三、机场场址选择

1. 可研报告推荐场址

2. 推荐场址方案对比

(1)自然条件

(2)净空条件

(3)外部配套条件

(4)与城市发展规划关系

3. 场址的选定

四、建设方案

1. 总平面布局方案

2. 建设内容及规模

(1)飞行区工程

(2)航管、通信、气象工程

(3)航站区工程

(4)机场消防救援工程

(5)辅助生产和生活服务设施工程

(6)公用配套工程

(7)供油工程

五、投资估算与资金筹措

1. 投资估算

(1)项目原总投资

(2)评估调整方案

(3)评估后项目总投资

2. 资金筹措

(1)资金来源

(2)构成及比例

六、经济评价

(一)财务评价

1. 基础数据(票价、成本估算及依据)

2. 主要技术经济指标

3. 经济指标分析及结论

(二)国民经济评价

1. 国民经济评价主要技术经济指标

2. 评价指标分析及结论

七、问题、结论和建议

1. 归纳总结可研报告中存在的主要问题

2. 针对存在的问题,提出改进建议

3. 评估结论

八、附表及附件

1. 评估前后投资估算对比表

2. 主要技术经济指标汇总表

3. 国民经济效益费用流量表(全部投资)

4. 财务现金流量表(全部投资)

5. 该机场周边地区民用运输机场布局图(机场位置图)

6. 机场总平面规划图

7. 其他附表附件

港口项目可研评估报告内容

一、港口和项目基本情况

1. 项目基本情况
2. 项目沿革和提出的理由(项目的目的)
3. 评估工作主要情况(任务和依据)

二、项目建设的意义

1. 港口功能地位
2. 港口设施使用、适应和吞吐量发展的基本情况
3. 腹地经济发展对港口的基本要求
4. 港口布局或总体规划的基本要求
5. 港口存在的基本问题和本项目建设的目的

三、吞吐量发展趋势分析

1. 可研报告上的结论
2. 评估报告对可研报告的认定和调整
3. 调整的主要原因

四、建设规模

1.《报告》提出建设规模
2. 评估对原规模的认定或调整
3. 调整的主要依据

五、建设条件

1. 港址条件、岸线(河势)条件
2. 自然条件
3. 集疏运条件
4. 航道和外部配套条件
5. 征地拆迁等

六、建设方案

1. 设计代表船型
2. 总平面布置

3. 水工结构

4. 工艺方案

5. 配套工程

6. 建设工期

7. 环境保护

七、投资估算与资金筹措

(一)投资估算

1. 报告的投资估算

2. 对采用的编制原则、依据和定额等是否合理等的认定

3. 评估调整后的投资估算

4. 主要调整项目和理由

(二)资金来源

1. 报告提出资金来源方案

2. 评估对此方案的评价

八、经济评价

(一)国民经济评价

1. 有关参数选取说明

2. 国民经济评价指标

3. 评价指标分析及结论

(二)财务评价

1. 成本及依据

2. 主要技术经济指标

3. 经济指标分析及结论

九、问题、结论和建议

1. 归纳总结可研报告中存在的主要问题

2. 针对存在的问题,提出改进建议

3. 评估结论

十、附表及有关附件

1. 评估前后投资估算对比表

2. 主要技术经济指标汇总表

3. 国民经济效益费用流量表(全部投资)

4. 财务现金流量表(全部投资)

5. 其他附表附件

公路建设项目后评价报告编制办法

2011 年 11 月 28 日交通运输部交规划发〔2011〕695 号文发布

第一条 为进一步规范公路建设项目后评价研究及报告编制工作,在总结 1996 年颁发的《公路建设项目后评价报告编制办法》执行情况的基础上,结合近年来公路发展实际,制定本办法。

第二条 编制公路建设项目后评价报告的目的是总结项目的经验与教训,为不断提高项目的决策、设计、施工和管理水平,更好地发挥投资效益,制定相关政策等提供科学依据。

第三条 公路建设项目后评价报告编制的主要依据和基础:

一、公路建设项目管理的相关法律、法规,行业标准、规范等。

二、国家及区域经济社会发展规划、综合运输发展规划和公路专项发展规划等。

三、项目各阶段有关委托、评审、批复等文件。主要包括:项目建议书、可行性研究报告、项目申请报告、初步设计、技术设计、施工图设计的审查意见,批复文件;资金申请报告,招投标文件,重大变更的请示及批复;经审计的决算报告和工程竣工验收鉴定书等。

四、项目建成通车后的运营数据及相关调查。主要调查包括:交通量调查、交通安全性调查、车辆运行特征调查、车辆运输费用调查、工程质量调查、经济社会调查、环境调查等。

第四条 公路建设项目后评价报告的主要内容：

一、建设项目的过程评价：项目前期工作、建设实施、运营管理等；重大变化及原因。

二、建设项目的投资与效益评价：投资执行情况、资金筹措评价及经济评价。

三、建设项目的影响评价：项目对区域的综合交通体系、经济社会、环境、能源等方面的影响。

四、建设项目目标持续性评价：交通量、经济社会效益、财务效益、环境保护等目标的实现程度及持续能力。

五、经验与教训，措施与建议。

第五条 公路建设项目后评价的方法主要有：有无对比法、层次分析法、因果分析法、逻辑框架法、综合评价法等，可根据项目特点选择一种或多种方法。

公路建设项目前期工作所采用的相关评价技术及指标量化方法原则上可用于后评价，可参照《公路建设项目可行性研究报告编制办法》（交规划发〔2010〕178号）《公路建设项目经济评价方法与参数》（建标〔2010〕106号）等。

第六条 公路建设项目后评价报告由主报告和附件组成。主报告应按本办法附件《公路建设项目后评价报告文本格式及内容要求》编制。附件主要包括专题报告、公路建设项目管理表和有关委托、招标、评审、批复等主要文件的复印件。

第七条 公路建设项目后评价报告文本采用297mm×210mm（A4）装订，封面采用紫红色。

第八条 本办法由交通运输部负责解释。

第九条 本办法自颁布之日起施行。原交通部发布的交计发〔1996〕1130号中《公路建设项目后评价报告编制办法》同时废止。

附件：公路建设项目后评价报告文本格式及内容要求

Ⅰ.封面格式

××公路后评价报告
（编制单位）
××××年××月

Ⅱ.扉页格式

编制单位 ××××× （盖章）
咨询证书等级 ×××
发证机关 ×××
证书号 ×××

（证书复印件附此页后）

参加单位 ×××× （盖章）
咨询证书等级 ××××
发证机关 ××××
证书号 ××××

（证书复印件附此页后）

编制单位 ××××

单位主管 ××× （签章）

分管总工程师 ××× （签章）

项目负责人 ××× （签章）

参加人员

×××、×××、×××、×××

参加单位 ××××

单位主管 ××× （签章）

分管总工程师 ××× （签章）

项目负责人 ××× （签章）

参加人员

×××、×××、×××、×××

Ⅲ. 内容要求

目　　录

1 概述

2 建设项目过程评价

3 建设项目投资与效益评价

4 建设项目影响评价

5 建设项目目标持续性评价

6 结论

附件1 专题报告(包括交通量分析与预测、交通安全评价、影响评价等)

附件2 公路建设项目管理表

附件3 有关委托、招标、评审、批复等主要文件的复印件

1 概　　述

1.1 背景

项目后评价任务来源,后评价工作开展情况及后评价报告的编制依据。

1.2 项目概况

项目的功能定位;项目各阶段主要时间节点,包括立项、决策、设计、开工、竣工、通车时间等;项目起讫点及建设规模、技术标准等主要技术经济指标。

附图:项目地理位置图,项目竣工平纵面缩图(内容同初步设计文件要求)。

1.3 项目各阶段主要指标的变化情况

包括建设规模、技术标准、重大方案、工程造价及建设工期等。

1.4 资金来源及使用情况

各种资金来源及具体执行情况。

1.5 主要结论

1.5.1 综合评价结论

对项目的前期工作、建设实施、运营管理、投资与效益、目标持续性等评价结论进行归纳和总结。

1.5.2 经验与教训

从项目的前期工作、建设实施、运营管理以及投融资模式等方面,总结项目主要的经验与教训。

1.5.3 问题与建议

针对项目目前存在的主要问题,提出改进的措施与建议。

2 建设项目过程评价

2.1 前期工作评价

2.1.1 前期工作基本情况

2.1.2 前期工作各阶段审批文件的主要内容

2.1.3 前期工作各阶段主要指标的变化分析

包括项目建议书、可行性研究、初步设计等阶段的建议规模、技术标准等指标和主要工程方案的变化情况,并对其原因进行分析。

2.2 项目实施情况评价

2.2.1 项目实施情况

包括施工图设计、施工组织与管理、工期等;建设管理模式和业主负责制、工程监理制、工程招投标制和合同管理制四项制度的执行情况。

2.2.2 项目实施的主要文件内容

主要文件包括项目开工报告、执行报告、竣工验收报告等。

2.2.3 实施阶段评价

主要包括重大设计变更、建设管理模式、工程质量、工程监理、重大责任事故、工期、工程造价等评价。

2.2.4 重大工程技术问题处理及评价

2.3 运营管理情况评价

2.3.1 运营情况评价

包括公路收费、养护情况;实测、预测交通量和前期工作预测交通量的对比分析,填写公路建设项目交通量比较表(具体要求见附件2);公路设施状况、服务水平和交通安全评价。

2.3.2 管理机构和管理模式评价

包括管理机构的设置和功能、组织形式和作用;项目运营过程的各项制度、规定和程序;管理效果评价。

2.4 交通工程及沿线设施情况评价

包括通信、收费、监控系统及服务区、安全防护设施等设置情况及评价。

2.5 创新性评价

包括新技术、新材料、新设备、新工艺的创新应用以及管理创新等。

3 建设项目投资与效益评价

3.1 投资执行情况评价

3.1.1 资金筹措情况

3.1.2 资金到位及投资完成情况

3.1.3 工程决算、概算和估算的比较分析

3.1.4 工程投资节余或超支的原因分析

3.2 经济费用效益分析

3.2.1 参数选择与确定

3.2.2 费用调整

3.2.3 效益计算

3.2.4 评价指标及计算

3.3 财务分析

3.3.1 运营成本

3.3.2 收费收入

3.3.3 参数选择与确定

3.3.4 财务评价指标及计算

3.3.5 清偿能力分析

3.4 结论

4 建设项目影响评价

4.1 交通影响评价

4.1.1 对综合交通运输体系的影响

从通道和网络的角度分析项目对公路运输以及其他运输方式的影响和作用。

4.1.2 收费影响分析

分析收费对项目吸引和分流交通量等的影响。

4.2 经济社会影响评价

4.2.1 经济影响分析

分析项目对所在地区经济发展、产业布局、资源开发、城镇化进程等方面的影响。

4.2.2 社会影响分析

分析项目对所在地区社会发展产生的效应。包括城乡发展、社区发展、就业、居民生活水平,以及土地利用、征地拆迁补偿、移民安置、扶贫等方面的影响和评价。

4.2.3 社会互适性分析

分析项目与当地社会的相互适应程度,包括相关利益群体分析,公众参与程度,当地文化、民俗或宗教等的融合程度。

4.3 环境影响评价

4.3.1 环境保护执行情况评价

环保设施与主体工程"同时设计、同时施工、同时投产使用"制度的执行情况,项目所采取的主要环境保护措施和效果。

4.3.2 环境监测与评价

主要包括生态环境、水土保持、大气、噪声、水的实测情况及评价。

4.3.3 改进措施与建议

针对目前项目环保存在的问题,提出预防或减轻不良环境影响的措施与建议。

4.4 节能影响评价

4.4.1 节能措施及效果

4.4.2 改进措施与建议

5 建设项目目标持续性评价

5.1 外部条件对项目目标持续性的影响

外部条件包括经济社会发展、政策法规、公路管理体制、公路网及综合交通体系发展状况、技术进步等。

5.2 内部条件对项目目标持续性的影响

内部条件包括运行机制、内部管理、公路收费等。

6 结 论

6.1 结论

6.2 存在问题

6.3 经验与教训

6.4 措施与建议

附件1 专题报告

公路建设项目后评价报告应包括交通量分析及预测、交通安全评价、影响评价三个专题报告。同时,可结合项目特点增加其他必要的专题报告。

附件2 公路建设项目管理表
(公路建设项目管理表内容要求及填表说明)

Ⅰ.内容要求

公路建设项目管理表由公路建设项目综合管理表、公路建设项目投资管理表(分阶段、分路段)和公路建设项目交通量比较表组成。公路建设项目管理表也适用于桥梁和隧道建设项目,其标题相应改为桥梁建设项目管理表或隧道建设项目管理表。

Ⅱ.填表说明

公路建设项目管理表应从项目立项时就进行填写、综合管理表和投资管理表一般应在工程竣工通车时编制、填写完毕;交通量比较表应在后评价完成时编制、填写完毕。

(一)公路建设项目综合管理表

1.承担单位、项目负责人填写在工程可行性研究、初步设计、施工图设计及工程竣工验收项内。

2.上报及批准机关、文号填写在项目建议书、可行性研究及初步设计项内。

3.各阶段工作发生的日期及时间按年月日至年月日填写在日期栏内。

4.各阶段建设规模和主要的技术指标,应分别填写各阶段审查(或上报)和批准的各项内容。"上报文件"是指与"批复"相对应的项目建议书、可行性研究和初步设计。项目建设规模是指公路等级(如高速公路、一级公路、二级公路等)和里程(单位为 km)。主要技术指标可填写设计速度(单位为 km/h);路基宽度(单位为 m)等。桥梁建设项目建设规模是指桥长(包括主桥和引桥,单位为 m);两岸接线的公路等级、长度(单位为 km)。主要技术指标可填写桥面净宽(单位为 m);车辆荷载(包括汽车和挂车);通航净空(航道等级);两岸接线路基宽(单位为 m)等。隧道建设项目建设规模是指隧道长(单位为 m);两端接线的公路等级、长度(单位为 km)。主要技术指标可填写隧道净宽(单位为 m);隧道净空(单位为 m);两端接线路基宽(单位为 m)等。

5.项目各阶段估算、概算和决算的总投资分别填写在工程总投资栏内(单位为万元)。资金筹措分内资和外资,内资包括成品油消费税资金、国内贷款、车购税资金等;外资包括国外贷款、华侨及港澳同胞集资等。外资折合成人民币分别填入各栏内。

6.项目各阶段估计或实际使用的四大材料分别按总用量(单位为 m^3、t)填写。

(二)公路建设项目投资管理卡

1.公路建设项目从立项到实施各阶段的投资、工程量等工程指标,应按各阶段最终批准的和实际实施的指标进行填写;外资按实际使用的币种折合成人民币填写(单位为万元);调整概算填写最后一次调概的数据。

2.表内项目内容可根据需要增减。估算投资因分项较少,可合并填写。

3.桥梁和隧道建设项目投资管理表的项目内容可参照有关工程投资估算项目表。

(三)公路建设项目交通量比较表

预可行性研究和工程可行性研究的交通量是指预可行性研究和工程可行性研究报告中从预计通车年份到远景服务年份各年的预测交通量;后评价阶段的交通量是指通车运营期间的实测交通量和后评价报告中各年的预测交通量;应按对应相同年份填写。

备注栏内注明通车运营年份。

附件3 有关委托、招标、评审、批复等主要文件的复印件

主要包括关于××公路项目建议书的批复,关于××公路可行性研究报告的批复,关于××公路初步设计的批复,关于××公路环境影响报告书的批复,××公路竣工验收鉴定书等文件。

附件五

复利系数表

复利系数表(3%)

年 n	一次支付		等 额 序 列			
	终值系数 $(1+i)^n$ $(F/P,i,n)$	现值系数 $\dfrac{1}{(1+i)^n}$ $(P/F,i,n)$	终值系数 $\dfrac{(1+i)^n-1}{i}$ $(F/A,i,n)$	偿债基金系数 $\dfrac{i}{(1+i)^n-1}$ $(A/F,i,n)$	资金回收系数 $\dfrac{i(1+i)^n}{(1+i)^n-1}$ $(A/P,i,n)$	现值系数 $\dfrac{(1+i)^n-1}{i(1+i)^n}$ $(P/A,i,n)$
1	1.030	0.970 9	1.000	1.000 00	1.030 00	1.030
2	1.061	0.942 6	2.030	0.492 61	0.522 61	1.913
3	1.093	0.915 1	3.091	0.323 53	0.353 53	2.829
4	1.126	0.888 5	4.184	0.239 03	0.269 03	3.717
5	1.159	0.862 6	5.309	0.188 35	0.218 35	4.580
6	1.194	0.837 5	6.468	0.154 60	0.184 60	5.417
7	1.230	0.813 1	7.662	0.130 51	0.160 51	6.230
8	1.267	0.789 4	8.892	0.112 46	0.142 46	7.020
9	1.305	0.766 4	10.159	0.098 43	0.128 43	7.786

年 n	一次支付		等 额 序 列			
	终值系数 $(1+i)^n$ $(F/P,i,n)$	现值系数 $\dfrac{1}{(1+i)^n}$ $(P/F,i,n)$	终值系数 $\dfrac{(1+i)^n-1}{i}$ $(F/A,i,n)$	偿债基金系数 $\dfrac{i}{(1+i)^n-1}$ $(A/F,i,n)$	资金回收系数 $\dfrac{i(1+i)^n}{(1+i)^n-1}$ $(A/P,i,n)$	现值系数 $\dfrac{(1+i)^n-1}{i(1+i)^n}$ $(P/A,i,n)$
10	1.344	0.744 1	11.464	0.087 23	0.117 23	8.530
11	1.384	0.722 4	12.808	0.078 08	0.108 08	9.253
12	1.426	0.701 4	14.192	0.070 46	0.100 46	9.954
13	1.469	0.681 0	15.618	0.064 03	0.094 03	10.635
14	1.513	0.661 1	17.086	0.058 53	0.088 53	11.296
15	1.558	0.641 9	18.599	0.053 77	0.083 77	11.938
16	1.605	0.623 2	20.157	0.049 61	0.079 61	12.561
17	1.653	0.605 0	21.762	0.045 95	0.075 95	13.166
18	1.702	0.587 4	23.414	0.042 71	0.072 71	13.754
19	1.754	0.570 3	25.117	0.039 81	0.069 81	14.324
20	1.806	0.553 7	26.870	0.037 22	0.067 22	14.877
21	1.860	0.537 5	28.676	0.034 87	0.064 87	15.415
22	1.916	0.521 9	30.537	0.032 75	0.062 75	15.937
23	1.974	0.506 7	32.453	0.030 81	0.060 81	16.444
24	2.033	0.491 9	34.426	0.029 05	0.059 05	16.936
25	2.094	0.477 6	36.459	0.027 43	0.057 43	17.413
26	2.157	0.463 7	38.553	0.025 94	0.055 94	17.877
27	2.221	0.450 2	40.710	0.024 56	0.054 56	18.327
28	2.288	0.437 1	42.931	0.023 29	0.053 29	18.764
29	2.357	0.424 3	45.219	0.022 11	0.052 11	19.188
30	2.427	0.412 0	47.575	0.021 02	0.051 02	19.600

复利系数表(4%)

年 n	一次支付		等 额 序 列			
	终值系数 $(1+i)^n$ $(F/P,i,n)$	现值系数 $\dfrac{1}{(1+i)^n}$ $(P/F,i,n)$	终值系数 $\dfrac{(1+i)^n-1}{i}$ $(F/A,i,n)$	偿债基金系数 $\dfrac{i}{(1+i)^n-1}$ $(A/F,i,n)$	资金回收系数 $\dfrac{i(1+i)^n}{(1+i)^n-1}$ $(A/P,i,n)$	现值系数 $\dfrac{(1+i)^n-1}{i(1+i)^n}$ $(P/A,i,n)$
1	1.040	0.961 5	1.000	1.000 00	1.040 00	0.962
2	1.082	0.924 6	2.040	0.490 20	0.530 20	1.886
3	1.125	0.889 0	3.122	0.320 35	0.360 35	2.775
4	1.170	0.854 8	4.246	0.235 49	0.275 49	3.630
5	1.217	0.821 9	5.416	0.184 63	0.224 63	4.452

续上表

年 n	一次支付		等 额 序 列			
	终值系数 $(1+i)^n$ $(F/P,i,n)$	现值系数 $\dfrac{1}{(1+i)^n}$ $(P/F,i,n)$	终值系数 $\dfrac{(1+i)^n-1}{i}$ $(F/A,i,n)$	偿债基金系数 $\dfrac{i}{(1+i)^n-1}$ $(A/F,i,n)$	资金回收系数 $\dfrac{i(1+i)^n}{(1+i)^n-1}$ $(A/P,i,n)$	现值系数 $\dfrac{(1+i)^n-1}{i(1+i)^n}$ $(P/A,i,n)$
6	1.265	0.790 3	6.633	0.150 76	0.190 76	5.242
7	1.316	0.759 9	7.898	0.126 61	0.166 61	6.002
8	1.369	0.730 7	9.214	0.108 53	0.148 53	6.733
9	1.423	0.702 6	10.583	0.094 49	0.134 49	7.435
10	1.480	0.675 6	12.006	0.083 29	0.123 29	8.111
11	1.539	0.649 6	13.486	0.074 15	0.114 15	8.760
12	1.601	0.624 6	15.026	0.066 55	0.106 55	9.385
13	1.665	0.600 6	16.627	0.060 14	0.100 14	9.986
14	1.732	0.577 5	18.292	0.054 67	0.094 67	10.563
15	1.801	0.555 3	20.024	0.049 94	0.089 94	11.118
16	1.873	0.533 9	21.825	0.045 82	0.085 82	11.652
17	1.948	0.513 4	23.698	0.042 20	0.082 20	12.166
18	2.026	0.493 6	25.645	0.038 99	0.078 99	12.659
19	2.107	0.474 6	27.671	0.036 14	0.076 14	13.134
20	2.191	0.456 4	29.778	0.033 58	0.073 58	13.590
21	2.279	0.438 8	31.969	0.031 28	0.071 28	14.029
22	2.370	0.422 0	34.248	0.029 20	0.069 20	14.451
23	2.465	0.405 7	36.618	0.027 31	0.067 31	14.857
24	2.563	0.390 1	39.083	0.025 59	0.065 59	15.247
25	2.666	0.375 1	41.646	0.024 01	0.064 01	15.622
26	2.772	0.360 7	44.312	0.022 57	0.062 57	15.983
27	2.883	0.346 8	47.084	0.021 24	0.061 24	16.330
28	2.999	0.333 5	49.968	0.020 01	0.060 01	16.663
29	3.119	0.320 7	52.966	0.018 88	0.058 88	16.984
30	3.243	0.308 3	56.085	0.017 83	0.057 83	17.292

复利系数表(5%)

年 n	一次支付		等 额 序 列			
	终值系数 $(1+i)^n$ $(F/P,i,n)$	现值系数 $\dfrac{1}{(1+i)^n}$ $(P/F,i,n)$	终值系数 $\dfrac{(1+i)^n-1}{i}$ $(F/A,i,n)$	偿债基金系数 $\dfrac{i}{(1+i)^n-1}$ $(A/F,i,n)$	资金回收系数 $\dfrac{i(1+i)^n}{(1+i)^n-1}$ $(A/P,i,n)$	现值系数 $\dfrac{(1+i)^n-1}{i(1+i)^n}$ $(P/A,i,n)$
1	1.050	0.952 4	1.000	1.000 00	1.050 00	0.952
2	1.103	0.907 0	2.050	0.487 80	0.537 80	1.859
3	1.158	0.863 8	3.153	0.317 21	0.367 21	2.723

续上表

年 n	一次支付		等额序列			
	终值系数 $(1+i)^n$ $(F/P,i,n)$	现值系数 $\dfrac{1}{(1+i)^n}$ $(P/F,i,n)$	终值系数 $\dfrac{(1+i)^n-1}{i}$ $(F/A,i,n)$	偿债基金 系数 $\dfrac{i}{(1+i)^n-1}$ $(A/F,i,n)$	资金回收 系数 $\dfrac{i(1+i)^n}{(1+i)^n-1}$ $(A/P,i,n)$	现值系数 $\dfrac{(1+i)^n-1}{i(1+i)^n}$ $(P/A,i,n)$
4	1.216	0.822 7	4.310	0.232 01	0.282 01	3.546
5	1.276	0.783 5	5.526	0.180 97	0.230 97	4.329
6	1.340	0.746 2	6.802	0.147 02	0.197 02	5.076
7	1.407	0.710 7	8.142	0.122 82	0.172 82	5.786
8	1.477	0.676 8	9.549	0.104 72	0.154 72	6.463
9	1.551	0.644 6	11.027	0.090 69	0.140 69	7.108
10	1.629	0.613 9	12.578	0.079 50	0.129 50	7.722
11	1.710	0.584 7	14.207	0.070 39	0.120 39	8.306
12	1.796	0.556 8	15.917	0.062 83	0.112 83	8.863
13	1.886	0.530 3	17.713	0.056 46	0.106 46	9.394
14	1.980	0.505 1	19.599	0.051 02	0.101 02	9.899
15	2.079	0.481 0	21.579	0.046 34	0.096 34	10.380
16	2.183	0.458 1	23.657	0.042 27	0.092 27	10.838
17	2.292	0.436 3	25.840	0.038 70	0.088 70	11.274
18	2.407	0.415 5	28.132	0.035 55	0.085 55	11.690
19	2.527	0.395 7	30.539	0.032 75	0.082 75	12.085
20	2.653	0.376 9	33.066	0.030 24	0.080 24	12.462
21	2.786	0.358 9	35.719	0.028 00	0.078 00	12.821
22	2.925	0.341 8	38.505	0.025 97	0.075 97	13.163
23	3.072	0.325 6	41.430	0.024 14	0.074 14	13.489
24	3.225	0.310 1	44.502	0.022 47	0.072 47	13.799
25	3.386	0.295 3	47.727	0.020 95	0.070 95	14.094
26	3.556	0.281 2	51.113	0.019 56	0.069 56	14.375
27	3.733	0.267 8	54.669	0.018 29	0.068 29	14.643
28	3.920	0.255 1	58.403	0.017 12	0.067 12	14.898
29	4.116	0.242 9	62.323	0.016 05	0.066 05	15.141
30	4.322	0.231 4	66.439	0.015 05	0.065 05	15.372

复利系数表(6%)

年 n	一 次 支 付		等 额 序 列			
	终值系数 $(1+i)^n$ $(F/P,i,n)$	现值系数 $\dfrac{1}{(1+i)^n}$ $(P/F,i,n)$	终值系数 $\dfrac{(1+i)^n-1}{i}$ $(F/A,i,n)$	偿债基金系数 $\dfrac{i}{(1+i)^n-1}$ $(A/F,i,n)$	资金回收系数 $\dfrac{i(1+i)^n}{(1+i)^n-1}$ $(A/P,i,n)$	现值系数 $\dfrac{(1+i)^n-1}{i(1+i)^n}$ $(P/A,i,n)$
1	1.060	0.943 4	1.000	1.000 00	1.060 00	0.943
2	1.124	0.890 0	2.060	0.485 44	0.545 44	1.833
3	1.191	0.839 6	3.184	0.314 11	0.374 11	2.673
4	1.262	0.792 1	4.375	0.228 59	0.288 59	3.465
5	1.338	0.747 3	5.637	0.177 40	0.237 40	4.212
6	1.419	0.705 0	6.975	0.143 36	0.203 36	4.917
7	1.504	0.665 1	8.394	0.119 14	0.179 14	5.582
8	1.594	0.627 4	9.897	0.101 04	0.161 04	6.210
9	1.689	0.591 9	11.491	0.087 02	0.147 02	6.802
10	1.791	0.558 4	13.181	0.075 87	0.135 87	7.360
11	1.898	0.526 8	14.972	0.066 79	0.126 79	7.887
12	2.012	0.497 0	16.870	0.059 28	0.119 28	8.384
13	2.133	0.468 8	18.882	0.052 96	0.112 96	8.853
14	2.261	0.442 3	21.015	0.047 58	0.107 58	9.295
15	2.397	0.417 3	23.276	0.042 96	0.102 96	9.712
16	2.540	0.393 6	25.673	0.038 95	0.098 95	10.106
17	2.693	0.371 4	28.213	0.035 44	0.095 44	10.477
18	2.854	0.350 3	30.906	0.032 36	0.092 36	10.828
19	3.026	0.330 5	33.760	0.029 62	0.089 62	11.158
20	3.207	0.311 8	36.786	0.027 18	0.087 18	11.470
21	3.400	0.294 2	39.993	0.025 00	0.085 00	11.764
22	3.604	0.277 5	43.392	0.023 05	0.083 05	12.042
23	3.820	0.261 8	46.996	0.021 28	0.081 28	12.303
24	4.049	0.247 0	50.816	0.019 68	0.079 68	12.550
25	4.292	0.233 0	54.865	0.018 23	0.078 23	12.783
26	4.549	0.219 8	59.156	0.016 90	0.076 90	13.003
27	4.822	0.207 4	63.706	0.015 70	0.075 70	13.211
28	5.112	0.195 6	68.528	0.014 59	0.074 59	13.406
29	5.418	0.184 6	73.640	0.013 58	0.073 58	13.591
30	5.743	0.174 1	79.058	0.012 65	0.072 65	13.765

复利系数表（7%）

年 n	一次支付		等额序列			
	终值系数 $(1+i)^n$ $(F/P,i,n)$	现值系数 $\dfrac{1}{(1+i)^n}$ $(P/F,i,n)$	终值系数 $\dfrac{(1+i)^n-1}{i}$ $(F/A,i,n)$	偿债基金 系数 $\dfrac{i}{(1+i)^n-1}$ $(A/F,i,n)$	资金回收 系数 $\dfrac{i(1+i)^n}{(1+i)^n-1}$ $(A/P,i,n)$	现值 系数 $\dfrac{(1+i)^n-1}{i(1+i)^n}$ $(P/A,i,n)$
1	1.060	0.934 6	1.000	1.000 0	1.070 0	0.935
2	1.124	0.873 4	2.070	0.483 1	0.553 1	1.808
3	1.191	0.816 3	3.215	0.311 1	0.381 1	2.624
4	1.262	0.762 9	4.440	0.225 2	0.295 2	3.387
5	1.338	0.713 0	5.751	0.173 9	0.243 9	4.100
6	1.419	0.666 3	7.153	0.139 8	0.209 8	4.767
7	1.504	0.622 7	8.654	0.115 6	0.185 6	5.389
8	1.594	0.582 0	10.260	0.097 5	0.167 5	5.971
9	1.689	0.543 9	11.978	0.083 5	0.153 5	6.515
10	1.791	0.508 3	13.816	0.072 4	0.142 4	7.024
11	1.898	0.475 1	15.784	0.063 4	0.133 4	7.499
12	2.012	0.444 0	17.888	0.055 9	0.125 9	7.943
13	2.133	0.415 0	20.141	0.049 7	0.119 7	8.358
14	2.261	0.387 8	22.550	0.044 3	0.114 3	8.745
15	2.397	0.362 4	25.129	0.039 8	0.109 8	9.108
16	2.540	0.338 7	27.888	0.035 9	0.105 9	9.447
17	2.693	0.316 6	30.840	0.032 4	0.102 4	9.763
18	2.854	0.295 9	33.999	0.029 4	0.099 4	10.059
19	3.026	0.276 5	37.379	0.026 8	0.096 8	10.336
20	3.207	0.258 4	40.995	0.024 4	0.094 4	10.594
21	3.400	0.241 5	44.865	0.022 3	0.092 3	10.836
22	3.604	0.225 7	49.006	0.020 4	0.090 4	11.061
23	3.820	0.210 9	53.436	0.018 7	0.088 7	11.272
24	4.049	0.197 1	58.177	0.017 2	0.087 2	11.469
25	4.292	0.184 2	63.249	0.015 8	0.085 8	11.654
26	4.549	0.172 2	68.676	0.014 6	0.084 6	11.826
27	4.822	0.160 9	74.484	0.013 4	0.083 4	11.987
28	5.112	0.150 4	80.698	0.012 4	0.082 4	12.137
29	5.418	0.140 6	87.347	0.011 4	0.081 4	12.278
30	5.743	0.131 4	94.461	0.010 6	0.080 6	12.409

复利系数表(8%)

年 n	一次支付		等额序列			
	终值系数 $(1+i)^n$ $(F/P,i,n)$	现值系数 $\dfrac{1}{(1+i)^n}$ $(P/F,i,n)$	终值系数 $\dfrac{(1+i)^n-1}{i}$ $(F/A,i,n)$	偿债基金系数 $\dfrac{i}{(1+i)^n-1}$ $(A/F,i,n)$	资金回收系数 $\dfrac{i(1+i)^n}{(1+i)^n-1}$ $(A/P,i,n)$	现值系数 $\dfrac{(1+i)^n-1}{i(1+i)^n}$ $(P/A,i,n)$
1	1.080	0.925 9	1.000	1.000 00	1.080 00	0.926
2	1.166	0.857 3	2.080	0.480 77	0.560 77	1.783
3	1.260	0.793 8	3.246	0.308 03	0.388 03	2.577
4	1.360	0.735 0	4.506	0.221 92	0.301 92	3.312
5	1.469	0.680 6	5.867	0.170 46	0.250 46	3.993
6	1.587	0.630 2	7.336	0.136 32	0.216 32	4.623
7	1.714	0.583 5	8.923	0.112 07	0.192 07	5.206
8	1.851	0.540 3	10.637	0.094 01	0.174 01	5.747
9	1.999	0.500 2	12.488	0.080 08	0.160 08	6.247
10	2.159	0.463 2	14.487	0.069 03	0.149 03	6.710
11	2.332	0.428 9	16.645	0.060 08	0.140 08	7.139
12	2.518	0.397 1	18.977	0.052 70	0.132 70	7.536
13	2.720	0.367 7	21.495	0.046 52	0.126 52	7.904
14	2.937	0.340 5	24.215	0.041 30	0.121 30	8.244
15	3.172	0.315 2	27.152	0.036 83	0.116 83	8.559
16	3.426	0.291 9	30.324	0.032 98	0.112 98	8.851
17	3.700	0.270 3	33.750	0.029 63	0.109 63	9.122
18	3.996	0.250 2	37.450	0.026 70	0.106 70	9.372
19	4.316	0.231 7	41.446	0.024 13	0.104 13	9.604
20	4.661	0.214 5	45.762	0.021 85	0.101 85	9.818
21	5.034	0.198 7	50.423	0.019 83	0.099 83	10.017
22	5.437	0.183 9	55.457	0.018 03	0.098 03	10.201
23	5.871	0.170 3	60.893	0.016 42	0.096 42	10.371
24	6.341	0.157 7	66.765	0.014 98	0.094 98	10.529
25	6.848	0.146 0	73.106	0.013 68	0.093 68	10.675
26	7.396	0.135 2	79.954	0.012 51	0.092 51	10.810
27	7.988	0.125 2	87.351	0.011 45	0.091 45	10.935
28	8.627	0.115 9	95.339	0.010 49	0.090 49	11.051
29	9.317	0.107 3	103.966	0.009 62	0.089 62	11.158
30	10.063	0.099 4	113.283	0.008 83	0.088 83	11.258

复利系数表(10%)

年 n	一 次 支 付		等 额 序 列			
	终值系数 $(1+i)^n$ $(F/P,i,n)$	现值系数 $\dfrac{1}{(1+i)^n}$ $(P/F,i,n)$	终值系数 $\dfrac{(1+i)^n-1}{i}$ $(F/A,i,n)$	偿债基金系数 $\dfrac{i}{(1+i)^n-1}$ $(A/F,i,n)$	资金回收系数 $\dfrac{i(1+i)^n}{(1+i)^n-1}$ $(A/P,i,n)$	现值系数 $\dfrac{(1+i)^n-1}{i(1+i)^n}$ $(P/A,i,n)$
1	1.100	0.909 1	1.000	1.000 00	1.100 00	0.909
2	1.210	0.826 4	2.100	0.476 19	0.576 19	1.736
3	1.331	0.751 3	3.310	0.302 11	0.402 11	2.487
4	1.464	0.683 0	4.641	0.215 47	0.315 47	3.170
5	1.611	0.620 9	6.105	0.163 80	0.263 80	3.791
6	1.772	0.564 5	7.716	0.129 61	0.229 61	4.355
7	1.949	0.513 2	9.487	0.105 41	0.205 41	4.868
8	2.144	0.466 5	11.436	0.087 44	0.187 44	5.335
9	2.358	0.424 1	13.579	0.073 64	0.173 64	5.759
10	2.594	0.385 5	15.937	0.062 75	0.162 75	6.145
11	2.853	0.350 5	18.531	0.053 96	0.153 96	6.495
12	3.138	0.318 6	21.384	0.046 76	0.146 76	6.814
13	3.452	0.289 7	24.523	0.040 78	0.140 78	7.103
14	3.797	0.263 3	27.975	0.035 75	0.135 75	7.367
15	4.177	0.239 4	31.772	0.031 47	0.131 47	7.606
16	4.595	0.217 6	35.950	0.027 82	0.127 82	7.824
17	5.054	0.197 8	40.545	0.024 66	0.124 66	8.022
18	5.560	0.179 9	45.599	0.021 93	0.121 93	8.201
19	6.116	0.163 5	51.159	0.019 55	0.119 55	8.365
20	6.727	0.148 6	57.275	0.017 46	0.117 46	8.514
21	7.400	0.135 1	64.002	0.015 62	0.115 62	8.649
22	8.140	0.122 8	71.403	0.014 01	0.114 01	8.772
23	8.954	0.111 7	79.543	0.012 57	0.112 57	8.883
24	9.850	0.101 5	88.497	0.011 30	0.111 30	8.985
25	10.835	0.092 3	98.347	0.010 17	0.110 17	9.077
26	11.918	0.083 9	109.182	0.009 16	0.109 16	9.161
27	13.110	0.076 3	121.100	0.008 26	0.108 26	9.237
28	14.421	0.069 3	134.210	0.007 45	0.107 45	9.307
29	15.863	0.063 0	148.631	0.006 73	0.106 73	9.370
30	17.449	0.057 3	164.494	0.006 08	0.106 08	9.427

复利系数表（12%）

年 n	一 次 支 付		等 额 序 列			
	终值系数 $(1+i)^n$ $(F/P,i,n)$	现值系数 $\dfrac{1}{(1+i)^n}$ $(P/F,i,n)$	终值系数 $\dfrac{(1+i)^n-1}{i}$ $(F/A,i,n)$	偿债基金系数 $\dfrac{i}{(1+i)^n-1}$ $(A/F,i,n)$	资金回收系数 $\dfrac{i(1+i)^n}{(1+i)^n-1}$ $(A/P,i,n)$	现值系数 $\dfrac{(1+i)^n-1}{i(1+i)^n}$ $(P/A,i,n)$
1	1.120	0.8929	1.000	1.00000	1.12000	0.893
2	1.254	0.7972	2.120	0.47170	0.59170	1.690
3	1.405	0.7118	3.374	0.29635	0.41635	2.402
4	1.574	0.6355	4.779	0.20923	0.32923	3.037
5	1.762	0.5674	6.353	0.15741	0.27741	3.605
6	1.974	0.5066	8.115	0.12323	0.24323	4.111
7	2.211	0.4523	10.089	0.09912	0.21912	4.564
8	2.476	0.4039	12.300	0.08130	0.20130	4.968
9	2.773	0.3606	14.776	0.06768	0.18768	5.328
10	3.106	0.3220	17.549	0.05698	0.17698	5.650
11	3.479	0.2875	20.655	0.04842	0.16842	5.938
12	3.896	0.2567	24.133	0.04144	0.16144	6.194
13	4.363	0.2292	28.029	0.03568	0.15568	6.424
14	4.887	0.2046	32.393	0.03087	0.15087	6.628
15	5.474	0.1827	37.280	0.02682	0.14682	6.811
16	6.130	0.1631	42.753	0.02339	0.14339	6.974
17	6.866	0.1456	48.884	0.02046	0.14046	7.120
18	7.690	0.1300	55.750	0.01794	0.13794	7.250
19	8.613	0.1161	63.440	0.01576	0.13576	7.366
20	9.646	0.1037	72.052	0.01388	0.13388	7.469
21	10.804	0.0926	81.699	0.01224	0.13224	7.562
22	12.100	0.0826	92.503	0.01081	0.13081	7.645
23	13.552	0.0738	104.603	0.00956	0.12956	7.718
24	15.179	0.0659	118.155	0.00846	0.12846	7.784
25	17.000	0.0588	133.334	0.00750	0.12750	7.843
26	19.040	0.0525	150.334	0.00665	0.12665	7.896
27	21.325	0.0469	169.374	0.00590	0.12590	7.943
28	23.884	0.0419	190.699	0.00524	0.12524	7.984
29	26.750	0.0374	214.583	0.00466	0.12466	8.022
30	29.960	0.0334	241.333	0.00414	0.12414	8.055

复利系数表(15%)

年 n	一次支付		等 额 序 列			
	终值系数 $(1+i)^n$ $(F/P,i,n)$	现值系数 $\dfrac{1}{(1+i)^n}$ $(P/F,i,n)$	终值系数 $\dfrac{(1+i)^n-1}{i}$ $(F/A,i,n)$	偿债基金 系数 $\dfrac{i}{(1+i)^n-1}$ $(A/F,i,n)$	资金回收 系数 $\dfrac{i(1+i)^n}{(1+i)^n-1}$ $(A/P,i,n)$	现值系数 $\dfrac{(1+i)^n-1}{i(1+i)^n}$ $(P/A,i,n)$
1	1.150	0.869 6	1.000	1.000 00	1.150 00	0.870
2	1.323	0.756 1	2.150	0.465 12	0.615 12	1.626
3	1.521	0.657 5	3.473	0.287 98	0.437 98	2.283
4	1.749	0.571 8	4.993	0.200 27	0.350 27	2.855
5	2.011	0.497 2	6.742	0.148 32	0.298 32	3.352
6	2.313	0.432 3	8.754	0.114 24	0.264 24	3.784
7	2.660	0.375 9	11.067	0.090 36	0.240 36	4.160
8	3.059	0.326 9	13.727	0.072 85	0.222 85	4.487
9	3.518	0.284 3	16.786	0.059 57	0.209 57	4.772
10	4.046	0.247 2	20.304	0.049 25	0.199 25	5.019
11	4.652	0.214 9	24.349	0.041 07	0.191 07	5.234
12	5.350	0.186 9	29.002	0.034 48	0.184 48	5.421
13	6.153	0.162 5	34.352	0.029 11	0.179 11	5.583
14	7.076	0.141 3	40.505	0.024 69	0.174 69	5.724
15	8.137	0.122 9	47.580	0.021 02	0.171 02	5.847
16	9.358	0.106 9	55.717	0.017 95	0.167 95	5.954
17	10.761	0.092 9	65.075	0.015 37	0.16 537	6.047
18	12.375	0.080 8	75.836	0.013 19	0.163 19	6.128
19	14.232	0.070 3	88.212	0.011 34	0.161 34	6.198
20	16.367	0.061 1	102.444	0.009 76	0.159 76	6.259
21	18.822	0.053 1	118.810	0.008 42	0.158 42	6.312
22	21.645	0.046 2	137.632	0.007 27	0.157 27	6.359
23	24.891	0.040 2	159.276	0.006 28	0.156 28	6.399
24	28.625	0.034 9	184.168	0.005 43	0.155 43	6.434
25	32.919	0.030 4	212.793	0.004 70	0.154 70	6.464
26	37.857	0.026 4	245.712	0.004 07	0.154 07	6.491
27	43.535	0.023 0	283.569	0.003 53	0.153 53	6.514
28	50.066	0.020 0	327.104	0.003 06	0.153 06	6.534
29	57.575	0.017 4	377.170	0.002 65	0.152 65	6.551
30	66.212	0.015 1	434.745	0.002 30	0.152 30	6.566

复利系数表（20%）

年 n	一 次 支 付		等 额 序 列			
	终值系数 $(1+i)^n$ $(F/P,i,n)$	现值系数 $\dfrac{1}{(1+i)^n}$ $(P/F,i,n)$	终值系数 $\dfrac{(1+i)^n-1}{i}$ $(F/A,i,n)$	偿债基金系数 $\dfrac{i}{(1+i)^n-1}$ $(A/F,i,n)$	资金回收系数 $\dfrac{i(1+i)^n}{(1+i)^n-1}$ $(A/P,i,n)$	现值系数 $\dfrac{(1+i)^n-1}{i(1+i)^n}$ $(P/A,i,n)$
1	1.200	0.833 3	1.000	1.000 00	1.200 00	0.833
2	1.440	0.694 4	2.200	0.454 55	0.654 55	1.528
3	1.728	0.578 7	3.640	0.274 73	0.474 73	2.106
4	2.074	0.482 3	5.368	0.186 29	0.386 29	2.589
5	2.488	0.401 9	7.442	0.134 38	0.334 38	2.991
6	2.986	0.334 9	9.930	0.100 71	0.300 71	3.326
7	3.583	0.279 1	12.916	0.077 42	0.277 42	3.605
8	4.300	0.232 6	16.499	0.060 61	0.260 61	3.837
9	5.160	0.193 8	20.799	0.048 08	0.248 08	4.031
10	6.192	0.161 5	25.959	0.038 52	0.238 52	4.192
11	7.430	0.134 6	32.150	0.031 10	0.231 10	4.327
12	8.916	0.112 2	39.581	0.025 26	0.225 26	4.439
13	10.699	0.093 5	48.497	0.020 62	0.220 62	4.533
14	12.839	0.077 9	59.196	0.016 89	0.216 89	4.611
15	15.407	0.064 9	72.035	0.013 88	0.213 88	4.675
16	18.488	0.054 1	87.442	0.011 44	0.211 44	4.730
17	22.186	0.045 1	105.931	0.009 44	0.209 44	4.775
18	26.623	0.037 6	128.117	0.007 81	0.207 81	4.812
19	31.948	0.031 3	154.740	0.006 46	0.206 46	4.843
20	38.338	0.026 1	186.688	0.005 36	0.205 36	4.870
21	46.005	0.021 7	225.026	0.004 44	0.204 44	4.891
22	55.206	0.018 1	271.031	0.003 69	0.203 69	4.909
23	66.247	0.015 1	326.237	0.003 07	0.203 07	4.925
24	79.497	0.012 6	392.484	0.002 55	0.202 55	4.937
25	95.396	0.010 5	471.981	0.002 12	0.202 12	4.948
26	114.475	0.008 7	567.377	0.001 76	0.201 76	4.956
27	137.371	0.007 3	681.853	0.001 47	0.201 47	4.964
28	164.845	0.006 1	819.223	0.001 22	0.201 22	4.970
29	197.814	0.005 1	984.068	0.001 02	0.201 02	4.975
30	237.376	0.004 2	1181.882	0.000 85	0.200 85	4.979

复利系数表(25%)

年 n	一次支付		等额序列			
	终值系数 $(1+i)^n$ $(F/P,i,n)$	现值系数 $\dfrac{1}{(1+i)^n}$ $(P/F,i,n)$	终值系数 $\dfrac{(1+i)^n-1}{i}$ $(F/A,i,n)$	偿债基金系数 $\dfrac{i}{(1+i)^n-1}$ $(A/F,i,n)$	资金回收系数 $\dfrac{i(1+i)^n}{(1+i)^n-1}$ $(A/P,i,n)$	现值系数 $\dfrac{(1+i)^n-1}{i(1+i)^n}$ $(P/A,i,n)$
1	1.250	0.800 0	1.000	1.000 00	1.250 00	0.800
2	1.563	0.640 0	2.250	0.444 44	0.694 44	1.440
3	1.953	0.512 0	3.813	0.262 30	0.512 30	1.952
4	2.441	0.409 6	5.766	0.173 44	0.423 44	2.362
5	3.052	0.327 7	8.207	0.121 85	0.371 85	2.689
6	3.815	0.262 1	11.259	0.088 82	0.338 82	2.951
7	4.768	0.209 7	15.073	0.066 34	0.316 34	3.161
8	5.960	0.167 8	19.842	0.050 40	0.300 40	3.329
9	7.451	0.134 2	25.802	0.038 76	0.288 76	3.463
10	9.313	0.107 4	33.253	0.030 07	0.280 07	3.571
11	11.642	0.085 9	42.566	0.023 49	0.273 49	3.656
12	14.552	0.068 7	54.208	0.018 45	0.268 45	3.725
13	18.190	0.055 0	68.760	0.014 54	0.264 54	3.780
14	22.737	0.044 0	86.949	0.011 50	0.261 50	3.824
15	28.422	0.035 2	109.687	0.009 12	0.259 12	3.859
16	35.527	0.028 1	138.109	0.007 24	0.257 24	3.887
17	44.409	0.022 5	173.636	0.005 76	0.255 76	3.910
18	55.511	0.018 0	218.045	0.004 59	0.254 59	3.928
19	69.389	0.014 4	273.556	0.003 66	0.253 66	3.942
20	86.736	0.011 5	342.945	0.002 92	0.252 92	3.954
21	108.420	0.009 2	429.681	0.002 33	0.252 33	3.963
22	135.525	0.007 4	538.101	0.001 86	0.251 86	3.970
23	169.407	0.005 9	673.626	0.001 48	0.251 48	3.976
24	211.758	0.004 7	843.033	0.001 19	0.251 19	3.981
25	264.698	0.003 8	1 054.791	0.000 95	0.250 95	3.985
26	330.872	0.003 0	1 319.489	0.000 76	0.250 76	3.988
27	413.590	0.002 4	1 650.361	0.000 61	0.250 61	3.990
28	516.988	0.001 9	2 063.952	0.000 48	0.250 48	3.992
29	646.235	0.001 5	2 580.939	0.000 39	0.250 39	3.994
30	807.794	0.001 2	3 227.174	0.000 31	0.250 31	3.995

复利系数表（30%）

年 n	一次支付		等额序列			
	终值系数 $(1+i)^n$ $(F/P,i,n)$	现值系数 $\dfrac{1}{(1+i)^n}$ $(P/F,i,n)$	终值系数 $\dfrac{(1+i)^n-1}{i}$ $(F/A,i,n)$	偿债基金系数 $\dfrac{i}{(1+i)^n-1}$ $(A/F,i,n)$	资金回收系数 $\dfrac{i(1+i)^n}{(1+i)^n-1}$ $(A/P,i,n)$	现值系数 $\dfrac{(1+i)^n-1}{i(1+i)^n}$ $(P/A,i,n)$
1	1.300	0.769 2	1.000	1.000 00	1.300 00	0.769
2	1.690	0.591 7	2.300	0.434 78	0.734 78	1.361
3	2.197	0.455 2	3.990	0.250 63	0.550 63	1.816
4	2.856	0.350 1	6.187	0.161 63	0.461 63	2.166
5	3.713	0.269 3	9.043	0.110 58	0.410 58	2.436
6	4.827	0.207 2	12.756	0.078 39	0.378 39	2.643
7	6.275	0.159 4	17.583	0.056 87	0.356 87	2.802
8	8.157	0.122 6	23.858	0.041 92	0.341 92	2.925
9	10.604	0.094 3	32.015	0.031 24	0.331 24	3.019
10	13.786	0.072 5	42.619	0.023 46	0.323 46	3.092
11	17.922	0.055 8	56.405	0.017 73	0.317 73	3.147
12	23.298	0.042 9	74.327	0.013 45	0.313 45	3.190
13	30.288	0.033 0	97.625	0.010 24	0.310 24	3.223
14	39.374	0.025 4	127.913	0.007 82	0.307 82	3.249
15	51.186	0.019 5	167.286	0.005 98	0.305 98	3.268
16	66.542	0.015 0	218.472	0.004 58	0.304 58	3.283
17	86.504	0.011 6	285.014	0.003 51	0.303 51	3.295
18	112.455	0.008 9	371.518	0.002 69	0.302 69	3.304
19	146.192	0.006 8	483.973	0.002 07	0.302 07	3.311
20	190.050	0.005 3	630.165	0.001 59	0.301 59	3.316
21	247.065	0.004 0	820.215	0.001 22	0.301 22	3.320
22	321.184	0.003 1	1 067.280	0.000 94	0.300 94	3.323
23	417.539	0.002 4	1 388.464	0.000 72	0.300 72	3.325
24	542.801	0.001 8	1 806.003	0.000 55	0.300 55	3.327
25	705.641	0.001 4	2 348.803	0.000 43	0.300 43	3.329
26	917.333	0.001 1	3 054.444	0.000 33	0.300 33	3.330
27	1 192.533	0.000 8	3 971.778	0.000 25	0.300 25	3.331
28	1 550.293	0.000 6	5 164.311	0.000 19	0.300 19	3.331
29	2 015.381	0.000 5	6 714.604	0.000 15	0.300 15	3.332
30	2 619.996	0.000 4	8 729.985	0.000 11	0.300 11	3.332

复利系数表(40%)

年 n	一次支付		等额序列			
	终值系数 $(1+i)^n$ $(F/P,i,n)$	现值系数 $\dfrac{1}{(1+i)^n}$ $(P/F,i,n)$	终值系数 $\dfrac{(1+i)^n-1}{i}$ $(F/A,i,n)$	偿债基金系数 $\dfrac{i}{(1+i)^n-1}$ $(A/F,i,n)$	资金回收系数 $\dfrac{i(1+i)^n}{(1+i)^n-1}$ $(A/P,i,n)$	现值系数 $\dfrac{(1+i)^n-1}{i(1+i)^n}$ $(P/A,i,n)$
1	1.400	0.714 3	1.000	1.000 00	1.400 00	0.714
2	1.960	0.510 2	2.400	0.416 67	0.816 67	1.224
3	2.744	0.364 4	4.360	0.229 36	0.629 36	1.589
4	3.842	0.260 3	7.104	0.140 77	0.540 77	1.849
5	5.378	0.185 9	10.946	0.091 36	0.491 36	2.035
6	7.530	0.132 8	16.324	0.061 26	0.461 26	2.168
7	10.541	0.094 9	23.853	0.041 92	0.441 92	2.263
8	14.758	0.067 8	34.395	0.029 07	0.429 07	2.331
9	20.661	0.048 4	49.153	0.020 34	0.420 34	2.379
10	28.925	0.034 6	69.814	0.014 32	0.414 32	2.414
11	40.496	0.024 7	98.739	0.010 13	0.410 13	2.438
12	56.694	0.017 6	139.235	0.007 18	0.407 18	2.456
13	79.371	0.012 6	195.929	0.005 10	0.405 10	2.469
14	111.120	0.009 0	275.300	0.003 63	0.403 63	2.478
15	155.568	0.006 4	386.420	0.002 59	0.402 59	2.484
16	217.795	0.004 6	541.988	0.001 85	0.401 85	2.489
17	304.913	0.003 3	759.784	0.001 32	0.401 32	2.492
18	426.879	0.002 3	1 064.697	0.000 94	0.400 94	2.494
19	597.630	0.001 7	1 491.576	0.000 67	0.400 67	2.496
20	836.683	0.001 2	2 089.206	0.000 48	0.400 48	2.497
21	1 171.356	0.000 9	2 925.889	0.000 34	0.400 34	2.498
22	1 639.898	0.000 6	4 097.245	0.000 24	0.400 24	2.498
23	2 295.857	0.000 4	5 737.142	0.000 17	0.400 17	2.499
24	3 214.200	0.000 3	8 032.999	0.000 12	0.400 12	2.499
25	4 499.880	0.000 2	11 247.199	0.000 09	0.400 09	2.499

参考文献

[1] 国家发展改革委、建设部发布.建设项目经济评价方法与参数[M].3 版.北京:中国计划出版社,2006.

[2] 住房和城乡建设部标准定额司,标准定额研究所编.铁路建设项目经济评价方法与参数[M].北京:中国计划出版社,2012.

[3] 胡章喜.项目立项与可行性研究[M].上海:上海交通大学出版社,2010.

[4] 戚安邦.项目评估学[M].天津:南开大学出版社,2006.

[5] 白思俊.现代交通项目管理[M].北京:机械工业出版社,2003.

[6] 简德三.项目评估与可行性研究[M].上海:上海财经大学出版社,2009.

[7] 张少杰,李北伟.项目评估学[M].北京:高等教育出版社,2006.

[8] 许晓峰,林晓言.铁路建设项目经济评价理论与方法[M].北京:中国铁道出版社,2001.

[9] 邵春福,秦四平.交通经济学[M].北京:人民交通出版社,2008.

[10] 殷焕武,王振林,等.项目管理导论[M].北京:机械工业出版社,2006.

[11] 邓富民.项目前期管理[M].北京:机械工业出版社,2008.

[12] 严作人,张戎.运输经济学[M].北京:人民交通出版社,2003.

[13] 徐莉,王红岩.项目评估与决策[M].北京:科学出版社,2006.

[14] 周惠珍.投资项目评估方法与实务[M].北京:中国计划出版社,2003.

[15] 贾元华.铁路项目评估与管理[M].北京:中国铁道出版社,2010.

[16] 周直.工程项目管理[M].北京:人民交通出版社,2000.

[17] 白思俊.现代项目管理[M].北京:机械工业出版社,2004.

[18] 建设部标准定额研究所.建设项目经济评价案例[M].北京:中国计划出版社,2006.

[19] 陈宪.注册咨询工程师(投资)资格考试参考教材之四,项目决策分析与评价[M].北京:中国电力出版社,2008.

[20] 李开孟.投资项目社会稳定风险评估讲座风险社会与社会稳定风险评估(一)[J].中国工程咨询,2013(2).

[21] 李开孟.投资项目社会稳定风险评估讲座项目稳评与其他专项评价的区别和联系(二)[J].中国工程咨询,2013(3).

[22] 曹世超.城市轨道交通国民经济评价方法及参数研究[D].西南交通大学,2013.

[23] 林芳.城市轨道交通项目国民经济评价理论研究[D].西南交通大学,2012.

[24] 杨蓓.马金铺—澄江一级公路工程经济可行性研究及社会效益论证[D].上海海事大学,2006.

[25] 李强,史玲玲.社会影响评价及其在我国的应用[J].学术界,2011(5).

[26] 侯文君.朔州至准格尔铁路综合电气化工程项目管理应用研究[D].西南交通大学,2013.

[27] 王玉祥.中铁十局兰渝铁路14标项目成本控制研究[D].西南交通大学,2014.

[28] 花拥军,陈迅,张健.公共工程社会评价指标体系分析[J].重庆大学学报(自然科学版),2005(7).

[29] 刘跃先.公路工程可行性研究中社会评价问题初探[J].中国西部科技,2011(6).

[30] 朱东恺.投资项目社会评价探析[J].中国工程咨询,2004(7).

[31] 京津塘高速公路联合公司.京津塘高速公路工程项目执行及初验报告[J].公路,1995(12).

[32] 颜延祥.浅论新建铁路招投标管理与控制[J].铁道勘察,2015(4).

[33] 杨秋波,张水波.世行项目管理中公众参与的技术与工具[J]项目管理技术,2008(9).

[34] 彭学群.铁路建设工程招标与合同管理风险控制研究[J]铁路工程造价管理,2014(3).

[35] 全国一级建造师执业资格考试用书编写委员会.港口与航道工程实务[M].北京:中国建筑工业出版社,2015.

[36] 全国一级建造师执业资格考试用书编写委员会.公路工程管理与实务[M].北京:中国建筑工业出版社,2015.

[37] 全国一级建造师执业资格考试用书编写委员会.铁路工程管理与实务[M].北京:中国建筑工业出版社,2015.